# 民法典总则编
# 条文理解与司法适用

MINFADIAN ZONGZEBIAN
TIAOWEN LIJIE YU SIFA SHIYONG

中国审判理论研究会民事审判理论专业委员会 编著

法律出版社
LAW PRESS·CHINA

# “民法典条文理解与司法适用”系列
# 编 写 人 员

| | | | | |
|---|---|---|---|---|
| 曹守晔 | 申惠文 | 何　建 | 孙　莹 | 丁　慧 |
| 杨　帆 | 周　杲 | | | |

（以下按姓氏笔画为序）

| | | | | |
|---|---|---|---|---|
| 王　凡 | 王　康 | 王　琪 | 王晓利 | 王黎明 |
| 邓建中 | 龙云丽 | 冯建生 | 朱攀峰 | 任容庆 |
| 刘玉姝 | 刘史丹 | 刘安宁 | 刘茜倩 | 刘福春 |
| 刘耀东 | 汤　敏 | 孙东雅 | 杜爱霞 | 李　蓓 |
| 李　璐 | 李林启 | 李春斌 | 李遵礼 | 杨　波 |
| 杨俊芳 | 肖明明 | 吴晓倩 | 宋建宝 | 张　钱 |
| 张　焱 | 张祎慧 | 张建银 | 张玲玲 | 陈　丹 |
| 陈延忠 | 金　励 | 赵莎莎 | 荣振华 | 胡　恒 |
| 侯国跃 | 顾利军 | 徐海勇 | 高晓丹 | 唐晶晶 |
| 黄文旭 | 曹文召 | 曹夏梦 | 常亚楠 | 崔　丹 |
| 梁静姮 | 覃　丹 | 廖　钰 | 潘　俊 | 潘　静 |
| 魏　岚 | | | | |

# 体现中国时代特色的民事百科全书

编纂民法典是我国社会主义法治建设的一座里程碑,是我国国家治理体系和治理能力现代化进程中的一件大事。这部具有中国特色、中国风格、中国气派的民法典,将为人类法治文明进步贡献中国智慧、提供中国方案。

## 科学立法、民主立法、依法立法的生动实践

以习近平同志为核心的党中央高度重视民法典编纂工作,作出了一系列重要指示、提出了一系列重要要求,为民法典编纂指明了方向。2014 年 10 月,党的十八届四中全会决定提出了编纂民法典的任务。在民法典编纂过程中,习近平总书记多次主持召开会议、听取汇报,就做好民法典编纂、审议和修改工作作出重要指示。民法典编纂工作在以习近平同志为核心的党中央坚强领导下和习近平新时代中国特色社会主义思想的科学指引下扎实推进。比如,习近平总书记在党的十九大报告中强调"保护人民人身权、财产权、人格权",把人格权与人身权、财产权并列,强调了人格权的重要地位,这为民法典草案确立人格权单独成编的体例结构等提供了基本遵循。

遵循立法规律,充分体现科学立法。民法典编纂采取"提取公因式"的立法技术,从同类规范和制度中提出一般规则,形成民法典总则编;将相关民事法律按其内容的同一性编纂成六个分编,然后整合为民法典草案。编纂工作注重规则的逻辑性、体系性和法律本身的规律,既协调好总则与分则的关系,又协调好民法典与其他法律的关系,从而形成逻辑缜密的有机整体。尊重立法的历史延续性,以民法通则和现行民事单行法为基础,设计民法典草案的结构和具体法律制度。既立足本国国情,又吸收世界各国民法

典编纂的成功经验,同时将社会主义核心价值观融入其中。

人民广泛参与,充分体现民主立法。在民法典编纂过程中,广大专家学者、人民群众广泛参与、建言献策。参与面之广,举办的各类座谈会、研讨会、论坛之多,收到的修改建议内容之丰富,为我国立法史上所罕见。在审议过程中,立法机关通过召开不同形式的座谈会、论证会,在互联网上公开征询意见等多种方式,多次听取收集方方面面的意见和建议,反复斟酌和修改草案,充分反映广大人民群众的要求,努力使民法典成为中国智慧的集中体现。

依法推进编纂,充分体现依法立法。宪法和立法法都规定,全国人民代表大会制定和修改刑事、民事、国家机构的和其他的基本法律。在编纂过程中,先行制定的民法总则提交十二届全国人大五次会议审议表决通过。2018 年 8 月,十三届全国人大常委会第五次会议对民法典各分编草案进行初次审议。之后,全国人大常委会对各分编草案进行拆分审议,各编历次草案都依法进行论证、向社会公开征求意见。民法典编纂体现了党的领导、人民当家作主、依法治国的有机统一,是科学立法、民主立法、依法立法的生动实践。

## 立足中国实际、回应时代需求

民法典对经济社会生活影响广泛,彰显一个民族的精神特质。民法典是时代精神的体现,具有鲜明时代特征。我国民法典的编纂,体现了我国对实际问题和时代需求的有效回应。

体现以人民为中心的发展思想。注重保障民生是民法典编纂的一个鲜明特点。比如,民法典编纂注重有效调整平等民事主体之间的法律关系,促进社会公平正义。又如,民法典草案中人格权独立成编,落实“公民的人格尊严不受侵犯”的宪法要求,体现了我国对公民人格权的庄严确认与严格保护。人格权编不仅规定并保护公民的生命权、健康权、名誉权、肖像权、姓名权、名称权等人格权,还重点规定了隐私权和个人信息保护等,要求机关、企业、学校等单位采取合理措施,防止和制止利用职权、从属关系等侵犯人格权。

反映网络时代特点。人类社会已经进入互联网时代，互联网的普及应用催生出多项前所未有的权利类型，如网络虚拟财产权、信息财产权等。在网络环境下，信息传播、权利保护具有特殊性。对此，民法典总则编作出积极回应，明确自然人的个人信息受法律保护，规定任何组织和个人应当依法取得他人信息并确保信息安全，不得非法收集、使用、加工、传输个人信息，不得非法买卖、提供或者公开个人信息。

回应技术发展需求。生物技术、人工器官制造技术、干细胞研究、克隆技术和组织工程学等的发展，在给人类造福的同时，也对生命权、健康权等人格权提出新的挑战。基于此，民法典人格权编规定，为研制新药、医疗器械或者发展新的预防和治疗方法，需要进行临床试验的，应当依法经相关主管部门批准并经伦理委员会审查同意，向受试者或者受试者的监护人告知试验目的、用途和可能产生的风险等详细情况，并经其书面同意；从事与人体基因、人体胚胎等有关的医学和科研活动，应当遵守法律、行政法规和国家有关规定，不得危害人体健康，不得违背伦理道德，不得损害公共利益。

融入生态文明理念。民法典围绕统筹推进"五位一体"总体布局，顺应人民在生态方面日益增长的需要，确立了绿色原则。比如，物权编对物权的客体、权能、属性、用益物权、相邻关系以及征收征用等制度进行完善，在保护民事主体财产权利的同时，对不动产的权利人设置必要的维护环境、保护生态的义务。合同编规定，当事人在合同履行中根据交易习惯负有节约资源、减少污染的义务，在合同终止后负有旧物回收义务。在侵权责任编规定违法损害生态环境的惩罚性赔偿。

健全风险治理机制。现代社会是风险社会。民法典针对如何应对各种可能的自然风险和人为风险，在原有制度基础上作出新安排。比如，为防控风险，规定"物业服务企业或者其他管理人应当执行政府依法实施的应急处置措施和其他管理措施，积极配合开展相关工作"，并要求业主依法予以配合。对于自然风险，民法典延续不可抗力规则，规定因不可抗力不能履行民事义务的，不承担民事责任，法律另有规定的，依照其规定。对于人为风险，民法典强调安全保障义务，强化合同附随义务，通过停止侵害、排除妨害等制度发挥事前预防功能，通过侵权责任与社会保险、社会救济相衔接形成对受害人的综合补偿机制。

## 编纂民法典意义重大而深远

编纂一部我们自己的民法典，是几代中国人的夙愿。如今，体现中国特色、时代特色的民法典终于迎来问世时刻。我国民法典的编纂，具有重大而深远的历史意义。

充分体现我们党全心全意为人民服务的根本宗旨。保障人民根本权益，是社会主义法治建设的出发点和落脚点，也是我们党坚守初心使命、坚持执政为民的内在要求。民法典保证人民依法享有广泛的权利和自由、承担应尽的义务。比如，总则编以专章形式，尽可能对民事主体享有的各种权利进行详细列举，并留有发展空间；物权编加强对建筑物业主权利的保护，增加规定居住权；合同编强化对债权实现的保护力度；人格权独立成编；等等，这些制度安排充分体现了以人民为中心的发展思想，有助于满足人民日益增长的美好生活需要。

为坚持和完善中国特色社会主义制度提供法治保障。民法典被称为“社会生活的百科全书”，是市场经济的基本法、人民生活的基本行为准则，是民事司法的基本依据，因此被视为法治现代化的重要标志，是国家治理现代化的重要保障。一方面，民法典全面规范民事关系，涉及经济和社会生活的方方面面，是民事领域的基础性、综合性法律，在国家治理体系中居于重要位置。另一方面，民法典实现了民事法律关系领域国家治理的制度化、规范化、程序化。民法典的颁行是国家治理现代化的重要步骤，为坚持和完善中国特色社会主义制度奠定更加坚实的法治基础。

促进社会主义市场经济健康发展。完善市场经济法律制度，是保障社会主义市场经济持续健康发展的现实需要。民法典的颁布，将进一步完善我国民商事活动的基本规则，为民商事活动提供基本遵循，有效健全经济秩序、维护交易安全。民法典的编纂坚持立足我国国情，适应中国特色社会主义进入新时代和我国社会主要矛盾发生转化的实际，必将发挥促进社会主义市场经济健康发展的积极作用。

推进法治国家、法治政府、法治社会一体建设。民法典调整作为民事主体的自然人、法人和非法人组织之间的人身关系和财产关系，有利于增强全民法治观念，加快建设法治社会。民法典规定："民事主体按照自己的意愿依法行使民事权利，不受干涉。"民法典各分编通过具体规范来确认和保障民事主体的各项具体民事权利，要求公权力依法行使，尊重和保护民事主体的合法权益。这就能够间接发挥规范权力行使的重要功能，有效推进法治国家、法治政府、法治社会一体建设。

促进德治与法治相得益彰。民法典把社会主义核心价值观融入法律条文中，弘扬中华民族传统美德，强化法律规则的道德约束和道德规范的法律支撑。比如，总则编确立的平等、自愿、公平、诚实信用、公序良俗和绿色原则，就是社会主义核心价值观在民法基本原则层面的转化和表达。又如，婚姻家庭编和继承编适当扩大扶养人范围，将"树立优良家风"作为处理夫妻关系和家庭关系的基本原则等，都为我国民事法律制度注入强大的道德力量。

**中国法学会党组成员、专职副会长兼秘书长**
**中国法学会民法典编纂项目领导小组组长** **张鸣起**

**2020 年 5 月 20 日**

# 学好民法典　用好民法典

2020年5月28日，在庄严的人民大会堂，十三届全国人大三次会议审议通过了《中华人民共和国民法典》，习近平主席当日签发第四十五号令，公布自2021年1月1日起施行。这是继19世纪《法国民法典》和20世纪《德国民法典》之后能够引领21世纪新潮流的中国人民自己的民法典！

编纂民法典，是以习近平同志为核心的党中央顺应实践发展要求和人民群众期待，在十八届四中全会作出的重大决策部署，是坚持和完善中国特色社会主义法治体系、实现国家治理体系和治理能力现代化的重大举措，是为统筹推进“五位一体”总体布局和协调推进“四个全面”战略布局，实现中华民族伟大复兴提供坚强法治保障的重要法治基础工程。民法的发达程度是一个国家文明进步的重要标志。民法典在广泛借鉴境外民法典立法例的基础上，凝聚全党全国各族人民的智慧和心血，体现人民意志，尊重人民意愿，坚持人民立场，融会人民感情；把握时代脉搏，顺应时代大势，紧扣时代主题，引领时代潮流。民法典凝聚了几代法学家和法律实务界的集体智慧，进一步完善了中国特色社会主义法律体系，在中国法治建设进程中具有里程碑的意义。

中国审判理论研究会民事审判理论专业委员会以全国法院10多万民事审判法官为依托，深入挖掘占全国法院一审审结案件总数90%的一审民事案件所蕴含的立法需求，充分发挥最先感知民事审判反映出来的民生民情民意的独特优势，全面总结2015年以来全国民事法律实施情况并提出民法典编纂的书面报告。中国审判理论研究会民事审判理论专业委员会自2015年以来每年年会主题确定为民法典编纂与民事审判，深入研究民事法律制度理论，积极参与民法典编纂工作，牵头论证人格权独立成编的可行性、必要性并拟出人格权编条文建议，为科学编纂民法典作出了一定贡献。

民法典在中国特色社会主义法律体系中具有重要地位,是一部固根本、稳预期、利长远的基础性法律。习近平总书记在主持中共中央政治局5月29日就“切实实施民法典”举行第二十次集体学习时强调,民法典系统整合了中华人民共和国成立70多年来长期实践形成的民事法律规范,汲取了中华民族5000多年来的优秀法律文化,借鉴了人类法治文明建设有益成果,是一部体现我国社会主义性质、符合人民利益和愿望、顺应时代发展要求的民法典,是一部体现对生命健康、财产安全、交易便利、生活幸福、人格尊严等各方面权利平等保护的民法典,是一部具有鲜明中国特色、实践特色、时代特色的民法典。各级党和国家机关要带头宣传、推进、保障民法典实施,加强检查和监督,确保民法典得到全面有效执行。各级领导干部要做学习、遵守、维护民法典的表率,提高运用民法典维护人民权益、化解矛盾纠纷、促进社会和谐稳定能力和水平。

编纂出民法典是中华人民共和国成立70余年来几代人的梦想。然而,立法本身并不是我们的目的,立法的目的在于应用,在于实施。切实实施好民法典是坚持以人民为中心、保障人民权益实现和发展的必然要求,是发展社会主义市场经济、巩固社会主义基本经济制度的必然要求,是提高我们党治国理政水平的必然要求。民法典要实施好,就必须让民法典走到群众身边、走进群众心里,走到法官、检察官、公务员、律师、仲裁员、公证员手里。民法典要实施好,就要广泛开展民法典普法工作,把民法典纳入国民教育体系,加强对青少年的民法典教育。民法典要实施好,必须认真学习民法典,准确理解民法典,准确理解民法典的精神实质和微言大义,准确理解民法典的每一个条文,融会贯通,学以致用,正确适用具体制度和每一个条款。民法典要实施好,各级司法机关要秉持公正司法,提高民事审判水平和效率。

最高人民法院院长周强指出:“贯彻实施好民法典,必须吃透民法典精神,正确理解民法典的核心要义和重要制度,正确适用民法典的规定,保障人民权益。民法典立足中国国情,在实现好、维护好、发展好人民权益方面有许多创新。其中,人格权独立成编,全面加强对包括自然人隐私权和个人信息在内的人格权保护,彰显了民法典的人民立场和人文关怀;物权编创设了居住权制度;合同编新增了保理合同、物业服务合同、合伙合同等典型合同;婚姻家庭编确立了夫妻共债共签原则,限缩了无效婚姻范围,对协议离婚规定了一个月的冷静期；继承编增加了打印遗嘱、录像遗嘱等新形式遗嘱类型，并取消了公证遗嘱的优先效力，等等。这些新的内容反映着新时代人民权益的特点，体现着新时代社会生活的实践和发展。要引导广大法官深入学习领会民法典的创新之处，将民法典新理念、新原则、新概念、新条款贯彻到审判执行工作的各个环节，提高运用民法典维护人民权益、化解矛盾纠纷、促进社会和谐稳定的能力和水平。”

天下之事不难于立法，而难于法之必行。民法典颁布施行，开启了法治中国建设的新里程。民法典共7编1260条、10万多字，是我国法律体系中条文最多、体量最大、编章结构最复杂、法律适用难度最大的一部法律。中国法学会及其所属各个研究会肩负着民法典宣传普及职责，全国各级人民法院肩负着民法典贯彻实施的历史使命和法定职责，应当成为民法实施体系的中流砥柱。为此，必须吃透立法精神、领会规则实质、把握条文主旨，正确理解民法典立法宗旨、条文含义，释疑解惑，明确司法适用，认真做好贯彻实施民法典、解释民法典、适用民法典的知识储备和理论准备。

工欲善其事，必先利其器。遵照习近平总书记“要加强解读”“要发挥法律解释的作用，及时明确法律规定含义和适用法律依据，保持民法典稳定性和适应性相统一”的要求，中国法学会审判理论研究会民事审判理论专业委员会精心编写的“民法典条文理解与司法适用”丛书（总则编、物权编、合同编、人格权编、婚姻家庭编、继承编、侵权责任编七个分册），就是贯彻落实最高人民法院和中国法学会关于认真学习宣传贯彻实施民法典要求的理论利器和应用工具。这个利器和工具，是由我牵头，有申惠文、何建、孙莹、丁慧、杨帆、周杲等一批民法理论基础扎实、民事实践经验丰富的专家参加，认真把脉民法典的关节点、创新点，精心打造的。毋庸置疑，其中凝聚着民法研究的理论成果和全国法院法官的经验智慧。

“民法典条文理解与司法适用”丛书认真贯彻习近平总书记关于切实实施民法典的重要讲话精神，始终坚持以习近平新时代中国特色社会主义思想为指导，全面贯彻党的十九大和十九届二中、三中、四中全会精神，增强“四个意识”、坚定“四个自信”、做到“两个维护”，坚持以人民为中心的政治立场，大力弘扬社会主义核心价值观，坚持新发展理念。该书聚焦民法典的核心要义和重点问题，重点阐释民法典关于民事活动平等、自愿、公平、诚信等基本原则，重点阐释民法典关于坚持主体平等、保护财产权利、便利交易流转、维护人格尊严、促进家庭和谐、追究侵权责任等基本要求，从条文主旨、条文理解、司法适用、司法案例等方面进行逐条解读，全方位阐释民法典新规定、新概念、新精神，重点关注民事审判实践中的问题，具有较强的现实指导意义。

民法典的基本精神在于平等自愿、自由自治、公平诚信、绿色文明，核心要义在于维护基本制度、保护民事权益、限制国家公权、弘扬核心价值。当前，各级立法机关、行政机关和司法机关，都在按照中央安排部署认真学习民法典、宣传民法典，提高适用民法典的能力和水平。唯有学好民法典、用好民法典，才能够充分发挥民法典在完善中国特色社会主义法律体系、推进国家治理体系和治理能力现代化中的重要作用。让我们同心协力，将民法典学习好、理解好、适用好、落实好，确保民法典落地有声，全面施行，让民法的阳光普照神州大地。

期望本丛书的出版发行，为民法典的正确理解和准确适用提供指引。

**中国法学会审判理论研究会常务理事**
**民事审判理论专业委员会常务副主任** **曹守晔**

**2020 年 6 月 19 日**

# 法律、司法解释缩略语表

| 全　称 | 简　称 |
|---|---|
| 《中华人民共和国民法典》 | 《民法典》 |
| 《中华人民共和国民法典》第一编“总则” | 《民法典》“总则编” |
| 《中华人民共和国民法典》第二编“物权” | 《民法典》“物权编” |
| 《中华人民共和国民法典》第三编“合同” | 《民法典》“合同编” |
| 《中华人民共和国民法典》第四编“人格权” | 《民法典》“人格权编” |
| 《中华人民共和国民法典》第五编“婚姻家庭” | 《民法典》“婚姻家庭编” |
| 《中华人民共和国民法典》第六编“继承” | 《民法典》“继承编” |
| 《中华人民共和国民法典》第七编“侵权责任” | 《民法典》“侵权责任编” |
| 《中华人民共和国民法总则》 | 《民法总则》 |
| 《中华人民共和国民法通则》 | 《民法通则》 |
| 《中华人民共和国合同法》 | 《合同法》 |
| 《中华人民共和国公司法》 | 《公司法》 |
| 《中华人民共和国侵权责任法》 | 《侵权责任法》 |
| 《最高人民法院关于贯彻执行〈中华人民共和国民法通则〉若干问题的意见(试行)》 | 《民通意见》 |
| 《最高人民法院关于审理人身损害赔偿案件适用法律若干问题的解释》 | 《人身损害赔偿解释》 |
| 《最高人民法院关于适用〈中华人民共和国合同法〉若干问题的解释(一)》 | 《合同法解释(一)》 |
| 《最高人民法院关于适用〈中华人民共和国合同法〉若干问题的解释(二)》 | 《合同法解释(二)》 |

续表

| 全　称 | 简　称 |
|---|---|
| 《最高人民法院关于适用〈中华人民共和国公司法〉若干问题的规定(一)》 | 《公司法解释(一)》 |
| 《最高人民法院关于适用〈中华人民共和国公司法〉若干问题的规定(二)》 | 《公司法解释(二)》 |
| 《最高人民法院关于适用〈中华人民共和国公司法〉若干问题的规定(三)》 | 《公司法解释(三)》 |
| 《最高人民法院关于适用〈中华人民共和国公司法〉若干问题的规定(四)》 | 《公司法解释(四)》 |
| 《最高人民法院关于适用〈中华人民共和国民事诉讼法〉的解释》 | 《民事诉讼法解释》 |
| 《最高人民法院关于执行〈中华人民共和国行政诉讼法〉若干问题的解释》 | 《行政诉讼法解释》 |
| 《最高人民法院关于审理买卖合同纠纷案件适用法律问题的解释》 | 《买卖合同解释》 |
| 《最高人民法院关于适用〈中华人民共和国婚姻法〉若干问题的解释(一)》 | 《婚姻法解释(一)》 |
| 《最高人民法院关于适用〈中华人民共和国婚姻法〉若干问题的解释(二)》 | 《婚姻法解释(二)》 |
| 《最高人民法院关于适用〈中华人民共和国婚姻法〉若干问题的解释(三)》 | 《婚姻法解释(三)》 |
| 《最高人民法院关于确定民事侵权精神损害赔偿责任若干问题的解释》 | 《精神损害赔偿解释》 |
| 《最高人民法院关于审理民事案件适用诉讼时效制度若干问题的规定》 | 《诉讼时效解释》 |
| 《最高人民法院关于适用〈中华人民共和国物权法〉若干问题的解释(一)》 | 《物权法解释(一)》 |

# 目录

## 第一编　总　　则

第一章　基本规定 …… 2
第一条　【立法目的和依据】 …… 5
第二条　【调整范围】 …… 12
第三条　【民事权益受法律保护】 …… 17
第四条　【平等原则】 …… 19
第五条　【自愿原则】 …… 21
第六条　【公平原则】 …… 23
第七条　【诚信原则】 …… 25
第八条　【合法与公序良俗原则】 …… 29
第九条　【生态文明原则】 …… 31
第十条　【处理民事纠纷依据】 …… 35
第十一条　【优先适用特别法】 …… 36
第十二条　【效力范围】 …… 37

第二章　自然人 …… 39
第一节　民事权利能力和民事行为能力 …… 41
第十三条　【自然人民事权利能力的起止】 …… 41
第十四条　【自然人民事权利能力平等】 …… 43
第十五条　【自然人出生和死亡时间的判断标准】 …… 46
第十六条　【胎儿利益的特殊保护】 …… 47
第十七条　【成年人与未成年人的年龄标准】 …… 49
第十八条　【完全民事行为能力人】 …… 50
第十九条　【限制民事行为能力的未成年人】 …… 52

第二十条 【无民事行为能力的未成年人】 …… 54
第二十一条 【八周岁以上自然人无民事行为能力】 …… 55
第二十二条 【限制民事行为能力的成年人】 …… 56
第二十三条 【法定代理人】 …… 59
第二十四条 【无民事行为能力人或限制民事行为能力人的认定与恢复】 …… 60
第二十五条 【自然人的住所】 …… 62
第二节 监护 …… 64
第二十六条 【父母子女之间的法律义务】 …… 64
第二十七条 【未成年人监护】 …… 65
第二十八条 【成年人监护】 …… 67
第二十九条 【遗嘱指定监护人】 …… 68
第三十条 【协议监护】 …… 69
第三十一条 【监护争议】 …… 70
第三十二条 【公职监护人】 …… 72
第三十三条 【意定监护】 …… 73
第三十四条 【监护人责权利及临时生活照料措施】 …… 74
第三十五条 【最有利于被监护人原则】 …… 76
第三十六条 【撤销监护人资格】 …… 78
第三十七条 【监护人资格被撤销后负担义务不免除】 …… 80
第三十八条 【恢复监护人资格】 …… 81
第三十九条 【监护关系终止的情形】 …… 82
第三节 宣告失踪和宣告死亡 …… 84
第四十条 【宣告失踪的条件】 …… 84
第四十一条 【下落不明的时间计算】 …… 85
第四十二条 【失踪人的财产代管人】 …… 86
第四十三条 【财产代管人的职责】 …… 87
第四十四条 【财产代管人的变更】 …… 88
第四十五条 【失踪宣告的撤销】 …… 89
第四十六条 【宣告死亡的条件】 …… 89
第四十七条 【利害关系人选择性宣告的处理】 …… 91
第四十八条 【宣告死亡日期的确定】 …… 92
第四十九条 【被宣告死亡人实际未死亡时的行为效力】 …… 93

第五十条　【死亡宣告的撤销】 …… 94
第五十一条　【被宣告死亡人婚姻关系的消灭与恢复】 …… 94
第五十二条　【撤销死亡宣告对收养关系的影响】 …… 95
第五十三条　【撤销死亡宣告后的财产权】 …… 96
第四节　个体工商户和农村承包经营户 …… 97
第五十四条　【个体工商户的定义】 …… 97
第五十五条　【农村承包经营户的定义】 …… 98
第五十六条　【债务承担规则】 …… 100

第三章　法人 …… 101
第一节　一般规定 …… 101
第五十七条　【法人的定义】 …… 101
第五十八条　【法人成立的条件】 …… 103
第五十九条　【法人民事权利能力和民事行为能力的起止】 …… 105
第六十条　【法人民事责任承担】 …… 106
第六十一条　【法定代表人的定义及行为的法律后果】 …… 108
第六十二条　【法定代表人职务侵权行为的责任承担】 …… 111
第六十三条　【法人的住所】 …… 112
第六十四条　【法人变更登记】 …… 113
第六十五条　【法人实际情况与登记事项不一致的法律后果】 …… 115
第六十六条　【公示登记信息】 …… 118
第六十七条　【法人合并、分立后权利义务的享有和承担】 …… 119
第六十八条　【法人终止事由】 …… 121
第六十九条　【法人解散事由】 …… 123
第七十条　【法人解散后的清算】 …… 126
第七十一条　【法人清算程序和清算组职权】 …… 129
第七十二条　【清算中法人地位、清算后剩余财产的处理和法人终止】 …… 131
第七十三条　【法人破产】 …… 134
第七十四条　【法人分支机构及其责任承担】 …… 135
第七十五条　【法人设立行为的法律后果】 …… 138
第二节　营利法人 …… 141
第七十六条　【营利法人的定义及范围】 …… 141

第七十七条 【营利法人的成立】…… 142
第七十八条 【营利法人的营业执照】…… 143
第七十九条 【营利法人的章程】…… 144
第八十条 【营利法人的权力机构】…… 146
第八十一条 【营利法人的执行机构】…… 147
第八十二条 【营利法人的监督机构】…… 148
第八十三条 【出资人滥用权利的责任承担】…… 149
第八十四条 【营利法人关联交易】…… 152
第八十五条 【决议的撤销】…… 154
第八十六条 【营利法人应履行的义务】…… 157
第三节 非营利法人 …… 159
第八十七条 【非营利法人的定义及范围】…… 159
第八十八条 【事业单位法人资格的取得】…… 159
第八十九条 【事业单位法人的组织机构】…… 161
第九十条 【社会团体法人资格的取得】…… 163
第九十一条 【社会团体法人的章程及组织机构】…… 164
第九十二条 【捐助法人的定义和范围】…… 165
第九十三条 【捐助法人的章程及组织机构】…… 166
第九十四条 【捐助人的权利】…… 167
第九十五条 【非营利法人终止时剩余财产的处置】…… 170
第四节 特别法人 …… 171
第九十六条 【特别法人】…… 171
第九十七条 【机关法人】…… 171
第九十八条 【机关法人终止后权利义务的享有和承担】…… 172
第九十九条 【农村集体经济组织法人】…… 173
第一百条 【城镇农村的合作经济组织法人】…… 175
第一百零一条 【基层群众性自治组织法人】…… 176

第四章 非法人组织 …… 179
第一百零二条 【非法人组织的定义及范围】…… 180
第一百零三条 【非法人组织的设立程序】…… 181
第一百零四条 【非法人组织的债务承担】…… 183
第一百零五条 【非法人组织的代表人】…… 185

第一百八十五条 【侵害英烈等的姓名、肖像、名誉、荣誉的民事责任】…… 335
第一百八十六条 【责任竞合】…… 337
第一百八十七条 【民事责任优先承担】…… 341

**第九章 诉讼时效** …… 345
第一百八十八条 【普通诉讼时效、最长权利保护期间】…… 346
第一百八十九条 【分期履行债务的诉讼时效】…… 348
第一百九十条 【对法定代理人请求权的诉讼时效】…… 352
第一百九十一条 【受性侵未成年人赔偿请求权的诉讼时效】…… 353
第一百九十二条 【诉讼时效期间届满的法律效果】…… 354
第一百九十三条 【诉讼时效援用】…… 356
第一百九十四条 【诉讼时效中止的情形】…… 357
第一百九十五条 【诉讼时效中断的情形】…… 361
第一百九十六条 【不适用诉讼时效的情形】…… 365
第一百九十七条 【诉讼时效法定、时效利益预先放弃无效】…… 369
第一百九十八条 【仲裁时效】…… 370
第一百九十九条 【除斥期间】…… 374

**第十章 期间计算** …… 376
第二百条 【期间计算单位】…… 376
第二百零一条 【期间起算】…… 377
第二百零二条 【期间结束】…… 378
第二百零三条 【期间结束日顺延和末日结束点】…… 378
第二百零四条 【期间计算方法】…… 380

**附录一 关于《中华人民共和国民法典(草案)》的说明** …… 382

**附录二 《民法通则》等相关法律与《民法典》"总则编"对照表** …… 399

**出版后记** …… 442

第一百六十条 【附期限的民事法律行为】 …… 276

**第七章　代理** …… 278
第一节　一般规定 …… 279
第一百六十一条 【代理适用范围】 …… 279
第一百六十二条 【代理的效力】 …… 280
第一百六十三条 【代理的类型】 …… 284
第一百六十四条 【代理人不当行为的法律后果】 …… 285
第二节　委托代理 …… 286
第一百六十五条 【授权委托书】 …… 286
第一百六十六条 【共同代理】 …… 288
第一百六十七条 【违法代理及其法律后果】 …… 289
第一百六十八条 【禁止自己代理和双方代理及例外】 …… 290
第一百六十九条 【复代理】 …… 292
第一百七十条 【职务代理】 …… 294
第一百七十一条 【无权代理】 …… 295
第一百七十二条 【表见代理】 …… 298
第三节　代理终止 …… 300
第一百七十三条 【委托代理终止的情形】 …… 300
第一百七十四条 【委托代理终止的例外】 …… 302
第一百七十五条 【法定代理终止的情形】 …… 304

**第八章　民事责任** …… 306
第一百七十六条 【民事义务与责任】 …… 307
第一百七十七条 【按份责任】 …… 310
第一百七十八条 【连带责任】 …… 313
第一百七十九条 【承担民事责任的方式】 …… 316
第一百八十条 【不可抗力】 …… 320
第一百八十一条 【正当防卫】 …… 325
第一百八十二条 【紧急避险】 …… 328
第一百八十三条 【因保护他人民事权益受损时的责任承担与补偿办法】 …… 331
第一百八十四条 【自愿实施紧急救助行为不承担民事责任】 …… 333

第一百三十四条 【民事法律行为的成立】 …… 238
第一百三十五条 【民事法律行为的形式】 …… 241
第一百三十六条 【民事法律行为效力的一般性规定】 …… 242
第二节 意思表示 …… 244
第一百三十七条 【有相对人的意思表示生效时间】 …… 244
第一百三十八条 【无相对人的意思表示生效时间】 …… 246
第一百三十九条 【以公告方式作出的意思表示生效时间】 …… 248
第一百四十条 【意思表示的作出方式】 …… 249
第一百四十一条 【意思表示的撤回】 …… 252
第一百四十二条 【意思表示的解释】 …… 253
第三节 民事法律行为的效力 …… 255
第一百四十三条 【民事法律行为有效的条件】 …… 255
第一百四十四条 【无民事行为能力人实施的民事法律行为的效力】 …… 256
第一百四十五条 【限制民事行为能力人实施的民事法律行为的效力】 …… 257
第一百四十六条 【虚假表示与隐藏行为的效力】 …… 258
第一百四十七条 【基于重大误解实施的民事法律行为的效力】 …… 260
第一百四十八条 【以欺诈手段实施的民事法律行为的效力】 …… 261
第一百四十九条 【受第三人欺诈的民事法律行为的效力】 …… 262
第一百五十条 【以胁迫手段实施的民事法律行为的效力】 …… 263
第一百五十一条 【显失公平的民事法律行为的效力】 …… 264
第一百五十二条 【撤销权的消灭】 …… 266
第一百五十三条 【违反强制性规定及违背公序良俗的民事法律行为的效力】 …… 267
第一百五十四条 【恶意串通的民事法律行为的效力】 …… 270
第一百五十五条 【无效、被撤销的民事法律行为自始无效】 …… 271
第一百五十六条 【民事法律行为部分无效】 …… 273
第一百五十七条 【民事法律行为无效、被撤销或确定不发生效力的法律后果】 …… 274
第四节 民事法律行为的附条件和附期限 …… 275
第一百五十八条 【附条件的民事法律行为】 …… 275
第一百五十九条 【条件成就和不成就的拟制】 …… 276

第一百零六条 【非法人组织解散的情形】 …… 187
第一百零七条 【非法人组织的清算】 …… 188
第一百零八条 【参照适用】 …… 190

第五章　民事权利 …… 192
第一百零九条 【自然人一般人格权】 …… 193
第一百一十条 【民事主体的人格权】 …… 194
第一百一十一条 【个人信息受法律保护】 …… 196
第一百一十二条 【因婚姻家庭关系等产生的人身权利受保护】 …… 197
第一百一十三条 【财产权利平等保护】 …… 200
第一百一十四条 【物权的定义及类型】 …… 202
第一百一十五条 【物权客体】 …… 204
第一百一十六条 【物权法定原则】 …… 206
第一百一十七条 【征收、征用】 …… 207
第一百一十八条 【债权的定义】 …… 209
第一百一十九条 【合同的约束力】 …… 210
第一百二十条 【侵权责任的承担】 …… 211
第一百二十一条 【无因管理】 …… 213
第一百二十二条 【不当得利】 …… 215
第一百二十三条 【知识产权】 …… 216
第一百二十四条 【继承权】 …… 219
第一百二十五条 【投资性权利】 …… 223
第一百二十六条 【其他民事权益】 …… 225
第一百二十七条 【数据、网络虚拟财产的保护】 …… 226
第一百二十八条 【民事权利的特别保护】 …… 227
第一百二十九条 【民事权利的取得方式】 …… 229
第一百三十条 【民事权利自愿行使原则】 …… 230
第一百三十一条 【权利义务一致】 …… 231
第一百三十二条 【不得滥用民事权利】 …… 233

第六章　民事法律行为 …… 235
第一节　一般规定 …… 237
第一百三十三条 【民事法律行为的定义】 …… 237

# 第一编　总　则

《民法典》在中国特色社会主义法律体系中处于基本法地位，是一部固根本、稳预期、利长远的基础性法律，是民事权利的宣言，“人民自由的圣经”。

“总则编”的核心要义，在于明确立法目的、融贯核心价值、规定基本原则、界定民事主体、宣示民事权利、规范民事行为、设定民事责任。本编统领物权、合同、人格权、婚姻家庭、继承和侵权责任等各个分编，统摄民商事法律领域，统合民商事法律适用规则。

# 第一章 基本规定

本章是对立法目的、立法根据、调整对象、民法基本原则和民法适用的规定。其中,将“弘扬社会主义核心价值观”作为一项重要的立法目的,体现坚持依法治国与以德治国相结合的鲜明中国特色和建设文明美丽中国的宪法要求。基本原则是民事主体从事民事活动和司法机关进行民事司法活动应当遵循的基本准则。

立法目的、立法根据具体体现在第 1 条,调整对象体现在第 2 条,第 3 条至第 9 条是对民法基本原则的规定,第 10 条至第 12 条是对民法适用方法,即裁判方法的规定。传承了《民法通则》开篇确立基本原则的立法体系。[①]

本章规定的基本原则是:民事权益神圣不可侵犯原则、平等原则、自愿原则、公平原则、诚实信用原则、合法和公序良俗原则以及绿色原则(第 9 条),并在各分编当中加以贯彻。[②] 本章还规定了法律的适用规则。

(一)民法基本原则的立法争议

在《民法总则》立法过程中,最高人民法院建议在《民法通则》规定的平等、自愿、公平、等价有偿、诚实信用原则之外增加意思自治原则,因为当事人意思自治是平等原则的核心体现和内在要求,也是民法区别于其他法律的本质特征之一;增加反映绿色发展理念的原则:“民事主体从事民事活动应当保护环境、节约资源,促进人与自然和谐发展”;增加民事权利义务和责任相适应原则。学者对于是否将“公平”、“民事权利保护”和“禁止权利滥用”作为民法基本原则,存在不同看法。有的建议规定“民事权利保护”和“禁止权利滥用”[③],有的提出“绿色”[④]“法律补充”原则[⑤]。中国法学会民法典编纂项目领导小组建议稿中,规定了“公平”

---

① 《法国民法典》《德国民法典》均未对民法基本原则作出集中规定。《瑞士民法典》及以后的日本、俄罗斯、越南等国的民法典,则逐渐重视在其“一般规定”中明确宣示民法的基本原则。

② 该原则在《民法典》各分编编纂中得到贯彻。曹守晔:《以习近平生态文明思想指导民法典编纂》,载《人民法院报》,最高人民法院微信公众号,2019 年 8 月 16 日。

③ 梁慧星:《中国民法典草案建议稿附理由 · 总则编》,法律出版社 2013 年版,第 3 页。

④ “当事人进行民事活动,应当遵循节约资源、保护环境、尊重其他动物之权利的原则。”参见徐国栋主编:《绿色民法典草案》,社会科学文献出版社 2004 年版,第 3 页。

⑤ 徐国栋主编:《绿色民法典草案》,社会科学文献出版社 2004 年版,第 3 ~ 4 页。

原则，并提出了“人与自然和谐发展”原则①。中国社会科学研究院法学研究所课题组提出的建议稿中，主张了“民事权利保护”，并提出了“信赖保护”原则②。最高人民法院民法典编纂研究工作小组建议增加节约资源、防治污染、保护生态环境的绿色原则。全国人大常委会法工委提出的征求意见稿(2016)未采纳“禁止权利滥用”原则，但采纳了“公平”和“民事权利保护”原则。《民法典》“总则编”与《民法总则》确立的基本原则保持一致。

（二）民法基本原则的概念

所谓民法基本原则，是指贯穿民事立法、民事司法、守法和司法解释始终，具有普遍适用效力和衡平作用的指导思想和基本准则，是民法精神实质之所在③；是对立法者所奉行的民法理念、民法精神、民事政策和价值取向的集中反映；是克服成文法局限性(滞后、僵硬性等)的衡平工具。我国民法基本原则体现市民社会和市场经济根本要求，在本质上，集中反映了中国特色社会主义；在效力上，既是立法机关制定民商事特别法的准据、最高人民法院制定民事司法解释的依据，也是人民法院审理民商事案件的准绳、民事主体从事民事活动的准则，不允许当事人排除适用。我国民法基本原则体现了民法以人为本、以人民为中心的指导思想，体现了在个人本位和社会本位方面兼容调和的价值取向。④

（三）民法基本原则的司法适用

1. 司法适用现状

最高人民法院于 2015 年 12 月召开第八次全国法院民商事审判工作会议，把当事人平等、诚实信用作为民商事审判基本原则要求坚持，于 2016 年 12 月初发布的该会议纪要重申依法平等保护、倡导诚实守信原则。根据中国裁判文书网进行的数据分析，司法实践中适用基本原则非常普遍。对中国裁判文书网(2017 年 1 月 27 日)收录的 16,064,758 份文书，譬如以关键词“公平原则”“社会公共利益”“诚实信用原则”“自愿原则”搜索，分别有 158,612、117,029、94,689 和 14,327 次在裁判文书引用。以关键词“等价有偿原则”“尊重社会公德原则”“遵守国家政策”“公序良俗原则”“平等原则”“损害社会公共利益，破坏国家经济计划，扰乱

---

① 中国法学会网，http://www.chinalaw.org.cn/Column/Column_View.aspx?ColumnID=81&InfoID=14364，2017 年 2 月 1 日访问。

② 中国社会科学网，http://ex.cssn.cn/fx/fx_yzyw/201603/t20160303_2895289.shtml，2017 年 2 月 1 日访问。

③ 李开国：《民法总则研究》，法律出版社 2003 年版，第 65 页。

④ 民法基本原则同时兼备立法准则、行为准则和审判准则、授权法官进行创造性司法活动的功能。参见徐国栋：《民法基本原则解释》，北京大学出版社 2013 年版，第 34 页。

"万法之母"。本编统辖整个民法典、确认民法基本规则体系，以设立确认与保障私权的基本规则为己任。2014 年 10 月，党的十八届四中全会通过《中共中央关于全面推进依法治国若干重大问题的决定》（以下简称《决定》），提出要"实现公民权利保障法治化"的要求，具体内容为"依法保障公民权利，加快完善体现权利公平、机会公平、规则公平的法律制度，保障公民人身权、财产权、基本政治权利等各项权利不受侵犯，保障公民经济、文化、社会等各方面权利得到落实，实现公民权利保障法治化。增强全社会尊重和保障人权意识，健全公民权利救济渠道和方式"。这是总结我国民主法治建设经验教训得出的重要结论，是更好尊重和保障公民权利的内在要求，也是"法治中国"建设的应有之义。

所谓民事主体，是指民事关系的参与者、民事权利的享有者、民事义务的履行者和民事责任的承担者，具体是指平等主体的自然人、法人和非法人组织。民事是与刑事、行政相对而言的。[①] 自然人在《民法通则》中与公民等同，是与法人相对而言的。法人是指具有民事权利能力和民事行为能力、能够依法独立享有民事权利和承担民事义务的组织。法人不是自然人，是自然人之外最重要的民事主体，有其独立的法律人格，可以拥有自己的财产，以自己的名义从事民事活动和诉讼活动，以其独立财产承担民事责任。法人分为营利法人、非营利法人和特别法人。非法人组织是指不具有法人资格但是能够以自己的名义从事民事活动的组织，包括个人独资企业、合伙企业、不具有法人资格的专业服务机构等。与法人不同的是，非法人组织的财产不足以清偿债务的，其出资人或者设立人一般承担无限责任，除非法律另有规定。

所谓民事主体的合法权益，是指自然人、法人和非法人组织等民事主体依法享有的人身权益、财产权益。这一句基本沿袭了《民法通则》的表述。这里的"合法权益"包括民事权利，也包括民事利益。当前司法实践中，在人身权方面要进一步加强对人格权的保护，财产权方面要加强对产权的平等保护、全面保护、依法保护。民法是权利法，保护民事主体的合法权益是民法的主要目的。这与现代法治建设的核心——"规范公权，保障私权"相一致。所以，民法典的体系构建也应当以民事权益的保护为中心展开。其调整的方法主要是通过民事权利义务的设定和民事责任的追究予以实现。

本编承袭了《民法通则》体系，将"民事权利"单独作为一章予以规定。虽然条文增加的数量并不多，但对于私权的保护具有重要的意义。自改革开放以来，

---

① 丘汉平先生在《民法第一条疏义》一文中研究民法典第一条中的"民事"一词的含义，认为"民事"既"别于刑法事件"，又"别于行政事件"，还"别于宪法事件"。

随着政治、经济、文化、科技等高速发展，私权的范围不断得到扩张和立法确认，而面对30年来蓬勃兴起的私权，本编给予高度重视，除了将包括"姓名权"在内的几乎所有民事权利作出明确列举，使民事权利的类型空前丰富外，还为适应和彰显时代特征，新增了"身体权"、"个人信息权"、"投资收益权"和"虚拟财产权"等权利。除此之外，本编第五章"民事权利"部分多次使用"等权利"和"其他权利"的表述，凸显了民法典的开放性，为未来民事权利体系的发展预留了空间。如此规定，不仅确定了私权保护的核心地位，也充分发挥了"权利宣言书"的作用，体现了对于民事主体合法权益保护的立法目的。

2. 调整民事关系

法律作为一定社会关系的调节器，与其他社会规范相比，具有普遍性、确定性、相对稳定性和国家强制性等特点。其调整功能是通过制定规范界定政府的权力与责任、规定人们的行为准则、赋予人们权利、明确人们义务、确定违反义务的法律后果和处理程序的方式来实现的。法律划分为不同的法的部门，这是由其调整社会关系的范围，即调整对象决定的。民法之所以成为一个独立的部门法，就是由于它有着受其调整的特定一类性质和范围的社会关系，即民事关系。

所谓民事关系，是指平等主体之间的人身关系、财产关系——基于民事法律行为产生的亲属关系、婚姻关系、合同关系、损害赔偿关系、物权关系。民事法律行为是指民事主体通过意思表示设立、变更、终止民事法律关系的行为。《民法典》"总则编"沿用了《民法通则》中的"民事法律行为"概念，其含义等于《民法通则》中的"民事行为"，改变了《民法通则》中"民事法律行为"只限于合法行为的含义，民法理论称之为法律行为。① 如双方当事人订立买卖合同的行为。民事法律行为以意思表示为核心要素，没有意思表示则没有民事法律行为。

民法以平等和自治为基础，调整民事关系，从维护社会共同生活的必要性出发，以一般的道德标准来衡量社会生活关系，通过制定一系列的民事规范来明确其调整与保护的范围，表彰社会主义核心价值，为人们的日常交往提供了一种框架性的背景和稳定的行为预期，为人们的合法权益提供保护，使人们知道自己的行为的法律效果，并在民事诉讼中为法官提供裁判依据，从而使整个社会运转处于稳定有序的状态。

---

① 等同于德国民法中的"法律行为"，即"能产生法律效果的以意思表示为基础的行为，以私法自治原则为基础，不以合法性为判断标准，既包括实质上合法的行为，也包括不法行为"。参见[德]卡尔·拉伦茨：《德国民法通论》（上册），谢怀栻、王晓晔等译，法律出版社2013年版，第98页。

3. 维护社会和经济秩序

《民法典》“总则编”除了文字修改之外，与《民法通则》[①]比较，其吸收了《合同法》的规定，增加了“维护社会和经济秩序”这一立法目的。所谓社会和经济秩序，就是生活生产、工作劳动、婚姻家庭、市场交易秩序，就是人们感受到的人权、自由、安全、平等、公正、体面的秩序，商品和要素自由流动、公平交易、平等使用的秩序，合理、公平、正当竞争秩序和资源配置、财产归属和利用科学合理秩序，国家公权与个人私权、社会公共利益与私人利益边界秩序。民法同其他法律部门一样，是具有一定经济基础的上层建筑。民法是将“经济关系直接翻译为法律原则”[②]，更为直接地反映社会经济关系。民法在其历史发展中，始终是商品关系稳定发展的重要条件和保障。我国民法是由我国的经济基础决定，并受我国政治、思想、文化、道德等上层建筑制约的社会主义性质的民法，是维护社会和经济能够正常运行的有效法律形式。民法如何维护？制度层面首先是通过民法的基本原则，其次是民事法律规范；实施层面首先是自治，其次是公治——行政管理，最后是司法。

民法固然是私法，当然保护私人利益、个人利益，同时还保护社会公共利益，保护国家利益、集体利益和各类所有制组织利益，维护社会和经济秩序。[③] 民法维护社会和经济秩序的实质，在于维护社会主义社会人民当家作主和中国特色社会主义市场经济秩序，在于坚持和完善社会主义制度，在于保障民事权利、增进人民福祉。民法既要保护民事主体的合法权益，又要从社会整体和经济秩序考虑，维护社会和谐文明和经济秩序公正井然。党的十八届四中全会指出，社会主义市场经济本质上是法治经济，要使市场在资源配置中起决定性作用和更好发挥政府作用，必须以保护产权、维护契约、统一市场、平等交换、公平竞争、有效监管为基本导向，完善社会主义市场经济法律制度。

4. 适应中国特色社会主义发展要求

任何一部法典的制定都有其深刻的历史背景。[④] 而当前我国民法典的制定，根据《决定》的要求“全面推进依法治国，总目标是建设中国特色社会主义法治体

---

① 《民法通则》第 1 条规定：“为了保障公民、法人的合法的民事权益，正确调整民事关系，适应社会主义现代化建设事业发展的需要，根据宪法和我国实际情况，总结民事活动的实践经验，制定本法。”

② 《马克思恩格斯选集》（第 4 卷），人民出版社 1995 年版，第 484 页。

③ 1922 年《苏俄民法典》第 1 条规定：实现民事权利不得违背社会经济目的。

④ 《法国民法典》制定的背景是理性自然法兴盛之时，受法国大革命的影响，以人为中心，自始至终洋溢着自然法的光芒。《德国民法典》制定的背景正是康德的理性哲学风行之时，其充分体现了形式合理主义，注重体系严密性、结构逻辑化、概念统一化等特点。

系，建设社会主义法治国家"，必须坚持立法先行。"完善以宪法为核心的中国特色社会主义法律体系"，这意味着我国民法典的编纂也要体现中国特色，适应中国特色社会主义发展，这是建设社会主义法治国家的必然要求。

所谓适应中国特色社会主义发展要求，就是适应中国特色社会主义经济、政治、文化、社会和生态文明建设五位一体发展要求，就是适应"四个全面"发展战略的要求，贯彻新发展理念。"中国特色"是对中国改革开放和社会发展规律的一个科学总结，是我国民法典具有生命力的根本保障，也是我们立法的一个根本指标。中国特色要求我国民法典的编纂必须以中国特色社会主义法治理论为指导，立足国情，围绕有中国特色的社会主义市场经济这一中心展开，体现时代精神，在充分借鉴西方法律文化的基础上，"取其精华，去其糟粕"，在《民法通则》等法律基础上编纂适应中国特色社会主义发展要求的民法典。①

5. 弘扬社会主义核心价值观

社会主义核心价值观以富强、民主、文明、和谐、自由、平等、公正、法治、爱国、敬业、诚信、友善为主要内容。价值观入法，德法融合，用法律的权威来增强人们培育和践行社会主义核心价值观的自觉性，价值观才有可靠制度保障。为把社会主义核心价值观融入法治建设，运用法律法规向社会传导正确价值取向，让社会主义核心价值观在民事活动中得以弘扬，在人们生活的世界里落地生根，2016 年 12 月，中共中央办公厅、国务院办公厅印发了《关于进一步把社会主义核心价值观融入法治建设的指导意见》。

民法广泛调节人与人、人与物、人与社会、人与自然的民事关系，调整男女老幼的衣食住行和生老病死等民事关系，调整财产关系、人身关系，维护人格尊严等人身权，维护财产权益，保护知识产权，规定人们生产生活的运行轨道和行为界限。因此民法把弘扬社会主义核心价值观确定为立法宗旨之一，把公序良俗原则作为法律的基本原则，明确规定民事活动不得违背公序良俗。习近平同志指出："对一个民族、一个国家来说，最持久、最深层的力量是全社会共同认可的核心价值观。核心价值观，承载着一个民族、一个国家的精神追求，体现着一个社会评判是非曲直的价值标准。"我国民法是社会主义核心价值观的载体，也是公民树立践行核心价值观的法律保障。

社会主义核心价值观是司法裁量的价值指引。人民法院通过审判执行工作，弘扬社会主义核心价值观，促进人的自由全面发展，促进社会文明进步，维护社会

① 参见王泽鉴：《对制定民法典与民法总则草案的建议》，2016 年"法治与改革国际高端论坛"致词，载麦读网，http://www.toutiao.com/i6373566632601584129/，2017 年 2 月 3 日访问。

公平正义,不断提高社会主义核心价值观建设水平,是义不容辞的、无可替代的责任。2016 年 3 月,最高人民法院继发布《关于在人民法院工作中培育和践行社会主义核心价值观的若干意见》后,又精选了 10 起弘扬社会主义核心价值观典型案例予以公布。这 10 起案例分别从家庭美德、社会公德、公序良俗、友善互助、诚信经营、诚信诉讼、诚实守法、环境公益等不同角度体现和弘扬了社会主义核心价值观的价值目标、价值取向、价值准则。如在"北燕云依"诉某派出所拒绝办理户口登记案中,原告的父母在为其办理户口登记时,取名"北燕云依",既未随父姓或母姓,也没有其他正当理由。公安机关拒绝对"北燕云依"进行户口登记,符合法律规定,恪守了公序良俗的要求,维护了正常社会管理秩序,得到了人民法院的依法支持。2016 年人民法院依法审理侵犯"狼牙山五壮士"名誉权案、邱少云家属诉孙杰案、加多宝公司一般人格权纠纷案,发布保护英雄人物名誉典型案例。

(二)立法根据

所谓"根据宪法,制定本法",表明其立法依据,确立了民法的宪法基础。一部法律的制定应当以宪法为根据,其原则和内容都应当渊源于宪法,应当体现宪法的基本精神。

本编第 1 条以《民法通则》为蓝本,吸收了《合同法》第 1 条、《物权法》第 1 条规定的表述。宪法是规定国体政体和经济制度以及公民个人基本权利义务的根本大法,是依法治国理政、富国利民、保护人权和保障民权的总章程。宪法是国家的根本大法,它规定的是国家的根本制度和公民的基本权利和义务,其他法律的内容必须符合宪法的规定,否则便没有法律效力。民法作为我们国家的基本法律,在位阶和效力上也仅仅低于宪法,因此其立法依据只能是宪法,这是民法典合法性的源泉。

1. 如何理解"根据宪法"

第一,表明接受宪法的约束,依据宪法制定法律,并遵守宪法,以维护宪法的最高权威,维护国家法制统一。这里的"宪法",包括宪法条文、宪法精神与宪法原则,是宪法整体体系对民法制定、民法适用过程的规范约束。彭真同志在 1981 年 5 月召开的民法座谈会上指出:我们的民法是中华人民共和国民法,不是苏联、东欧的民法,也不是英美、欧洲或者日本的民法,我们的民法要从中国实际出发。"如果说什么是民法的母亲的话,就法律体系本身来说是宪法"。

第二,表明制定《民法典》的国家机关是宪法赋予立法权的立法机关。制定《民法典》是一种立法行为,立法需要由宪法赋予立法权的国家机关依照《立法法》等法律规定的法定程序进行。

第三,表明民法在中国特色社会主义法律体系中的民事基本法的地位,即民法是保护民事主体人身、财产等方面合法权益的民事权利基本法。

2. 司法适用

宪法是立法的根据,在司法裁判文书中不可引用。本编第 1 条规定“根据宪法,制定本法”,一方面明确了民法是根据宪法制定的,另一方面表明我国民法是我国司法机关处理民事纠纷的基本准绳。根据我国《宪法》第 62 条的规定,我国民法是社会主义民法,是社会主义法律体系中的一个基本法。宪法的根本法地位成为民法体系存在的基本前提,宪法和民法都是社会主义法律体系的组成部分,两者的法律位阶和法律性质是不同的。民法以宪法为基础,违反宪法的任何民事法律都是无效的。但这里的无效在我国不是由法院审查认定,而是由全国人大审查认定的。根据最高人民法院的规定,宪法有不同于民法的功能和局限,不可在审判案件时引用。《人民法院民事裁判文书制作规范》(2016 年 6 月 28 日)规定:“裁判文书不得引用宪法。”

民法是民事基本法。民法不仅是市民社会的基本法,也是市场经济的基本法。[①] 这意味着市场经济的建立和完善,离不开民法的规范和保障。民法在资源配置方面对于发挥市场决定性作用具有无可替代、举足轻重的规范和保障作用。我国经济是以平等等价和公平竞争为原则,民事主体“法无禁止即可为”,由市场引导生产要素自由流转和组合的市场经济,因而司法应当贯彻私法自治、契约自由、诚实信用、平等保护、公平正义等基本价值理念,行使审判职权对经济干预——譬如执行程序转破产,清理“僵尸”企业必须依法慎重,必须有当事人的破产申请,至少应征得其同意。民法是民事权利法。民法的核心是民事权利,民法以保护民事权利为归宿。人民法院应当在民法基本原则指导下,充分运用民法保护民事主体的合法权益,为我国社会主义社会文明的发育和市场经济的完善提供司法保障。

司法机关应当准确理解法律精神,遵循基本原则,不断完善适应社会主义核心价值观要求的司法政策、司法解释和指导案例,适应社会主义核心价值观建设的实践要求,发挥司法解释功能,为惩治违背社会主义核心价值观的行为,提供具体、明确的司法依据。完善案例指导制度,及时选择对司法办案有普遍指导意义,对培育和弘扬社会主义核心价值观有示范作用的案例,作为指导性案例发布,通过个案解释法律和统一法律适用标准。维护权利公平、机会公平、规则公平,依法保障公民权利,维护公平正义。

---

① 曹守晔:《中国民法典编纂的理念》,载《人民法治》2016 年第 3 期。

**【司法案例】**

**齐玉苓诉陈晓琪、陈克政等侵犯姓名权纠纷不当引用宪法案**

**诉讼结论：**被告侵权成立，依照《民法通则》①应当承担民事责任，但裁判文书直接引用宪法不当。

齐玉苓诉陈晓琪、陈克政、山东省济宁商业学校、山东省滕州市第八中学、山东省滕州市教育委员会侵犯姓名权、受教育权纠纷案的事实是：原告经统一招生考试后，被被告济宁商校录取。由于各被告共同弄虚作假，促成被告陈晓琪冒用原告姓名进入济宁商校学习，致使原告梦碎校园。

**法院认为：**最高人民法院通过对本案进行研究，最初认为，根据本案事实，陈晓琪等以侵犯姓名权的手段，侵犯了齐玉苓依据宪法规定所享有的受教育的基本权利，并造成了具体的损害后果，应承担相应的民事责任。山东省高级人民法院依照宪法第46条、最高人民法院法释〔2001〕25号批复以及《民事诉讼法》第153条第1款第3项的规定，于2001年8月23日终审判决认定侵权成立。最高人民法院经过反复研究，最后认为，法院判决引用宪法裁决案件不当，遂通知全国法院。

**第二条　民法调整平等主体的自然人、法人和非法人组织之间的人身关系和财产关系。**

**【条文主旨】**

本条是关于民法调整对象的规定。

**【条文理解】**

本条规定包含三层意思：一是明确了民法调整的社会关系包括人身关系和财产关系；二是明确了我国民法调整的社会关系是发生在平等主体之间的；三是明确了民法调整的社会关系的主体，包括自然人、法人和非法人组织。

调整对象是划分法律部门的一般标准，每一个法律部门法都有自己的调整对象，即调整特定的社会关系，解决特定的社会问题，以区别于其他法律部门。这里的“调整”，是指运用民法的基本原则和各项具体规定，通过法律所确认的禁止性或许可性的社会行为规范，对人们的行为加以引导和协调，对现实生活中发生的

① 《民法通则》第120条第1款规定：“公民的姓名权、肖像权、名誉权、荣誉权受到侵害的，有权要求停止侵害，恢复名誉，消除影响，赔礼道歉，并可以要求赔偿损失。”

属于民法调整范围的各种人身关系和财产关系分别予以确认、保护、限制，旨在达到保障民事主体的合法权益，建立和维护竞争、公平、统一的经济生活秩序及和睦、健康、亲情的家庭生活秩序的目的。民法的调整对象即民法所调整的社会关系，涉及民法的本质。因而有学者表示，“民法调整对象问题的研究将关系到我国民法科学的建立、民法典的编撰以及司法实践中对民法规范的正确运用。因此，民法对象是民法科学中首先应当解决的一个基本问题”。[①]

比较各国立法例，在总则部分规定本法的调整对象是非常少见的[②]，但这却是中国立法的惯例，特别是民法。《民法通则》第 2 条规定：“中华人民共和国民法调整平等主体的公民之间、法人之间、公民和法人之间的财产关系和人身关系。”与此相比，本编在条文设计方面做了微调，这种微调修改属于一种较为科学的创新。

（一）民事主体方面

本编确认了“非法人组织”的民事主体地位，并明确民法调整的社会关系的主体范围为“自然人、法人和非法人组织”，修改了“公民之间、法人之间、公民和法人之间”的表述方式。

首先，“平等主体”，是我国民法对调整对象质的要求，是民法调整的社会关系的本质特点，也是民法区别于其他法律部门的根本所在。本编沿袭了《民法通则》“平等主体”这一概念，虽然在《民法总则》的审议过程中，在其一审稿和二审稿中出现过“平等民事主体”[③]的字样，但由于易生歧义和误解，所以最终呈现在公众视野中的仍是“平等主体”[④]。所谓“平等主体”，是指主体以平等的身份进入具体的社会关系当中。具体而言，一是要求关系双方人格独立，互不隶属，不存在人身依附关系；二是要求双方意志自治，行动自主，不存在命令与服从关系。但此处所谓的“平等”只具有抽象的、相对的和法律理念或形式上的意义，并非绝对的。

其次，“自然人”和“法人”作为民法调整的社会关系的主体自不待言。而需要说明的是，在《民法通则》制定时由于受到苏联民事立法的影响，在民事主体上采用了“公民之间、法人之间、公民和法人之间”等明显来自苏联财产关系的三分法改造而来的表述。在当时是时代的要求、立法的选择。虽然“公民”和“自然

---

① 佟柔、赵中孚、郑立主编：《民法概论》，中国人民大学出版社 1982 年版，第 2 页。

② 《法国民法典》《德国民法典》《日本民法典》均未出现涉及调整对象的相关规定。

③ 《民法总则》（一审稿、二审稿）第 2 条规定：“民事法律调整作为平等民事主体的自然人、法人和非法人组织之间的人身关系和财产关系。”

④ “平等民事主体”与“平等主体”存在一定的差异。例如，国家机关等根据宪法、行政法成立的主体，也可作为平等主体参加民事法律关系，称为“民事主体”易生歧义和误解。参见史际春：《关于〈中华人民共和国民法总则（草案）〉（三次审议稿）的若干意见》。

人”当时作同一概念，但“公民”是一个公法上的概念，与国籍密切联系，而“自然人”则无须国籍的要求。是否具有一国的国籍并不是考虑其是否可以成为民事主体的因素，因而适用“自然人”这一表述更加符合“平等主体”之理念。

最后，本编确认了“非法人组织”的民事主体地位。“非法人组织”，又称为非法人团体，是指不具有法人资格但可以自己的名义进行民事活动的组织。非法人组织作为一种组织形式，在世界各国广泛存在，但其具体称谓则不尽相同。德国称“无权利能力社团”，日本包括“非法人社团”和“非法人财团”，英美称“非法人社团”或“非法人团体”，在我国台湾地区称为“非法人团体”。虽然称谓不同，但其基本含义均是指介于自然人和法人之间的，未经法人登记的社会组织。我国《民法通则》没有关于“非法人组织”的明确规定。但改革开放以来，各种非法人组织在经济、社会生活中的地位日益重要，现行若干法律法规中已有体现[①]，且《民事诉讼法》也认可其独立的诉讼主体资格。[②] 因而为统一民事立法，在本编中确认“非法人组织”的民事主体地位，并予以专章规定，[③]为其“验明正身”，是立法的必然选择。

（二）民法调整的社会关系方面

我国民法所调整的社会关系是平等主体之间的人身关系和财产关系，这是我国民法对调整对象量的要求，且已在学界达成共识。在《民法通则》第 2 条中“人身关系”置于“财产关系”之后，本编将“人身关系”置于“财产关系”之前，凸显了以人为本和以人作为主体的重要地位，显示出保护包括人格权在内的人身权的重要意义，符合民法的人文精神。

1. 民法调整平等主体之间的人身关系

民法对人身关系进行调整，意味着民法要对人身权实施保护，也意味着在社会公共生活中，在个人的日常行为中，要尊重人身价值、人身自由和人格尊严。我国有漫长的封建专制的历史传统，在这种传统中形成的一些重官轻民、重伦理秩序而轻个人人格和个性自由的价值观念，这对于社会经济发展、秩序的建设与保障是极其不利的。民法把人身关系作为自己的调整范围并把人身权利纳入自己的保护范围，将有助于消除“重礼轻人”的价值观念，并有助于加强我国的人权法

---

① 如《合同法》第 2 条第 1 款规定：“本法所称合同是平等主体的自然人、法人、其他组织之间设立、变更、终止民事权利义务关系的协议。”《著作权法》第 2 条第 1 款规定：“中国公民、法人或者其他组织的作品，不论是否发表，依照本法享有著作权。”

② 《民事诉讼法》第 48 条规定：“公民、法人和其他组织可以作为民事诉讼的当事人。法人由其法定代表人进行诉讼。其他组织由其主要负责人进行诉讼。”

③ 《民法典》“总则编”第四章“非法人组织”。

制建设。

“人身关系”的概念源自《民法通则》[①]，在传统民法典中无此用语。传统民法学将权利区别为财产权与非财产权，而非财产权又包括人格权与身份权。我国民事立法中的“人身关系”，又称人身非财产权，是人们在社会生活中形成的，基于体现自身属性的人格和身份而发生的社会关系，与主体的人身不可分离的、不是以经济利益而是以特定精神利益为内容的社会关系。当然，“人身关系”也不是绝对与财产关系没有交集，其也可能体现一定的利益并与财产关系发生一定的联系。例如，基于自然人的发明、发现而发生的人身关系。“人身关系”具体又分为人格关系和身份关系。

人格关系，是指民事主体基于一定的人格而产生的人身关系。人格关系在民法上表现为人格权，即存在于权利人自身人格上的权利，是以权利人自身的人格利益为标的的权利。人格权因出生而取得，因死亡而消灭，不得让与或抛弃。人格权又分为一般人格权和具体人格权。一般人格权，指关于人之存在价值及其尊严之权利，其标的包括生命、身体、健康、名誉、荣誉、自由、姓名、贞操、肖像、隐私等全部人格利益。因此，一般人格权是以主体全部人格利益为标的的总括性权利，具有发展性、开放性，随着人类文明及社会经济之发展，其范围不断扩大，内容日益丰富。具体人格权，指法律就具体人格利益所规定的权利。区分一般人格权与具体人格权的意义在于，凡关于该人格利益在法律上有具体人格权规定的，即应适用该具体人格权的规定；该人格利益在法律上无具体人格权规定的，则应属于一般人格权而应适用关于一般人格权保护的规定。另外，一般人格权的主体是普遍主体，一般为自然人享有。

现代社会，人格被视为人的最高价值，人格利益被视为人的最高利益，人格之尊重为现代人权运动的目标和基本理念，人格权的保护，当然成为现代民法基本任务之一。本编在沿袭了《民法通则》第五章第四节“人身权”规定的基础上，确定了“一般人格权”的保护，明确“自然人的人身自由、人格尊严受法律保护。”[②]并将其置于“民事权利”首位，随后又新增“身体权”“个人信息权”。[③] 这在如今人格权保护被认为是衡量一国法律是否先进、社会是否文明的大环境下，充分彰显人格权保护至上的立法理念，是值得肯定的。

---

① 我国民事立法早期受到了苏联民事立法的影响。1964 年《苏联民事立法纲要》第 1 条中使用的“与财产关系有关的人身非财产关系”的术语指称的即是“人身关系”。但苏联民法所称的人身关系，只是荣誉权、名誉权、姓名权、著作人身权等如今被归入人格权的关系，亲属法上的身份权则被排除在外。

② 《民法典》第 109 条。

③ 《民法典》第 110 条、第 111 条。

身份关系，是民事主体基于一定的身份而产生的人身关系。所谓一定身份，也是民事主体在社会关系中的一定地位和资格。身份关系在民法上表现为身份权，即民事主体基于某种特定的身份而依法享有的以身份利益为客体的一种民事权利。身份权是通过一定的行为或事实获得特定身份而取得的；身份权不是民事主体所必须享有的权利，没有身份权，民事主体资格并不受影响；身份权的客体是身份利益，而不是人格利益；身份权虽然在本质上是权利，但有的也包含着义务。身份权包括：一是基于一定的婚姻、家庭、血缘关系而发生的身份权，主要包括配偶权、亲权、亲属权等。二是基于知识产权获得的身份权。知识产权是具有财产权和人身权双重内容的民事权利，其中的人身权为身份权，而不是人格权。在著作权中，身份权包括四项：发表权、署名权、修改权、保护作品完整权。在专利权中，身份权主要表现为专利权人有在专利文件中写明自己是发明人或设计人的权利。

2. 民法调整平等主体之间的财产关系

我国民法所调整的社会关系是平等主体之间的财产关系。所谓"财产关系"，是以财产为媒介发生的社会关系，是指人们在物质资料的生产、分配、交换和消费过程中形成的具有经济内容的关系。财产关系是以社会生产关系为基础，涉及生产和再生产的各个环节内容广泛的社会关系。但民法并不调整全部的财产关系，而只调整平等主体之间的横向财产关系，包括财产所有关系和财产流转关系，即发生在平等主体之间因财产的归属和财产的移转所产生的经济关系。

财产归属关系，是指直接占有、使用、收益、处分财产而发生的社会关系，民法调整财产的归属关系目的在于维护财产的归属秩序，以保护财产"静的安全"；财产流转关系，是指因转移财产而发生的社会关系，民法调整财产的流转关系的目的在于维护财产交易的安全和秩序，以保护财产"动的安全"。财产归属关系往往是发生财产流转关系的前提条件和结果，财产流转关系是财产归属关系的表现形式，是取得和实现财产归属关系的重要方式。

**【司法案例】**

### 李某与长沙市某村民委员会承包地征收补偿费用分配纠纷案①

**诉讼结论：**农民集体所有的土地被国家依法征收时，所获得的安置补助费如何管理和使用，属于村民自治的范围，因此发生的争议，不属于人民法院受理民事诉讼的范围，人民法院不应作为民事案件受理。

---

① 湖南省长沙市中级人民法院(2011)长中民征终字第3147号民事裁定书。

本案中，李某诉请的虽为承包地征收补偿费用分配纠纷，但实际是对安置办法不服而产生的纠纷。自20世纪末以来长沙市某村民委员会所有的土地被国家征收。2003年李某的丈夫戴某全家得到相应的安置。2005年4月李某因婚姻落户该村。2006年7月，该村民委员会公布《拆迁村民房屋重建安置实施办法》，决定了此后的安置方式。2010年9月21日，该村民委员会再次召开村民代表大会，决定参照上述《安置实施办法》对已拆迁未安置的人员进行安置。并明确李某虽为新增人口，但其原农户已安置过一次，因此，不得享受本次安置房分配因而酿成纠纷。①

**法院认为：**民法调整平等主体之间的人身关系和财产关系。某村民委员会基于对村民的管理职能，制定安置房分配方案，是村委会行使自身管理职责，属于村民自治范围内的事项，在此过程中村民与村委会所形成的纠纷不属于平等民事主体之间的纠纷，因此本案不属于人民法院的民事诉讼受案范围。

**第三条　民事主体的人身权利、财产权利以及其他合法权益受法律保护，任何组织或者个人不得侵犯。**

**【条文主旨】**

本条是关于民事权益受法律保护神圣不可侵犯原则的规定。

**【条文理解】**

民法，就是民事权益保护法。民事权益受法律保护是民法的基本精神，统领整部民法典和民商事特别法。因此，本原则也可简称为私权神圣原则。本条继承了《民法通则》第5条的规定："公民、法人的合法的民事权益受法律保护，任何组织和个人不得侵犯。"民事权益受法律保护原则，其基本含义在于：(1)民事主体可以充分自主地行使自己的各项民事权利，以实现一定的利益，满足自己的物质和精神需要；同时不得侵犯其他民事主体的正当合法的权益。(2)民事主体的民事权益受到不法侵犯，依法可以请求侵害行为人停止侵犯、赔偿损失或采取其他补

---

① 《最高人民法院关于审理涉及农村土地承包纠纷案件适用法律问题的解释》第24条规定："……征地补偿安置方案确定时已经具有本集体经济组织成员资格的人，请求支付相应份额的，应予支持。"该征地补偿安置方案的确定时间是指人民政府发布相关公告的时间点，并非该村民委员会以村民自治形式形成土地补偿费用分配方案的时间点。即政府发布征地补偿安置方案时，李某尚未成为该村的集体经济组织成员，且其丈夫全家已得到安置。得到某村民委员会的统一安置在前，李某落户村里在后，此后，其因不服村民委员会的安置方案而提起诉讼。

救措施，并由司法机关给予最终的保障。

所谓合法权益，即民事权益，是指公民、法人等主体作为社会普通的一员，在地位彼此平等的基础上进行物质和精神交往中所应当享有的财产和人身权益。这里的“权益”包括民事权利，也包括民事利益。民法典保护一切合法民事权利，包括人身权利、财产权利以及混合性权利（包含了财产权利和人身权利的因素）。而利益是否受民法典的保护，则取决于法律的规定。民法的主要任务即为捍卫民事主体合法的民事权益，以建立稳定和谐的人际秩序和财产秩序，最终促进民主政治的形成以及个人的自由发展。

**【司法案例】**

### 曹某某与陈某某等买卖合同纠纷案①

**诉讼结论：**公民、法人的合法民事权益应当予以保护。

陈某某注册成立“肥西县三河益农种子经营部”，依法零售农作物种子及农药。曹某某从陈某某处购买某品牌除草剂，双方依法成立买卖合同关系。陈某某出售该品牌除草剂配有产品使用说明和使用方法以及注意事项，陈某某在出售除草剂时，亦履行必要的提示义务即完成作为除草剂经营者所应尽责任。曹某某作为农业种植大户，具有多年的农业生产经验，理应掌握为其种植的小麦品种选择合适的品牌除草剂以及择时除草、如何喷药等生产常识。但在随后的使用中曹某某小麦减产。为此，庐江县农业委员会出具了《关于姚某某等 8 户农民小麦药害情况的田间调查报告》。

**法院认为：**该报告虽分析了可能导致小麦减产的原因，但庐江县农业委员会非指定的司法鉴定机关，其出具的报告不能作为认定本案的唯一依据。且该调查报告分析的导致减产的三种原因均与陈某某出售的产品质量无关。曹某某未提供其他证据证明小麦减产与使用该品牌除草剂之间存在法律上的因果关系，故曹某某要求陈某某赔偿小麦减产经济损失无事实及法律依据，依法不予支持。

另外，陈某某在出售除草剂时虽具有农技推广员身份，但陈某某以个体经营者的身份出售除草剂，系个人商业经营行为，非履行职务行为，故曹某某要求庐江县同大镇农业技术推广服务站、庐江县同大镇人民政府承担连带赔偿责任无法律依据，依法不予支持。

---

① 安徽省合肥市中级人民法院（2015）合民二终字第 00069 号民事判决书。

## 第四条 民事主体在民事活动中的法律地位一律平等。

**【条文主旨】**

本条是关于平等原则的规定。

**【条文理解】**

平等原则①，又称为民事主体地位平等原则，②是指民事主体享有独立、平等的人格，在具体的民事法律关系中互不隶属、地位平等，各自能独立地表达自己的意志，其合法权益平等地受到法律的保护。平等原则，是民法的核心原则，是宪法中的法律面前人人平等原则的具体表现，是对民法所调整的社会关系的本质特征的集中体现，是民事法律关系区别于行政法律关系、刑事法律关系特有的原则，也是发展社会主义市场经济的客观要求。

平等原则的具体表现为：第一，民事主体资格（民事权利能力）平等。即自然人和法人都是民事主体，都具有民法的人格，不仅公民的民事权利能力一律平等，法人具有平等的民事权利能力，而且自然人与法人的民事权利能力也是平等的，具有平等地享有民事权利和承担民事义务的资格。第二，在具体的民事法律关系中当事人的地位平等。任何民事主体进行民事活动，无论是自然人、法人或非法人组织，无论其所有制性质，无论其经济实力强弱，其在法律上的地位一律平等，任何一方不得把自己的意志强加给对方。第三，民事主体的合法权益平等地受法律保护。任何民事主体合法权益受到非法侵害时，都可以请求人民法院依法保护和救济。

本条以《民法通则》第3条规定为基础，有两点改动：一是用“民事主体”一词替换了“当事人”；③二是强调“法律地位一律平等”。平等原则所要求的平等，是指“法律地位”的平等，不是指经济地位、经济实力的平等或者其他方面的平等。法律地位的平等，即民事主体具有同样的、平等的法律上的人格，至于实际上是否存在不平等的情况，法律是悬而不论的。民事主体的具体情况，当然是千差万别的，不可能是同样的、平等的，但这些差别的存在并不影响他们的法律人格和法律

---

① 相关立法参见《民法通则》第3条、《合同法》第3条、《物权法》第3条第3款。

② 关于平等，本法第2条调整范围中提到的“平等主体”也有所涉及。但本法第2条主要是站在民法与其他部门法之间范围划分的角度进行规定的，而本条所说的平等原则则是从已进入民法调整领域后如何从事民事活动的角度进行规定的。

③ “民事主体”与“当事人”是两个不同的概念，存在一定的差异。“当事人”更多地出现在合同法领域，强调权利义务的双方，而“民事主体”范围不仅限于合同双方当事人。而此条文是民法总则中的规定，是要适用于所有民事领域中的，因而使用“民事主体”更有利于民法体系构建。

地位的平等。另外，在具体的民事法律关系中，民事主体根据法律和自身的意志，享有不同的权利和义务，有的权利义务是相对的，有的权利义务却是不相对的（如在赠与合同中，赠与人就只承担义务而不享有权利）。由此可见，法律地位的平等，并不是指实际享受的权利和承担的义务均等。平等原则所要求的平等，是程序意义上的平等、过程上的平等、机会上的平等，而不是实质的平等和结果的平等。

马克思曾指出，商品经济是“天生的平等派”，在商品交换中，“相互对立的仅仅是权利平等的商品所有者，占有别人商品的手段只能是让渡自己的商品。”①可见，当事人地位平等是商品交换的前提和基础，也是商品交换得以正常实现的保障。我国的经济形式是社会主义市场经济，市场经济是商品经济发展到一定阶段的产物，而我国民法所调整的社会关系的核心部分是商品经济关系。因此，贯彻平等原则是社会主义商品经济的根本要求，是商品经济基本规律在民法上的反映。

**【司法案例】**

### 尹炳林诉郑州市管城回族区陇海马路街道办事处陇海村村民委员会侵害集体经济组织成员权益纠纷案②

**诉讼结论：**尹炳林作为本村的成员，与本村其他村民地位是平等的，应该与其他村民享有同等的权利，若区别对待，就违背了《民法通则》规定的平等原则和公平原则。

本案中，尹炳林系原试验场人员。按照政府要求，试验场划归陇海村，合并时，试验场与陇海村签订的协议约定，合并后原试验场所有社员享有与陇海大队社员同样的权利待遇。但随后郑州市管城回族区陇海马路街道办事处陇海村村民委员会和陇海村支部委员会通过民主议定程序形成“三榜定案”将尹炳林排除在外。为此侵害到了尹炳林基于集体经济组织成员享有的权益，引起争讼。

**法院认为：**村民自治③是法律赋予基层群众自治组织，对涉及村民利益的事

---

① 马克思：《资本论》(1)，人民出版社1975年版，第103、604页。

② 河南省郑州市中级人民法院(2016)豫01民终字第3411号民事判决书。

③ 《最高人民法院关于审理涉及农村土地承包纠纷案件适用法律问题的解释》第24条规定：“农村集体经济组织或者村民委员会、村民小组，可以依照法律规定的民主议定程序，决定在本集体经济组织内部分配已经收到的土地补偿费。征地补偿安置方案确定时已经具有本集体经济组织成员资格的人，请求支付相应份额的，应予支持……”

项，实现自我管理的权利，但民主议定的决议内容不得与国家法律法规相抵触。[①]郑州市管城回族区陇海马路街道办事处陇海村村民委员会虽然是通过民主议事的方式形成的决议，但尹炳林作为村里的成员，与其他同村村民地位是平等的，应该与其他村民享有同等的权利，若区别对待，就违背了《民法通则》确定的平等原则和公平原则。

**第五条　民事主体从事民事活动，应当遵循自愿原则，按照自己的意思设立、变更、终止民事法律关系。**

**【条文主旨】**

本条是关于自愿原则[②]的规定。

**【条文理解】**

自愿原则[③]，是我国民法的基本原则之一，它是指民事主体在进行民事活动时意志独立、自由和行为自主，即民事主体在从事民事活动时，以自己的真实意志来充分表达自己的意愿，根据自己的意愿来设立、变更和终止民事法律关系。自愿原则被视为民法的核心。民法之所以被称为“民”法，不仅仅因为民法是根据人民集体意志制定的法。更在于，根据自愿原则，民事主体在参加民事活动过程中有权根据自己意愿决定民事法律关系的内容并受其约束，是民事主体自己为自己定的“法”。简言之，民法的制定以人民的集体意志为基础，民法的实施同样也依赖于人民群众的个体意志来实现。[④]

自愿原则与平等原则密切相连。自愿是以平等为前提的，只有民事主体地位

---

① 《民法通则》第 3 条规定：“当事人在民事活动中的地位平等。”《村民委员会组织法》第 27 条规定：“……村民自治章程、村规民约以及村民会议或者村民代表会议的决定不得与宪法、法律、法规和国家的政策相抵触，不得有侵犯村民的人身权利、民主权利和合法财产权利的内容……”

② 本条沿袭了《民法通则》第 4 条的规定，称为“自愿原则”，有学者主张，该条款是“意思自治原则”。针对“自愿原则”与“意思自治原则”是否为同一概念学者有不同的观点：观点一，认为两者是一样的。参见董安生：《民事法律行为》，中国人民大学出版社 1994 年版，第 62 ~ 63 页。观点二，认为自愿原则涵盖的领域更为广泛，而且在表现民法的价值理念方面更为全面和准确。参见王利明：《民法总则研究》，中国人民大学出版社 2003 年版，第 112 页。观点三，认为自愿原则更多地适用合同法领域，而此处的立法为民法总则条文，因为要规定整个民法的问题，所以意思自治更符合立法理念。参见梁慧星：湖大讲座《〈民法总则（草案）〉权威解读》整理稿，载 360 个人图书馆网站，http://www. 360doc. com/content/16/0918/11/1417717_591695015. shtml，2017 年 2 月 10 日访问。

③ 相关立法参见《民法通则》第 4 条、《合同法》第 4 条。

④ 李适时主编：《中华人民共和国民法总则释义》，法律出版社 2017 年版，第 20 页。

的平等,不同的民事主体在意志上才可能独立,任何一方当事人才可不受他方当事人意志的支配。自愿又是民事主体地位平等的具体表现,如果民事主体在进行民事活动时不能贯彻自愿原则,那么,当事人之间的民事主体地位就很难谈得上是平等的。

自愿原则,具体表现为:第一,民事主体享有自主决定权。民法的绝大多数规范为任意性规范,它赋予当事人在民事活动中极大的自主权,赋予当事人对外表达合法意愿的自由。这种自主的决定权包括当事人有权依法决定是否从事某种民事活动,是否实施某种民事法律行为;当事人有权选择行为的相对人、行为内容和行为方式;当事人可依法约定解决民事纠纷的方式等。第二,承认民事主体依法设立的民事法律行为具有法律效力。在民法调整的主要领域,民事法律关系的设立、变更和终止是基于当事人的自愿并通过民事法律行为来实现的。本编第136条规定:"民事法律行为自成立时生效,但是法律另有规定或者当事人另有约定的除外。行为人非依法律规定或者未经对方同意,不得擅自变更或者解除民事法律行为。"第三,意思表示的内容具有优先于任意性规范而适用的效力。既然民事法律关系的设立、变更和终止是基于当事人自愿的结果,那么在意思表示与任意性规范并存的情况下,应首先适用基于自愿而为意思表示中的具体约定,只有在意思表示中未加约定或约定不明时,才适用任意性规范。

我国民法确立自愿原则的意义就在于它给予了商品生产者和经营者充分的自主自决权,以发挥其积极性和创造性,这也是商品经济的内在要求在法律上的表现。当然,这种自愿并不是绝对的。自愿原则是传统的意思自治原则①的反映,但并不完全体现为自由,是现代法上意思自治和自由原则受到限制的结果,也可以说是一种有限制的自由。具体而言,这种"自愿"应具备下列条件:第一,"自愿"必须是真实的,而不是虚伪的;第二,"自愿"不能违反禁止性规定;第三,不得违背公序良俗;第四,当事人真实的意愿必须以适当的方式表达出来,让他人所感

---

① 意思自治,又称为私法自治,是指民事主体根据其意志自主形成法律关系的原则,即民事主体从事民事活动时,以自己的真实意志来充分表达自己的意思,根据自己的意愿来设立、变更和终止民事关系。原则上国家不作干预。只在当事人之间发生纠纷不能通过协商解决时,国家才以仲裁者的身份出面予以裁决。意思自治主要表现为契约自由、所有权行使的自由、婚姻自由、遗嘱自由和结社自由等。意思自治原则最早是由《法国民法典》确立的。由于《法国民法典》是与自由竞争时期的资本主义经济相适应,且奉行个人主义,因而意思自治原则被奉之为支配整个私法的"最高原则"及"私法根本价值之所在"。自20世纪以来,由于社会经济的发展,国家干预加大,"个人本位"得以修正,意思自治原则受到了越来越多的限制。但是,该原则在民法中仍然处于支配地位,并始终被认为是民法的最基本的精神和原则。

知;第五,在双方民事法律行为中,必须双方自愿,协商一致,民事法律行为才能成立,仅有单方自愿是没有实际意义的。

**【司法案例】**

### 王秀荣与许炤房屋租赁合同纠纷案[①]

**诉讼结论:**合同订立的"优先"必须遵循当事人合法自愿原则。

本案中,王秀荣与许炤签订《租赁经营合同》。合同租期届满后,由于就续租事宜未达成一致而引发纠纷。承租人请求法院依照原《租赁经营合同》第1条,即"甲方对外承租时乙方优先"判决该房屋继续出租给其使用。

**法院认为:**根据《合同法》[②]的规定,合同订立的"优先"必须遵循当事人合法自愿原则,承租人请求与法相悖。

**第六条　民事主体从事民事活动,应当遵循公平原则,合理确定各方的权利和义务。**

**【条文主旨】**

本条是关于公平原则[③]的规定。

**【条文理解】**

社会公平与正义是民法的价值取向,亦即民法精神的体现,是民法调整平等主体之间的财产关系和人身关系的终极追求。公平原则[④],是指民法要求民事主体以社会公认的公平观念实施民事法律行为,合理设定民事法律关系,均衡实现各方的民事利益。公平原则是被民法吸收为法律原则的道德规范,是用道德上的利益均衡的价值标准调整民事主体之间的民事法律关系并作为确定其民事权利

① 甘肃省庆阳市中级人民法院(2014)庆中民终字第151号民事判决书。

② 《合同法》第4条规定:"当事人依法享有自愿订立合同的权利,任何单位和个人不得非法干预。"

③ 对于"公平原则"是否可成为一项民法基本原则是存在争议的。有学者认为,公平原则是财产关系原则,只适用于财产关系,不适用于身份关系,所以不是一项民法基本原则;还有学者认为"公平"是法的最终目标,具有最高程度的抽象性即模糊性特征,是基本法和一切部门法的指导思想,而民法中的"公平"通过"平等"、"意思自治"等原则加以表现,因而没有必要再单独设定为一项民法基本原则。参见尹田:《论民法基本原则之立法表述》。但《民法典》"总则编"仍继承了《民法通则》的观点,将其列为一项基本原则。

④ 相关立法参见《民法通则》第4条、《合同法》第5条。

和民事义务的根据。民法之所以把这一道德规范确立为自己的基本原则，是由于民法与社会公共道德的一致性和民法与道德规范的密切关联性所决定的。民事法律行为虽然是民事主体平等自愿进行的，但必须符合公平的社会道德准则，以社会一般公认的价值观和是非观作为衡量自己行为的标准尺度。① 近代以来，法学等社会科学在学科形成的过程中，有一定的基本逻辑起点，即理性人假设。公平，实质上就是人类基于理性判断而形成的对利益获取过程和利益分配结果的感受。

公平原则要求民事主体应依据社会公认的公平观念从事民事活动，以维持当事人之间的利益均衡；立法者和裁判者在民事立法和司法的过程中应维持民事主体之间的利益均衡。这也要体现社会主义及公共道德的要求。公平原则的具体表现是：(1)民事主体有同等机会参与民事活动，行使和实现自己合法的民事权益。(2)民事主体享有的权利和承担的义务具有对应性，不得显失公平。(3)民事主体合理承担民事责任，在通常情况下适用过错责任，责任与过错的程度应相适应。双方都无过错的，应由双方对损失合理分担。(4)当实际情况发生显著变化已导致维持原法律关系效力显失公平时，其民事法律关系的内容也应得到相应的变更。公平原则与民法的平等、自愿原则有着密切的交叉联系，彼此之间互相包容、相辅相成。平等是公平的前提，公平是平等的结果；公平是判断自愿的标准，自愿是实现公平的条件。

公平原则的功能在于：第一，公平原则是适用法律的原则，它可以弥补民法规范规定的不足。由于民事活动本身十分复杂，法律不可能事无巨细地作出规定，在法律没有明确规定的情况下，可以适用公平原则。例如，关于房屋租金标准，在法律没有明确规定的情况下，应由当事人双方根据公平合理原则协商确定。第二，在合同法领域，公平原则表现为合同公正原则，以发挥矫正合同自由原则的作用，使当事人之间的权利义务符合公平原则。第三，公平原则是一项重要的民事司法原则。这一原则适用于合同责任具体表现为显失公平和情势变更制度，适用于侵权责任具体表现为公平责任原则。② 第四，司法机关在处理民事纠纷时应遵守公平原则。法谚云，“法律是善良公平之术”。而民法最充分体现了公平正义的要求，这是民法最基本的价值理念，所以，法官应当奉行公平的理念。任何一个判决如果在结果上是不公平的，一般来说就是有缺陷的。公平虽然是一个抽象的概念，但因为社会一般人对公平仍然有一个基本的价值评判标准，所以法官应当考

① 王利民：《民法本论》，东北财经大学出版社 2001 年版，第 64 页。

② 马俊驹、余延满：《民法原论》(第 4 版)，法律出版社 2010 年版，第 39 页。

量社会的一般公平正义观念进行司法活动。正是因为公平原则过于抽象，所以它可以作为一种理念，而不能替代具体的民法规则。

**【司法案例】**

### 张永光与长春市协力房地产代理有限公司居间合同纠纷案[①]

**诉讼结论：**在未充分提供居间服务的情况下，即要求购房人支付全额居间费用及违约金，这与《合同法》第5条确定的公平原则相悖。

2012年4月22日，张永光与房产代理公司签订《委托长春市协力房地产代理有限公司介绍买卖合同》，合同约定：如张永光私下与卖房方达成协议，将支付给房产代理公司房屋价款10%的违约金和2%的中介费，且无论何时达成协议或成交，张永光都将支付房款价2%的中介费等。合同签订后，张永光在房产经纪人带领下实地看了房。后未通过房产代理公司即与该房屋产权人达成房屋买卖协议，并完成了房屋产权登记手续的变更和房屋交付。房产代理公司得知后，多次要求张永光支付报酬，但遭到了拒绝，故引发纠纷。

**法院认为：**张永光与房产代理公司签订的《介绍买卖合同》属于居间合同。张永光应当在利用了房产代理公司提供的信息最终缔结购房合同的前提下，支付报酬。但本案涉及的房源信息为原房主在网上公布，社会公众均可获得，原房主并未将此房屋仅委托房产代理公司出售，亦未将房屋钥匙予以交付。如果房产代理公司以未支付对价取得的公开信息，在未提供其他居间服务的情况下，即要求购房人支付全额居间费用及违约金，这与《合同法》第5条确定的公平原则相悖。另外，虽房产代理公司未以其居间行为最终促成合同成立，但本案中房产代理公司接受张永光委托，带领张永光看房，亦因提供该项服务付出人工成本等，张永光接受了房产代理公司提供的服务，应为此支付对价。根据《合同法》第427条之规定及商事活动中的公平原则，应由张永光给付房产代理公司相关服务费用。

**第七条　民事主体从事民事活动，应当遵循诚信原则，秉持诚实，恪守承诺。**

**【条文主旨】**

本条是关于诚实信用原则的规定。

---

① 吉林省长春市中级人民法院(2014)长民四终字第445号民事判决书。

**【条文理解】**

诚实信用原则[①],简称诚信原则,是指民事主体在从事民事活动、行使民事权利和履行民事义务时,应本着善意、诚实的态度,即讲究信誉、恪守信用、意思表示真实、行为合法、不规避法律和曲解合同条款等。

诚实信用原则,是一项古老的道德戒律和法律原则,是大陆法系民法中重要的基本原则,被称为"帝王规则(条款)"。诚信原则起源于古罗马裁判官采用的一项司法原则,即在审理民事纠纷时考虑当事人的主观状态和社会所要求的公平正义。近代资本主义国家的民法最初将其作为债务履行的原则,[②]后来逐渐扩展适用于债权行使乃至一切民事权利的行使和民事义务的履行。[③] 在垄断资本主义时期,该原则对于缓和资本主义社会的各种矛盾起到了一定的作用,对于制裁欺诈行为者、保护善意行为人,反对垄断、保护正当竞争,反对私权滥用、保护公共利益,均有一定意义。在我国,诚实信用原则和公平原则一样,也是社会主义核心观在法律上的反映。

诚实信用,在被立法者规定为民法的一个法律条文之后,已经不再是单纯的道德规范,而成为一项法律规范。但诚实信用原则与一般法律规范亦有不同,它是以道德为内容的法律规范,是将道德规则与法律规则合为一体,而同时具有法律调节和道德调节的双重功能,使法律获得更大的弹性,这导致其内涵和外延的不确定性。[④] 究其实质,是立法者通过规定诚实信用原则,授予法官自由裁量权,使之能够应付各种新情况和新问题。

诚实信用原则具有四项功能:第一,指导当事人行使权利、履行义务的功能。凡一切民事主体从事民事活动,行使权利履行义务时,均应遵守诚实信用原则。第二,补充功能。进一步形成法律关系(尤其是债的关系)的主给付义务的内容,创设与给付有关联的从义务或附随义务,建立以避免他方当事人的权益不受侵害的先合同义务。第三,解释、评价和补充法律行为的功能。当合同条款没有约定或约定不明的,当事人应当依照诚信原则理解并履行义务,而一旦发生纠纷,就需要人民法院或仲裁机关依据诚实信用原则解释合同,合理地确定当事人的权利义务关系。第四,解释和补充法律规范不足的功能。为弥补成文法的不足,大多数成文法国家除采取及时修改外,基本通过以下两种方式:一是明确授予法官自由

---

① 相关立法参见《民法通则》第 4 条、《合同法》第 6 条、《消费者权益保护法》第 4 条。

② 《法国民法典》第 1134 条规定,契约应依诚信方法履行。

③ 《瑞士民法典》第 2 条规定:"无论何人,行使权利、履行义务,均应依诚信为之。"

④ 梁慧星:《中国民法典草案建议稿附理由 · 总则编》,法律出版社 2013 年版,第 18 页。

裁量权承认法官有造法之功能；二是立法者在法典中建立一些“框架”概念，通过法官对这些“框架”概念的适用，来处理各种难以预料的社会现象。就我国的司法制度来看，法律并没赋予法官造法的可能，因而，弥补成文法的不足的方式主要是通过法官对法律作出相应的解释并以调整相关的社会关系来实现的。

诚实信用原则的适用，应当遵循以下原则：当法律有具体规定时，应优先适用该具体规定，而不能适用诚信原则；虽无具体规定，如能够以类推适用等漏洞补充方法予以补充，亦不得适用诚信原则；只在以类推适用等漏洞补充方法仍不能解决时，才能适用诚信原则；虽无法律具体规定而有判例的情形，如适用诚信原则与适用判例，可得出同一结论，则应适用判例而不适用诚信原则；如适用诚信原则与适用判例得出相反的结论，则应适用诚信原则而不适用判例。①

**【司法适用】**

由于诚实信用原则是一项模糊性原则，弹性较大，所以，在司法实践中的适用也呈现多种样态。具体而言：

在适用方式上，以“诚实信用原则”为依据所作出的裁判，主要表现为两种态势：其一，单独适用，即仅以诚实信用原则为依据进行说理、裁判。② 其二，综合适用，即结合具体的法律法规进行适用。③ 比较而言，单独适用的情况极少，而大多数判决都是结合具体法律法规予以适用的。这可能是出于对“优先适用法律具体规定，禁止向一般条款逃逸”的考虑，从而降低上诉或抗诉的风险。

在适用情形上，④结合诚实信用原则的基本功能，主要表现为：其一，明确当事

---

① 梁慧星：《中国民法典草案建议稿附理由 · 总则编》，法律出版社 2013 年版，第 18 页。

② 例如，“赵小妹诉金中富期货公司期货交易案”，载《最高人民法院公报》1994 年第 3 期；“北京公达房地产有限责任公司诉北京市祥和三峡房地产开发公司房地产开发合同纠纷案”，载《最高人民法院公报》2010 年第 11 期；“株洲市朗廷房地产开发有限公司与张春华建设工程施工合同纠纷上诉案”，湖南省株洲市中级人民法院(2014)株中法民四终字第 313 号民事判决书。

③ 例如，“何某某诉邓某买卖合同纠纷再审案”，湖南省长沙市中级人民法院(2012)长中民再终字第 0196 号民事判决书；“长沙某某物业管理有限公司诉余某某物业服务合同纠纷案”，湖南省长沙县人民法院(2013)长县民初字第 783 号民事判决书。

④ 郭百顺：《论诚实信用原则在民事审判中的适用——以〈最高人民法院公报〉案例为样本》，载 2015 年《全国法院第二十六届学术讨论会论文集：司法体制改革与民商事法律适用问题研究》，第 606 页。

人之间的具体权利义务;[①]其二,解释法律法规或合同条款;[②]其三,评价当事人的行为;[③]其四,宣誓性说理适用[④]。

因而在具体适用时需要注意:首先,此规则只能处于补充性的地位,这种补充地位是相对于其他现行法律而言的,这就决定了法官在审理案件时,只有当现行法律没有规定,或者依据现行法律规定处理,会造成当事人之间实质上的不公平或使社会利益遭受损害的情况下,法官才可以依据诚实信用原则。其次,诚实信用原则作为司法原则,其在司法过程中的适用是由法官来完成的,法官能力的优劣也决定了诚实信用原则是否会被滥用。这不仅需要司法机关不断加强对法官的监督和制约,加强对其工作人员的教育和约束,更需要法官的自律、自省和担当。

**【司法案例】**

### 株洲市朗廷房地产开发有限公司与张春华建设工程施工合同纠纷案[⑤]

**诉讼结论:**朗廷公司不遵循诚实信用原则,久拖不付张春华的工程款,系违约行为,应承担违约责任。

2005年4月20日,张春华与朗廷公司签订了《项目承揽合同》,朗廷公司将承建的工程中的部分分包给张春华,并对施工内容、费用以及违约责任等事项作了相应约定。2008年张春华施工完成后,双方确定了工程款数额。朗廷公司分多次支付后尚欠工程款7万元。2014年4月16日,朗廷公司要求对欠款折扣处理,同意一次性支付工程款4.5万元,但张春华要求七日内将款项付至指定账号。时至起诉之日,双方对此未达成合意,也未支付剩余工程款。且当日出具的付款申请书上仍为尚欠工程款7万元。本案的争议焦点为:当事人双方的具体欠款数额。

**法院认为:**该案原、被告签订的《项目承揽合同》内容系双方真实意思表示,合

---

① "吴文景、张恺逸、吴彩娟诉厦门市康健旅行社有限公司、福建省永春牛姆林旅游发展服务有限公司人身损害赔偿纠纷案",载《最高人民法院公报》2006年第6期;"钱某某与浙江某某有限公司建设工程合同纠纷再审案",浙江省湖州市中级人民法院(2012)浙湖民再终字第5号民事判决书。

② 例如,"戴雪飞诉华新公司商品房订购协议定金纠纷案",载《最高人民法院公报》2006年第8期;"长沙××开发(集团)有限公司与湖南××建设集团有限公司合同纠纷上诉案",湖南省长沙市中级人民法院(2013)长中民三终字第03804号民事判决书;"柳甲诉浙江××司民间借贷纠纷再审案",浙江省绍兴市柯桥区人民法院(2013)绍商再字第4号民事判决书。

③ 例如,"胡德开等人申请确认房屋所有权案",载《最高人民法院公报》1998年第4期;"于存库诉董成斌、董成珍房屋买卖纠纷",载《最高人民法院公报》2001年第4期。

④ 很多判决在"本院认为"部分开篇"民事活动应当遵循自愿、公平等价有偿、诚实信用的原则。"

⑤ 湖南省株洲市中级人民法院(2014)株中法民四终字第313号民事判决书。

法有效,依法成立,应受法律保护。张春华已按约完成了工程项目并交付使用,朗廷公司也验收并确认工程款总额,应按约履行付款义务。而朗廷公司不遵循诚实信用原则,久拖不付张春华的工程款,系违约行为,应承担违约责任。至于朗廷公司提出的具体债务数额为4.5万元的诉讼请求,由于没有证据证实,法院未予采信。

## 第八条 民事主体从事民事活动,不得违反法律,不得违背公序良俗。

**【条文主旨】**

本条是关于合法和公序良俗原则的规定。

**【条文理解】**

本条规定包含两层意思:一是强调民事主体从事民事活动,不得违反法律的规定,即合法原则;二是明确提出民事主体从事民事活动不得违背公序良俗。这也是我国民事立法中首次启用"公序良俗"这一概念。民事活动,不违法即合法,法无禁止即可为。本条是从"负面清单"的角度规定的。

(一)合法原则

合法原则,①要求民事主体从事民事活动,必须遵守法律。此处的"法律"不是狭义上的法律,而是指广义上的法律。即"法律有狭义和广义之分,狭义的法律仅指全国人民代表大会及其常务委员会制定的法律,广义的法律是指法律整体,包括宪法、全国人民代表大会及其常务委员会制定的法律,国务院制定的行政法规,地方国家权力机关制定的地方法规,民族自治地方的人民代表大会制定的自治条例和单行条例等。"②

(二)公序良俗原则

公序良俗③,即公共秩序与善良风俗的简称,公共秩序,是指政治、经济、文化等领域的基本秩序;善良风俗,是指基于社会主流道德观念的习俗。该原则是现代民法的一项重要法律概念。在现代市场经济社会中,有维护国家社会一般利益以及一般道德观念的重要功能,因而被称为现代民法至高无上的基本原则。由于民事活动复杂多样,立法时不可能预见一切损害社会公益和道德秩序的行为并作出详尽的禁止性规定,故法律设立公序良俗原则,以弥补禁止性规定之不足。遇有损害社会公益和社会道德秩序的法律行为,而又缺乏相应的禁止性法律规定

① 相关立法参见《宪法》第51条、《民法通则》第6条、《合同法》第7条。

② 张文显主编:《法理学》,高等教育出版社、北京大学出版社2011年版,第39~40页。

③ 相关立法参见《民法通则》第7条、第58条,《合同法》第7条。

时,法院可直接以违反公序良俗为依据判决该行为无效。①

公序良俗原则起源于罗马法。所谓公序,即国家的安全,市民的根本利益;良俗,即市民的一般道德准则,二者含义广泛,且随时间的不同而不同,非一成不变。在罗马法上违反公序良俗的行为在法律上是无效的。近现代许多国家和地区的民事立法都明文规定了这一原则,在性质上属于一般性条款、授权条款。如《法国民法典》第6条规定,个人不得以特别约定违反有关公共秩序和善良风俗的法律;《德国民法典》第138条规定:违反善良风俗的行为,无效;《日本民法典》第90条规定:以违反公共秩序或善良风俗的事项为标的的法律行为无效,等等。

中国现行《民法通则》等法律所谓"社会公共利益"及"社会公德",在性质和作用上与公序良俗原则相当,"社会公共利益"相当于"公共秩序","社会公德"相当于"善良风俗"。随着民法知识在我国社会中的逐渐普及,"公序良俗"原则逐步被大众所熟识和理解。因而,《民法典》"总则编"在《民法通则》第7条规定的基础上,以"公序良俗"取代"社会公共利益"和"社会公德"。这是我国民事立法上第一次采用"公序良俗"的用语。

**【司法适用】**

在民法众多的基本原则中,诚实信用原则和公序良俗原则最具有裁判规范的意义。具体而言,一定意义上,民法主要解决两个问题:一是权利如何产生;二是权利如何行使。民法奉行"法无禁止即自由",问题在于具体禁止性规定总是不足,因此需要兜底性质的条款。公序良俗就是在权利产生阶段弥补禁止性规定不足的概括条款,目的在于通过宣告法律行为无效来否定权利,此即所谓针对法律行为内容进行的"内容审查"。诚实信用则是在权利行使阶段弥补禁止性规定不足的概括条款,目的在于否定既存权利的某个具体行使行为,但权利仍然存在,在调整行使方式符合诚信要求之后,权利仍得继续行使,此即所谓针对权利行使行为进行的"行使审查"。因此,虽然两者都是赋予法官自由裁量权的"委任状",都是克服成文法局限性的工具,但却在作用阶段和功能上有一定的差异。②

法院在判断法律行为是否违反公序良俗时,一般要经过两个步骤:首先是确认现实生活中存在相应的公序良俗,即查明公序良俗的内容;其次是认定系争法律行为是否违反公序良俗。在民事审判中法官在判断一个法律行为是否违反法律、是否违反善良风俗时,可以从客体、内容、所附条件、动机或目的等方面综合考虑。

---

① 梁慧星:《民法总论》,法律出版社2012年版,第51页。

② 于飞:《公序良俗原则与诚实信用原则的区分》,载《中国社会科学》2015年第11期;于飞:《民法基本原则:理论反思与法典表达》,载《法学研究》2016年第3期。

**【司法案例】**

## 刘柯妤诉其父母刘茂勇、周忠容共有房屋转让纠纷再审案①

**诉讼结论：**刘柯妤要求其父母转让财产份额的诉求与善良风俗、传统美德的要求不符，人民法院依法②不予支持。

本案中被告刘茂勇、周忠容与原告刘柯妤系父母子女关系，双方以居住为目的购房，大部分房款由被告出资，被告购房时将90%份额登记在女儿刘柯妤名下，超出刘柯妤出资部分，具有赠与性质，系父母疼爱子女善良风俗的具体表现。“百善孝为先。”孝敬父母乃“天之经、地之义、人之行、德之本”，是中国传统伦理道德的基石，是千百年来中国社会维系家庭关系的重要道德准则，是中华民族优秀的传统美德。为人子女，应常怀感恩之心，不仅应在物质上赡养父母，满足父母日常生活的物质需要，也应在精神上赡养父母，善待父母，努力让父母安宁、愉快地生活。

**法院认为：**刘柯妤既然承诺其父母转让10%份额后可继续居住该房，目前要求其父母转让财产份额并无实际意义，徒增其父母的担忧，不符合精神上赡养父母的伦理道德要求，并导致亲情关系恶化。双方目前缺乏基本信任，被告担心刘柯妤取得完全产权后变卖房屋而导致其无房居住，有一定合理性。

## 第九条 民事主体从事民事活动，应当有利于节约资源、保护生态环境。

**【条文主旨】**

本条是关于生态文明原则的规定。

**【条文理解】**

生态文明原则，通俗称为绿色原则。该原则既传承了天地人和、人与自然和谐共生的我国优秀传统文化理念，又体现了新的发展理念，与我国是人口大国，当前资源浪费严重，生态环境污染严重，需要长期妥善处理人与资源生态的矛盾这种国情相适应。习近平总书记曾经指出，良好的生态环境是最公平的公共产品，是最普惠的民生福祉。我国民法典编纂适应21世纪绿色化时代要求，以绿色、正义、弘扬人文与自然精神作为重要的价值目标，贯彻落实党的十八大、十九大报告

---

① 重庆市第五中级人民法院(2015)渝五中法民再终字第00043号民事判决书。

② 《物权法》第7条规定：“物权的取得和行使，应当遵守法律，尊重社会公德，不得损害公共利益和他人合法权益。”

和十九届四中全会关于建设生态文明,坚持和完善的生态文明制度体系,实行最严格的生态环境保护制度、损害赔偿制度、责任追究制度,完善环境治理和生态修复制度,用制度保护生态环境的要求,实践绿色发展,促进生态文明建设,坚持环境权利、义务和责任的统一,促进人与自然和谐共处,实现代际公平。

该原则贯彻了宪法环境保护的要求,同时也是对党中央建设生态文明、实现可持续发展理念的践行。可以说,将生态环境保护上升至民法的基本原则之一,具有鲜明的时代特征。全面开启了环境资源保护的民法通道,有助于构建新时代下人与自然和谐相处的关系,顺应绿色立法潮流。① 在民法典中引入绿色发展理念,承认环境资源的生态价值、人格利益属性,确立特殊侵权行为规则,为后续建立专门的环境资源准物权制度、环境合同制度、环境人格权制度以及环境侵权行为制度等留下了空间。

该原则与传统的民法基本原则存在不同。传统基本原则包括自愿原则、公平原则、诚实信用原则、公序良俗原则。从产生方式和特点看,传统民法基本原则具有内生性、封闭性,是在民法体系自身长期的发展过程中逐渐产生的,较少受到其他部门法的影响。相比之下,该原则具有明显的外生性、开放性,它是民法和环境法互动的产物,民法的生态化为绿色原则的产生提供了动力。此外,"总则编"该原则还是一种"接口性规范",它在民法典的体系中设立了一个接口,从而构建起通往环境法的管道与桥梁。② 因而,对该原则的理解,不应局限于民法范畴。

该原则所体现的可持续发展理念,将公法支配和公法义务纳入民事权利体系,为在环境权益的公益性和民事权利的私益性间寻求协调和沟通,提供了方法和路径。法院在审理环境资源纠纷案件中,应当依法妥善衡量可能涉及的合同生效的客体依托要件,不能仅局限于当事人合同目的的实现,还应将保护生态环境和自然资源作为重要因素综合考量,正确处理好生态环境与资源开发利用之间的关系,维护环境公共利益,维护自然资源和公共财产的公益性。

生态文明建设是五位一体的五大建设之一,在现代社会文明中具有特别重要的意义。③ 人类以自我为中心的时代应当终结,人类不能也不应该凌驾于自然之

---

① 李适时主编:《中华人民共和国民法总则释义》,法律出版社 2017 年版,第 32 页。

② 参见陈镜先:《民法总则绿色原则的研究》,载《法制与社会》2017 年第 6 期,第 16 页。

③ 人类文明经历了三个阶段:第一阶段是原始文明。约在石器时代,人们必须依赖集体的力量才能生存,物质生产活动主要靠简单的采集渔猎,为时上百万年;第二阶段是农业文明。铁器的出现使人改变自然的能力产生了质的飞跃,为时一万年;第三阶段是工业文明。18 世纪英国工业革命开启了人类现代化生活,历时三百年。生态文明是人类文明发展的一个新的阶段,即工业文明之后的文明形态。

上。生态文明是人类为保护和建设美好生态环境而取得的物质成果、精神成果和制度成果的总和,是贯穿于经济建设、政治建设、文化建设、社会建设全过程和各方面的系统工程,反映了一个社会的文明进步状态。节约资源、保护生态环境是生态文明的必然要求,是包括民法典在内的整个法律体系的应有选择。我们要构筑尊崇自然、绿色发展的生态体系。人类可以利用自然、改造自然,但归根结底是自然的一部分,必须尊重大自然、呵护大自然。我们要解决好工业文明带来的矛盾,以人与自然和谐相处为目标,实现地球村经济社会的可持续发展和人的全面发展。①

生态文明原则的确定为民事主体行使民事权利、履行民事义务和承担民事责任等民事活动各领域起到引导和规范作用,是我国民法典回应21世纪资源环境日益恶化这一时代特征的重要立法举措,也是对传统民法基本原则体系的重要创新。

**【司法适用】**

在司法实践中,强化生态文明建设,具有重要的意义。人民法院审理环境资源案件,要把握好私法与公法、民法与行政法、民法与刑法的关系;要着重做好价值理念的生态化,主动运用可持续发展理念,强化保障民事主体合法权益、调整民事关系、维护社会秩序和促进经济社会可持续发展的立法宗旨和具体制度;要着重做好民法基本原则的绿色改造,注重对公序良俗原则内涵的"绿色化"拓展,赋予其维护人类社会可持续发展的生态伦理要求;要着重做好民事主体的适当扩张,尤其要深入探讨社会组织民事主体资格问题,弥补主体缺位,保持主体制度的适度开放;要着重做好权利体系的生态拓展,研究在民事权利、权利客体部分体现环境权益的可操作性,以及引入独立环境人格权的理论可能性;要着重做好环境权益救济体系的私法构造,细化、扩张现有民事责任方式,适应环境侵权责任的预防性、修复性特点,回应环境生态保护法律需要。2016年6月,最高人民法院发布《关于充分发挥审判职能作用为推进生态文明建设和绿色发展提供司法服务和保障的意见》,提出:(1)准确把握人民法院服务、保障生态文明建设与绿色发展的基本理念和总体要求;(2)依法审理涉环境污染防治和生态保护案件,切实维护人民群众的环境权益;(3)依法审理涉自然资源开发利用案件,保障自然资源和生态环境安全;(4)积极探索气候变化司法应对举措,推动构建国家气候变化应对治理体系;(5)依法审理各类生态环境损害赔偿诉讼案件,有效维护环境公共利益和国家所有者权益;(6)构建协同审判机制,充分发挥环境资源审判整体合力;(7)强化

① 可参见习近平同志2015年9月28日在参加第七十届联合国大会一般性辩论时的讲话。

组织保障措施,不断提升人民法院司法公信力。

司法机关、行政机关和各社会团体,都应当按照尊重自然、顺应自然、保护自然的理念,贯彻本编明确规定的节约资源和保护生态环境的基本原则,更加自觉地推动绿色发展、循环发展、低碳发展,把生态文明建设融入执法、司法、守法全过程,融入经济建设、政治建设、文化建设、社会建设各方面和全过程,形成节约资源、保护环境、生态平衡的空间格局、产业结构、生产方式、生活方式,为子孙后代留下天蓝、地绿、水清的生产生活环境。认真落实生态环境公益诉讼制度,落实生态补偿和生态环境赔偿制度以及司法解释,用好《民法典》新规定的生态环境损害惩罚性赔偿制度,落实生态环境损害责任终身追究制。

**【司法案例】**

**中华环保联合会诉德州晶华集团振华有限公司环境污染责任纠纷案①**

**诉讼结论:**判令被告赔偿2198万余元用于环境修复。

德州晶华集团振华有限公司(以下简称振华公司)是一家从事玻璃及玻璃深加工产品制造的企业,虽投入资金建设脱硫除尘设施,但仍有两个烟囱长期超标排放污染物,造成大气污染,严重影响了周围居民生活。2014年,振华公司被环境保护部点名批评,并被山东省环境保护主管部门多次处罚,但其仍持续超标向大气排放污染物。2015年3月25日,中华环保联合会提起诉讼,请求判令振华公司立即停止超标向大气排放污染物,增设大气污染防治设施,经环境保护行政主管部门验收合格并投入使用后方可进行生产经营活动;赔偿因超标排放污染物造成的损失2040万元及因拒不改正超标排放污染物行为造成的损失780万元,并将赔偿款支付至地方政府财政专户,用于德州市大气污染的治理;在省级及以上媒体向社会公开赔礼道歉;承担本案诉讼、检验、鉴定、专家证人、律师及其他为诉讼支出的费用。

2016年7月20日,德州市中级人民法院对该案依法公开作出一审宣判,判决被告振华公司赔偿因超标排放污染物造成的损失2198万余元,用于德州市大气环境质量修复,并在省级以上媒体向社会公开赔礼道歉;驳回原告中华环保联合会其他诉讼请求。②

① 山东省德州市中级人民法院(2015)德中环公民初字第1号民事判决书。

② 本案是新环境保护法实施后人民法院受理的首例针对大气污染提起的环境民事公益诉讼。

**第十条 处理民事纠纷,应当依照法律;法律没有规定的,可以适用习惯,但是不得违背公序良俗。**

**【条文主旨】**

本条是关于处理民事纠纷依据的规定。

**【条文理解】**

本条是对民法法源的规定,是民法施行法的内容。本条以习惯代政策,舍弃了《民法通则》第6条以国家政策作为填补法律漏洞的法源,明确了民法法源适用的顺序,并首次以条文的形式确认"习惯"作为裁判依据。

法律有成文法与习惯法之分。即使成文法国家有了完备的民法典,也不可能做到对民事生活一切关系均有明确规定,更何况社会生活总是不断发展变化,不断产生一些新的关系、新的问题,无法从现行法找到相应的规定。大陆法系民法解决这个问题的方法除了广泛运用民法的基本原则以外,另外一个方法就是扩大法律渊源。

民法的渊源,又称民法的法源,通常是指民法规范借以表现和存在的形式,是法院处理民事案件时可以作为裁判基准的法律规范。理论上,民法的渊源主要有四种:第一,制定法。制定法,又称成文法,是指我国不同的国家机关根据法定职权和程序制定的各种规范性文件以及我国缔结或参加的国际条约。制定法是我国民法的主要渊源。第二,习惯。所谓习惯,就是人们在日常生活、交易中形成的经常性做法,是在一定地域行业范围内长期为一般人确信并普遍遵守的民间习惯或者商业惯例。虽然我国《民法通则》没有对习惯的效力作一般性规定,但有些单行法却肯定了习惯的效力,如《合同法》第125条。第三,判例法。判例是英美法系诸国的主要法源,指上级法院对案件的判决,作为先例,对下级法院具有法律拘束力,成为以后审理同类案件的通例。大陆法系各国采取制定法主义,法院判决原则上只依据成文法而不受先例拘束。由于我国民事立法深受大陆法系的影响,判例一直在理论上被排斥在法律渊源之外。但是由于立法的不完善,给判例法的发展留出了空间。最高人民法院通过《批复》《复函》等方式就有关案件作出解答,并从1985年开始在法院公报中陆续发表典型案例,这些解答和案例对各级人民法院的审判工作有指导意义。从2010年开始,最高人民法院发布具有司法解释功能的指导性案例近百个,这些案例具有"应当参照"的效力。可见,在我国的司法实践中已肯定了判例具有法源的功能。第四,法理。法理是指法的原理。作为民法渊源的法理,是由立法精神演绎而形成的处理民事关系的原理,作为民法渊源的法理的作用在于弥补民法法律规定之不足。《瑞士民法典》第 1 条第 2 款规定，如本法无相应规定时，法官应该依据惯例；如无惯例时，法官应依据实践确定的学理和惯例。我国民国时期的民法典第 1 条规定，民法，法律所未规定者，依习惯；无习惯者，依法理。《民法典》“总则编”没有规定法理是民法的渊源，但是法理对解释民法和裁决民事案件实际上起着重要参考作用。

“习惯”作为民法渊源是符合我国国情的，本条舍弃了《民法通则》第 6 条以国家政策作为填补法律漏洞的法源，明确了民法法源适用的顺序。即首先适用法律的规定，这里的法律包括民法典和国家颁布的其他法律。其次适用习惯，适用习惯的前提条件是法律没有对该事项作出规定。同时对可以成为法律渊源的习惯作了限定，即该习惯不得违背公序良俗。这是民事立法中首次以条文的形式明确“习惯”是民法渊源。这种顺序为司法和仲裁确定了法律适用的先后顺序。

## 第十一条　其他法律对民事关系有特别规定的，依照其规定。

**【条文主旨】**

本条是关于特别法优于普通法适用的规定。

**【条文理解】**

民法根据其适用范围的不同，可分为特别法和普通法。普通法适用于一般情况，特别法适用于特定情况。特别法优于普通法原则，是指对于具体事项，有特别法规定时应适用特别法，而不适用普通法，只有在无特别规定时才适用普通法。民法典 2021 年 1 月 1 日生效之时，单行法已经编纂成为民法典的组成部分，此时的“其他法律”就不再包含《合同法》《物权法》《侵权责任法》《继承法》，而是指《公司法》《票据法》《保险法》《证券法》《著作权法》《专利法》《商标法》等单行法。这一原则的适用存在两个条件：一是在特别法所规定的法律效果排斥普通法规定的法律效果才能产生；二是特别法与普通法应是同一效力层次的法律，或说是同一立法机关制定或授权其他立法机关制定。否则，就不应适用此原则。

普通法与特别法的划分是相对的。在《民法典》生效以前，《合同法》相对于《民法通则》而言就是特别法，有关合同的法律适用，应优先适用《合同法》的规定。但就保险合同而言，《合同法》相对于《保险法》，则为普通法。有关保险合同的法律适用，应优先适用《保险法》的规定，《保险法》无规定时，才适用《合同法》的一般规定。但是，本条不适用《民法总则》与《民法通则》的关系，它仍适用于新法优于旧法的适用原则。

根据《立法法》第 92 条的规定："同一机关制定的法律、行政法规、地方性法规、自治条例和单行条例、规章，特别规定与一般规定不一致的，适用特别规定；新的规定与旧的规定不一致的，适用新的规定。"可知，特别法须与一般法处于同一位阶，特别法优先于普通法。《民法典》中"总则编"与"物权编""合同编""人格权编""婚姻家庭编""继承编""侵权责任编"同属一部普通法（基本法），是同一法典中总则和分则的关系，不是普通法和特别法的关系。而在同一法典内部总则与分则的关系上，分则规定原则上优先于总则规定。

本条所称"其他法律"，包括狭义的民事法律、商事法律、劳动法以及其他法律中关于民事关系的规范。理论上所谓狭义的民事法律，如《著作权法》《专利法》《商标法》等民事特别法。商事法律，关于商事组织的法律，如《公司法》《合伙企业法》《个人独资企业法》及其他各种企业法，以及关于商事行为的法律，如《票据法》《证券法》《保险法》《商业银行法》《证券投资基金法》《海商法》等。劳动法，如《劳动合同法》，兼具私法公法混合的性质。此所谓混合法，是就部门法之整体而言（整体上为私法规范和公法规范之总和），非指个别法律规范本身兼具私法和公法的双重属性。劳动法中关于劳动合同的规范，属于民事法律范畴，理论上称为"特别私法"。另外，经济法、环境法亦具有混合法的性质。经济法、环境法中关于债权、合同、民事责任等规范，亦属于民事法律规范。经济法中的民事规范，如《反垄断法》及其司法解释中关于垄断协议无效的规定、垄断行为侵权责任的规定。又如，《税收征收管理法》关于税收债权的规定。环境法中的民事规范，如关于环境污染和生态破坏侵权责任的规定。①

这一原则的适用存在两个条件：一是在特别法所规定的法律效果排斥普通法规定的法律效果才能产生；二是特别法与普通法应是同一效力层次的法律，由同一立法机关制定或授权其他立法机关制定。否则，就不应适用此原则。这就排除了与《民法典》位阶不同的行政法规、地方性法规、自治条例、单行条例等作为特别法的适用资格。

**第十二条　中华人民共和国领域内的民事活动，适用中华人民共和国法律。法律另有规定的，依照其规定。**

**【条文主旨】**

本条是关于民法效力范围的规定。

---

① 李宇：《民法总则要义：规范释论与判解集注》，法律出版社 2017 年版，第 75 ~ 79 页。

【条文理解】

民法的效力，又称民法的适用范围，指民法在时间、空间和人的范围上的效力。民法的时间效力，是指民法在时间范围上的效力，即民法何时发生效力、何时终止效力以及民法生效前的事件和行为有无溯及力的问题。民法的空间效力，是指民法在领域范围内的法律效力。本条即为民法的空间效力的规定。民法对人的效力，是指民法对哪些人发生法律效力。

依据本条规定，《民法典》适用于中华人民共和国领域内的民事活动。这里的"领域"包括领土、领空、领海以及依据国际法和国际惯例视为我国领土的驻外使馆等。本条中的"法律另有规定的"是指我国所缔结或参加的国际条约或者按照国际惯例不由我国管辖的情况，以及依据国际私法规则不应由我国管辖的情况。

本法第 10 条至第 12 条，共同构成了民法的适用原则。首先，法律优先于习惯适用：处理民事关系，法律有规定的，应当依照法律的规定；法律没有规定的，才可以适用习惯——以不违背社会公共秩序和善良风俗为限。其次，从一般法（普通法）与特别法的关系出发，明确规定了特别法优先于一般法（普通法）适用。最后，原则上适用我国国内法，例外适用国际法、国外法，例外的法定条件是中国"法律另有规定的"，才可以"依照其规定"适用"中华人民共和国法律"以外的国际公约、国际条约、国际习惯等国际法和/或者国外法。《民法典》"合同编"第 467 条第 2 款关于在境内履行的"三资"合同的法律适用，不属于本条所谓"法律另有规定的"情形。

# 第二章　自　然　人

人生于自然、长于家庭、成于社会，且领悟于自然，进而理性、智慧、创造受益于自然；人、社会、环境又反作用于自然，可谓人与自然不可分割、浑然一体！民法之自然人不同于生物之自然人，他/她是社会关系的集合与中心，其社会关系的分野、聚合、构筑为法律；他/她是法律权利的绝对承载者与法律义务的终极负担者，其本质属于社会关系，而非自然世界之物种竞争。

本章分为四节：民事权利能力和民事行为能力、监护、宣告失踪和宣告死亡、个体工商户和农村承包经营户合计44条，基本承接了《民法通则》第二章的相关内容，并对监护制度进行了大幅度的修改、扩充和完善，形成了较为体系化的未成年人监护与成年人监护制度，另删除了《民法通则》第五节个人合伙的内容，基本保留了第三节宣告失踪、宣告死亡及第四节个体工商户、农村承包经营户的主体内容。总的来说，《民法典》"总则编"第二章顺应了历史发展趋势、回应了社会变革中人民的法治诉求，同时承接了现有法律体系的理论衣钵和现实中成熟稳定的司法实践传承，较为稳妥地解决了《民法总则》自然人部分的现代法律属性之重述，亦能准确、完整地规范中国民法体系中特有制度。《民法典》"总则编"第二章有如下几个重要发展：

第一，《民法通则》第二章标题"公民（自然人）"变为《民法典》"总则编"第二章标题"自然人"。"公民"与"自然人"两个词语不论是在语义学上还是法律意义上都不相同。"公民"称谓主要体现在公法上，特别是宪法上，是指具有一国国籍，并根据该国法律规定享有权利和承担义务的人，体现的是国籍要义；"自然人"称谓主要体现在私法上，特别是民法上，是指在自然条件下诞生的人，体现的是权利能力要义，故而从《民法通则》"公民（自然人）"表述变成《民法典》"总则编""自然人"表述符合民法学理特点，同时因1999年《合同法》第2条"本法所称合同是平等主体的自然人、法人、其他组织之间设立、变更、终止民事权利义务关系的协议"中已经使用"自然人"表述，《民法典》"总则编"继续使用"自然人"概念。自然人概念的确立是民法语言体系正式回归正统，因而今后所有正式民法立法用语都应当使用"自然人"概念。

第二,扩大了自然人的权利保护范围,以适应新时代的民事法律关系的挑战。自然人的民事权利能力始于出生。胎儿尚未出生,原则上不具有民事权利能力。但为保护胎儿的遗产继承、接受赠与等权利,有必要在需要对胎儿利益进行保护时,赋予胎儿一定的民事权利。《民法典》“总则编”在《继承法》规定的基础上明确:涉及遗产继承、接受赠与等胎儿利益的保护,胎儿视为具有民事权利能力。但是,胎儿出生时未存活的,其民事权利能力自始不存在。《民法典》“总则编”下调了限制民事行为能力的未成年人的年龄标准,其年龄下限标准从“十周岁”降到“八周岁”。主要是考虑随着经济社会的发展和生活教育水平的提高,未成年人生理心理的成熟程度和认知能力都有所提高,适当降低年龄有利于其从事与其年龄、智力相适应的民事活动,更好地尊重这一部分未成年人的自主意识,保护其合法权益。

第三,增加了大量的成年人监护规范,完善了未成年人监护制度,形成了具有中国特色的、基本完整的、层次清晰的自然人监护制度。监护制度是民法的一项重要制度,它是为了保护未成年人、限制行为能力、无行为能力的成年人的合法权益,因此类人员行为存在障碍由监护人代为履行,并以被监护人的利益而行动。当前中国快速进入老龄化社会,城市化的迅猛发展,导致农村与城市老年人得不到相应照看,故《民法典》“总则编”确立了老年人的监护,特别是丧失部分或者全部自理能力的老年人,由《民法通则》第 17 条“无民事行为能力或者限制行为能力的精神病人”变为《民法典》“总则编”第 28 条“无民事行为能力或者限制民事行为能力的成年人”,一方面使得被监护人的范围由过去仅指的精神病人变为失去辨别能力(自我表达能力)的普通成年人;另一方面建立了成年人协议监护优先制度、完善了撤销(恢复)监护制度、扩大了监护人的范围,监护兜底责任等,基本构筑了完整的系统的监护法律制度。

第四,补充完善了失踪人财产代管人责任,补充了个体工商户、农村承包经营户债务清偿责任。发展个体工商户、依法保护个体工商户的各项权益符合中央政府提出的大众创业、万众创新的国家政策,不能忽视其制度应有价值。农村承包经营户是中国农村重要的集体经济组织形式,是宪法所确立的一种重要公有制形式,只能通过民法规范予以加强和完善,不能削弱和否定。简言之,“两户”制度深刻地反映了中国民法典之民族性,也体现了中国特色的民事法律制度。

## 第一节 民事权利能力和民事行为能力

**第十三条 自然人从出生时起到死亡时止,具有民事权利能力,依法享有民事权利,承担民事义务。**

**【条文主旨】**

本条是关于自然人民事权利能力起止的规定。

**【条文理解】**

民事权利能力是大陆法系国家关于主体制度构造的核心理论,不仅包括自然人还包括法人、其他民事主体,因为法律创设权利能力对整体民事制度来说至关重要,"权利能力"是指一个自然人作为法律关系主体的能力,也即作为权利的享有者和法律义务承担者的能力。自然人从出生时起即具有权利能力,法人自登记具有权利能力,其他组织自合法成立具有权利能力,权利能力代表着法律人格,是人类社会进步中法律拟制概念的集大成,同时它的创设体现了人权观念——自由、平等思想。民事权利能力确定了自然人的法律地位,民事权利能力所涵盖的范围是自然人所享有的财产权利和人身权利之总和,其中财产权利是可选择性的,而人身权利以出生而有,以死亡为终。

从实体法而论,自然人在民事活动中可以享有权利并承担相应义务的法律资格,而不论其国籍、民族、性别、年龄、党派、文化程度、宗教信仰等。必须注意,权利能力是一种概括性权利表述,且具有广泛性意义,更是一种抽象范畴,并不指具体的权利内容或权能方式。权利能力主要是自然人在作为民事主体的一般性资格,它表明的是民事关系的抽象权利来源,而不是指自然人必定或实际拥有某种权利或利益。在日常生活或法律工作中,存在几种较为常见的认识错误,在此有必要做进一步解读或澄清:

第一种错误认识,认为只有中华人民共和国国籍的公民自出生起至死亡时止才具有民事权利能力,外国人在中国领域内无权利能力或者权利能力受限制。事实上,外国人难以享有内国公民的所有权利,同时也无须履行内国公民所应当承担的义务,这里不涉及自然人权利能力大小或限制的问题,而是内国国内法对待外国自然人给予何种国民待遇的问题。核心点是外国人在内国从事民事法律行为的资格一般不受限制,或者说他们不能直接实施某些民事活动,而必须要借助于内国代理或公证等来实施其法律行为,但从根本上来讲外国人的民事权利能力与内国自然人一致。

第二种错误认识,认为存在公民特殊权利能力的情况,某些权利能力受年龄的限制。《婚姻法》第6条规定:“结婚年龄,男不得早于二十二周岁,女不得早于二十周岁……”认为是对自然人权利能力的限制。其实这不是对权利能力的限制,而是对行为能力的表达,比如婚姻权的实施不能代理。正确理解是:在中国大陆境内的所有自然人(包含外国人、无国籍人)都平等拥有男性满二十二周岁、女性满二十周岁结婚的权利,其民事权利能力本质上是不受限制的,或者是说结婚的资格是不受限制的。只要自然人成年作为一种自然条件即可结婚,自然人推定男性二十二岁、女性二十岁就可以结婚,难道是一种权利资格限制吗?显然不是,而是对自然人法定结婚权利的一种社会安定性、生理健全性的制度保障。在法律实践中,农村年轻男女实际同居生子,再到法定结婚年龄补办结婚证是十分常见的,遇到婚约彩礼诉讼抑或离婚诉讼,司法机关对其法定结婚年龄之前的婚姻事实都是确认其效力的,更好地说明了结婚年龄限制不是特殊权利能力,而是一种权利保障制度。

第三种错误认识,不能把“胎儿”享有某些权利就直接认为胎儿具有民事权利能力,认为胎儿或胚胎就是完全民事主体。胎儿的利益保护是世界各国民事立法保护的潮流,中国法律早就确定了胎儿享有特殊权利或者特别利益。“自然人从出生时起到死亡时止”的表述,说明自然人的民事权利能力始于出生,胎儿尚未出生,是母体的一部分,当然不能取得民事权利能力,不能成为民事主体。但是涉及胎儿利益时,包括遗产继承、对胎儿的侵权损害、赠与或者遗赠等,将胎儿视为具有准民事权利能力,使其享有权利和利益。一般认为,胎儿的准民事权利能力只在涉及胎儿利益保护方面才具有法律意义,同时此胎儿的准民事权利能力仅指其享受利益,并不承担民事义务。世界各国和地区对于胎儿的保护有三种立法主义:(1)总括的保护主义。即胎儿利益的保护,一般地将胎儿视为已出生。① (2)个别保护主义。即胎儿原则上无权利能力,但于若干例外情形视为有权利能力。② (3)绝对主义。即绝对否定胎儿具有民事权利能力,依此立法主义,胎儿不具有民

---

① 可参见《瑞士民法典》第31条第2款的规定,我国台湾地区“民法典”第7条规定:胎儿以将来非死者为限,关于其个人利益的保护,视为既已出生。

② 法国、德国、日本均采此主义。所谓例外情形,如《德国民法典》第1923条第2款规定,胎儿有继承权;依第844条第2款规定,在扶养义务人因侵权行为致死的情形,胎儿对加害人有损害赔偿请求权。《日本民法典》第721条规定,胎儿有基于不法行为赔偿请求权,依第886条、第965条规定,胎儿有继承权和受遗赠权等。

事权利能力,不得为民事权利主体。1964 年苏联民法典属于此种立法主义。此三种立法保护水平逐次递减,根据中国的司法实践确属采用第二种立法主义,胎儿不仅可以在出生后对抚养人因侵权行为致死有损害赔偿请求权,同时未出生之胎儿亦可对加害人享有损害赔偿请求权;对于胎儿是否享有继承权和受遗赠权,司法实践已经给出了肯定答案。当然胎儿未出生其准权利能力由其父母作为法定代理人为之。需注意的是,胎儿父母的法定代理权,较之未成年人父母的法定代理权,范围较窄:胎儿父母只能代理胎儿受让权利和利益,但不得为胎儿设定义务;非为胎儿利益,不得处分胎儿财产。此外,胎儿尚未出生,有可能涉及胎儿的合同及诉讼,应以父母名义进行,故而对于胎儿利益的全面保护,应准用《民法典》"总则编"有关监护的规定。

**【司法适用】**

本条一般不在民事审判中直接引用,而是属于在审判思维中需要贯彻的法律精神,民事权利能力是自然人作为民事法律关系的主体资格问题,如作为自然人登记结婚的资格,作为自然人合伙人的资格,其中最关键的是在民事诉讼中的当事人资格,即作为原告、被告、第三人的资格,该资格不以自然人年龄、辨别能力为限,仅以作为一个人的权利。在交通肇事赔偿案件中被害人死亡,那么死者的近亲属有权作为原告起诉肇事方,而死者没有起诉资格不能成为案件当事人,是因为人的死亡导致权利能力终止;同样地,未出生的婴儿可以在遗产继承、交通肇事赔偿份额方面予以照顾或留出应有的份额,但一般不具有民事权利能力,不能成为诉讼主体,可以由母亲代为行使程序权利,获得实体权益,并且在该婴儿出生后父母作为监护人共同享有对该孩子权益的代管权。故在审理死者名誉权纠纷、死亡赔偿金纠纷、胎儿继承权纠纷、"代孕妈妈"等案件中,必须严格把握自然人民事权利能力的起止,不宜直接赋予胚胎主体资格,而应该根据个案将其怀孕的母亲列为主要的权利承载人,否则容易引起法律关系的紊乱。

## 第十四条　自然人的民事权利能力一律平等。

**【条文主旨】**

本条是关于自然人民事权利能力平等原则的规定。

**【条文理解】**

本条包含了十分重要的民法核心价值,即民法所宣扬的平等性、自主性、独立性等法律人格意义。近代民法承接了人民的重要利益诉求:平等拥有财产权、人身权,以及实现财产权和人身权的诉权,它所反抗的是封建主义的特权和人身依附关系,也就是说,自然人只有实现了独立的财产权、完整的人身权,才有可能实现社会权利的平等化。一般来说,民事法律关系的终局解决需要诉讼或者仲裁,双方或多方当事人之间只有建立了平等地位,才能保证民事权利得以公正处理,而进一步推导出为民事权利能力的平等性是民事主体资格的平等性的正常延伸。如果民事权利能力存在不平等或有限制,那么民事主体就难以在民事法律关系运行中正当履行义务,合法、合理享有权利。

对于自然人权利能力一律平等的表述,在司法实务中理解应当是一致的:自然人在民事法律关系中不因年龄、性别、民族、宗教、国籍、职业、文化程度、财富多寡、婚姻状况、性取向等受到不公正、不平等、不正当待遇,这种平等性不仅体现在民商事交往中,还包括因民商事交往而产生纠纷的处理过程中,进而包括恢复民商事法律关系的进程中,可以说是全方位地保护自然人权利能力的平等性。自然人权利能力是自然人享有权利的资格。由于民事权利能力不同于具体的民事权利,如将其视为人格权,则无法解释自然人取得人格权的基础。因此,民事权利能力是自然人充当民事主体、享受民事权利和负担民事义务的法律地位或资格。法律赋予自然人以民事权利能力,目的在于确定自然人的民事法律地位即法律人格。

罗马法时代,罗马市民适用市民法,不能适用于外省人,除非外省人基于国家之间条约享有参与民事获得的市民权,罗马法的市民法不仅指狭义民法还指广义民法,包括商法。也就是说,罗马法时期的民法并非平等适用于罗马管辖的各省,市民与非市民之间也是不平等的,在市民之间亦存在不平等现象。罗马法中有一项很重要的制度:家长权,包含了在家长控制之下的家庭成员的生杀之权、责罚之权或逐出家门之权,家长具有完全民事权利能力,在家长权之下的家庭成员不具有完全民事权利能力。罗马时期,奴隶就更不存在民事权利能力,他们只能成为民事法律关系的客体。封建时代,不论中外人们享有的民事权利能力大小不等是一个不容否定的事实,封建社会的等级制严重阻碍了社会发展,故资本主义经济萌芽促使资产阶级需要制定民事权利能力平等的法律,只有民事权利能力平等才能使资本、劳动力、土地、生产资料自由的流动,使法律规范下的形式平等贯彻到经济领域、社会领域和政治领域,更重要的是自然人的平等观念和平等诉权保障成为其后时代的主旋律,至今民事权利能力所包含的平等观念和平等法律保障已然成为世界民法所遵从的核心价值。

自然人的民事权利能力一律平等,是指资格的无差别性、形式上的对等性,并不意味着所有人享有权利的均等性,超越物质条件的平等性。比如,小区物业成员权、合伙出资权、股权、基金权等，都是基于物质条件而特有的身份权，如农村家庭承包权，而城市公民则不享有，这就是基于出身条件而特有的。这些方面的权利差异性并不代表民事权利能力的差异性。

**【司法适用】**

本条“自然人的民事权利能力一律平等”是贯彻平等的民事司法理念的基本要求，如果民事法官认为确属有引用的必要，应当结合其他具体指向性规则一并引用。确属需要引用“自然人的民事权利能力一律平等”的，在裁判文书说理部分可以详略得当地简要阐述民事权利能力平等的基本内涵，再进而说明违反民事权利能力平等原则的具体规则导致的法律后果，具体阐明其某种权利损害的事实，再论述可能的司法救济之具体内容等，形成相对完整的裁判说理体系，简言之，抽象和具体的规范要有机联系起来，切忌纯粹地以抽象的民事权利能力平等进行说理。

**【司法案例】**

**季宜珍等诉财保海安支公司、穆广进、徐俊交通事故损害赔偿纠纷案**[1]

**诉讼结论：**《人身损害赔偿解释》第29条[2]的规定，是对城镇居民和农村居民的死亡赔偿金计算标准加以区别，其本意并非人为地以户籍因素划分生命价值的高低。

**法院认为：**受害人季崇山户籍登记虽为农村居民，但与许艳兰婚后常年居住于海安县城，季崇山生前曾在海安县城多家单位从事工作，有较稳定的收入，其主要消费地亦在海安县城。季崇山的死亡必然会影响其家庭消费水平，其家庭可预期的未来收入势必也随之减少。如果按照农村居民的标准计算季崇山的死亡赔偿金，显然不足以填补原告方的损失，有失公平。考虑季崇山生前的经常居住地、工作地、获取报酬地、生活消费地等均在城镇的因素，以城镇居民的标准计算死亡赔偿金为宜。

---

① 案例来源：《最高人民法院公报》2006年第9期。

② 《最高人民法院关于审理人身损害赔偿案件适用法律若干问题的解释》第29条规定：“死亡赔偿金按照受诉法院所在地上一年度城镇居民人均可支配收入或者农村居民人均纯收入标准，按二十年计算。但六十周岁以上的，年龄每增加一岁减少一年；七十五周岁以上的，按五年计算。”

**第十五条　自然人的出生时间和死亡时间，以出生证明、死亡证明记载的时间为准；没有出生证明、死亡证明的，以户籍登记或者其他有效身份登记记载的时间为准。有其他证据足以推翻以上记载时间的，以该证据证明的时间为准。**

**【条文主旨】**

本条是关于自然人出生时间与死亡时间的判断标准的规定。

**【条文理解】**

本条是对本法第14条的具体化，同时给予了法官、当事人、行政执法者等一种精准的指向性立法说明，即以什么方式来判断自然人的出生与死亡。本条也是由原来司法解释转正为正式立法。《民通意见》第1条规定，公民的民事权利能力自出生时开始。出生的时间以户籍证明为准；没有户籍证明的，以医院出具的出生证明为准。没有医院证明的，参照其他有关证明认定。本条正式确立了出生、死亡时间的认定"三标准"，该认定标准有先后顺序：首先以出生证明、死亡证明作为自然人出生、死亡的初步认定标准；其次在没有出生、死亡证明情况下，以其他有效身份登记资料记载时间为准；最后在前两项资料都缺失的情况下，由其他证据来证明自然人的出生与死亡。当然，司法机关必须以此"三标准"来判定自然人的民事权利能力期间，顺序不能颠倒，严格司法审查标准，以精准司法来确定其民事权利能力的起止时间。对于其他有效身份证件的理解应当是：因各种原因导致户籍登记缺失的自然人的原户籍档案、其他相关证明文件、外国人的护照、港澳台地区的人的身份证明、无国籍人的相关证明文件、难民的相关证明文件等。

其实，不是所有中华人民共和国的公民都有出生证明，因为出生证明的法律规范是不断完善的，不少中青年以上的中国人都没有出生证明。《出生医学证明》是《母婴保健法》规定的法定医学证明文件，自1996年卫生部统一印制以来，卫生部和公安部联合下发了4个规范性文件，实际上正式实施《出生医学证明》是在1999年1月1日，在此之后出生的婴儿基本都有《出生医学证明》。其他人的出生证明基本以户口登记为准，没有相关户籍登记资料的，一般以身份证记载出生时间为准。如果以上登记资料都缺失，那么就需要到该自然人出生之地进行档案查证，走访调查来确定自然人的出生时间。

死亡证明始于1992年，是中国人口管理制度发展的一个缩影，社会经济发展的结果是大部分自然人在医院死亡，那么医疗机构成为发放死亡证明的主要机构。有学者指出自然人的死亡要区分脑死亡和心死亡，认为达到医学上脑死亡就可以认为是自然人已经死亡，但是法律上不区分所谓脑死亡与心死亡，死亡只能存在一种标准，医学上的真正死亡即临床死亡，一般来说就是心脏停止跳动、呼吸停止八分钟以上，各项身体全面不可逆的衰退。也就是说，脑死亡的“植物人”不能被认为是自然人已经死亡。

**【司法适用】**

人民法院审理涉及自然人出生的民事案件，可以由以下几个方面予以查证：第一，有出生证明的，以医院出生证明确定出生时间，如该自然人已经登记户口的，出生证明与户籍登记共同作为该自然人出生时间的证明依据；第二，没有出生证明的，根据户籍记载时间为准；第三，没有户籍登记的自然人，需在出生之地进行档案查证，走访调查来确定自然人的出生时间；第四，没有户籍登记的自然人，无法查明其档案，也不知其出生地在哪里，司法机关可以尝试通过医学检测，测明可能的出生时间；待查明其出生地等信息后，再前往调查确认。对于涉及外国人（含无国籍人、多重国籍人）出生，一般以护照载明出生日期为准，如果确有其他证据证明该外国人出生日期不是护照载明日期的，亦可综合多方面要素采纳。涉及外国人的出生、死亡的确认案件，如需国际司法协助的，应按照中国相关法律和与他国签订的协定，以及中国参加的相关国际私法条约的相关义务处理。港澳台地区的人的出生，一般也以港澳台地区相关证件载明出生日期为准，如果确有其他证据证明该港澳台人士的出生日期不是相关证件载明日期的，亦可综合多方面要素采纳。

人民法院审理涉及自然人死亡的民事案件，其主要法律依据可从以下几个方面来看：死于医疗卫生单位的，凭《死亡医学证明》；公民正常死亡无法取得医院出具的死亡证明的，凭居（村）委会或卫生站（所）出具的证明；非正常死亡或卫生部门不能确定是否属于正常死亡的，凭公安司法机关出具的死亡证明；已经火化的，凭殡葬部门出具的火化证明。其中，在某种自然灾难或者海难等情况下，相关民政部门或者海事部门出具的不可能生还的证明，同样具有死亡证明的法律效果。

**第十六条　涉及遗产继承、接受赠与等胎儿利益保护的，胎儿视为具有民事权利能力。但是，胎儿娩出时为死体的，其民事权利能力自始不存在。**

**【条文主旨】**

本条是关于胎儿利益保护的民事权利规定。

**【条文理解】**

自然人的民事权利能力始于出生,胎儿尚未出生,原则上不具有民事权利能力。但是为了保护胎儿的遗产继承、接受赠与等权利,有必要在需要对胎儿利益进行保护时,赋予胎儿一定的民事权利能力。据此,在《继承法》规定的基础上明确:涉及遗产继承、接受赠与等胎儿利益的保护,胎儿视为具有民事权利能力。但是,胎儿出生时为死体的,其民事权利能力自始不存在。

本条正式承认胎儿具有部分民事权利,抑或称之为准民事权利能力。民事权利能力自被民法学者创设以来,就是为了维护民事主体之权利,随着社会生活的发展,民事权利类型和权利实现方式不断扩展,必然对初始的自然人权利能力概念有所发展。从自然人的权利能力始于形成一个独立的不依赖于母体而存在的人体这种思想出发,通说将"出生的结束"解释为婴儿与母体完全分离。如果婴儿出生后存活了片刻时间,即便他立刻死亡,他也能通过本条取得权利能力,可以获得遗产继承、接受赠与、获得遗赠等权利。也就是说,在此情况下,自然人的权利能力突破了出生之界限,维护了胎儿的权利,同时也使得继承法体系能够自洽与周延。

如果法律严格遵循胎儿不具有民事权利能力这个基本原则,那么如果其父亲在婴儿出世前死亡,婴儿活着出世就不能继承父亲的财产,而其父亲的财产只能由其母亲和其他继承人继承,使得胎儿的权益不能受到充分保护。该条避免了不合理的结果,如在遗产继承时母亲已经怀孕,且婴儿随后活着出生,婴儿在继承后果上就被视为继承开始前出生。本条明确了在司法实践中已经开始承认胎儿具有继承权,也就是说,继承人的范围已经扩大到继承时尚未出生的胎儿,即继承开始之时必须要为胎儿留出法定的份额。另外,假定父亲因侵权行为死亡的,受抚养人有权请求损害赔偿。当侵权行为发生之时,其妻已经怀孕,那么死亡赔偿金、抚养费等损害赔偿不仅其妻享有赔偿请求权,后来出生的孩子也单独享有赔偿请求权。

**【司法适用】**

司法实践中,人民法院在审理继承权、遗赠等案件中应注意保留胎儿的继承权份额、接受赠与等权利。值得注意的是,预留权利是以胎儿出生之时存活为必要条件,一旦胎儿离开母体而未能存活,其民事权利能力自始不存在。此情况下,胎儿就无诉讼资格,不能成为诉讼主体。胎儿出生时为死体的,其民事权利能力自始不存在的意义在于,在继承财产上死胎不可以纳入继承程序而直接应由其母亲继承,继承的顺位也不因有胎儿的存在发生变化。另外,如果胎儿在未出生之时有人对其进行赠与或者遗赠,法院在审查该类型案件时需注意,在胎儿未出生时不应确定该赠与或遗赠的有效性，而要待胎儿出生之时为活体时，才可确定其赠与或遗赠的效力。另外，如果出生之时为活体，而不久便死去，那么该赠与或遗赠将发生继承的效力，而不是直接确认其赠与或遗赠本身无效。

【司法案例】

### 李某、郭某阳诉郭某和、童某某继承纠纷案①

**诉讼结论：**如果夫妻一方所订立的遗嘱中没有为胎儿保留遗产份额，因违反《继承法》第19条规定，该部分遗嘱内容无效。

在本案中，原告李某与郭某顺登记结婚。随后郭某顺以自己的名义购买了涉案建筑面积为45.08平方米的306室房屋，并办理了房屋产权登记。李某和郭某顺共同与南京军区南京总医院生殖遗传中心签订了人工授精协议书，对李某实施了人工授精，后李某怀孕。郭某顺因病住院，其在得知自己患了癌症后，向李某表示不要这个孩子，但李某不同意人工流产，坚持要生下孩子。

**法院认为：**郭某顺在遗嘱中否认其与李某所怀胎儿的亲子关系，是无效民事行为，应当认定郭某阳是郭某顺和李某的婚生子女。在扣除应当归李某所有的财产和应当为胎儿保留的继承份额之后，郭某顺遗产的剩余部分才可以按遗嘱确定的分配原则处理。

**第十七条　十八周岁以上的自然人为成年人。不满十八周岁的自然人为未成年人。**

【条文主旨】

本条是关于成年人与未成年人年龄标准的规定。

【条文理解】

本条对自然人成为成年人标准作出界定，与《民法通则》规定的成年人标准一致。《民法通则》第11条规定十八周岁以上的公民是成年人，具有完全民事行为能力，可以独立进行民事活动，是完全民事行为能力人。十六周岁以上不满十八周岁的公民，以自己的劳动收入为主要生活来源的，视为完全民事行为能力人。为什么制定十八周岁作为成年人标准？虽然生物学上对自然人成年只有几个参考指标，而无具体年龄线或者只是某个约数，毕竟每个自然人个体差异明显，但是

① 最高人民法院第50号指导案例。

法律上必须要确定一个固定的年龄标准，从而确立划分不同的权利、义务、责任的规范体系。法律上规定成年人具有完全民事行为能力，是因为他将享有成年人才享有的做法律上"任何事"的自由，同时将承担成年人所应当承担的完全义务和责任，特别是他的责任承担对社会、家庭、集体和他人来说至关重要。另外，十八周岁以下的未成年人是法律的重点保护对象，其法律意义即是未成年人权利的优先性、义务的减免性、责任的转移性。

**【司法适用】**

法律规定可能是僵硬的、死板的，但是法律源于生活，规范于生活，有益于民生，故而人民法院审理民事案件时既要严格以法律为准绳，坚持原则，又要灵活地适用法律，司法裁判机关面对的是一个个活生生的人、活生生的社会联系和不断发展的社会机构，必须要体现办案过程中的能动司法。尽管《民法典》规定了年满十八周岁的自然人有完全的民事行为能力，独立享有权利、独立承担义务，也就是说，能有独立的生活能力、工作能力及对外承担所有民事义务的能力，而不依靠他人。但在现实生活中，由于中国高考的普及，大多数十八周岁以上自然人还在求学，其生活来源主要还是由其父母提供。比如，在校十八周岁以上大学生是否有权要求其父母承担学费或抚养费，特别是父母离异的情况下，人民法院审理该类型案件时应注意保护、支持其请求父母给予生活费和学费等正当费用的权利，司法解释也肯定了此类案件审理的价值导向。根据《最高人民法院关于人民法院审理离婚案件处理子女抚养问题的若干具体意见》第 12 条的规定，尚未独立生活的成年子女，尚在校就读的，父母又有给付能力的，仍应负担必要的抚育费，因此在审理关系民生的案件时，人民法院必须情、理、法交融适用，切忌"一刀切"而不顾个案的特殊性。

**第十八条　成年人为完全民事行为能力人，可以独立实施民事法律行为。**

**十六周岁以上的未成年人，以自己的劳动收入为主要生活来源的，视为完全民事行为能力人。**

**【条文主旨】**

本条是关于完全民事行为能力人的规定。

**【条文理解】**

本条规定成年人为完全民事行为能力人，可以独立实施民事法律行为，展现一种基本的自然人法律状态，即成年人有权为法律不禁止的民事活动。《民法通则》第 11 条规定，十八周岁以上的公民是成年人，具有完全民事行为能力，可以独立进行民事活动，是完全民事行为能力人。十六周岁以上不满十八周岁的公民，以自己的劳动收入为主要生活来源的，视为完全民事行为能力人。本编在规定自然人成年而具有民事行为能力时将《民法通则》的内容分解为两条，即第 17 条和第 18 条。第 17 条规定成年人为完全民事行为能力人，可以独立实施民事法律行为；第 18 条规定了成年人具有完全民事行为能力，可以独立实施民事法律行为，当然亦独立履行民事义务，承担民事责任。自然人个体差异很大，特别是精神状态、心智水平及健康状况，但是必须规定一个直观而清晰的年龄界限。在我国，自然人的行为能力年龄作统一处理，年满十八周岁精神正常，或者已满十六周岁以自己劳动收入作为主要生活来源，后者包括两种情形：一是具有一定的劳动收入，这种劳动收入是相对固定的，且依靠自己的劳动获得的；二是该劳动收入构成其主要生活来源，即该收入能够维持其生活，无须借助他人的资助，能够维持当地群众一般生活水平的。这类自然人心智健全、成熟，可以独立进行社会生活，所以法律不对其行为施加额外的限制，可以在法律的规定下自由行动并且承担相应的法律后果。

**【司法适用】**

人民法院在审理涉及自然人权利能力的案件时，需要注意《民通意见》第 2 条，十六周岁以上不满十八周岁的公民，能够以自己的劳动取得收入，并能维持当地群众一般生活水平的，可以认定为以自己的劳动收入为主要生活来源的完全民事行为能力人，那么此时就应该将其作为适格当事人对待，直接参加诉讼。国务院《禁止使用童工规定》第 13 条规定："文艺、体育单位经未成年人的父母或者其他监护人同意，可以招用不满 16 周岁的专业文艺工作者、运动员。用人单位应当保障被招用的不满 16 周岁的未成年人的身心健康，保障其接受义务教育的权利。文艺、体育单位招用不满 16 周岁的专业文艺工作者、运动员的办法，由国务院劳动保障行政部门会同国务院文化、体育行政部门制定。学校、其他教育机构以及职业培训机构按照国家有关规定组织不满 16 周岁的未成年人进行不影响其人身安全和身心健康的教育实践劳动、职业技能培训劳动，不属于使用童工。"简言之，自然人在十六周岁以下也可以有特殊工作，特别是在体育、艺术领域，法律要保护他们的合法收入，但是他们还不能独立承担民事责任，仍然需要其法定代理人代为行使各种权利和履行相关义务，特别是此类不满十六周岁的人作为诉讼当事人的时候，必须由其法定代理人参加诉讼。

本条第 2 款"十六周岁以上的未成年人，以自己的劳动收入为主要生活来源的,视为完全民事行为能力人”,即是“准成年人”。在司法适用中需注意,实际上准成年人的权利能力、行为能力、责任能力是完整的,在现实生活中甚至要超越已满十八周岁的没有独立收入来源的成年人,例如在本法第 17 条“司法适用”中提及的没有收入来源的大学生。那么,在审理涉及准成年人的民事案件中,对已满十六周岁不满十八周岁的以自己劳动收入为主要生活来源的人作为独立的诉讼当事人应毫无问题,同时法庭不必通知其父母参与诉讼(注意不是法定代理人,因为准成年人无须法定代理人)。一般来说,案件审理过程中人民法院可以不追加该准成年人的父母作为诉讼当事人,更不能剥夺准成年人参与诉讼时的各项权利,比如陈述权、辩论权、调解权、承认权等。但同时要注意,其他法律、法规规定的十八周岁以上才可以取得的资格或某任职条件,从其规定! 比如,十八周岁才能申请领取驾照。

**第十九条　八周岁以上的未成年人为限制民事行为能力人,实施民事法律行为由其法定代理人代理或者经其法定代理人同意、追认;但是,可以独立实施纯获利益的民事法律行为或者与其年龄、智力相适应的民事法律行为。**

**【条文主旨】**

本条是关于限制民事法律行为能力的未成年人的规定。

**【条文理解】**

本条下调了限制民事行为能力的未成年人的年龄标准。自然人的民事行为能力是指自然人独立实施民事法律行为、行使民事权利和履行民事义务的资格。《民法通则》规定十八周岁以上的自然人为完全民事行为能力人,十周岁以上的未成年人是限制民事行为能力人,不满十周岁的未成年人是无民事行为能力人。将《民法通则》规定的限制民事行为能力人的年龄下限标准从“十周岁”降到“八周岁”,主要考虑是:随着经济社会的发展和生活教育水平的提高,未成年人生理心理的成熟程度和认知能力都有所提高,适当降低年龄有利于其从事与其年龄、智力相适应的民事活动,更好地尊重这一部分未成年人的自主意识,保护其合法权益。

本条规定是《民法通则》第 12 条的发展和演进。《民法通则》第 12 条规定:“十周岁以上的未成年人是限制民事行为能力人,可以进行与他的年龄、智力相适应的民事活动;其他民事活动由他的法定代理人代理,或者征得他的法定代理人的同意。不满十周岁的未成年人是无民事行为能力人,由他的法定代理人代理民事活动。”变化有以下几个方面:

第一,确立了八周岁作为限制民事行为能力与无民事行为能力人的分界线,也就是说,降低了限制民事行为能力人的年龄,从十周岁降低到八周岁。

第二,"八周岁以上的未成年人为限制民事行为能力人,可以独立实施纯获利益的民事法律行为或者与其年龄、智力相适应的民事法律行为"是对《民法通则》的"十周岁以上的未成年人是限制民事行为能力人,可以进行与他年龄、智力相适应的民事活动"的重大改进。《民法通则》规定的"十周岁以上的未成年人是限制民事行为能力人,可以进行与他年龄、智力相适应的民事活动"实际上留给司法裁判较大的空间,此种司法裁判空间是法定的,也是正当的,未成年人民事法律行为的有效性也只能由人民法院予以确认。尽管司法裁量权的约束与限制是现代法治的趋势,但是我们不能削足适履、因噎废食,保障正当的法官适法权力相当有必要。另外,什么是"八周岁以上的未成年人是限制民事行为人,可以进行与他年龄、智力相适应的民事活动"并不需要所谓十分专业的法律知识来判断,而是普通人理解的八周岁左右的小孩子可以做的事。比如用零花钱买文具、上街打酱油等简单事情是没有问题的,但是未成年人用家长或自己的资金购买汽车,那么显然超出了"八周岁以上的未成年人是限制民事行为能力人,可以进行与他年龄、智力相适应的民事活动"的范围。《民法典》"总则编"明确规定"纯获利益的行为"与"与其年龄、智力相适应的行为"为无须法定代理人追认,实际上该立法导向就是确立保护未成年人利益,而不是保护交易相对人。

**【司法适用】**

从司法实践来看,全国范围内没有大量发生未成年人进行巨额交易导致其法律行为无效需要法院干涉的情况,故而对零星的未成年人超出其智力的民商事交易行为进行个案调整具有合理性。其实本条是在《民通意见》基础上的升华和立法正式化,《民通意见》第 3 条规定,十周岁以上的未成年人进行的民事活动是否与其年龄、智力状况相适应,可以从行为与本人生活相关联的程度、本人的智力能否理解其行为,并预见相应的行为后果,以及行为标的数额等方面认定。第 6 条规定,无民事行为能力人、限制行为能力人接受奖励、赠与、报酬,他人不得以行为人无民事行为能力、限制民事行为能力为由,主张以上行为无效。《合同法》第 47 条规定,限制民事行为能力人订立的合同,经法定代理人追认后,该合同有效,但纯获利益的合同或者与其年龄、智力、精神健康状况相适应而订立的合同,不必经法定代理人追认。相对人可以催告法定代理人在一个月内予以追认。法定代理人未作表示的,视为拒绝追认,合同被追认之前,善意相对人有撤销的权利。撤销应当以通知的方式作出。可以认为,本条是归纳总结了已经出台的有效司法解释和合同法相关规则。

本条规定“实施民事法律行为由其法定代理人代理或者经其法定代理人同意、追认”，请注意与《民法通则》条文措辞的变化，《民法通则》第12条规定“其他民事活动由他的法定代理人代理，或者征得他的法定代理人的同意”由民事活动改为民事法律行为是法律术语的标准化，后半句“征得他的法定代理人的同意”改为“或者经其法定代理人同意、追认”其扩展了法律含义，限制民事行为能力人或无民事行为能力人需要经法定代理人事前同意，以及事后追认，《民法通则》仅仅是事后追认。

**【司法案例】**

**郑某某诉房地产开发商房产买卖纠纷案①**

**诉讼结论：**开发商返还郑某某购房定金5万元。

**法院认为：**被告提供的监控录像中虽然体现原告之父陪同原告一起到被告的营销中心，但无法体现原告在签订认购书和交纳定金时其父在场参与具体活动。因原告签订认购书时未满十八周岁，属于限制民事行为能力人，只能从事与其年龄、智力相适应的民事活动。认购房屋的行为显然与其年龄、智力不相适应，是不能独立实施的民事行为；况且原告还是在校学生，没有生活来源，应认定该民事行为无效。因无效的民事行为从行为开始时就没有法律约束力，故被告依据该认购书收取的商品房认购定金5万元应予返还给原告。

**第二十条　不满八周岁的未成年人为无民事行为能力人，由其法定代理人代理实施民事法律行为。**

**【条文主旨】**

本条是关于无民事法律行为能力的未成年人的规定。

**【条文理解】**

本条规定不满八周岁儿童应当由法定代理人实施民事法律行为，但是无民事行为能力人实施了某种民事法律行为不能认为一概无效，比如七周岁儿童乘坐公交车、用极少的零花钱买了棒棒糖、接受其他亲戚的赠与（压岁钱）等民事法律行为符合其心智，一般认为无须法定代理人事前同意或事后追认。我们认为，法律

---

① 参见《未成年人私自购房后反悔 法院认定行为无效退定金》，载《福建法治报》2016年3月30日。

规定不能脱离社会实际和人之常情，尽管法律规定了八周岁以下儿童无民事法律行为能力，但是他们的部分行为效力仍然值得法律作肯定性评判。为什么即使不满八周岁的未成年人实施部分民事法律行为要承认其效力呢？因为首先要保护社会整体秩序，不能说小孩子出门就不让乘坐公共交通，必须要家长看护，特别是短途的情况下；其次，不满八周岁儿童购买零食等行为，不能说商家就不能卖东西给他们，显然违背了社会人情，也违背了儿童的自主意志；总而言之，大多数民事法律行为的效力问题要交给当事人自己、社会公众去行使、去评判、去规范，尽量保持民事法律的私法自治性、法律本质的谦抑性。

**【司法适用】**

人民法院在审理涉及未成年人的民事案件中，比如审理离婚案件中的子女抚养问题时，不能把当事人的子女当成“财产”进行分割，僵化运用法条，而是要充分尊重不满八周岁的未成年人的意愿，在审理相关民事案件时可以单独询问未成年人对自己与父母某一方生活的意愿和主要原因，承办法官应当考虑未成年人的意愿，同时要以未成年人保护、有利于未成年人成长的角度来整体把握离婚案件、继承案件、探视权案件的裁判导向。总而言之，在涉及家事法审判领域要更加注重对未成年人的保护，更加注重对未成年人主体意志的重视，更加融会贯通情、理、法在审判中的实践价值。

**第二十一条　不能辨认自己行为的成年人为无民事行为能力人，由其法定代理人代理实施民事法律行为。**

**八周岁以上的未成年人不能辨认自己行为的，适用前款规定。**

**【条文主旨】**

本条是关于八周岁以上自然人无民事行为能力的规定。

**【条文理解】**

本条包含了不能辨别自己行为的成年人和不能辨别自己行为的八周岁以上的未成年人两个方面。成年人系不能辨别自己行为的精神病人和痴呆病人等疾病患者或身体极度衰弱导致无法表意或无法以自己的意思而行为，此时法律将其规定为无民事行为能力的成年人。

《民法通则》第二章第一节规定了民事权利能力和民事行为能力，进而规定十八岁以上的公民是成年人，具有完全民事行为能力，可以独立进行民事活动，是完全民事行为能力人，开创了我国的自然人行为能力规范体系，同时第二节设立了监护制度,形成了对民事行为能力规范体系的保障制度。需要注意的是,成年人系不能辨别自己行为的精神病人或痴呆病人等情况下不是自动获得无民事行为能力人的身份,需要法院的宣告程序,与八周岁以下儿童的无民事行为能力的天然性不同。《民法通则》和《民通意见》将不能辨别自己行为人限定为精神病人、痴呆等疾病,而《民法典》没有这样的限定,说明立法者已经意识到无民事行为能力人绝不止这两种情形,而且原来的规定也与已经进入老年人社会的现实生活不衔接。行为能力制度意在保护智识有障碍之人,而社会生活中除了成年精神病人(包括痴呆病人)欠缺意思表达能力,还包括赌博成性、酗酒成性、吸毒成瘾等生活恶习之人在其成瘾发作情况下实际上不能辨别自己行为的人,以及衰老得难以自理和表达的人等,相关部门可以制定相关配套制度与本法本条进行合理衔接,更加完善地保护无民事行为能力的成年人及八周岁以上的不能辨别自己行为的未成年人。

**【司法适用】**

人民法院对于宣告成年人为无民事行为能力的案件,必须适用《民事诉讼法》第十五章规定的特别程序来完成。根据《民事诉讼法》和相关司法解释,提起宣告的方式有两种:一种是单独宣告程序,即精神病人或痴呆病人的利害关系人依特别程序申请法院宣告,结论既可以是无民事行为能力,也可以是限制民事行为能力;另一种是附带宣告程序,为当事人及利害关系人在本诉中附带申请人民法院以特别程序宣告。

在具体实施过程中,我们认为对于精神病人的鉴定程序仍然可以参照《民通意见》的做法,人民法院应当对申请宣告无民事行为能力人或限制民事行为能力人进行司法精神病鉴定或参照医院的诊断、鉴定确认。在不具备诊断、鉴定条件的情况下,也可以参照群众公认的当事人的精神状态认定,但应以利害关系人没有异议为限。另外,不论利害关系人申请被鉴定人是无民事行为能力人还是限制民事行为能力人,其结果都应以医学结论为准,其他鉴别方式为辅。

**第二十二条　不能完全辨认自己行为的成年人为限制民事行为能力人,实施民事法律行为由其法定代理人代理或者经其法定代理人同意、追认;但是,可以独立实施纯获利益的民事法律行为或者与其智力、精神健康状况相适应的民事法律行为。**

**【条文主旨】**

本条是关于限制民事行为能力的成年人的规定。

**【条文理解】**

本条主要规定了限制民事行为能力的成年人。《民法通则》第13条规定："不能辨认自己行为的精神病人是无民事行为能力人，由他的法定代理人代理民事活动。不能完全辨认自己行为的精神病人是限制民事行为能力人，可以进行与他的精神健康状况相适应的民事活动；其他民事活动由他的法定代理人代理，或者征得他的法定代理人的同意。"《民法通则》第14条规定："无民事行为能力人、限制民事行为能力人的监护人是他的法定代理人。"《民法通则》的表述与本法第21条与第22条有重大差异，因此我们认为立法者就是要突破原来的限定范围，将无民事行为能力人和限制民事行为能力人的类型不止限定于精神病人和痴呆患者，还应当包括间歇性赌博成性、间歇性酗酒成性、间歇性吸毒成瘾等生活恶习之人在其成瘾发作情况下实际上不能辨别自己行为的人，以及衰老得不能自理但有极为有限的表达的老人等。

本条是基于《民法通则》原有内容的扩展，"不能辨认自己行为的精神病人"是指缺乏判断能力和自我保护意识，不能做出符合常人的主客观一致的行为、不能预见自己行为后果的人，而社会发展的现状已经改变，特别是老龄社会的加速到来，故而《民法典》对其扩展和更新十分必要。上述病态或恶习等导致其表意能力和表意真实大大受限，必须依靠他人的帮助才能进行民事活动，抑或为了保护相对人免受病状或恶习之人的侵害，所以只有宣告此类人不具有民事法律行为能力或限制民事法律行为能力，由其法定代理人代理其民事活动。而不能完全辨认自己行为的精神病人也缺乏判断和自我保护能力，不能完全辨认自己的行为，意味着缺乏独立的判断能力，对比较复杂和比较重大的行为，不能完全意识到自己的行为后果。但是他们没有完全丧失意思能力，没有完全丧失判断人事和自我保护能力，所以限制行为能力人可以进行与其精神健康状况相适应的民事活动。其他民事活动由他的法定代理人代理，或者征得他的法定代理人的同意。

本法将成年人中仅仅是不能辨认自己行为的精神病人为无民事行为能力人和部分不能辨认自己行为为限制民事行为能力人，扩展到只要成年人存在不能辨认、不能完全辨认自己行为的情况，那么此类人就应当适用本条。那么扩展了哪些人可以适用本条的成年人的无民事行为能力和限制民事行为能力的规定？主要是针对非精神疾病的不能辨别自己行为的人，如长久酗酒、吸毒等引发的不能辨别或不能完全辨别自己行为的情况，那么就需要适用确认某成年人为无民事行为能力人或限制民事行为能力人；还包括由于外在伤害导致的大脑损伤而出现的不能辨别或不能完全辨别自己的行为的人；可能还包括老年人因自然智力减退或患有老年痴呆等不能辨别或不能完全辨别自己的行为的情况等，当然不限于上述情况，本法更加完整地规范了成年人的无民事行为能力人与限制民事行为能力人的情况，相比《民法通则》要进步，同时为将来进一步完善成年人监护制度留下了充足的立法空间。

**【司法适用】**

人民法院对于宣告成年人为限制民事行为能力的案件，必须适用《民事诉讼法》第15章规定的特别程序来完成。根据《民事诉讼法》和相关司法解释，提起宣告的方式有两种：一种是单独宣告程序，即精神病人或痴呆病人的利害关系人依特别程序申请法院宣告，结论既可以是无民事行为能力，也可以是限制民事行为能力；另一种是附带宣告程序，为当事人及利害关系人在本诉中附带申请人民法院以特别程序宣告。

在具体实施过程中，我们认为对于精神病人的鉴定程序仍然可以参照《民通意见》的做法，人民法院应当对申请宣告无民事行为能力人或限制民事行为能力人进行司法精神病鉴定或参照医院的诊断、鉴定确认。在不具备诊断、鉴定条件的情况下，也可以参照群众公认的当事人的精神状态认定，但应以利害关系人没有异议为限。如果有异议，就必须经过鉴定程序，人民法院以鉴定结果做出认定结论。另外，不论利害关系人申请被鉴定人是无民事行为能力人还是限制民事行为能力人，其结果都应以医学结论为准，其他鉴别方式为辅。

**【司法案例】**

### 申请人吴琳燕申请宣告被申请人洪某无民事行为能力案①

**诉讼结论：**被宣告为限制民事行为能力人。

在本案中，申请人吴琳燕与被申请人洪某系姐弟关系，被申请人洪某于出生之日就患有××，并于2015年5月19日续办了残疾人证，××四级，生活不能自理。现申请人吴琳燕向本院申请认定被申请人洪某为无民事行为能力人并指定申请人吴琳燕作为其监护人。浙江省立同德医院司法鉴定所对被申请人洪某的民事行为能力进行鉴定，该所出具浙同德司鉴所[2016]精鉴（民）字第34号法医精神病鉴定意见书，鉴定意见为：被鉴定人洪某患轻度精神发育迟滞；具有限定民事行为能力。

**法院认为：**被申请人洪某因患有轻度精神发育迟滞，智力低于常人，但能够从

① 杭州市下城区人民法院（2015）杭下民特字第00040号民事判决书。

事简单劳动,理解能力尚可,个人生活基本能够自理,能够合理表达自己的愿望和诉求,故宣告被申请人洪某为限制民事行为能力人。

**第二十三条 无民事行为能力人、限制民事行为能力人的监护人是其法定代理人。**

**【条文主旨】**

本条是关于非完全民事行为能力人的法定代理人的规定。

**【条文理解】**

本条规定了无民事行为能力人、限制民事行为能力人的监护人就是法定代理人,旨在对非完全民事行为能力人进行保护,与《民法通则》第14条完全一致。此处需要分清两个重要概念:监护人与法定代理人。监护人,是指对无民事行为能力人、限制民事行为能力人的人身、财产和其他一切合法权益负有监督和保护责任的人。理论上,未成年人、不能辨别自己行为的精神病患者以及其他表意障碍的人,都有监护人。而现实生活中,由于各方面原因个别未成年人或不能辨别自己行为的精神病患者以及其他表意障碍的人存在监护人缺失或者监护人不明确的情况。法定代理人,是指法律直接规定代理无诉讼行为能力的当事人进行诉讼,直接行使诉讼代理权的人。无诉讼行为能力的自然人进行诉讼活动只能由其监护人为法定代理人进行,法定代理人是全权代理人,其法律地位相当于当事人,其代理权不受限制。从理论外延上看,法定代理人范围大于监护人,虽然法定代理人就是为无民事行为能力的成年人和未成年人而确立的代理制度,但是《劳动法》规定,工会可以代理其会员签订集体劳务合同,参加有关劳动争议诉讼,即工会可以成为会员的法定代理人。另外,本条所体现的法意即是在不完全民事行为能力人当中的监护人与法定代理人合一,监护人(法定代理人)在处理被代理人事务中尽管其意志不受被代理人意志左右,但是必须为了被代理人的利益正当行为,因故意或者重大过失造成被代理人损失应当承担相应责任。

**【司法适用】**

法定诉讼代理权产生的基础是实体法上的监护权,没有实体法上的监护权,也就没有诉讼中的法定诉讼代理权。作为实体法上的监护权,是先于被代理人的纠纷存在的,因此法定诉讼代理权也是先于被代理人的纠纷存在的。由于法定诉讼代理权的有无,对诉讼行为是否有效有决定性影响,因此在诉讼中,人民法院应对法定诉讼代理人的身份进行调查核实,必要时还应要求法定诉讼代理人进行证明。法定诉讼代理权消灭的原因在于监护权的消灭，具体情况有以下几种：(1)无诉讼行为能力的被代理人具有或恢复了诉讼行为能力；(2)法定诉讼代理人本人丧失了诉讼行为能力；(3)基于收养或婚姻关系而发生的监护权，因收养或婚姻关系被解除，而导致法定诉讼代理权消灭；(4)法定诉讼代理人或被代理人死亡；(5)诉讼结束；(6)其他导致法定诉讼代理权消灭的情况。在诉讼过程中，如果法定诉讼代理人的监护权消灭，应当及时将法定诉讼代理权消灭的事实告知法院，并退出诉讼。

**第二十四条　不能辨认或者不能完全辨认自己行为的成年人，其利害关系人或者有关组织，可以向人民法院申请认定该成年人为无民事行为能力人或者限制民事行为能力人。**

**被人民法院认定为无民事行为能力人或者限制民事行为能力人的，经本人、利害关系人或者有关组织申请，人民法院可以根据其智力、精神健康恢复的状况，认定该成年人恢复为限制民事行为能力人或者完全民事行为能力人。**

**本条规定的有关组织包括：居民委员会、村民委员会、学校、医疗机构、妇女联合会、残疾人联合会、依法设立的老年人组织、民政部门等。**

**【条文主旨】**

本条是关于非完全民事行为能力人的认定与恢复的规定。

**【条文理解】**

本条规定了不能辨认或者不能完全辨认自己行为的成年人的利害关系人，可以向人民法院申请认定该成年人为无民事行为能力人或者限制民事行为能力人，其法律意义是谁有权启动认定自然人民事行为能力的程序，即不能或不完全能辨认自己行为人的利害关系人。利害关系人一般认为是不能辨认或者不能完全辨认自己行为的成年人的近亲属抑或法律规定或指定的监护人。笔者认为，法条没有直接表述为不能辨认或者不能完全辨认自己行为的成年人的监护人是有深意的，毕竟非完全辨认自己行为的成年人的监护人的范围比较狭窄，而利害关系人明显大于这个范围，同时利害关系人可以是父母、兄弟、成年子女，甚至是相关组织。有学者提出，不能辨认或者不能完全辨认自己行为的成年人的债权人或债务人不能成为利害关系人，毕竟他们希望对债权债务关系进行一种稳定性确认。不能辨认或者不能完全辨认自己行为的成年人的债权人、债务人是不能成为利害关系人的,因为他们的债权债务可以通过其他途径予以确认或履行,申请认定自然人民事行为能力资格主要体现的是保护功能,而不是为了维护交易安全与交易效率。注意,如果限制民事行为能力人或者完全民事行为能力人的近亲属不以本人的利益(消极不作为)申请他们为限制民事行为能力人或者完全民事行为能力人,那么相关组织也可以作为申请人以保护他们的合法利益,同时本条第 1 款和第 2 款就可以对应起来,形成法律规范保护对象的周延性。

本条第 2 款规定,"被人民法院认定为无民事行为能力人或者限制民事行为能力人的,经本人、利害关系人或者有关组织申请,人民法院可以根据其智力、精神健康恢复的状况,认定该成年人恢复为限制民事行为能力人或者完全民事行为能力人",其中申请恢复为限制民事行为能力人或者完全民事行为能力人的主体资格与《民法通则》相比增加了有关组织,对非完全民事行为能力人的保护更加充分,也体现了社会力量介入家事法中,当然此种介入是一种正能量的、积极导向的。立法增加了相关组织在恢复非完全民事行为能力的程序中申请人的资格是因为,在实践中其利害关系人并不是为了本人利益而主动去申请恢复,这种情况下相关组织应当承担起这种责任。

本条第 3 款"本条规定的有关组织包括:居民委员会、村民委员会,学校、医疗机构、妇女联合会、残疾人联合会、依法设立的老年人组织、民政部门等"的规定,采取了列举式的立法方式,笔者认为值得肯定,列举式立法的好处也十分明显,使得相关部门不能推诿,必须承担责任。而且,法院在指定相关组织作为诉讼主体的时候就十分方便,同时相关组织也不能以法律没有规定为由进行推脱。

**【司法适用】**

人民法院对于宣告成年人为非完全民事行为能力的案件,必须适用《民事诉讼法》第 15 章规定的特别程序来完成。根据《民事诉讼法》和相关司法解释,提起宣告的方式有两种:一种是单独宣告程序,即精神病人或痴呆病人的利害关系人依特别程序申请法院宣告,结论既可以是无民事行为能力,也可以是限制民事行为能力;另一种是附带宣告程序,为当事人及利害关系人在本诉中附带申请人民法院以特别程序宣告。在具体实施过程中,笔者认为对于精神病人的鉴定程序仍然可以参照《民通意见》的做法,人民法院应当对申请宣告无民事行为能力人或限制民事行为能力人进行司法精神病鉴定或参照医院的诊断、鉴定确认。在不具备诊断、鉴定条件的情况下,也可以参照群众公认的当事人的精神状态认定,但应以利害关系人没有异议为限。另外,不论利害关系人申请被鉴定人是无民事行为能力人还是限制民事行为能力人,其结果都应以医学结论为准,其他鉴别方式为辅。

【司法案例】

### 吴永平申请宣告吴松青为无民事行为能力人及指定监护人案[①]

**诉讼结论：**被申请人因车祸导致精神障碍，经鉴定属于完全丧失行为能力人，申请人要求宣告被申请人为无民事行为能力人的申请符合法律规定。

在本案中，申请人与被申请人系父子关系，顾某与被申请人系夫妻关系。被申请人于2009年7月25日驾车发生单车事故致脑部受伤，经医治目前仍处于深度昏迷状态。

**法院认为：**申请人与被申请人的现监护人顾某之间为治疗的方式有所争执，但不足以证明顾某有不履行监护职责或者侵害被监护人合法权益的行为且申请人目前年逾七旬，难以胜任监护职责，故本院指定顾某为监护人。

**第二十五条　自然人以户籍登记或者其他有效身份登记记载的居所为住所；经常居所与住所不一致的，经常居所视为住所。**

【条文主旨】

本条是关于自然人的住所的规定。

【条文理解】

理解本条首先必须把握两个概念：住所和居所。自然人的住所一般是指自然人长期居住、较为固定的处所，法人一般以主要办事机构所在地为住所。居所，通常是指自然人临时实际居住的处所。居所与住所的区别是，居所为临时性的，住所则为长期固定的，自然人可以同时有两个或多个居所，但是只能有一个住所。

本条与《民法通则》基本相同，但创设了“居所”概念，并且增加了居住证持有人（其他有效身份登记记载）的经常居住地作为住所的规定。《民法通则》规定的是公民以他的户籍所在地的居住地为住所，经常居住地与住所不一致的，经常居住地视为住所。住所在民法上有其重要意义，法律上把自然人的住所作为识别的标志和法律关系的连结点，当事人进行民事活动的地域中心，特别是在民事诉讼上有管辖、送达上的价值。本条所称住所就是要确立当事人频繁活动、开展交往的具体地点，对法律的正当适用产生直接影响。此处，需要对居所概念予以说明，自然人登记的居所一般是指户籍所在地，外来人口长期居住所在地，即居住证持

① 上海市松江区人民法院（2010）松民一特字第5号民事判决书。

有人的经常居住地,突破了《民法通则》只有户籍所在地作为住所的限制。外来人口不仅包含外地务工人员,还包括外来长期工作人员,甚至包含大量外国人、无国籍人等,该条也体现了中国社会结构的深刻变化、城市发展的现状,特别对于民事诉讼领域中诉讼行为产生积极影响,同时居所概念深刻反映了现代社会的流动性和人力资源的市场性,法律应当平等保护户籍自然人与常住自然人。

一般来说,自然人的住所以户籍确定,或者以居住证确定,还以护照登记地、台湾身份证明、香港公民身份证明来确定,但是经常居所与住所不一致的,经常居所视为住所。具体来说,自然人离开住所地最后连续居住 1 年以上的地方,为经常居住地。但住院治疗的除外。

**【司法适用】**

人民法院审理民事案件,首先就是要确定当事人身份信息,其中原告、被告、第三人、申请人等户籍所在地的意义显得很突出,可以保障诉讼时法院工作人员能够顺畅通知,故而当事人送达地址确认书是必须要让当事人填写的。人民法院应当注意适用《民通意见》第 9 条的规定,公民离开住所地最后连续居住一年以上的地方,为经常居住地,但住院治疗的除外。公民由其户籍所在地迁出后至迁入另一地之前,无经常居住地的,仍以其原户籍所在地为住所。

同时,人民法院在审理民事案件需要确定当事人地址应该适用《民事诉讼法解释》的相关规定。第 3 条规定,公民的住所地是指公民的户籍所在地,法人或者其他组织的住所地是指法人或者其他组织的主要办事机构所在地。法人或者其他组织的主要办事机构所在地不能确定的,法人或者其他组织的注册地或者登记地为住所地。第 4 条规定,公民的经常居住地是指公民离开住所地至起诉时已连续居住一年以上的地方,但公民住院就医的地方除外。第 7 条规定,当事人的户籍迁出后尚未落户,有经常居住地的,由该地人民法院管辖;没有经常居住地的,由其原户籍所在地人民法院管辖。

**【司法案例】**

### 张菊香、吴静等诉吉安市第三人民医院医疗损害责任纠纷案①

**诉讼结论:**经常居所与住所不一致的,经常居所视为住所。

**法院认为:**虽然温小梅生前的户籍所在地为广东省××市,但其为万安县国土资源局的职工,其工作生活于江西省××县,收入来源地也是江西省××县,张菊香、吴静、吴克芳未能举证证明本案事发前温小梅在广东省××市居住生活一

---

① 江西省吉安市中级人民法院(2016)赣 08 民终字第 376 号民事判决书。

年以上的事实，故广东省××市不能认定为温小梅的住所，温小梅的住所应为其××居住地江西省××县，张菊香、吴静、吴克芳上诉主张温小梅的死亡赔偿金应按照广东省城镇标准计算，于法无据，不予支持。

## 第二节 监 护

**第二十六条 父母对未成年子女负有抚养、教育和保护的义务。**
**成年子女对父母负有赡养、扶助和保护的义务。**

**【条文主旨】**

本条是关于父母子女之间的法律义务的规定。

**【条文理解】**

本条规定，完整、准确地表述了父母对未成年人负有抚养、教育和保护的义务，且成年子女对父母负有赡养、照顾和保护的义务，两种对向义务的法律关系一方面紧密连接了儒家文明的亲属伦理，反映了中华民族百善孝为先的传统美德；另一方面抚育子女、赡养双亲构筑了中华文明之炎黄子孙血脉的最核心的文化遗传密码，两千多年的中华家事文明在现代民法上有着无比深刻的内涵。

大多数民法国家或英美法国家一般只规定了父母对未成年人负有抚养、教育和保护的义务，而不规定成年子女对父母负有赡养、照顾和保护的义务。这与这些国家的文化传统有关，还与有关国家建立了较为完善的社会养老体系有关，但是正如萨维尼所言，法直接存在于民族的共同意识之中。故而中华民族的尊老爱幼存在于我们民族的共同意识之中，而一些国家却没有这种亲子之间对向义务的共同意识。

本法直截了当地确定了中国家事法的父母子女不同阶段的对向性义务为核心的基本原则、基本价值取向、基本规范内容。《婚姻法》第21条规范了父母对未成年人负有抚养、教育和保护的义务；成年子女对父母负有赡养、照顾和保护的义务，但是将此概括性规范放入《民法典》"总则编"中明确更加合适，更为正当，充分发挥了《民法典》提取公因式的立法技术特征，也符合"总则编"自身应具有的总括性、一般性、原则性和抽象性以及民法典体系的顶层设计理念。

**【司法适用】**

人民法院在审理抚养纠纷、赡养纠纷的时候，应当注意准确运用本法相关条款，严格依据法律规则进行说理和释法，在争诉范围内就争议的具体内容进行判断，给出明确的司法结论。虽然抚养纠纷与赡养纠纷与道德联系非常紧密，但是在此类家事法判决书中不宜过多地道德说教，或者道德评判，要避免出现裁判文书说理部分要花腔、卖弄文笔、道德打压的情况，恰恰要增强其裁判文书的法律说理递进性，避免在裁判文书中道德说教大于法律推理和法律论证，否则可能就会有损司法中立。

**【司法案例】**

### 母亲诉儿子要求赡养费纠纷案①

**诉讼结论：**子女虽通过协议对赡养义务进行了约定，但子女对父母的赡养义务为法定义务不能通过协议予以免除。成年子女对父母负有赡养、照顾和保护的义务。

在本案中，父亲随大儿子张华生活，由张华承担其生养死葬的义务，并不再对母亲承担任何义务。母亲随二儿子张强生活，由张强承担其生养死葬的义务，并不再对父亲承担任何义务。两老人本不想分开，但迫于无奈只得按协议的内容分别跟随两儿子生活。2014 年二儿子张强在修葺自家房屋时不慎从房顶掉下后便瘫痪在床，自己的生活都不能自理，难以对母亲承担赡养义务，而母亲也因恶疾缠身生活费和医药费都成了问题，其想从大儿子张华处得到帮助，大儿子却以协议已经对老人的赡养问题进行了约定为由予以拒绝。

**第二十七条　父母是未成年子女的监护人。**

**未成年人的父母已经死亡或者没有监护能力的，由下列有监护能力的人按顺序担任监护人：**

**（一）祖父母、外祖父母；**

**（二）兄、姐；**

**（三）其他愿意担任监护人的个人或者组织，但是须经未成年人住所地的居民委员会、村民委员会或者民政部门同意。**

**【条文主旨】**

本条是关于未成年人监护的规定。

---

① 参见《赡养义务能否通过协议予以免除》，载中国法院网，http://www.chinacourt.org/article/detail/2016/09/id/2089056.shtml。

**【条文理解】**

监护,是指保障无民事行为能力人和限制民事行为能力人的权益,弥补其民事行为能力不足的法律制度。监护人的监护职责是代理被监护人实施民事法律行为,对被监护人的人身权利、财产权利以及其他合法权益进行保护等。

未成年人的父母是法律直接设定的监护人,父母的监护职责就是对其子女进行专人保护,监督其行为及管理其财产。监护有狭义和广义之分:狭义的监护指对不在亲权之下的未成年人和无行为能力的未成年人的人身及财产权益的监督与保护,又称未成年及禁治产人的监护;广义的监护,除上述之外,还包括保护和保佐。需要注意的是,本法规定的监护制度与传统民法中的监护制度也不尽相同,前者规定未成年人的父母是未成年人的监护人,实际上是将传统的亲权制度纳入监护之中,故而,我们认为监护制度在性质上不完全属于身份关系,涉及亲权部分当然属于身份关系,除去亲权部分的监护显然不属于身份关系。比如居民委员会作为监护人的情况下,监护人与被监护人存在身份关系显然在法理上不通,也不符合实际情况,一般认为非亲权关系的监护是一种法律确立的保护、监管、代理等法律拟制关系。

实际上,整个监护制度都是以父母的监护权为核心展开的。未成年人的监护人首先是其父母(法定代理人),父母双方都是监护人,平行行使权利,即使父母离异也不影响监护关系。如果父母离异后,一方有犯罪行为、虐待子女或对子女明显不利,另一方可以申请取消其监护权。父母死亡或无监护能力,有监护资格的人可以协议确定监护人,有监护资格的人就是本条第 2 款规定的三类人。对担任监护人有争议的,由未成年人的父、母的所在单位或未成年人住所地的居民委员会、村民委员会或者民政部门在近亲属中按照本条所列顺序即指定监护人的顺序指定。监护人被指定后,不得自行更改。擅自变更的,由原被指定的监护人和变更后的监护人承担连带责任。对居民委员会、村民委员会的指定监护不服的,可以诉讼,应在 30 日内起诉,否则按照变更监护人处理。前一顺序有监护资格的人无监护能力或者对被监护人明显不利的,人民法院可以根据对被监护人有利的原则,从后一顺序有监护资格的人中择优确定。被监护人有识别能力的,应视情况征求被监护人的意见。法定或指定监护人对被监护人应承担民事责任,不因委托发生转移。因被监护人的侵权行为需要承担民事责任的,应当由监护人承担,但另有约定的除外;被委托人确有过错,负连带责任。法定监护人与受托人对责任承担的协议只对内有效。

**【司法适用】**

司法实践中,人民法院只对指定监护人不服的才有管辖权,同时需要注意本法第 24 条第 3 款所称的相关组织,“本条规定的有关组织包括:居民委员会、村民委员会、学校、医疗机构、妇女联合会、残疾人联合会、依法设立的老年人组织、民政部门等”,同时不限于上述组织,一般认为还可以包括经依法登记设立的救助组织,各类依法成立的志愿者组织,各类依法登记的公益组织等,这些组织要成为监护人的备选项,即穷尽了前述在先顺位的监护资格人之后还不能确定的,人民法院才可以从这些组织中择优确定。同时,人民法院需要参照《民通意见》第 11 条规定的,认定监护人的监护能力,应当根据监护人的身体健康状况、经济条件,以及与被监护人在生活上的联系状况等因素确定。

特别注意,人民法院在审理指定监护纠纷案件中,应当把握:监护不能存在真空地带,需要监护的人任何时候都有法律为之设定的监护人,如果在指定监护纠纷当中难以形成确定监护人,那么法院应当在确定监护人之前设定临时监护人。

**第二十八条　无民事行为能力或者限制民事行为能力的成年人,由下列有监护能力的人按顺序担任监护人:**

**(一)配偶;**

**(二)父母、子女;**

**(三)其他近亲属;**

**(四)其他愿意担任监护人的个人或者组织,但是须经被监护人住所地的居民委员会、村民委员会或者民政部门同意。**

**【条文主旨】**

本条是关于成年人监护的规定。

**【条文理解】**

很长一段时间,精神病人监护被认为就是成年人监护,患有精神疾病或痴呆患者的监护人被认为就是成年人的监护人,实际上是受《民法通则》立法及其司法解释形成的固有思维习惯的局限,而实际上成年人监护范围比此两类情况要大得多、广泛得多,故而《民法典》“总则编”不再提及精神病患者抑或痴呆患者适用成年人监护,实际上我们认为只要成年人不论何种原因导致不能辨别自己行为的,都可以纳入成年人监护的范围。更何况,成年人监护的重要立法考量是由于中国老年化社会的出现,失能老年人的监护问题更为突出,亟须用法律方式解决中国老年化社会中老年人得不到照看、老年人权益保护薄弱、老年人监护制度整体上不完善。《民法典》“总则编”的监护一节作为几个重大立法亮点之一,就是初步为老年人监护制度埋下第一座基石。当然,更是为将来制定更为完备、规则更为丰满、体系化更为清晰的《监护法》预留了立法空间。

本条规定的成年人监护从内容上不再局限于两类疾病的监护,而是体现预构筑完整的成年人监护方向发展趋势的变化,真正反映了现代民法应当具有的时代特征和人本主义导向。本条规定无民事行为能力或者限制民事行为能力的成年人,由下列有监护能力的人按顺序担任监护人:(1)配偶;(2)父母、子女;(3)其他近亲属;(4)其他愿意担任监护人的个人或者组织,但是须经被监护人住所地的居民委员会、村民委员会或者民政部门同意,"其他愿意担任监护人的个人或者组织"的指定权在三个有效机关:居民委员会、村民委员会或者民政部门。那么在实践操作中这些有无先后顺序呢?笔者认为,其他愿意担任监护人的个人或者组织有二选一的权利,即居民委员会/村民委员会、民政部门的选择没有先后顺序。

**第二十九条　被监护人的父母担任监护人的,可以通过遗嘱指定监护人。**

**【条文主旨】**

本条是关于遗嘱指定监护人的规定。

**【条文理解】**

遗嘱指定监护制度的建立将会完善监护法律关系中出现的法律真空问题,更加重视对被监护人的保护力度,同时由被监护人的父母通过遗嘱指定监护人体现了家事法的伦理性和亲密感,当然更加具体地反映了民法本质上的私法性、自治性和平等性。

另外,被监护人的父母可以通过遗嘱指定监护人又增加了配套制度运行的压力,相关配套规则的制定需要认真把握以保护被监护人利益的立场倾向。遗嘱指定监护人的效力问题,特别是对律师行业和公证业务来说,具体的实施程序问题既是挑战又是机遇。但无论如何遗嘱指定监护人制度的建立都是立法亮点之一,值得充分肯定。被监护人的父母可以通过遗嘱指定监护人可以认为解决了实务中一个重要难题:被监护人只剩下唯一的父亲或母亲,并且该母亲或父亲也可能得了绝症快去世的时候,如何保护被监护人的监护人得到落实?本条完全弥补了这样重大的缺憾。

**第三十条　依法具有监护资格的人之间可以协议确定监护人。协议确定监护人应当尊重被监护人的真实意愿。**

**【条文主旨】**

本条是关于协议监护的规定。

**【条文理解】**

协议监护制度是立法的亮点之一，包含几层意思：第一，协议监护制度监护人可以由协议确定，从正式立法层面解决了原司法解释的效力层级比较低的问题。根据《民通意见》第15条的规定，有监护资格的人之间协议确定监护人的，应当由协议确定的监护人对被监护人承担监护责任。本条所称监护人可以由协议确定，从司法实践来看就是有监护人资格的人相互之间确定，还必须注意的是监护人的顺位仍然有法律效力。比如成年人监护中，配偶是第一顺位的，如果离婚或配偶去世，在第二顺位中有监护资格的父母、子女之间他们可以达成监护协议，不可以由第三顺位的其他近亲属与第二顺位的近亲属达成监护协议。其原因是监护不仅是一种权利更是一种义务，是法律为了保护被监护人的利益而设定的一种负担，负担本身是应当有先后责任顺序的。当然如果第二顺位有资格作为监护人的人之间无法达成监护协议，那么第三顺位有资格作为监护人的人之间就可以达成监护协议。第四顺位的人员或组织，即其他愿意担任监护人的个人或者有关组织之间达成监护协议的，必须经被监护人住所地的居民委员会、村民委员会或者民政部门同意。前三顺位的有监护资格的监护人之间达成监护协议无须同意。

第二，协议确定监护人的，应当尊重被监护人的真实意愿，说明监护协议作为准三方协议有特殊法律意义。一般认为，被监护人有部分独立意志或完全独立意志（只是行动不便或口头表达不便）的情况下，监护协议所确定的监护人要让被监护人知晓并同意。其中被监护人的真实意愿，在法律上应该有证据显示被监护人同意监护协议的内容，才能准确反映被监护人的真实意愿，比如被监护人的签字，录音，或者第三人在场证明等。当然在某种情况下，当事人可以通过公证的形式固定证据，从而证明被监护人的真实意愿。

第三，监护协议与《合同法》项下的普通民商事合同的重大差别。监护协议本质上是对身份关系的一种在民事自治范围内的处分，涉及以亲权为核心的人身关系的变动，并且不是以普通合同所蕴含的等价、有偿、双务、权利义务对应等特性为基础的协议，而是基于照顾、代理、以被监护人利益为重心的权利义务分配，并且不是权利义务对等关系的一种分配，而是有利于被监护人的义务负担为主。

**第三十一条　对监护人的确定有争议的，由被监护人住所地的居民委员会、村民委员会或者民政部门指定监护人，有关当事人对指定不服的，可以向人民法院申请指定监护人；有关当事人也可以直接向人民法院申请指定监护人。**

**居民委员会、村民委员会、民政部门或者人民法院应当尊重被监护人的真实意愿，按照最有利于被监护人的原则在依法具有监护资格的人中指定监护人。**

**依照本条第一款规定指定监护人前，被监护人的人身权利、财产权利以及其他合法权益处于无人保护状态的，由被监护人住所地的居民委员会、村民委员会、法律规定的有关组织或者民政部门担任临时监护人。**

**监护人被指定后，不得擅自变更；擅自变更的，不免除被指定的监护人的责任。**

**【条文主旨】**

本条是关于监护争议的规定。

**【条文理解】**

本条是《民法通则》第17条第2款、第3款的承接与发展，增加了民政部门的指定监护人的权利和责任，更有利于保护被监护人的利益。首先，对担任监护人有争议的，由被监护人住所地的居民委员会、村民委员会或者民政部门指定，有关当事人对指定不服的，可以向人民法院提出申请指定；其次，如果对担任监护人有争议的当事人有权不经过被监护人住所地的居民委员会、村民委员会或者民政部门指定程序径直向人民法院提出申请，由人民法院指定监护人。本条第1款给予了当事人充分的选择权，也使因行政部门拖沓导致监护事项不能尽快落实的状况有了实质性改进，为当事人尽快获得监护提供了程序上的方便。值得注意的是，监护争议包含两种形式：积极争议和消极争议。积极监护争议是各方当事人都想成为监护人，但是有可能他们各自想成为监护人的动机不同，不一定都是为了被监护人利益而为，故而指定监护权不论是自然人自治组织、行政机关还是司法机关都责任重大，利益考量和事实判定对被监护人来说十分重要，可以说是决定了被监护人的命运，必须慎重和以被监护人利益为导向。消极争议是指有资格成为监护人的当事人都不愿意成为监护人，使得被监护人利益处于危险之中或者形成了实质性损害，此时自然人自治组织、行政机关还是司法机关都应当果断地、有效率地指定最有利于被监护人的监护人。

本条第2款规定，居民委员会、村民委员会、民政部门或者人民法院应当尊重被监护人的真实意愿，按照最有利于被监护人的原则在依法具有监护资格的人中指定监护人。与本法第30条的立法意图相同，《民法通则》只是在高效率确定监护人方面作出了当时力所能及的努力，而没有关注被监护人的真实意愿，人本主义关怀不充分，现在立法予以了补救。另外，在学术界和司法实务界早已确立的以最有利于被监护人的原则指定监护人的做法在正式民事立法上得到了确认，这为审理该类型案件的法官、办理该类型案件的律师提供了说理与法理支撑。

本条第3款规定，依照本条第1款规定指定监护人前，被监护人的人身权利、财产权利以及其他合法权益处于无人保护状态的，由被监护人住所地的居民委员会、村民委员会、法律规定的有关组织或者民政部门担任临时监护人。本条款的功能就是要弥补《民法通则》规定的监护人真空状态，使得在理论上被监护人永远存在一个监护人，而不论该监护人是临时的还是永久的。在《民法通则》时期，司法实践上就出现了被监护人没有监护人的情况，使得被监护人的人身权利、财产权利处于不确定状态，甚至出现损害而得不到有效保护，故而立法直接规定让居民委员会、村民委员会、法律规定的有关组织或者民政部门担任临时监护人。立法仅仅将居民委员会、村民委员会、法律规定的有关组织或者民政部门担任临时监护人而不让它们成为永久监护人，主要是考虑组织作为监护人的不方便，不如自然人在行使监护职责的时候能够亲历、能够代理、能够方便处分。

本条第4款规定，监护人被指定后，不得擅自变更；擅自变更的，不免除被指定的监护人的责任。本条款是指定监护的稳固性规定。监护制度的源流是家事制度，如今监护制度发展成为国家积极的、合理的、合法的干预家庭成员照顾缺失的基本制度，那么就需要通过维护监护关系的稳定性和破坏稳定性的法律责任来建构。《民通意见》第18条规定，监护人被指定后，不得自行变更。擅自变更的，由原被指定的监护人和变更后的监护人承担监护责任。本条规定基本吸纳了《民通意见》。

**【司法适用】**

人民法院审理监护权纠纷案件时，应把握《民通意见》第14条的规定：人民法院指定监护人时，可以将《民法通则》第16条第2款中的第(1)、(2)、(3)项或者第17条第1款中的第(1)、(2)、(3)、(4)、(5)项规定视为指定监护人的顺序。前一顺序有监护资格的人无监护能力或者对被监护人明显不利的，人民法院可以根据对被监护人有利的原则从后一顺序有监护资格的人中择优确定。被监护人有识别能力的，应视情况征求被监护人的意见。监护人可以是一人，也可以是同一顺序中的数人。

第15条规定：有监护资格的人之间协议确定监护人的，应当由协议确定的监护人对被监护人承担监护责任。

第16条规定：对于担任监护人有争议的，应当按照《民法通则》第16条第3款或者第17条第2款的规定，由有关组织予以指定。未经指定而向人民法院起诉的，人民法院不予受理。

第17条规定：有关组织依照《民法通则》规定指定监护人，以书面或者口头通知了被指定人的，应当认定指定成立。被指定人不服的，应当在接到通知的次日起三十日内向人民法院起诉。逾期起诉的，按变更监护关系处理。

**【司法案例】**

**杨明兰申请确定杨好监护人纠纷案**

为代理被监护人办理孤儿证，村民委员会先后出具两份同意不同的申请人作为其监护人的书面材料。该书面材料仅是村民委员会对申请人是否具备担任监护人资格的评判，而不是对监护人的指定。对担任监护人有争议的，应先由被监护人住所地的村民委员会在近亲属中指定，对指定不服的，才能申请由人民法院裁决。

**第三十二条　没有依法具有监护资格的人的，监护人由民政部门担任，也可以由具备履行监护职责条件的被监护人住所地的居民委员会、村民委员会担任。**

**【条文主旨】**

本条是关于公职监护人的规定。

**【条文理解】**

孤儿、孤老大量存在，这些人大多数没有具有监护资格的人作为他们的监护人，那么他们的合法利益如何得以保护？他们的民事权益如何正当合理地行使是实践中面临的一个现实问题，特别是当他们的权益受到侵害时，谁来以监护人身份代表或代理他们而为是相当具有挑战性的，也是司法实践中的难题。《民法典》第31条确定了任何自然人一旦需要监护的情况下，一定存在临时监护人的制度设计，没有真空地带。另外，民政部门虽然作为兜底的责任人，但是也因为组织本身不能像自然人那样行为，同时可能与被监护人的生活联系不那么紧密，故而它自身成为临时监护人有不方便履行义务的情况，还得委托具体的组织或个人，所以立法让被监护人住所地的居民委员会、村民委员会担任临时监护人更具有实践操作性。同时,居民委员会、村民委员会本身就是群众自治组织,群众自己管理、照看、代理自己是应有之义,当然也极大地方便了监护人对被监护人的照顾与保护。

**【司法适用】**

在司法实践中,人民法院对于没有依法具有监护资格的人的情况,不能主动指定监护人,而是由民政部门承担监护职责,但是如果民政部门不方便监护,可以由被监护人所在地的居民委员会、村民委员会进行监护。如果被监护人所在地的居民委员会、村民委员会进行监护存在履行困难,或者已经造成被监护人处于危困状态之时,被监护人所在地的其他群众应当向民政部门报告,民政部门应当主动承担监护职责。

**第三十三条　具有完全民事行为能力的成年人,可以与其近亲属、其他愿意担任监护人的个人或者组织事先协商,以书面形式确定自己的监护人,在自己丧失或者部分丧失民事行为能力时,由该监护人履行监护职责。**

**【条文主旨】**

本条是关于意定监护的规定。

**【条文理解】**

本条确立了具有完全民事行为能力的成年人为自己设定监护人,该制度是成年人监护法律体系的新发展。过去的成年人监护一般为事后监护,比如某成年人因病患有精神疾病,那么其配偶就成为其当然的监护人,如果没有配偶,那么某位成年子女或几位成年子女成为其监护人,如果上述人都没有监护人又无近亲属,由该精神病人的所在单位或者居住地的居民委员会、村民委员会或者民政部门担任监护人。在实践中,这类突发疾病需要监护的情况与法律规定的监护顺序形成时间差,甚至在本应成为监护人的却相互推诿抑或相互争夺的情况下,找不到监护人来实际履行监护职责,特别是该精神疾病的人有成年子女可以作为监护人的情况下,相关组织难以主动承担监护职责,使得被监护人的利益可能得不到有效保护。本条确立的监护协议就是自己为自己设定承担监护责任的人,就如同为自己将来买了一份"保险",该"保险"不是自己本人或其他受益人的金钱回报或金钱弥补,而是为今后可能自己"行为不能"取得了"照顾、保护、代理"之承诺。

监护协议在性质上带有人身信任关系,与普通民商事协议以财产性关系为主有区别，故而该成年人与近亲属、其他愿意担任监护人的个人或者有关组织事先协商，以书面形式确定自己的监护人的时候，要考虑协议的可履行性、可期待性和非金钱对价性。预设监护协议是不是绝对不能涉及报酬，还有待于司法实践情况的汇总，也有待于明确的司法解释，但是预设监护协议绝不是以报酬、对价为目的的协议，本质上是一种家事关系的再分配。笔者认为，当事人与近亲属签订预设监护协议为主，比与其他个人与组织签订类似协议要谨慎，毕竟涉及监护协议履行安全问题、履行效果问题以及履行不能的弥补问题，当然法律不干涉当事人意思自治，但应当提示当事人存在这样的风险。还需要注意的是，预设监护协议必须以书面形式，这很好理解。毕竟如此重大的带有人身信任关系的协议应当有据可查、有书为凭。

另外，监护协议的成年人可以和哪些个人或组织事先协商签订监护协议，我们认为本条的“个人”可以是除去近亲属以外的亲戚或者可以信任的朋友；“有关组织”可以是《民法典》第24条第3款所列的“本条规定的有关组织包括：居民委员会、村民委员会、学校、医疗机构、妇女联合会、残疾人联合会、依法设立的老年人组织、民政部门等”，但不限于这些组织，还可以是专门以保护被监护人权利的其他公益组织、养老院、医院等社会组织等，只要是法律没有禁止，都不应该阻止其成为预设监护协议的相对方。

**【司法适用】**

笔者认为，一方面人民法院应当严格审查监护协议的效力问题，因监护协议属于身份协议，必须审查该协议背后的身份关系，其带有明显的人身信任关系，与普通的财产协议有巨大差异。另一方面，监护协议是要式的，且事关设立之后的监护关系的维持与保障等问题，必须慎重，故可以采取公证的形式以固定双方权利义务关系。如果签订监护协议后，预设人预计的监护事由出现，而协议监护人不愿意履行监护协议义务的时候，其责任承担方式该如何？这可能会是人民法院面临的巨大挑战，因为身份契约的违约责任不同于财产契约的违约责任，如果用金钱赔偿方式来替代又有违身份契约的人身信赖性，如果不用金钱如何使得违约方履行义务？因此，我们认为如果出现预设监护协议违约的情况，其赔偿计算方式可以参照本地平均护工的工资来计算，这样相对来说较为公平。

**第三十四条　监护人的职责是代理被监护人实施民事法律行为，保护被监护人的人身权利、财产权利以及其他合法权益等。**

**监护人依法履行监护职责产生的权利，受法律保护。**

**监护人不履行监护职责或者侵害被监护人合法权益的，应当承担法律责任。**

**因发生突发事件等紧急情况，监护人暂时无法履行监护职责，被监护人的生活处于无人照料状态的，被监护人住所地的居民委员会、村民委员会或者民政部门应当为被监护人安排必要的临时生活照料措施。**

**【条文主旨】**

本条是关于监护人责权利及临时生活照料措施的规定。

**【条文理解】**

监护人职责、权利和责任三个方面构成一个有机的监护人法律规范结构。

第一，监护人的职责是代理被监护人实施民事法律行为，对被监护人的人身权利、财产权利以及其他合法权益进行保护。监护制度是一种法定制度，源于习惯法时代的亲权，成于制定法时代国家对家事生活的强制干预，以保护社会每一个成员的基本权益，故而现代法视野下监护主要体现的是义务，较少反映的是权利，监护人的职责是整个监护规范体系的中心点与重心。监护人代理其被监护人实施民事法律为行为包括合同、表决、接受、承认等，但是身份关系的民事法律行为如婚姻、收养等不能代理。

第二，监护人依法履行监护职责而产生的权利，受法律保护。尽管我们强调监护制度本身的义务导向，而非权利导向，其实人们常常说到的“监护权”可能更多情况是指“亲权”。要维护监护人正当、合法、有效地履行监护职责，就必须依法赋予监护人一些权利。维护监护人的权利，本质是保护被监护人权利，也就是说，给予监护人必要的、正当的、合法地行使被监护人原本所享有的权利，其民事法律行为所指向的其他单位、组织、个人应当给予便利和条件，比如在诉讼中，监护人作为诉讼主体以被监护人的利益完整享有诉讼利益，人民法院对其的待遇不能低于被监护人的待遇；行政拆迁中以行政相对人身份为被监护人的利益与相关方面谈判、获得拆迁补偿的权利，最终利益归于被监护人等。

第三，监护人不履行监护职责或者侵害被监护人合法权益的，应当承担责任。监护人不履行监护职责（消极侵害）是一方面，侵害被监护人合法权益（积极侵害）是另一方面，这两方面都应该由监护人承担相关责任，但是承担责任的方式不同。一般来说，监护人不履行监护职责承担责任的方式是由其他具有监护资格的人申请人民法院撤销原监护人的监护资格，并要求更换监护人；侵害被监护人合法权益的责任承担方式为损害赔偿，利害关系人亦可同时要求撤销原监护人的监护资格并变更监护关系。

根据全国人大常务委员会副委员长王晨作了《关于〈中华人民共和国民法典（草案）〉的说明》指出：结合2020年疫情防控工作，对监护制度作了进一步完善，规定因发生突发事件等紧急情况，监护人暂时无法履行监护职责，被监护人的生活处于无人照料状态的，被监护人住所地的居民委员会、村民委员会或者民政部门应当为被监护人安排必要的临时生活照料措施。本条在第四款增加的内容是立法者对弱势群体的一种人道主义关怀。同时单位监护人在突发事件中的责任更加明确，属于社会保障性的兜底措施。该条款充分体现了中国民法典的人本主义价值追求。

**【司法适用】**

监护人的监护职责包括：保护被监护人的身体健康，照顾被监护人的生活，管理和保护被监护人的财产，代理被监护人进行民事活动，对被监护人进行管理和教育，在被监护人合法权益受到侵害或者与人发生争议时，代理其进行诉讼。在司法适用中，法院可以参照《民通意见》第20条的规定进行处理：监护人不履行监护职责，或者侵害了被监护人的合法权益，《民法通则》第16条、第17条规定的其他有监护资格的人或者单位向人民法院起诉，要求监护人承担民事责任的，按照普通程序审理；要求变更监护关系的，按照特别程序审理；既要求承担民事责任，又要求变更监护关系的，分别审理。

**第三十五条　监护人应当按照最有利于被监护人的原则履行监护职责。监护人除为维护被监护人利益外，不得处分被监护人的财产。**

**未成年人的监护人履行监护职责，在作出与被监护人利益有关的决定时，应当根据被监护人的年龄和智力状况，尊重被监护人的真实意愿。**

**成年人的监护人履行监护职责，应当最大程度地尊重被监护人的真实意愿，保障并协助被监护人实施与其智力、精神健康状况相适应的民事法律行为。对被监护人有能力独立处理的事务，监护人不得干涉。**

**【条文主旨】**

本条是关于最有利于被监护人原则的规定。

**【条文理解】**

本条在监护制度中正式确立最有利于被监护人原则。何为最有利于被监护人原则？一般来说，最有利于被监护人原则即被监护人利益最大化，一方面，合法处分被监护人财产要尽到审慎注意义务，对被监护人所享有的人身、财产权利及其他合法权益需要行使时监护人要积极行使；还包括行使被监护人权利有多种行使方式，应当选择最有利于被监护人的一种，而不能选择监护人比较方便的、比较容易的方式。另一方面，保护被监护人的人身、财产权利及其他合法权益更重要的是体现被监护人人身不受伤害、人格不受贬损、财产不能不合理地人为减少，其他权益不能不正常地失去，这应该是立法者所要达到的目标，也可以说是一种要求。除为被监护人利益外，不得处分被监护人的财产，这里的不得处分可以包含以下几个方面的禁止性措施：转卖被监护人财产、出借被监护人财产而未有收益的、抵押或质押被监护人财产而财产贬值严重或毁损的、出租给监护人自己或利害关系人但租金明显低于市场平均价的，财产增值收益不归还给被监护人的等。如果监护人为了被监护人利益而进行财产保值、增值等行为，应该被认为是合法有效的，法律并不排斥对被监护人财产的有效利用而给予被监护人更好的保护或保障措施。比如被监护人有两套住房，一套被监护人自住，另一套由监护人出面招租且租金价格合理，租金作为为被监护人请保姆的费用，这种情况下我们认为监护人有权处置被监护人财产。

本条第 2 款规定，未成年人的监护人履行监护职责，在作出与被监护人权益有关的决定时，应当根据被监护人的年龄和智力状况，尊重被监护人的真实意愿。这种立法模式改变了原来立法的单向思维，同时注意到了尊重被监护人的意志，使得监护人与被监护人之间的平等理念深入立法实践当中。更为让人欣喜的是，立法向细微处延展，比如十四周岁的初中生自己作画，办画展，出画册的收入应该由父母（监护人）保管，但是这笔钱作为十四周岁的未成年人应该有较大的支配权抑或自主性，可以去购买自己喜欢的自行车，甚至可以把其中一笔钱捐赠给慈善组织，这时候父母不应该不同意，而应该充分尊重被监护人的真实意愿。

本条第 3 款规定，成年人的监护人履行监护职责，应当最大程度地尊重被监护人的真实意愿，保障并协助被监护人实施与其智力、精神健康状况相适应的民事法律行为。对被监护人有能力独立处理的事务，监护人不得干涉。其立法意义与第 2 款相同，其中立法要求“对被监护人有能力独立处理的事务，监护人不得干涉”体现了监护人与被监护人之间新平衡与新独立，充分体现出立法对规范对象的全面关注，以及权利意识多元化的表征。

**【司法适用】**

人民法院审理该类型案件时，应着重把握《民通意见》相关规定的精神。《民通意见》第 10 条规定，监护人的监护职责包括：保护被监护人的身体健康，照顾被监护人的生活，管理和保护被监护人的财产，代理被监护人进行民事活动，对被监护人进行管理和教育，在被监护人合法权益受到侵害或者与人发生争议时，代理其进行诉讼。第20条规定，监护人不履行监护职责，或者侵害了被监护人的合法权益，《民法通则》第16条、第17条规定的其他有监护资格的人或者单位向人民法院起诉，要求监护人承担民事责任的，按照普通程序审理；要求变更监护关系的，按照特别程序审理；既要求承担民事责任，又要求变更监护关系的，分别审理。第21条规定，夫妻离婚后，与子女共同生活的一方无权取消对方对该子女的监护权；但是，未与该子女共同生活的一方，对该子女有犯罪行为、虐待行为或者对该子女明显不利的，人民法院认为可以取消的除外。第22条规定，监护人可以将监护职责部分或者全部委托给他人。因被监护人的侵权行为需要承担民事责任的，应当由监护人承担，但另有约定的除外；被委托人确有过错的，负连带责任。第23条规定，夫妻一方死亡后，另一方将子女送给他人收养，如收养对子女的健康成长并无不利，又办了合法收养手续的，认定收养关系成立；其他有监护资格的人不得以收养未经其同意而主张收养关系无效。

**第三十六条　监护人有下列情形之一的，人民法院根据有关个人或者组织的申请，撤销其监护人资格，安排必要的临时监护措施，并按照最有利于被监护人的原则依法指定监护人：**

**（一）实施严重损害被监护人身心健康的行为；**

**（二）怠于履行监护职责，或者无法履行监护职责且拒绝将监护职责部分或者全部委托给他人，导致被监护人处于危困状态；**

**（三）实施严重侵害被监护人合法权益的其他行为。**

**本条规定的有关个人、组织包括：其他依法具有监护资格的人，居民委员会、村民委员会、学校、医疗机构、妇女联合会、残疾人联合会、未成年人保护组织、依法设立的老年人组织、民政部门等。**

**前款规定的个人和民政部门以外的组织未及时向人民法院申请撤销监护人资格的，民政部门应当向人民法院申请。**

**【条文主旨】**

本条是关于撤销监护人资格的规定。

**【条文理解】**

申请撤销监护人资格的主体是有关个人或者组织，"个人"主要是指有监护资格的其他近亲属，特别是后顺位的近亲属；"组织"一般是指被监护人无自然人监护人，由相关组织担任监护人，但是原组织难以承担监护职责或者不履行监护职责抑或有侵害被监护人权益的行为，其他有监护资格的组织可以申请撤销监护人资格的诉讼。

监护职责大致有六项：保护被监护人的身体健康；照顾被监护人的生活；管理和保护被监护人的财产；代理被监护人进行民事活动；对被监护人进行管理和教育；在被监护人合法权益受到侵害或者与他人发生争议时，代理其进行诉讼。如前所述，非为被监护人利益的，不得处分被监护人财产，其法律后果可能是在被撤销或者无法撤销的情况下赔偿损失。通说认为，监护既是一种权利也是一种义务，但是我们认为监护主要是一种义务，监护权利是附随在义务之中的，或者说监护本质上就是义务、负担或责任。不履行监护责任或侵害被监护人权益，按照《民通意见》第 20 条的规定，追究监护人责任的普通程序之诉与变更监护人的特别程序之诉应分别审理。

本条第 1 款第 1 项规定，实施严重损害被监护人身心健康的行为，如暴力伤害、殴打、虐待、精神强制、人格侮辱、挨冻受饿等行为导致的被监护人致伤致残、精神疾病，其行为可能构成刑事犯罪，也可能是民事侵权。

本条第 1 款第 2 项规定，“怠于履行监护职责，或者无法履行监护职责且拒绝将监护职责部分或者全部委托给他人，导致被监护人处于危困状态”，其中危困状态是指：被监护人无人照管可能导致其饥饿、受冻、精神异常（实践尚未发生，但又有现实紧迫性）等情况，主要是指间接损害或者消极不履行职责。

本条第 3 款规定，个人和民政部门以外的组织未及时向人民法院申请撤销监护人资格的，民政部门应当向人民法院申请。民政部门应当向人民法院申请是本条的亮点，民政部门在其他监护人或组织不及时提起申请时必须主动作为，使得被监护人权利在理论上以及实务中能充分得以保障，是一次进步。全国人大常委会法律工作委员会曾就监护部分立法专程到江西景德镇等地实地考察调研，并且询问民政部门主动到法院申请指定或撤销监护的特别少的原因，其后发现是立法条文对民政部分没有刚性约束，故而在监护部分的立法采纳了司法部门的建议，加强民政部门主动承担监护最后防线的责任。

**【司法适用】**

人民法院在审理撤销监护资格的案件中应当把握几个重点：第一，申请主体的确认问题。一般情况下是其他有监护资格的申请人，但是其他有监护资格的申请人不一定能够发现监护出现危害被监护人的情况，此时其他不具有监护资格的人可以提供相关线索，人民法院应当保护其线索提供权。第二，人民法院一旦发现有导致被监护人严重损害的情况，虽然自己不能提起诉讼，但是应当把相关情况或线索提供给民政部门，民政部门应当立即着手调查，并且承担最后兜底责任。第三，依据最有利于被监护人的原则考虑撤销原监护人，变更为新监护人的情况时，应当综合考虑新监护人的经济状况、道德品质、有无充足时间等情况来确定，不能草率变更。第四，对于其他组织担任监护人的情况，应当通知民政部门采取适当的监督措施，保证被监护人受到良好照顾。

**【司法案例】**

### 民政部门申请撤销法定监护人监护权案[①]

**诉讼结论：**监护人实施严重损害被监护人身心健康行为的，应当撤销监护。

在本案中，小玲父亲邵某对其实施强奸、猥亵行为，小玲母亲王某 8 年多来一直未尽抚养义务，且自女儿被性侵案发后半年多对其不闻不问，有实质遗弃行为。祖父母早年去世，外祖母等亲属明确表示不愿抚养。2015 年 2 月 4 日，江苏省徐州市铜山区人民法院开庭审理由民政部门提起的全国首例申请撤销法定监护人监护权案件。经审理，铜山法院依法作出判决：(1)撤销小玲父母邵某、王某的法定监护权；(2)指定铜山区民政局为小玲的监护人。

**第三十七条　依法负担被监护人抚养费、赡养费、扶养费的父母、子女、配偶等，被人民法院撤销监护人资格后，应当继续履行负担的义务。**

**【条文主旨】**

本条是关于被撤销监护资格后相关金钱义务不消灭的规定。

**【条文理解】**

被监护人的父母或子女被人民法院撤销监护人资格后仍然有义务支付抚养费、赡养费；配偶被撤销监护资格后仍然有义务支付扶养费，说明国家为了保护被监护人的权益强制剥夺了这两类监护人的监护资格，然而并不转移监护人应当承担的金钱支付义务。本法第 37 条如此规定的法律意义在于，不能让极少数道德沦丧的监护人为了逃避本应当承担的监护职责，而以故意不履行监护职责后被人民法院撤销其监护资格来逃避监护义务，即使被撤销监护资格，但是监护方面的金钱给付义务并不转移至新监护人，而仍然由原监护人负担费用。

---

① 参见《全国首例民政部门申请撤销监护权案：女孩遭生父殴打性侵》，载《法制日报》2016 年 4 月 13 日。

需要注意的是,不是所有被撤销监护资格的监护人都需要继续负担被监护人的费用,仅限于本条规定的亲子类和夫妻类:父母应当支付的抚养费、子女应当支付的赡养费、配偶应当支付的扶养费。此金钱给付义务不转移,还在于亲子相互抚养、赡养关系已经由法律正式确认并以强制力保证实施,且具有浓重的道德承接性,并用法律之刚性来维护中国传统美德。不仅如此,亲子关系和夫妻关系的强身份连接性,也不适宜将此种给付金钱义务转移,因为亲子关系的不可选择性以及夫妻关系的稳定性都属于国家重点保护、保障的社会关系。

对于其他类型的被撤销或被变更的监护人不宜再负担被监护人的金钱费用,假设:未成年人的父母死亡后由祖父母作为监护人,而因祖父母年事已高不能承担监护职责的情况下,其姑妈申请人民法院更换监护人的,人民法院作出撤销未成年人祖父母的监护资格后指定未成年人的姑妈担任监护人,此时就不能由原监护人——祖父母还承担抚养费用,而是由现监护人——姑妈承担被监护人的抚养费用。

**【司法适用】**

在审理撤销监护案件时,人民法院应当在法律文书当中注意明确:被监护人的父母或子女被人民法院撤销监护人资格后仍然有义务支付抚养费、赡养费;配偶被撤销监护资格后仍然有义务支付扶养费。其相关金钱支付的数额、方式、时间段应该在裁判文书中载明,并且该金钱债务属于法定不可转移,故而亦可强制执行。

**第三十八条　被监护人的父母或者子女被人民法院撤销监护人资格后,除对被监护人实施故意犯罪的外,确有悔改表现的,经其申请,人民法院可以在尊重被监护人真实意愿的前提下,视情况恢复其监护人资格,人民法院指定的监护人与被监护人的监护关系同时终止。**

**【条文主旨】**

本条是关于恢复监护人资格的规定。

**【条文理解】**

被监护人的父母或者子女被人民法院撤销监护人资格是对监护关系的重大调整,同时司法实践中超过百分之九十的撤销监护资格案件都是发生在被监护人与其父母或者子女之间,因此本条现实意义不言自明。撤销父母或子女监护资格的案件是对涉及家庭生活关系的重大调整,必须慎重,一旦做出撤销监护资格的决定,影响的是一种重要的社会单元的基本稳定。本法第 38 条是撤销监护资格后的恢复规定,是对调整家庭生活关系之后的再调整,再重组,可能造成社会单位稳定的新挑战,故而必须慎之又慎,但是立法也充分考虑了给“犯了错”的原监护人以“改过自新”的机会,同时也是对监护背后的人伦亲情的法制回应。

撤销监护资格后的恢复是有条件的:第一,原监护人被撤销监护资格不是因为对被监护人实施故意犯罪。比方说虐待、遗弃、故意伤害、性侵犯等已经认定为犯罪的,而不论是否判处实体刑罚。立法者意图十分清楚,此类行为不可饶恕且没有时间限制,不允许使犯有此类行为的人再行恢复监护权。第二,确有悔改表现。这里的确有悔改表现可以有被监护人的书面或口头承认,还可以有其他有监护资格的近亲属的证明,居民委员会、村民委员会的证明,当然此种确有悔改表现反映在司法实践中,法庭查明十分关键,否则就有可能又把被监护人推向危困的境地。第三,原监护人向法院申请。第四,被监护人是不能清晰表达真实意思的未成年人、精神病人或老年痴呆患者等的,一旦原监护人被撤销监护权,那么原监护人不能向法院申请恢复监护权,除非此类被监护人可以表达真实意思。如果被监护人不能真实表达意愿恢复原监护关系,那么原监护关系就不能恢复,这是为了保障被监护人的利益,同时能够稳定新监护关系。

**【司法适用】**

关于“视情况恢复其监护人资格,人民法院指定的监护人与被监护人的监护关系同时终止”,我们认为视情况恢复就是人民法院要从严把关,谨慎处理,实际上要做到如果不恢复原监护关系在人情事理上、社会普遍认知上就有些站不住脚了,不得不恢复的情形下才作出恢复原监护关系的裁决,因为被监护人的权利保障是重中之重,经不起来回“翻烧饼”似地折腾。另外,一旦人民法院作出了恢复原监护关系的裁决,人民法院指定的监护人与被监护人的监护关系同时终止意味着两个监护关系以须要衔接与协调,相信司法解释会对本条进行更多的、完整的解读。

**第三十九条　有下列情形之一的,监护关系终止:**

**(一)被监护人取得或者恢复完全民事行为能力;**

**(二)监护人丧失监护能力;**

**(三)被监护人或者监护人死亡;**

**(四)人民法院认定监护关系终止的其他情形。**

**监护关系终止后,被监护人仍然需要监护的,应当依法另行确定监护人。**

**【条文主旨】**

本条是关于监护关系终止的规定。

**【条文理解】**

监护关系终止有四种类型:(1)被监护人取得或者恢复完全民事行为能力的,包括未成年人长大成人且智识正常和成年人恢复健康的情况。未成年人长大且智识正常,与父母的监护关系终止,但是亲权永不终止。而成年人恢复健康需要其本人或利害关系人申请人民法院认定该成年人恢复为限制民事行为能力人或者完全民事行为能力人,本法第24条第1款规定,不能辨认或者不能完全辨认自己行为的成年人,其利害关系人或者有关组织,可以向人民法院申请认定该成年人为无民事行为能力人或者限制民事行为能力人。本法第24条第2款规定,被人民法院认定为无民事行为能力人或者限制民事行为能力人的,经本人、利害关系人或者有关组织申请,人民法院可以根据其智力、精神健康恢复的状况,认定该成年人恢复为限制民事行为能力人或者完全民事行为能力人。第24条第3款规定,有关组织包括:居民委员会、村民委员会、学校、医疗机构、妇女联合会、残疾人联合会、依法设立的老年人组织、民政部门等。(2)监护人丧失监护能力的。一般认为,监护人自己成为限制民事行为能力人或无民事行为能力人,抑或监护人年老体弱不能承担监护责任的等情况,属于监护人丧失监护能力,当然此种情况也需要人民法院确认或另行确定监护人。(3)被监护人或者监护人死亡的。不论哪一方死亡,监护关系自然终止。(4)人民法院认定监护关系终止的其他情形。

**【司法适用】**

人民法院审理监护关系终止的案件时,前三项易于理解,特请注意本条第四项,即人民法院认定监护关系终止的其他情形。什么是认定监护关系终止的其他情形,大致可以分为以下几个方面:第一,监护人虐待、殴打、体罚被监护人等情况,严重损害被监护人身心健康的行为,人民法院依法终止监护人的监护资格,并指定其他近亲属或组织担任监护人;第二,监护人对被监护人故意犯罪的,如强奸、猥亵、故意伤害导致被监护人轻伤以上的等情况,监护人被判处刑罚的,人民法院必须依法终止监护人的监护资格,并且永不得恢复监护资格;第三,监护人自身恶习导致无法履行监护职责,如监护人有赌博、吸毒、严重酗酒、极度网瘾、长期不明原因地不回家等情况,其他有监护资格的人申请,人民法院查明基本事实后也可以依法终止监护人的监护资格,并重新指定新监护人;第四,原监护人(仅限于亲子关系、夫妻关系)撤销监护人资格后确有悔改情形的,经其申请,人民法院可以在尊重被监护人真实意愿的前提下,视情况恢复其监护人资格,那么人民法院指定的新监护人与被监护人的监护关系同时终止。

**【司法案例】**

### 常州市儿童福利院申请撤销被申请人徐某监护资格案①

**诉讼结论：**撤销徐某监护人的资格，并指定常州市儿童福利院为监护人。

在本案中，徐某某出生于2010年2月21日，出生后被遗弃在江苏省常州市武进区某寺庙门外。2011年12月29日，徐某某由寺庙出家人徐某收养，并办理了收养登记手续。徐某某先由徐某的妹妹、妹夫代养，后又送回该寺庙抚养，由徐某及寺内其他人员共同照顾。2014年9月25日，徐某某被送至常州市儿童福利院，寺庙支付了保育教育费、寄养儿童伙食费等费用共计19,480元。徐某某被送至常州市儿童福利院后，徐某未探望过徐某某，亦未支付过徐某某的相关费用。徐某某患有脑裂畸形，至今未治愈。申请人常州市儿童福利院愿意担任徐某某的监护人，并已自2014年9月25日起实际履行了监护职责。

## 第三节　宣告失踪和宣告死亡

**第四十条　自然人下落不明满二年的，利害关系人可以向人民法院申请宣告该自然人为失踪人。**

**【条文主旨】**

本条是关于宣告失踪的条件的规定。

**【条文理解】**

自然人失踪的规定分为普通情况的失踪与战争期间失踪两种类型，并吸收了《民通意见》的相关内容。宣告自然人失踪必须具备以下条件：第一，需有失踪的事实。失踪是指自然人离开住所，杳无音信，下落不明，生死不明。如果自然人因客观原因（如旅居海外）或主观原因（如畏罪潜逃）而与家人暂时中断联系，不构成民法上的失踪。第二，需失踪达到法定期间。自然人因一般原因失踪的，“下落不明”的起算时间是从其失去音讯之日起计算。所谓失去音讯是指从此之后再也没有接收到任何关于此人的消息。战争期间失踪的，其失踪时间应从战争结束之

---

① 参见最高人民法院2016年5月31日发布的关于侵害未成年人权益被撤销监护人资格典型案例。

日起计算。第三,需利害关系人向人民法院提出宣告失踪的申请。利害关系人是指与失踪人存在法律上的权利义务关系的人,包括失踪人的配偶、父母、子女、兄弟姐妹、祖父母、外祖父母以及其他与失踪人有民事权利义务关系的人,如债权人、债务人等。自然人失踪后,利害关系人可以申请宣告其失踪,也可以不申请宣告失踪。如无利害关系人申请,人民法院不得主动进行失踪宣告。

**【司法适用】**

在处理该类型的民事案件时,仍然可以参考《民通意见》第 24 条的规定,申请宣告失踪的利害关系人,包括被申请宣告失踪人的配偶、父母、子女、兄弟姐妹、祖父母、外祖父母、孙子女、外孙子女以及其他与被申请人有民事权利义务关系的人。

另外,作为失踪人的利害关系人相互之间没有申请的顺序限制,即利害关系人不存在排名先后问题,不存在失踪人的配偶、父母、子女不申请失踪,其后的利害关系人就无权申请的状况。

**第四十一条　自然人下落不明的时间从其失去音讯之日起计算。战争期间下落不明的,下落不明的时间自战争结束之日或者有关机关确定的下落不明之日起计算。**

**【条文主旨】**

本条是关于失踪人起算时间的规定。

**【条文理解】**

宣告失踪的案件,由被宣告失踪人住所地的基层人民法院管辖。住所地与居住地不一致的,由最后居住地人民法院管辖。人民法院审理宣告失踪的案件,应按照《民事诉讼法》规定的特别程序进行。人民法院收到宣告失踪的申请后,应审查被申请宣告失踪的自然人的财产,指定临时管理人或采取诉讼保全措施,发出寻找失踪人公告,公告期为三个月,公告期满后,人民法院应根据被申请宣告失踪的自然人失踪的事实,作出宣告失踪的判决,同时为失踪人指定财产代管人。

战争期间下落不明的,下落不明的时间自战争结束之日或者有关机关确定的下落不明之日起计算。可能会出现一种情况,战争期间下落不明但是战争一直未结束,或者战争结束之日难以确定的(战争各方未交火了,但是并未宣布停战或宣布战争结束),那么需要申请宣告失踪人的申请人就可以向有关机关提出询问而得到明确的时间点,进而可以确定被申请人的下落不明之时的起算点。

**【司法适用】**

在处理该类型的民事案件时，仍然可以参考《民通意见》的相关规定。《民通意见》第24条规定，申请宣告失踪的利害关系人，包括被申请宣告失踪人的配偶、父母、子女、兄弟姐妹、祖父母、外祖父母、孙子女、外孙子女以及其他与被申请人有民事权利义务关系的人。第26条规定，下落不明是指公民离开最后居住地后没有音讯的状况。对于在台湾或者在国外，无法正常通讯联系的，不得以下落不明宣告死亡。第27条规定，战争期间下落不明的，申请宣告死亡的期间适用《民法通则》第23条第1款第1项的规定。第28条规定，《民法通则》第20条第1款、第23条第1款第1项中的下落不明的起算时间，从公民音讯消失之次日起算。宣告失踪的案件，由被宣告失踪人住所地的基层人民法院管辖。住所地与居住地不一致的，由最后居住地的基层人民法院管辖。

**第四十二条　失踪人的财产由其配偶、成年子女、父母或者其他愿意担任财产代管人的人代管。**

**代管有争议，没有前款规定的人，或者前款规定的人无代管能力的，由人民法院指定的人代管。**

**【条文主旨】**

本条是关于失踪人财产代管人制度的规定。

**【条文理解】**

失踪人被宣告失踪后，其财产处于无人照看的状态，因此设立失踪人的财产代管人对其财产加以管理。本条规定了代管人的范围：配偶、成年子女、父母或者其他愿意担任财产代管人的人（关系密切的亲属和朋友）。一般是由这些人协商出代管人，但是法律考虑到可能有争议，就按照本条第2款规定的代管有争议，没有前款规定的人，或者前款规定的人无代管能力的，由人民法院按照最有利于保护失踪人财产的原则指定的人代管。财产代管人享有代管权，有权保管和保护失踪人的财产，有权从失踪人财产中支付失踪人所欠的税款、债务和抚养费用等，有权以代管人身份行使失踪人享有的民事权利及参加民事诉讼等。需要注意的是，无民事行为能力人、限制民事行为能力人失踪的，其监护人即为财产代管人。

**第四十三条** 财产代管人应当妥善管理失踪人的财产，维护其财产权益。

失踪人所欠税款、债务和应付的其他费用，由财产代管人从失踪人的财产中支付。

财产代管人因故意或者重大过失造成失踪人财产损失的，应当承担赔偿责任。

**【条文主旨】**

本条是关于财产代管人职责的规定。

**【条文理解】**

此处对财产代管人的妥善管理失踪人财产的理解，应该是做到勤勉、认真地保管失踪人财产，一般来说，财产代管人没有权利去经营失踪人财产，不论是否为了失踪人的利益而经营，简言之，就是消极保护，而不能积极处分。请注意，财产代管人与监护人对被监护人财产的处理是不同的，财产代管人不得主动进行处置代管财产，而监护人可以为了被监护人的利益主动处置被监护人的财产。

本条第3款规定，财产代管人因故意或者重大过失造成失踪人财产损失的，应当承担赔偿责任。失踪人的财产代管人应依法履行其代管职责，不得滥用代管权、有过错地损害失踪人的利益。此处的过错责任就是指财产代管人的故意或者重大过失，如侵占失踪人财产、盗窃失踪人财产、私分失踪人财产等都属于故意；失踪人的房屋、车辆等贵重财产被他人侵占，在其知晓后不予以制止，不予以保护等属于重大过失。

**【司法适用】**

《民通意见》第30条规定，人民法院指定失踪人的财产代管人，应当根据有利于保护失踪人财产的原则指定。没有《民法通则》第21条规定的代管人，或者他们无能力作代管人，或者不宜作代管人的，人民法院可以指定公民或者有关组织为失踪人的财产代管人。无民事行为能力人、限制民事行为能力人失踪的，其监护人即为财产代管人。《民通意见》第31条规定，《民法通则》第21条第2款中的"其他费用"，包括赡养费、扶养费、抚育费和因代管财产所需的管理费等必要的费用。第32条规定，失踪人的财产代管人拒绝支付失踪人所欠的税款、债务和其他费用，债权人提起诉讼的，人民法院应当将代管人列为被告。失踪人的财产代管人向失踪人的债务人要求偿还债务的，可以作为原告提起诉讼。

**第四十四条　财产代管人不履行代管职责、侵害失踪人财产权益或者丧失代管能力的，失踪人的利害关系人可以向人民法院申请变更财产代管人。**

**财产代管人有正当理由的，可以向人民法院申请变更财产代管人。**

**人民法院变更财产代管人的，变更后的财产代管人有权请求原财产代管人及时移交有关财产并报告财产代管情况。**

**【条文主旨】**

本条是关于变更失踪人财产代管人的规定。

**【条文理解】**

根据本条规定，失踪人的利害关系人可以向人民法院申请变更财产代管人存在三种情况：第一，财产代管人不履行代管职责，是指消极不履行照管义务，使失踪人财产处于现实危险之中；第二，侵害失踪人财产权益，即财产代管人因故意或者重大过失造成失踪人财产损失的，应当承担赔偿责任；第三，失踪人财产代管人丧失代管能力的，一般情况是代管人自己丧失民事行为能力、代管人被拘押或监禁等丧失人身自由等情况。失踪人的利害关系人一般是指失踪人的除代管人之外的近亲属或者与其有民事权利义务关系的人。

本条第 2 款规定，财产代管人有正当理由的，可以向人民法院申请变更财产代管人。主要是指财产代管人无力履行代管职责，可以申请人民法院变更代管人，人民法院依照民事诉讼特别程序进行审理。失踪人的财产代管人不履行代管职责或者侵犯失踪人财产权益的，失踪人的利害关系人（近亲属及与其有民事权利义务关系的人）可以向人民法院请求财产代管人承担民事责任，但无先后顺序之分。

本条第 3 款规定，人民法院变更财产代管人的，变更后的财产代管人有权要求原财产代管人及时移交有关财产并报告财产代管情况。本条款设立了前后财产代管人的衔接机制，使整个失踪人财产代管制度更加完备。

**【司法适用】**

人民法院审理宣告失踪案件，仍然可以参照《民通意见》的相关规定。《民通意见》第 34 条规定，人民法院审理宣告失踪的案件，比照民事诉讼法规定的特别程序进行。人民法院审理宣告失踪的案件，应当查清被申请宣告失踪人的财产，指定临时管理人或者采取诉讼保全措施，发出寻找失踪人的公告。公告期间为半年。公告期间届满，人民法院根据被宣告失踪人失踪的事实是否得到确认，作出宣告失踪的判决或者终结审理的裁定。如果判决宣告为失踪人，应当同时指定失踪人的财产代管人。《民通意见》第35条规定,失踪人的财产代管人以无力履行代管职责,申请变更代管人的,人民法院比照特别程序进行审理。失踪人的财产代管人不履行代管职责或者侵犯失踪人财产权益的,失踪人的利害关系人可以向人民法院请求财产代管人承担民事责任。如果同时申请人民法院变更财产代管人的,变更之诉比照特别程序单独审理。

**第四十五条　失踪人重新出现,经本人或者利害关系人申请,人民法院应当撤销失踪宣告。**

**失踪人重新出现,有权要求财产代管人及时移交有关财产并报告财产代管情况。**

**【条文主旨】**

本条是关于撤销宣告失踪的规定。

**【条文理解】**

宣告失踪是对自然人失踪事实的确认,如果被宣告失踪的自然人重新出现或者知道其确切下落,经本人或者利害关系人申请,人民法院应当撤销失踪宣告。撤销宣告失踪的条件如下:第一,失踪人重新出现或者知道确切下落;第二,本人或利害关系人向人民法院提出撤销申请;第三,法院作出撤销宣告失踪的判决。

被宣告失踪的人重新出现,有权要求财产代管人及时移交有关财产并报告财产代管情况,此时财产代管人的代管权必须转移给被宣告失踪人,比如交还相关财产,办理相关移交手续;同时代管人需报告代管期间财产保管、财产收入、处置、缴费、缴税等情况,如果不实报告,财产代管人须承担民事责任;财产代管人侵害所代管财产,被宣告失踪人重新出现后有权要求财产代管人予以赔偿。

**第四十六条　自然人有下列情形之一的,利害关系人可以向人民法院申请宣告该自然人死亡:**

**(一)下落不明满四年;**

**(二)因意外事件,下落不明满二年。**

**因意外事件下落不明,经有关机关证明该自然人不可能生存的,申请宣告死亡不受二年时间的限制。**

**【条文主旨】**

本条是关于宣告死亡条件的规定。

**【条文理解】**

宣告死亡是指自然人下落不明达到法定期限，经利害关系人申请，人民法院宣告其死亡的法律制度。宣告死亡又称推定死亡，与生理死亡对应。其宣告死亡的民事法律制度必须的条件是失踪人生死不明的状态持续一定时间，持续时间的经过是等待失踪人可能出现的消息，虽生死不明也需慎重，保护其利益。因为一方面一经宣告死亡，法律关系会发生重大变化，失踪人重新出现再恢复以前的法律关系会有困难，比如财产已被他人消费，配偶已与他人另行结婚。但从另一方面来说，失踪人生死不明的状态也不能无期限地持续下去，这样会使法律关系处于不确定状态，影响社会生活秩序的稳定，如配偶需另行组成家庭，某些财物不能永远限制而无法发挥其经济效益，所以应当有一个法定的合理期间。

宣告死亡条件与宣告失踪条件不同，下落不明的期限要求为四年，战争期间的起算日与宣告失踪一样是从战争结束之日起算。在意外事件中下落不明的，从事故发生之日起满两年可以申请宣告死亡。与宣告失踪不同，申请宣告死亡的利害关系人是有顺位之分的，换言之，当存在在先顺位人时，在后顺位人即无申请权。应当注意，宣告失踪不是宣告死亡的必经程序。宣告失踪或宣告死亡由申请人决定，同一顺位的利害关系人的申请不一致的，则宣告死亡。

因意外事件下落不明，经有关机关证明该自然人不可能生存的，申请宣告死亡不受二年时间的限制。汶川地震后最高人民法院专门出台的《最高人民法院关于处理涉及汶川地震相关案件适用法律问题的意见（一）》第1条规定，对于涉及灾区群众人身、财产关系的婚姻家庭、继承、宣告死亡、宣告失踪等案件，人民法院要依法积极受理，尽快解决因地震造成相关人身和财产权利义务变化而带来的问题。故而，突破了原来法律规定的限制，强调了特事特办，为了人民群众的利益，法律与司法的能动性发挥出来，同时此类特殊的自然灾害、人为大型事故有了参照适用的依据，故此次民法总则吸纳了有益的司法经验，对其进行了正式立法确认。笔者认为，在汶川大地震、天津大爆炸、海难事故、登山雪崩、沙漠风暴等情形下，经有关机关（公安机关、安监部门、海事部门、消防救援部门、民政部门等）证明该自然人不可能生存的，利害关系人申请宣告死亡不受二年时间的限制。

**【司法适用】**

人民法院审理宣告死亡案件，申请宣告死亡一般情况下落不明满四年；因意外情况下落不明的需满两年；因意外事件下落不明，经有关机关证明该自然人不可能生存的，申请宣告死亡不受二年时间的限制，三种条件或三种类型分别处理，同时做好相关证据审查工作，特别是查明有关机关的证明文件的真实性、合法性和关联性。

【司法案例】

**康保富、张秀香申请宣告康珍珍死亡案**[①]

**诉讼结论：**符合宣告死亡的要件，法院应当宣告死亡。

康珍珍，女，1988年××月××日生，公民身份证件编号××，河南省内黄县××乡××村人，系申请人康保富、张秀香之长女。2005年10月20日，康珍珍因外出寻找其当时在新疆摘棉花的母亲而失踪，至今未归。经申请人多方查找，至今杳无音信。法院根据《民事诉讼法》第168条第1款的规定，于2010年2月13日在《法制日报》上发出寻找康珍珍的公告。法定公告期间为一年，现已届满，康珍珍仍然下落不明。因此，申请人康保富、张秀香作为康珍珍的父母亲申请宣告康珍珍死亡，符合法律规定宣告死亡的条件，应予准许。

**第四十七条　对同一自然人，有的利害关系人申请宣告死亡，有的利害关系人申请宣告失踪，符合本法规定的宣告死亡条件的，人民法院应当宣告死亡。**

【条文主旨】

本条是关于利害关系人选择性宣告处理的规定。

【条文理解】

本条是关于不同利害关系人对同一自然人在有申请宣告死亡，有申请宣告失踪的情况下，符合本法规定的宣告死亡条件的，人民法院应当宣告死亡。宣告死亡的三种条件如下：第一，申请宣告死亡一般情况下落不明满四年；第二，因意外情况下落不明的需满两年；第三，因意外事件下落不明，经有关机关证明该自然人不可能生存的，申请宣告死亡不受二年时间的限制。如果满足其一，那么人民法院就应当按照特别程序进行宣告死亡之诉。

【司法适用】

司法实践中，第一，宣告失踪或宣告死亡的申请人应当填写申请书，向下落不

① 案例来源：汇法网裁判文书库，http://www.lawxp.com/Case/? CourtId = 1543&RegionId = 17&TopicId = 21145&WriteType = -1。

明人住所地或居所地基层人民法院提出。申请书应当写明失踪或死亡的事实、时间和要求,并附有公安机关或其他有关机关关于该自然人下落不明的书面证明。

第二,人民法院受理宣告失踪、宣告死亡案件后,应当发出寻找下落不明人的公告。宣告失踪的公告期间为三个月,宣告死亡的公告期间为一年。因意外事故下落不明,经有关机关证明该公民不可能生存的,宣告死亡的公告期间为三个月。公告期间届满,人民法院应当根据被宣告失踪、宣告死亡的事实是否得到确认,作出宣告失踪、宣告死亡的判决或者驳回申请的判决。

**第四十八条　被宣告死亡的人,人民法院宣告死亡的判决作出之日视为其死亡的日期;因意外事件下落不明宣告死亡的,意外事件发生之日视为其死亡的日期。**

**【条文主旨】**

本条是关于宣告死亡日期确定的规定。

**【条文理解】**

被宣告死亡的人死亡日期在法律上有重要意义,这一起算点的确立为其他法律关系的确立创造了条件。从被宣告死亡时起,被宣告死亡的人财产关系发生重要变动,人身关系也会发生重大变化,比如财产开始继承程序,子女可以启动收养程序,夫妻关系自动消灭,个人债务将由所剩财产开始清偿等,因此被宣告死亡的人的死亡日期是一个重要的法律事实分界点。

**【司法适用】**

司法实践中需要注意,如果被宣告死亡的人后来发现确实真正死亡,但是真正死亡时间早于被宣告死亡时间的,那么法律后果可以以宣告死亡时间作为界限点,相关法律手续已经完成的可以不必更改,不影响新法律关系的效力。如果真正死亡时间晚于被宣告死亡时间的,那么相关法律手续完成的,一般不必更改,但是未完成相关法律手续的,应当以真实死亡时间为准。

**【司法案例】**

### 王亮申请宣告张颖死亡案①

张颖为某外资公司员工,2006 年和王亮登记结婚。2014 年 3 月,因外海业务

---

① 参见《妻子乘马航 MH370 失踪 2 年　丈夫申请“宣告死亡”》,载《新京报》2017 年 2 月 25 日。

需要，张颖被派往马来西亚出差。业务处理完毕后，其预订了2014年3月8日马来西亚航空公司MH370航班从吉隆坡返回北京。飞机起飞后不久与地面失去联络。2015年1月29日，马来西亚民航局宣布马航MH370失事，并推定机上所有239名乘客和机组人员已遇难。得知这一消息，王亮的希望彻底破灭。因为没有妻子的死亡证明，王亮无法代为处理各种事务，本人也无法组织新家庭。于是诉至法院，要求宣告张颖死亡。

**第四十九条　自然人被宣告死亡但是并未死亡的，不影响该自然人在被宣告死亡期间实施的民事法律行为的效力。**

**【条文主旨】**

本条是关于宣告死亡人实际未死亡的行为效力的规定。

**【条文理解】**

尽管被宣告死亡的人不再出现的可能性很大，大多数情况下被宣告死亡人也是生理死亡的，但是此类法律推理的死亡是有可能被事实证明是错误的，宣告死亡不等于就是人的生理上的死亡，有的可能是真死了，有的则可能没死，有些甚至又返回了家园。遇到这种情况，民法作出了相应规定，特别保护了被宣告死亡的人法律上的行为能力。其实只要作为一个自然人活着且真实存在，他的权利能力就永不消失，行为能力只要不被宣告为非完全民事行为能力的人，那么其行为能力也自不待言。也就是说，他不因自己被宣告死亡而真的在法律上受到权利限制或有行为障碍，他的所有行为都具有现实法律效力。比如甲在A地因自然灾害下落不明四年之后被宣告死亡，而实际上甲在B地被救起生活近十年，他不仅在B地自然灾害发生后至宣告死亡之日起有完全的民事法律行为能力，而且在被宣告死亡之日后仍然具有此民事行为能力，在B地的相对人不能因知道了甲在A地被宣告死亡而认为双方签订的合同无效。

该条款有重要法律解释意义，即被宣告死亡的人在其他地方生活时效力不受宣告死亡判决书的约束。重新出现的被宣告死亡人进行的民事活动，只要具备民事行为能力，所实施的各种行为具有与未被宣告死亡的自然人同等效力。

**【司法适用】**

人民法院审理宣告失踪或宣告死亡的案件，需严格依照《民事诉讼法》特别程序一章处理，掌握好法律严格的时间要求而推进案件。

**第五十条　被宣告死亡的人重新出现，经本人或者利害关系人申请，人民法院应当撤销死亡宣告。**

【条文主旨】

本条是关于撤销死亡宣告的规定。

【条文理解】

撤销宣告死亡，是指已经被宣告死亡的人在证明确实没有死亡的情况下，由本人或其利害关系人提出申请，以撤销原宣告，恢复被宣告人正常的法律关系。条件是被宣告死亡的人重新出现或者确切知道被宣告死亡人没有死，并由本人或利害关系人提出申请。这里的“利害关系人”与宣告死亡利害关系人相同，申请死亡的利害关系人有：配偶；父母、子女；兄弟姐妹、祖父母、外祖父母、孙子女、外孙子女；其他有民事权利义务关系的人。需要注意的是，申请撤销死亡宣告不受上列顺序限制，而宣告死亡时则要受到该顺序限制。

【司法适用】

人民法院审理该类型案件，主要掌握好《民事诉讼法》第 186 条的规定，被宣告失踪、宣告死亡的公民重新出现，经本人或利害关系人申请，人民法院应当作出新判决，撤销原判决。

**第五十一条　被宣告死亡的人的婚姻关系，自死亡宣告之日起消灭。死亡宣告被撤销的，婚姻关系自撤销死亡宣告之日起自行恢复。但是，其配偶再婚或者向婚姻登记机关书面声明不愿意恢复的除外。**

【条文主旨】

本条是关于被宣告死亡人婚姻关系的消灭与恢复的规定。

【条文理解】

被宣告死亡人婚姻关系的消灭与恢复的规定是特殊性规定。《民通意见》第 37 条规定，被宣告死亡的人与配偶的婚姻关系，自死亡宣告之日起消灭。死亡宣告被人民法院撤销，如果其配偶尚未再婚的，夫妻关系从撤销死亡宣告之日起自行恢复；如果其配偶再婚后又离婚或者再婚后配偶又死亡的，则不得认定夫妻关系自行恢复。

本条新增“其配偶向婚姻登记机关声明不愿意恢复”的表述，应该理解为被宣告死亡人再次出现，并回到其配偶身边想一起生活的，配偶虽未再婚但不愿意在一起生活的,该配偶必须要向原婚姻登记机关作出声明来达到法律上不自行恢复婚姻关系的目的,否则婚姻关系就自动恢复。

**【司法案例】**

**曲某诉庄河市沙岭农场、庄河市公安局人格权纠纷案**①

**诉讼结论:**恶意将他人宣告死亡,应当依法承担赔偿责任。

在本案中,案外人曹某通过伪造证据,向法院申请宣告本案原告死亡,以达到自己与他人再婚的目的。沙岭农场在未经调查核实的情况下轻信曹某的一面之词,为其出具原告失踪的证明并加盖公章,庄河市公安局在未经实地核实的情况下加盖公章,使曹某获得了证明力更强的证据,最终达到了其非法目的。曹某与沙岭农场、庄河市公安局属于无意思联络的共同侵权,应对原告所受到的经济和精神上的损害承担责任,而曹某无疑要承担主要责任。

**第五十二条　被宣告死亡的人在被宣告死亡期间,其子女被他人依法收养的,在死亡宣告被撤销后,不得以未经本人同意为由主张收养关系无效。**

**【条文主旨】**

本条是关于撤销死亡宣告后收养关系的规定。

**【条文理解】**

宣告死亡是依法推定自然人死亡,但是该自然人可能没有死亡,就会产生宣告死亡的人重新出现并撤销对他的死亡宣告的情况。撤销死亡宣告否定了宣告死亡的法律推定,必然产生新的法律后果,特别是身份关系的调整。上一条是对撤销死亡宣告后的婚姻关系的调整,本条是对撤销死亡宣告后的收养关系的调整。《民通意见》第38条规定,被宣告死亡的人在被宣告死亡期间,其子女被他人依法收养,被宣告死亡的人在死亡宣告被撤销后,仅以未经本人同意而主张收养关系无效的,一般不应准许,但收养人和被收养人同意的除外。本法吸纳了《民通意见》关于撤销死亡宣告后收养关系不能自行恢复的规定,但是没有规定收养人与被收养人同意解除收养关系之后可以恢复原来的亲子关系。一般认为,法律直接改变收养人与被收养人之间已经建立起来的稳定关系有可能不妥当,因其中涉及复杂的私人情感,抚育、教育费用,身心的投入等,如果把这样的问题直接法律

---

① 辽宁省大连市中级人民法院(2014)大民一终字第76号民事判决书。

化对原收养人是一种精神打击。同时《民通意见》第38条的但书可能有悖民法的私法性、自治性。现实中，如果收养人与被收养人都有恢复原来亲子关系的意图，他们自行去民政部门办理手续更为妥当。

**第五十三条　被撤销死亡宣告的人有权请求依照本法第六编取得其财产的民事主体返还财产；无法返还的，应当给予适当补偿。**

**利害关系人隐瞒真实情况，致使他人被宣告死亡而取得其财产的，除应当返还财产外，还应当对由此造成的损失承担赔偿责任。**

**【条文主旨】**

本条是关于撤销死亡宣告的财产权方面的规定。

**【条文理解】**

被撤销死亡宣告的人有权请求返还财产是从占有角度要求的，需要注意的是，占有人之前合法占有的财产是依据宣告死亡之后法律关系变动的结果，如今返还财产是依据撤销宣告死亡之后法律关系的变动，并不是无条件的，而是要通过法律程序的经过和确认。合法占有如通过继承获得被宣告死亡的人财产的，应当返还原物，不能返还或返还困难的应当适当补偿。《民通意见》第40条规定，被撤销死亡宣告的人请求返还财产，其原物已被第三人合法取得的，第三人可不予返还。毫无疑问，第三人合法取得后，法律应当维护交易安全，第三人的交易相对人有一定的补偿责任。

利害关系人隐瞒真实情况，致使他人被宣告死亡而取得其财产的，除应当返还原物，还应当对此造成的损失承担赔偿责任。此种利害关系人隐瞒真实情况有违诚实信用原则，法律规制就不再是补偿而是返还原物及孳息，还应对造成的损失予以赔偿。

**【司法适用】**

人民法院在审理此类案件，需要更加注重公平原则的适用，仍然可以参照《民通意见》第39条的规定，利害关系人隐瞒真实情况使他人被宣告死亡而取得其财产的，除应返还原物及孳息外，还应对造成的损失予以赔偿。第40条规定，被撤销死亡宣告的人请求返还财产，其原物已被第三人合法取得的，第三人可不予返还。但依继承法取得原物的公民或者组织，应当返还原物或者给予适当补偿。

## 第四节　个体工商户和农村承包经营户

**第五十四条　自然人从事工商业经营，经依法登记，为个体工商户。个体工商户可以起字号。**

**【条文主旨】**

本条是关于个体工商户定义的规定。

**【条文理解】**

个体工商户是自然人以家庭财产为经营资本，依法登记成立的从事工商业经营的一种特殊民事主体（属于自然人范畴）。个体工商户是个体工商业经济在法律上的表现，其具有以下特征：第一，个体工商户是从事工商业经营的自然人或家庭。以自然人为单位或以家庭为单位从事工商业经营，均为个体工商户。根据法律与政策的规定，可以申请个体工商户经营的主要是城镇待业青年、社会闲散人员和农村村民。此外，国家机关干部、企事业单位职工不能申请从事个体工商业经营。第二，自然人从事个体工商业经营必须依法核准登记。个体工商户的登记机关是县级以上市场监督管理机关。个体工商户经核准登记、取得营业执照后，才可以开始经营。个体工商户转业、合并、变更登记事项或歇业，也应办理登记手续。第三，个体工商户只能经营法律、政策允许个体经营的行业。一般来说，个体工商户是中国特有的民事主体类型，具有权利混合性、义务的无限性、责任的家庭连带性等性质。

在依法核准登记的范围内，个体工商户享有从事个体工商业经营的民事权利能力和民事行为能力。个体工商户的正当经营活动受法律保护，对其经营的资产和合法收益，个体工商户享有所有权。个体工商户可以在银行开设账户，向银行申请贷款，有权申请商标专用权，有权签订劳动合同及请帮工、带学徒，还享有起字号、刻印章的权利。

个体工商户从事生产经营活动必须遵守国家的法律，应照章纳税，服从工商行政管理。个体工商户从事违法经营的，必须承担民事责任和其他法律责任。

起字号的个体工商户，在民事诉讼中，应以营业执照登记的户主（业主）为诉讼当事人，在诉讼文书中注明系某字号的户主。

**【司法适用】**

在司法实践中,请注意民事裁判文书中列明作为当事人的个体工商户不能作为直接诉讼主体。《民通意见》第 41 条规定,起字号的个体工商户,在民事诉讼中,应以营业执照登记的户主(业主)为诉讼当事人,在诉讼文书中注明系某字号的户主。依照《民事诉讼法解释》第 59 条规定,在诉讼中,个体工商户以营业执照上登记的经营者为当事人。有字号的,以营业执照上登记的字号为当事人,但应同时注明该字号经营者的基本信息。营业执照上登记的经营者与实际经营者不一致的,以登记的经营者和实际经营者为共同诉讼人。

**【司法案例】**

### 张某某诉某个体工商户劳动纠纷案①

**诉讼结论:**用人单位在经营过程中被吊销营业执照并注销工商登记,其出资人应被列为诉讼当事人,承担相应的用工责任。

在本案中,个体工商户注销后,其经营者应向劳动者支付基于劳动关系而产生的各项赔偿。个体工商户的经营者对个体工商户的债务承担无限责任。这个无限责任,既有债务金额上的无限性,又有时间上的无限性。因此,即使个体工商户的字号已经注销,经营者仍然要对经营期间产生的债务承担给付责任。

**第五十五条　农村集体经济组织的成员,依法取得农村土地承包经营权,从事家庭承包经营的,为农村承包经营户。**

**【条文主旨】**

本条是关于农村承包经营户的定义的规定。

**【条文理解】**

农村承包经营户,该条定义"农村集体经济组织的成员,依法取得农村土地承包经营权,从事家庭承包经营的,为农村承包经营户"与《民法通则》第 27 条"农村集体经济组织的成员,在法律允许的范围内,按照承包合同规定从事商品经营的,为农村承包经营户"的规定不同,删除了"在法律允许的范围内,按照承包合同规定",体现了中央对农村基本经济制度改革之构想,农村承包经营范围要扩展,权利要扩大,释放农村经济活力。承包合同与土地经营类型要分离,这是农村经济

① 浙江省宁波市中级人民法院(2012)浙甬民一终字第 274 号民事判决书。

发展的趋势,本法顺应了其历史潮流和经济发展规律,为进一步的立法留足空间。

农村承包经营户有如下几个特征:第一,农村承包经营户是集体经济组织成员,具有社会主义公有制的核心特征;第二,农村承包经营户是由作为农村集体经济组织的成员的一人或多人(家庭为单位)所组成;第三,农村承包经营户是在推行联产承包责任中,通过承包合同的形式,把农民家庭有生活单位变成了生产和生活相结合的单位所生产的。农村承包经营户的"户",可以是一人经营也可以是家庭经营,但需以户的名义进行经营活动。

农村承包经营的原则是农村土地承包坚持公开、公平、公正的原则,正确处理国家、集体、个人三者的利益关系。农村土地的范围是农村集体所有和国家所有依法由农民使用的土地,包括耕地、林地、草地以及其他依法用于农业的土地。土地的承包期,耕地承包期限为30年;草地的承包期限为30~50年;林地的承包期限为30~70年;耕地承包期届满后再延长30年,草地、林地承包期届满后依法相应延长。承包期间,发包方不得收回土地,需要注意两种变化情况:一是承包期间,承包方全家迁入小城镇落户的,应当按照承包方意愿,保留其土地承包经营权或允许其依法进行土地承包经营权流转;二是承包期间,承包方全家迁入设区的市,转为非农业户口的,应将承包的耕地和草地交回发包方。承包期内,发包方不得调整承包地。签订土地承包经营合同应当遵循的原则:一是平等协商、自愿、有偿,任何组织和个人不得强迫;二是不得改变土地所有权的性质和土地的农业用途;三是承包期限不得超过法定期限。

**【司法案例】**

### 王淑荣诉何福云、王喜胜等农村土地承包经营权纠纷案①

**诉讼结论:**王淑荣作为城市居民,在二轮土地延包中不享有土地承包经营权。

在本案中,王淑荣于1992年1月将户口从王振学家迁至白城市新立派出所辖区内落户。《农村土地承包法》第26条第3款规定:"承包期内,承包方全家迁入设区的市,转为非农业户口的,应当将承包的耕地和草地交回发包方。承包方不交回的,发包方可以收回承包的耕地和草地。"可见迁入设区的市、转为非农业户口,是丧失农村土地承包经营权的条件。由于目前我国法律没有对农村居民个人丧失土地承包经营权的条件作出明确具体的规定,因此,只能比照法律中最相类似的条款进行认定,上述规定应当成为认定在第二轮土地承包中,王淑荣是否对王振学家承包的土地享有承包经营权的法律依据。此时王淑荣的户口已经迁

---

① 2014年3月最高人民法院公布第二批保障民生典型案例。

入设区的市，成为城市居民，因此不应再享有农村土地承包经营权。

**第五十六条　个体工商户的债务，个人经营的，以个人财产承担；家庭经营的，以家庭财产承担；无法区分的，以家庭财产承担。**

**农村承包经营户的债务，以从事农村土地承包经营的农户财产承担；事实上由农户部分成员经营的，以该部分成员的财产承担。**

**【条文主旨】**

本条是关于个体工商户、农村承包经营户承担债务的规定。

**【条文理解】**

个体工商户在经营过程中的债务，一般情况下可以个人财产来承担对外债务，而不论经营过程中所获收益是否用于家庭生活，该立法的目的是保护家庭其他成员不受债务的影响，也就是说，个人财产首先作为个体工商户的清偿债务财产。另外，不是个人经营而是以家庭为经营单位，以家庭财产承担也较为合理。《民通意见》第42条规定，自然人申请登记的个体工商户和农村承包经营户，用家庭共有财产投资，或者收益的主要部分供家庭成员享用的，其债务应以家庭共有财产清偿。从审判实践来看，要区分个人经营与家庭经营十分困难，个人财产与家庭财产亦十分困难，虽然立法有保护家庭成员免遭债务之苦，但是审判是精细的，执行是粗放的，确定合理责任、定分止争是要点，而一旦涉及家庭财产与个人财产的分别责任，则要具体案件具体分析。

农村承包经营户的债务，以从事农村土地承包经营的农户财产承担；事实上由农户部分成员经营的，以该部分成员财产承担，其"两分法"确立了谁从事农业生产，因农业生产产生的债务就由谁负责，即责任自负原则。如果在案件审理过程中发现虽然农村承包经营户承包了该土地但未经营，而由该农户其他成员在经营，那么此种债务就应该由其他经营的成员承担，同样也是贯彻了经营责任自负原则。

**【司法适用】**

《民通意见》第44条规定，个体工商户、农村承包经营户的债务，如以其家庭共有财产承担责任时，应当保留家庭成员的生活必需品和必要的生产工具，体现了在"两户"经营过程中也可能存在经营风险，但是该经营风险不能损害到"两户"家庭的基本生存权和再生产的能力。

# 第三章 法 人

本章分四节共45条，是关于法人的一般规定、营利法人、非营利法人及特别法人的规定。法人制度是民事法律的基本制度。完善法人制度，对全面深化改革、促进社会主义市场经济发展意义重大，是法律制定中的重点问题。

“总则编”按照法人设立目的和功能的不同，将法人分为营利法人、非营利法人与特别法人三类，主要基于以下原因考虑：一是营利性和非营利性能够反映法人之间的根本差异，传承了按照企业和非企业进行分类的基本思路，符合我国的立法习惯，实践意义也更为突出；二是将非营利法人作为一类，既能涵盖事业单位法人、社会团体法人等传统法人形式，还能够涵盖基金会和社会服务机构等新法人形式，符合我国国情；三是适应改革社会组织管理制度、促进社会组织健康有序发展的要求，创设非营利法人类别，有利于健全社会组织法人治理结构，有利于加强对这类组织的引导和规范，促进社会治理创新；四是单独设立特别法人的类别，有利于其更好地参与民事生活，也有利于保护其成员和与其进行民事活动的相对人的合法权益，弥补将法人按营利和非营利进行分类的空白。

## 第一节 一 般 规 定

**第五十七条 法人是具有民事权利能力和民事行为能力，依法独立享有民事权利和承担民事义务的组织。**

**【条文主旨】**

本条是关于法人的定义的规定。

**【条文理解】**

社会生活中的权利主体不限于自然人，法人是相对于自然人而言的另一类民事主体。当代社会，法人不仅是民法上的主体，也是社会经济建设、科学研究、教育以及文化传承等众多的公共事项发展和维护职能的主要承担者。法人制度是近现代民法上一项极为重要的法律制度。团体法律人格的赋予，是民法理论最富想象力和技术性的创造。根据本条的规定，“法人是具有民事权利能力和民事行为能力，依法独立享有民事权利和承担民事义务的组织”。因此，法人具有如下特征：

第一，法人是一种社会组织。任何社会组织要成为法人，都要有一定的组织机构。组织上的统一性是法人能够成为民事主体的前提。由于法人是一个组织体，而不是单个的自然人，因此，某个或某些法人成员的死亡或退出法人组织，并不影响法人的存续。一个自然人可以不同的身份作为多个法人组织的成员。法人的活动是法人自身的活动，而不同于自然人的活动，法人的财产及利益要归属于法人。

第二，法人具有民事权利能力和民事行为能力。社会组织之所以能够取得法律上的地位，具有独立的人格，在于这些组织符合法律规定的条件，由法律赋予其民事权利能力和民事行为能力。一旦社会组织享有这些能力，就具有作为民事主体的资格，可以自己的名义参与民事活动，享受民事权利，承担民事义务，在法院起诉和应诉。社会组织的主体由法律赋予，从这个意义上说，社会组织的独立人格是由法律拟制的。但法人并不是虚无的，它们在社会生活中的作用决定法律应当赋予社会组织以法人地位。

第三，法人依法独立享有民事权利和承担民事义务。法人是一个独立的主体，它可以自己的名义独立享有各种民事权利，如财产权、人身权、知识产权等，并可以通过行使权利而获得经济利益。特别是法人可以自己的名义享有独立的财产权，这是法人从事民事活动的物质基础。法人既然能够享受权利，也应承担民事义务，并对自己违反民事义务的行为承担责任。

**【司法适用】**

本条内容与《民法通则》第36条第1款关于法人概念的规定一致。需要注意的是，法人的民事权利能力和民事行为能力与自然人有所不同：首先，法人的民事权利能力存续时间及范围同行为能力一致；其次，不同法人的民事权利能力不完全相同，法人不享有自然人人身属性的权利能力，如结婚能力、继承能力等。特别要强调的是，不能将经营范围作为营利法人的民事权利能力大小或营利法人对外签订合同效力的依据。《合同法解释（一）》第10条规定：“当事人超越经营范围订立合同，人民法院不因此认定合同无效。但违反国家限制经营、特许经营以及法律、行政法规禁止经营规定的除外。”

**第五十八条 法人应当依法成立。**

**法人应当有自己的名称、组织机构、住所、财产或者经费。法人成立的具体条件和程序，依照法律、行政法规的规定。**

**设立法人，法律、行政法规规定须经有关机关批准的，依照其规定。**

**【条文主旨】**

本条是关于法人成立条件的规定。

**【条文理解】**

法人必须具备法律规定的条件才能成立。换言之，法人的成立条件，是社会组织体取得法人资格时所应具备的条件。在我国，由于长期以来法人制度不完善，法律对于法人的成立条件未作出具体规定。理论上一直认为，法人的概念和特征就是法人的条件。实际上，法人的概念和特征是指社会组织在取得法人资格以后，与自然人和非法人组织相比较所具有的特点。社会组织能否成为法人，取决于它是否具备法律所规定的条件。社会组织虽然符合法人的条件，但是在没有依法成为法人之前，是不具备法人的概念和特征的。而仅有法人的概念，没有关于法人条件的规定，难以从法律上衡量哪些社会组织能够成为法人，哪些不能成为法人。实践证明，在法律上统一规定法人的条件，对于稳定社会市场秩序、保障我国社会和谐稳定、促进社会治理创新等具有十分重要的意义。

本条规定法人的成立应当具备实体条件和程序条件。法人成立的实体要件是取得法人资格的实质性基础条件。就人的集合体而言，其必须形成具有实体性的团体；就财产结合体而言，其必须形成建立于一定目的财产基础上的管理机构。法人成立的程序要件是具备法人实体要件的团体取得法人资格所需履行的法定程序。故社会组织具备如下条件的，才能成为法人：

（1）依法成立。依法成立是指依照法律的规定而成立。法人是由法律赋予法律人格的社会组织体，故非依法不能成立。这里所说的法律不限于民事法规，也包括有关法人登记、管理等方面的行政法规。依法成立意味着：一方面，法人必须依法律规定的程序成立。由主管机关随意批准某个企业为法人，或企业自我宣布为法人的，不具有法律效力。法律规定需要依法登记的，必须履行登记手续，才能取得法人资格。社会组织经过登记注册而成立，意味着法律正式承认其民事主体资格，从而能够独立地享受民事权利，承担民事义务。法律规定不需要进行登记的社会组织，也必须依法取得有关机关的批准，才能取得法人资格。另一方面，法人必须是合法的组织。法人组织的合法性，是指法人的目的和宗旨必须合法，同时，法人的组织机构、经营范围、经营方式等也符合法律的要求。本法规定将“依法成立”作为法人的条件之一，是为了加强国家对法人组织的监督和管理，将其行为纳入法治的轨道，充分保证法人活动的合法性。

(2)有自己的名称、组织机构、住所、财产或者经费。社会组织要成为法人，必须有自己的名称、组织机构和场所，也离不开必要的财产或经费之保障。①法人的名称是某一法人区别于其他法人的标志，法人对于已经登记注册的名称享有专有权。侵犯法人的名称权不仅会给法人的信誉造成损害，而且还会在名称的管理、商品交换等方面引起一系列混乱，使国家和有关当事人遭受损害。当法人的名称被他人侵犯时，法人有权向法院请求保护。②法人的团体性决定了法人是一个社会组织而不是单个的自然人，法人应有自己的组织机构。法人的组织机构是对内管理法人的事务、对外代表法人从事民事活动的机构的总称。法人团体意志总要通过一定的组织机构才能产生，并且只有通过一定的组织机构才能具体实现。只有这样的机构存在，法人才能作为具有意志的独立主体进行活动，独立地享受权利和承担义务。法人的组织机构包括了对外代表法人的机构，同时也包括了法人的内部业务活动机构以及监督法人事务的机构。③法人必须有自己的住所。法人作为权利主体，与自然人一样必须具备住所。法人的住所对于法人来说是必不可少的。它是法人的主要经济活动地点，法人的住所涉及债务履行、诉讼管辖地以及进行清算的地点。确定住所也有助于明确法律文书和其他信函往来的送达地。在涉外民事法律关系中，法人的住所有助于解决法律冲突。④财产或经费是法人能够独立地享受民事权利和承担民事义务的物质基础，也是其能够独立地承担民事责任的财产保障。营利法人作为以营利为目的而从事生产经营活动的组织，如果不具备财产或经费，难以开展商品经济活动，也就无法取得权利或承担义务。例如，《公司法》取消了最低注册资本的要求，改实缴制为认缴制，但并未豁免股东的出资义务，换言之，公司还是需要财产或经费。就非营利法人和特别法人而言，它们依靠捐助或国家财政拨款而获得经费，大多不从事生产经营活动，而仅仅是为了维持其职能而从事某些必要的民事活动。

**【司法适用】**

《民法通则》第37条规定，法人应当具备下列条件：(1)依法成立；(2)有必要的财产或者经费；(3)有自己的名称、组织机构和场所；(4)能够独立承担民事责任。《民法典》“总则编”对法人应当具备财产或经费的要求删除了“必要”两字，且将“能够独立承担民事责任”作为专门的单独一条进行规定。

不同的法人组织，依法采用不同的法定设立程序，如特别法人中的机关法人，根据法律直接规定而设立；非营利法人中的事业单位法人和社会团体法人，有的不需要办理法人登记，而是依照行政命令设立，或经业务主管部门审查同意并向登记机关申请登记而设立；不需要经过有关部门审批的营利法人，如有限责任公司或股份有限公司，它们经向登记机关登记而设立；如需要经过有关部门审批的有限责任公司或股份有限公司，则经向有关部门审批并向登记机关登记而设立。《公司法》第 6 条第 1 款、第 2 款规定："设立公司，应当依法向公司登记机关申请设立登记。符合本法规定的设立条件的，由公司登记机关分别登记为有限责任公司或者股份有限公司；不符合本法规定的设立条件的，不得登记为有限责任公司或者股份有限公司。法律、行政法规规定设立公司必须报经批准的，应当在公司登记前依法办理批准手续。"第 23 条规定："设立有限责任公司，应当具备下列条件：（一）股东符合法定人数；（二）有符合公司章程规定的全体股东认缴的出资额；（三）股东共同制定公司章程；（四）有公司名称，建立符合有限责任公司要求的组织机构；（五）有公司住所。"由此观之，《公司法》对设立公司的要求与《民法总则》对法人的规定相一致。

**第五十九条　法人的民事权利能力和民事行为能力，从法人成立时产生，到法人终止时消灭。**

**【条文主旨】**

本条是关于法人民事权利能力和民事行为能力的取得和消灭的规定。

**【条文理解】**

本条明确了法人的民事权利能力和民事行为能力开始和终止的时间。

法人的民事权利能力，是法人作为民事权利主体，享受民事权利和承担民事义务的前提。它是由民法赋予的一种能力，是社会组织体具有民事主体资格的表现。因此，法人一旦取得法人资格，即具有民事权利能力，在法人解散之前，其民事权利能力始终存在。法人的民事权利能力自法人成立时产生，如企业法人从核准登记手续办理完毕，并依法领取营业执照之日起具有民事权利能力；事业单位和社会团体法人不需要办理法人登记的，从成立之日起具有民事权利能力；依法需要办理法人登记的，从核准登记手续办理完毕之日起取得民事权利能力。法人的权利能力在法人存续期间与法人是不可分割的。设立中的法人，因不具有民事权利能力，尚不得以法人的资格进行活动。

法人的民事权利能力从法人终止时消灭。其依法被撤销、解散、宣告破产或因其他原因终止以后，在依法进行清算的阶段，限于清算的必要范围内，法人仍具有一定的民事权利能力，至法人清算、注销之时，其权利能力最终消灭。需要注意的是，尽管法人和自然人一样具有民事权利能力，但是法人的民事权利能力不同于自然人的民事权利能力。自然人的权利能力是普遍的、共同的，即凡是自然人都享有相同的权利能力。而法人作为社会组织体，是按照其所从事的目的成立的，活动范围各不相同，亦不享有与自然人的人身不可分离的权利。

法人的民事行为能力，是指法人以自己的意思独立进行民事活动，取得权利并承担义务的资格。法人的民事行为能力与自然人的民事行为能力不同。法人一旦成立，即同时具有民事权利能力与民事行为能力，在法人存续期间，法人的民事行为能力和民事权利能力，非依法律规定并经法定程序，不得被限制或者剥夺。

**【司法适用】**

自然人取得民事行为能力，必须以达到法定年龄和智力、精神正常为条件。故法人和自然人的民事行为能力是不同的：第一，法人的民事行为能力和民事权利能力在时间上是一致的。法人民事行为能力始于法人成立，终于法人消灭，在法人存续期间始终存在。对于法人来说，民事权利能力和民事行为能力同时发生、同时消灭。而自然人的民事行为能力受其年龄、智力、精神健康状况等因素的影响，有民事权利能力的人不一定有民事行为能力，民事权利能力和民事行为能力的发生在时间上有一定的分离。第二，法人的民事行为能力和民事权利能力在范围上是一致的。法人能够以自己的行为取得权利和承担义务的范围，不能超出它们的民事权利能力所限定的范围。法人的民事行为能力同样要受到法律、行政命令、法人的性质及其核准登记的经营范围的限制。自然人有完全民事行为能力人、限制民事行为能力人与无民事行为能力人之分。法人是社会组织体，不存在年龄大小和是否健康、精神正常等问题。法人一旦成立，即具有民事行为能力；法人一旦终止，其民事行为能力即告消灭。第三，法人的民事行为能力是以其不同于单个自然人意思的团体意思为前提的。民事行为能力以意思能力为前提。法人作为一个统一的组织体，有自己的内部机构，能够产生并实现自己的意思，从而具有民事行为能力。法人的团体意志不同于个人的意志，也不是个人意志的简单相加，而是一种意志的综合，法人实现民事行为能力的方式也不同于自然人实现自己民事行为能力的方式。

## 第六十条　法人以其全部财产独立承担民事责任。

**【条文主旨】**

本条是关于法人独立承担民事责任的规定。

**【条文理解】**

民事责任是民事主体违反民事义务依法所应承担的法律后果,是保障和维护民事权利的重要制度。除非法律有特别规定,任何民事主体都必须以自己的名义并且以自己的财产独立地承担民事责任。社会组织要成为法人,必须能够独立承担民事责任。法人为具有民事权利能力和民事行为能力的社会组织,作为具有独立人格的团体,法人应当以其享有所有权的全部财产对外独立承担民事责任。首先,该独立责任是指法人的责任范围是独立的,法人只能自己承担清偿债务的责任,法人设立人及法人的内部成员对法人的债务不负责任。同时,某个法人的责任不能直接转嫁到另一个法人身上。其次,法人能够独立承担民事责任是指法人承担的责任能力。也就是说,法人要有财产或经费来独立承担清偿债务的责任。由于民事责任主要是财产责任,因而社会组织能否独立承担民事责任,在很大程度上取决于它们是否具有法律要求的财产和经费。最后,法人能够独立承担民事责任,并不意味着法人必须要对其债务承担全部给付义务,而只是意味着法人要以自己独立的财产承担清偿债务的责任。即使法人出现资不抵债、无法清偿到期债务的情况,也只能依照破产程序宣告破产,以其全部财产按比例清偿所欠债务。对于法人的债务,法人的设立人只能在其投资额的范围内承担责任,即出资人对法人债务承担有限责任。但是,依法设立并担负某种公共职能的法人,如国家机关以及由国家设立的邮电、铁路、自来水、煤气、电力等提供公共服务并关系国计民生的特别法人,依法不适用破产程序,在不能清偿债务时,应当按照有关法律的规定处理。①

**【司法适用】**

从法人演变发展的历史看,法人制度的根本意义在于赋予了各种社会组织体独立的法律人格;社会组织体以其全部财产独立承担民事责任,其成员、出资人能够享受有限责任利益。因此,《民法典》"总则编"规定法人以其全部财产独立承担民事责任,充分体现了法人的两大基本特征。综观我国现行法上的法人,只有独立承担责任一种,成员、股东承担有限责任。需要注意的是,《民法通则》第 37 条的规定将能够独立承担民事责任作为法人应具备的条件。从逻辑上讲,独立承担民事责任是法人的特征,而非条件。《民法典》"总则编"将该项从法人应具备的条件中移出,单独作为一条进行规定,体现了立法严谨性和科学性。

---

① 梁慧星主编:《中国民法典草案建议稿附理由・总则编》,法律出版社 2013 年版,第 142 页。

【司法案例】

## 河北冀星高速公路有限公司诉京域高速公路有限公司等借款合同纠纷案①

**诉讼结论：**法人独立承担民事责任应普遍适用于营利法人，除非存在法定特殊事由足以否定公司法人人格，康永公司等九公司无须对京域公司的债务承担连带责任。

本案中，借款合同关系的债务人是京域公司，如果京域公司的股东存在滥用公司法人独立地位和股东有限责任的情形并因此严重损害了京域公司债权人利益，则京域公司的债权人可以要求京域公司股东对京域公司的债务承担连带责任，而康永公司等九公司不是京域公司的股东，本案中存在一些证据证明京域公司与康永公司等九公司均由何玉华实际控制，也存在为康永公司等九公司支付资金的情况，但仅此不能直接得出诸公司之间构成人格混同的结论。京域公司和康永公司等九公司注册地址相同，并不影响各家公司各自的独立法人地位。

**第六十一条　依照法律或者法人章程的规定，代表法人从事民事活动的负责人，为法人的法定代表人。**

**法定代表人以法人名义从事的民事活动，其法律后果由法人承受。**

**法人章程或者法人权力机构对法定代表人代表权的限制，不得对抗善意相对人。**

【条文主旨】

本条是关于法人的法定代表人定义、法律地位及行为效力的规定。

【条文理解】

法定代表人是法人的组成机关，我国实行单一法定代表人制，法定代表人只能为一人。法定代表人是能够以法人的名义，代表法人对外实施法律行为的人。从法定代表人的产生过程中，法定代表人可以由法律直接规定，也可以由法人的成员根据章程来确定。法定代表人作为法人机关，与法人是同一个人格。法定代表人以法人名义实施的法律行为在法律上被视为法人自身的行为，其法律后果当然归属于法人。法定代表人的身份，即赋予法定代表人代表法人实施法律行为的

① 最高人民法院(2011)民申字第289号民事裁定书。

地位和权利，故法定代表人以法人名义实施法律行为，无须法人另行授权；法定代表人与法人之间是代表法律关系，代表权是由法律和章程规定，法定代表人的职务行为就是法人的行为。法人要对法定代表人以法人名义从事的民事活动或者其他执行职务的行为向第三人负责，但此仅限于职务经营活动。对于法定代表人的个人行为，法人无须负责。

法定代表人有权代表法人对外行使职权，同时也有义务正确地组织、领导法人的经营活动，贯彻执行国家的法律和政策。法定代表人以法人名义实施的法律行为，其产生的民事权利义务以及民事责任，均直接归属于法人。除法定代表人之外，在特殊情况下，法人的代表权也有可能为法定代表人之外的人享有，例如在法人进入清算或被宣告破产的情形，清算组管理人具有代表权；又如在公司被法院裁定重整的情形，重整管理人具有代表权等。法定代表人之外依法具有代表权的人在其代表权范围之内，其法律地位与法定代表人相同。因此，法定代表人之外有代表权的人以法人名义实施的民事活动，仍然被视为法人自身的行为，其产生的法律效果也应当直接归属于法人。

法定代表人的代表权不是无限制的，他必须在法律或者法人章程的规定范围内行使职责。但是在现实经济活动中，却存在大量法定代表人超越代表权范围订立合同的情形，如何对待此类合同的效力？一般而言，法定代表人本身就是法人的组成部分，法定代表人的行为就是法人的行为，因此，他们执行职务的行为所产生的一切后果都应当由法人来承担。对于合同的相对人来说，他只认为法定代表人就是代表法人，一般并不知道也没有义务知道法定代表人的权限到底有哪些，法人的内部规定也不应对合同的相对人构成约束力，否则将不利于保护交易的安全，也不利于保护合同相对人的利益，对合同相对人来说也是不公平的。因此，本条第 3 款规定法人的章程或者权力机构对法定代表人的代表权范围的限制，不得对抗善意相对人，这样可以防止损害合同相对人利益现象的发生，也符合交易规则，保护交易安全。

**【司法适用】**

《民法典》“合同编”第 504 条规定：“法人的法定代表人或者非法人组织的负责人超越权限订立的合同，除相对人知道或者应当知道其超越权限外，该代表行为有效，订立的合同对法人或者非法人组织发生效力。”在法定代表人对外担保行为的效力审查中，最高人民法院认为，担保人以其法定代表人越权订立担保合同作为抗辩时，债权人以其对相关股东会决议履行了形式审查义务，主张担保人的法定代表人构成表见代表的,法院应予支持。[①] 法定代表人越权对外担保,亦有可能构成表见代表。法定代表人违反公司章程规定,越权对外提供担保的,除相对人知道或应当知道其越权的以外,该代表行为有效。公司对外仍应对善意第三人承担民事责任。[②] 有限责任公司的公司章程作为公司内部决议书面载体,并无对世效力,其公开行为不构成第三人应当知道的证据。债权人取得盖有保证人真实印章的董事会决议,表明债权人当时有充分理由相信保证人出具的担保契约经过董事会同意,不存在越权行为;嗣后保证人以其法定代表人越权盖章提供担保无效的,不应支持。对于提供担保的公司董事会决议,担保权人仅负有形式审查的义务,只要审查董事会决议的形式要件是否符合法律规定,决议上的签名是否为董事亲笔所签,则属于实质审查的范畴。不能证明担保权人在签订合同时明知该董事会决议存在瑕疵,且担保人无证据证明担保权人存在恶意的情况下,应认定担保权人已履行了合理审查义务。

在订立合同的过程中,合同的相对人知道或应当知道法定代表人的行为是超越代表权,而仍与之订立合同,则具有恶意,那么此时,合同就不具效力。因此,本条第 3 款规定,法人章程或者法人权力机构对法定代表人代表权的限制,不得对抗善意相对人。在本法生效之后,人民法院审理同类案件,就应当适用本法第 61 条第 3 款关于法定代表人的越权行为规则。

**【司法案例】**

### 招商银行股份有限公司大连东港支行诉大连振邦氟涂料股份有限公司、大连振邦集团有限公司借款合同纠纷案[③]

**诉讼结论:**担保人抗辩称其法定代表人越权对外担保,债权人以其已尽形式审查义务,主张构成表见代理的,法院应予支持。

2006 年 4 月,振邦公司为其股东振邦集团向银行贷款提供连带责任保证及抵押担保,并办理了抵押登记手续。2008 年,因振邦集团逾期未偿致诉。振邦公司以其法定代表人周某越权提供担保、《股东会担保决议》上部分股东印章虚假、使用变更前的公司印章等理由主张担保无效。

---

① “招商银行股份有限公司大连东港支行诉大连振邦氟涂料股份有限公司、大连振邦集团有限公司借款合同纠纷案”,载《最高人民法院公报》2015 年第 2 期。

② “中建材集团进出口公司诉北京大地恒通经贸有限公司、北京天元盛唐投资有限公司、天宝盛世科技发展(北京)有限公司、江苏银大科技有限公司、四川宜宾俄欧工程发展有限公司进出口代理合同纠纷案”,载《最高人民法院公报》2011 年第 2 期。

③ 最高人民法院(2012)民提字第 156 号民事判决书。

**法院认为：**担保权人基于对担保人法定代表人身份、公司法人印章真实性的信赖，基于担保人提供的《股东会担保决议》盖有担保人公司真实印章的事实，完全有理由相信该《股东会担保决议》的真实性，无须亦不可能进一步鉴别其真伪。故银行在接受作为非上市公司的振邦公司为其股东提供担保过程中，已尽到合理的审查义务，主观上构成善意。本案周某行为构成表见代表，振邦公司应承担担保责任。

**第六十二条　法定代表人因执行职务造成他人损害的，由法人承担民事责任。**

**法人承担民事责任后，依照法律或者法人章程的规定，可以向有过错的法定代表人追偿。**

**【条文主旨】**

本条是关于法定代表人职务侵权行为的民事责任的规定。

**【条文理解】**

法定代表人执行职务的行为就是法人的行为，所产生的法律后果应由法人承担。法定代表人在执行法人职务的过程中，造成他人财产或者人身损害的，其侵权行为被视为法人自身的侵权行为，依法应由法人承担侵权责任。此属于民法上的一种特殊侵权责任。侵权责任的成立必须具备以下条件：(1)必须是法人的法定代表人因执行职务而造成他人损害。所谓执行职务的行为，指执行法人目的事业的职务内行为，包括两种情形：①狭义的职务上行为；②与职务行为有牵连的行为。加害行为虽非为职务行为本身，但其发生与职务行为有时间、地点以及内容上的关联。(2)法人代表人的加害行为必须具备侵权责任的构成要件，如损害后果的存在、加害行为的违法性、加害行为与损害后果之间存在因果关系及行为人有过错。

法人对于法定代表人的加害行为承担责任后，有权根据法律规定或者章程、组织规章的规定，对有过错的法定代表人行使追偿权。《民法典》“总则编”分别通过两款作出规定，第 1 款规定法人对受害人单独承担全部责任，并设第 2 款规定，法人承担责任后，可以根据法律或法人章程规定，对有过错的法定代表人行使追偿权。法人内部请求该机关成员进行赔偿，这种赔偿在性质上不是一种民事责任，而是根据劳动法和内部章程的规定而承担的一种法律责任。[1]

【司法适用】

在法人对其代表人的加害行为承担赔偿责任的同时，具体实施侵权行为的代表人如何承担责任，国外有不同立法例。我国《民法通则》第43条规定，企业法人对它的法定代表人和其他工作人员的经营活动，承担民事责任。《民通意见》第58条规定，企业法人的法定代表人和其他工作人员，以法人名义从事的经营活动，给他人造成经济损失的，企业法人应当承担民事责任。《侵权责任法》第34条第1款规定，用人单位的工作人员因执行工作任务造成他人损害的，由用人单位承担侵权责任。《民法通则》仅规定法人对受害人单独承担民事责任，关于法人是否得对有过错的代表人行使追偿权，未有明文规定，现《民法典》明确了法人向具有过错的法定代表人行使追偿的权利。

【司法案例】

### 北京中汉恒威投资有限公司诉北京市门头沟区龙泉镇东龙门村经济合作社借款合同纠纷案[2]

**诉讼结论：**东龙门合作社应对其法人代表的职务行为承担相应民事责任。

本案中，申贵东虽以个人名义向中汉恒威公司借款3万元，因申贵东系东龙门合作社法定代表人，且其系以东龙门合作社的名义借款，中汉恒威公司有理由相信其行为是职务行为，东龙门合作社应对其法定代表人的职务行为承担民事责任。申贵东、高连合以个人名义向中汉恒威公司借款5万元，但东龙门合作社在本案审理中自认其账面上有此借款，故该借款应视为申贵东、高连合的职务行为，东龙门合作社应对其法定代表人的职务行为承担民事责任。

**第六十三条　法人以其主要办事机构所在地为住所。依法需要办理法人登记的，应当将主要办事机构所在地登记为住所。**

【条文主旨】

本条是关于法人的住所的规定。

---

① 佟柔主编：《中国民法学·民法总则》（修订本），人民法院出版社2008年版，第123页。

② 北京市第一中级人民法院（2008）一中民终字第3944号民事判决书。

【条文理解】

法人住所是法人生产经营活动的中心场所，与其自身活动、有关管理机关监督管理、确定诉讼管辖等关系十分密切。在我国法律上，法人的住所是指主要办事机构所在地。法人可能有好几个办事机构所在地，但主要办事机构所在地为住所，也即法人的住所只能有一个。所谓办事机构所在地，是指执行法人的业务活动、决定和处理法人事务的法人机构所在地。法人的办事机构所在地可能与法人的厂址不在同一个地方，但应以办事机构所在地为住所；如果办事机构所在地有多个，并且分别位于不同的地方，则以其主要办事机构为住所。在法律上，法人的"住所"与场所的概念是不同的，场所包括了法人的住所，比住所的范围宽，它包括了法人的住所和法人从事生产经营活动的其他地点或设施。司法实践中，经常出现法人住所地与实际经营地不一致的情形。

【司法适用】

《民法通则》对法人住所是以主要办事机构所在地来界定，"总则编"延续了《民法通则》的规定，以主要办事机构所在地为住所，且规定依法需要登记的，应将此主要办事机构所在地登记为住所。此处"依法"应当包括法律、法人登记的行政法规。《公司法》第 10 条规定，公司以其主要办事机构所在地为住所。而《公司法》第 7 条第 2 款又规定，公司营业执照应当载明公司的名称、住所、注册资本、实收资本、经营范围、法定代表人姓名等事项。申言之，公司的住所就是主要办事机构所在地。

《民事诉讼法解释》第 22 条规定，因股东名册记载、请求变更公司登记、股东知情权、公司决议、公司合并、公司分立、公司减资、公司增资等纠纷提起的诉讼，依照《民事诉讼法》第 26 条规定确定管辖。《民事诉讼法》第 26 条规定，因公司设立、确认股东资格、分配利润、解散等纠纷提起的诉讼，由公司住所地人民法院管辖。由此观之，法人住所地对于法人合并、分立等纠纷管辖地的确定至关重要。

**第六十四条　法人存续期间登记事项发生变化的，应当依法向登记机关申请变更登记。**

【条文主旨】

本条是关于法人变更登记的规定。

【条文理解】

本条规定源于《民法通则》第 44 条第 1 款的规定，企业法人分立、合并或者有其他重要事项变更,应当向登记机关办理登记并公告。本条规定法人登记事项发生变更必须进行登记。依法登记注册,是社会组织体取得法人资格的必经程序。为保证登记工作的正常进行,我国法律要求法人在登记时,必须如实填报登记事项。法人主体资格的取得、丧失及登记事项的变化都需要经过登记。法人变更,为法人存续期间法人发生与其基本存在条件存有重大关系的事项如组织形式、目的范围、注册资本等的变更,法人的合并与分立也会导致法人变更。法人登记的特征是:

第一,法人登记是设立、变更和终止法人主体资格的法律行为。我国的法人,不论是营利法人,还是非营利法人或特别法人,其主体资格的取得、丧失都要经过登记。换言之,法人登记是法人设立、变更和终止的必经程序。

第二,变更登记是一要式法律行为,需依照法定内容和法定程序向法定的主管机关为之。

第三,变更登记是私法行为与公法行为的结合。变更登记申请人的登记申请完全出于自愿,应属于私法性质的行为。但是,仅有申请人的申请不能完成变更登记,还必须有登记主管机关准予登记。后者应属公法性质的行为。

如以法人类别为标准,法人登记可以分为营利法人登记(主要是公司登记)、非营利法人登记(事业单位、社会团体、基金会、社会服务机构登记)、特别法人登记(包括机关法人、农村集体经济组织等)。

依登记对法人主体存续的影响分类,法人登记有下列几种:

第一,设立登记。设立登记,是指为法人成立并取得法人主体资格而进行的登记。由于法人特别是营利法人取得民事权利能力于成立之时,设立登记有时也被称作开业登记。

第二,变更登记。变更登记,是指法人因其存续中出现法定的变更事项而进行的登记。比如,《企业法人登记管理条例》第17条规定,企业法人改变名称、住所、经营场所、法定代表人、经济性质、经营范围、经营方式、注册资金、经营期限,以及增设或者撤销分支机构,应当申请办理变更登记。《公司登记管理条例》第26条规定,公司变更登记事项,应当向原公司登记机关申请变更登记。未经变更登记,公司不得擅自改变登记事项。法人需变更名称、住所、法定代表人等事项,应就其变更事项进行变更登记。因法人合并、分立而存续的法人,其登记事项发生变化,应进行变更登记。

第三,注销登记。注销登记是指法人为消灭其主体资格而进行的登记。法人因破产、解散而进行清算,应于清算结束之日起进行注销登记。因合并、分立而解散的法人,应进行注销登记。

**【司法案例】**

## 新加坡中华环保科技集团有限公司与大拇指环保科技集团(福建)有限公司股东出资纠纷案①

**诉讼结论:**环保科技公司已经对大拇指公司的法定代表人进行了更换,其新任命的大拇指公司法定代表人明确表示反对大拇指公司提起本案诉讼。因此,本案起诉不能代表大拇指公司的真实意思,应予驳回。

本案中,大拇指公司属于一人公司,其内部组织机构包括董事和法定代表人的任免权均由其唯一股东环保科技公司享有。法律规定对法定代表人变更事项进行登记,其意义在于向社会公示公司意志代表权的基本状态。工商登记的法定代表人对外具有公示效力,如果涉及公司以外的第三人因公司代表权而产生的外部争议,应以工商登记为准。而对于公司与股东之间因法定代表人任免产生的内部争议,则应以有效的股东会任免决议为准,并在公司内部产生法定代表人变更的法律效果。因此,环保科技公司作为大拇指公司的唯一股东,其作出的任命大拇指公司为法定代表人的决议对大拇指公司具有拘束力。

**第六十五条　法人的实际情况与登记的事项不一致的,不得对抗善意相对人。**

**【条文主旨】**

本条是关于法人实际情况与登记事项不一致的法律后果的规定。

**【条文理解】**

法人的登记事项涉及相对人利益和交易安全,各国民法均规定法人变更必须进行登记。已变更的事项未予登记的,其变更对善意相对人不发生效力。例如,法人的法定代表人变更后未向登记机关登记,如该法定代表人继续以法人名义实施法律行为,在相对人不知道也不应当知道该变更事项时,该法定代表人实施的行为仍然有效,其后果应由法人承担。

登记具有的法律效果包括设权作用和公示作用,还具有推定的法律效力。②它产生的权利外观是对相对人信赖的一种保护。在商事交易中,经常会产生真实

---

① 最高人民法院(2014)民四终字第20号民事判决书。

② [德]C. W. 卡纳里斯:《德国商法》,杨继译,法律出版社2006年版,第74~75页。

的法律状态与外部所见的法律状态不相一致的情形。当实际情况与外观不一致时,只要符合特定要件,就可对外观信赖者,也就是善意相对人进行保护。反过来说,与相对人交易的法人不能因为内部意思的瑕疵而否认他人以法人名义代表或代理法人对外行为所产生的法律效果。

要承担权利外观责任,必须符合以下要件:(1)必须看起来是真实的外观。必须从法律或者交易通常观念上判断,以社会交易中一般人都会将此误认为真实的外部事实,作为真实存在的权利或者对法律关系的这一外部事实的信赖。(2)交易者的信赖值得保护。从权利外观责任规定的目的看,就是为了保护交易者的信赖利益,避免因信赖外观做出意思表示却蒙受意外损失。当然,交易者在主观上必须是善意,如果明知实情和外观表现不一致,而且已经预见到了将产生的损害,不应当进行交易,那么对这些人则没有保护的必要。(3)导致看似真实外观产生的人承担法律后果。[①] 简言之,"外观""信赖""责任"构成外观主义的三个基本要素。[②] "这种信赖的根据并不是或不仅仅是某项可归责的意思表示,其所根据的只是由其他方式产生的、存在某种相应的权利状态的表象"[③],外观状态也是处于不断发展变化之中,不可能要求清晰无误和高度准确。通常情况下是指相对人尽到了交易上应有的注意之后仍然信赖这一表象。比如,《民法典》第504条规定:"法人的法定代表人或者非法人组织的负责人超越权限订立的合同,除相对人知道或者应当知道其超越权限外,该代表行为有效,订立的合同对法人或者非法人组织发生效力。"此处的权利外观基础就是法定代表人作为法人的代表机关,相对人信赖其有权代表法人做出一切行为,故而与其建立法律关系。只要相对人合理信赖其具有该代表权的外观,法人仍应对其越权行为负责。诚如《民法典》第61条第3款所规定,即使法人内部有约定或对法定代表人有限制,也不得对抗善意相对人。

在实践中,法人向代理人出具授权书,并由代理人向相对人出示的或代理人持有法人公章、合同专用章、加盖合格印鉴的空白合同书、含授权内容的介绍信,并向相对人出示的,如果法人知道他人以本人名义实施法律行为而不做否认表示的,当然构成权利外观,但代理人盗用或伪造的除外。法律尽量保护那些信赖代理权有效存在的人。在授权代理的文件被收回或被宣布无效之前,推定该代理有

---

① 参见[日]田边光政:《商法总则·商行为法》,日本新世社1999年版,第8页。转引自王保树主编:《中国商法》,人民法院出版社2010年版,第28页。

② 参见叶林、石旭雯:《外观主义的商法意义——从内在体系的视角出发》,载王保树主编:《中国商法年刊2007:和谐社会构建中的商法建设》,北京大学出版社2008年版,第36页。

③ [德]卡尔·拉伦茨:《德国民法通论》(下册),王晓晔、邵建东等译,法律出版社2013年版,第886页。

效存在并据此行事的相对人，将受到保护。在某种程度上，是法人制造了代理权存在的权利外观。引起善意相对人信赖时，为维护交易安全，自应使本人负责。①

**【司法适用】**

在我国的司法实践中，往往借助表见代理的理论来解释和平衡被代理人与相对人之间的利益。如伪造公司的公章、营业执照、合同书及授权证书，假冒公司的名义对外从事法律行为的，或行为人的身份显然与之不符的或有别于过去交易的习惯、公司遗失或被盗公章、营业执照、合同书及授权证书等但已以合理方式公告或通知，此时一方面需要考量相对人是否善意无过失，另一方面要考虑行为人是否确实具有代理权的客观表象。②《最高人民法院关于当前形势下审理民商事合同纠纷案件若干问题的指导意见》要求正确把握法律构成要件，稳妥认定表见代理行为人民法院应当正确适用《合同法》第 49 条关于表见代理制度的规定，严格认定表见代理行为。《合同法》第 49 条规定的表见代理制度不仅要求代理人的无权代理行为在客观上形成具有代理权的表象，而且要求相对人在主观上善意且无过失地相信行为人有代理权。合同相对人主张构成表见代理的，应当承担举证责任，不仅应当举证证明代理行为存在诸如合同书、公章、印鉴等有权代理的客观表象形式要素，而且应当证明其善意且无过失地相信行为人具有代理权。人民法院在判断合同相对人主观上是否属于善意且无过失时，应当结合合同缔结与履行过程中的各种因素综合判断合同相对人是否尽到合理注意义务，此外还要考虑合同的缔结时间、以谁的名义签字、是否盖有相关印章及印章真伪、标的物的交付方式与地点、购买的材料、租赁的器材、所借款项的用途、建筑单位是否知道项目经理的行为、是否参与合同履行等各种因素，作出综合分析判断。

**【司法案例】**

### 杭州京庐实业有限公司与顾国平及苏州京庐房地产开发有限公司、苏州凌创投资发展有限公司、李志清民间借贷纠纷案③

**诉讼结论：**李志清是苏州京庐公司经工商登记公示的法定代表人，可以代表公司参加诉讼或委托他人代理诉讼，故原审调解应予维持，终结本案再审程序。

---

① 参见王泽鉴：《债法原理》，北京大学出版社 2009 年版，第 245 页。

② 杜君、王松、张蕾：《商事纠纷中表见代理的认定规则和责任承担》，载《人民司法·案例》2013 年第 24 期。

③ 江苏省苏州市虎丘区人民法院(2014)虎民再初字第 0008 号民事裁定书。

**法院认为:**公司法定代表人的工商登记对外具有公示效力,如涉及公司以外的第三人因公司代表权而产生的外部争议,应以工商登记为准。吴中工商局于2011年12月28日核准苏州京庐公司法定代表人变更为李志清,到2013年11月11日作出撤销变更登记的决定,期间李志清为工商登记对外公示的合法的法定代表人,而原审诉讼发生在此期间内,这一期间李志清可以代表苏州京庐公司参加诉讼。同样,苏州京庐公司工商登记法定代表人仍为姚小林,故在本案中姚小林仍可代表苏州京庐公司参加诉讼。公司的内部控制程序,不能以此约束交易相对人。

## 第六十六条　登记机关应当依法及时公示法人登记的有关信息。

**【条文主旨】**

本条是关于法人登记信息公示的规定。

**【条文理解】**

法人登记,实质是公示法人主体的组织状态和营业状态。登记内容的公示则节约了法人与相对人的交易成本,有利于迅速、安全开展各种活动。依法及时公示法人登记的有关信息,主要作用有:第一,保护法人主体的权益。凡在登记机关登记之事项,除虚假不实者之外,均属于确定事实,法人可以依其登记事项对抗善意第三人。第二,保护相对人利益。法人主体的组织状态和营业状态登记于登记机关,将其有关信息向社会公众公告,有利于相对人在交易中做出正确判断,有利于交易安全。第三,保护社会公共利益。政府对国民经济进行管理,重在实现公共利益。而法人登记能为政府实施宏观调控提供基础资料。因此,登记可以满足政府对经济进行必要管理的需要,在保护社会公共利益中发挥重要作用。

以公司为例,公司属于法人,其是否有效设立、内部机构如何,为保护交易的安全,应当登记并向社会大众公示。故登记的要义在于让外部第三人了解法人主体之营业状态,登记具有公示的作用和效力。在商事活动中,当事人出于交易安全考虑,竭尽所能了解对方当事人的资信、权限和履约能力等。但是,如简单依靠人力去调查,十分不经济。所以,商事主体的交易事项公示制度显得很有必要。不管是公司的设立,还是注销,都要进行登记;公司法定代表人、经营范围或公司类型的变更,同样需要进行变更事项的登记。作为商事主体,公司必须履行法定的公告手续,而公告的目的是"向第三人告知他们未来的合作伙伴企业属于什么样的法律结构,这样可以避免每一次打交道时都要进行审查,毕竟进行这样的审查与商业活动所要求的迅速、快捷不相符合”[1]。

**【司法适用】**

本条规定登记机关应向社会公开法人登记的有关信息，是立法亮点之一，要求登记机关切实履行信息公开义务，保障自然人、法人和非法人组织的知情权和监督权的同时，进一步加强对法人的管理，及时与国家企业信用信息公示系统进行对接，助力诚信体系建设，为促进社会主义市场经济健康发展提供保障。

**第六十七条　法人合并的，其权利和义务由合并后的法人享有和承担。**

**法人分立的，其权利和义务由分立后的法人享有连带债权，承担连带债务，但是债权人和债务人另有约定的除外。**

**【条文主旨】**

本条是关于法人合并、分立的法律后果的规定。

**【条文理解】**

法人发生合并、分立时，不影响法人原有权利义务的享有和承担。在法人分立的情形，对于原法人权利的享有，可以通过有关协议确定；对于原法人债务的承担，也可以通过有关协议确定，但对于债权人，分立后的数个法人应承担连带清偿责任。法人变更未予登记的，其变更对善意相对人不发生效力。

法人的合并，是指两个或两个以上的法人合并为一个新的法人，或者一个或多个法人并到一个现存的法人中去，或者将某个法人分成若干部分，并入其他的现存法人。在第一种情况下，原有的法人消灭，新的法人产生；在第二种情况下，被合并法人的主体资格消灭了，而存续法人的主体资格仍然存在，只是被合并法人的加入使其主体资格发生了变更。

法人的分立，是指一个法人分成两个或两个以上的法人，或者将现有的一个或几个法人分出一部分组成新的法人。在第一种情况下，被分立法人的主体资格消灭，产生几个新的法人。如果新的法人具备法人条件，则可依法成立几个新的法人。在第二种情况下，如某个法人的分支机构具备了法人条件，或几个法人分出若干部分组成新的法人并具备法人条件，均可成立新的法人。

无论如何变更，都不会导致法人权利义务的消灭。具体情况有三种：

第一，法人合并、分立，其所有权、其他物权和无体财产权由变更后的法人享

---

① ［法］伊夫·居荣：《法国商法》，罗结珍、赵海峰译，法律出版社 2004 年版，第 73 页。

有。法人合并、分立时,应维护好财产、厂房、设备、工具等免遭损失和浪费,不得允许他人侵占。其他的财产如专利、商标等,也应根据法律、法规或协议约定一并转归变更后的法人所有,原法人不得随意抛弃或转让。

第二,法人合并、分立,其债权债务由变更后的法人享有和承担。变更后的法人有权请求原法人的债务人履行义务,原法人的债权人亦有权请求变更后的法人清偿债务。

第三,法人合并、分立,其应该承担的民事损害赔偿责任应由变更后的法人承担。因为变更后的法人既然享受了原法人移转的权利,就当然有义务承担法人的责任,不能因为原法人的合并或分立而致受害人不能得到赔偿。

**【司法适用】**

《民法通则》第 44 条第 2 款仅规定,企业法人分立、合并,它的权利和义务由变更后的法人享有和承担。本条规定与《民法通则》的内容相比,充分体现契约自由,尊重当事人意思自治。法人的合并和分立虽然也是一种权利和义务的概括转让,但法人合并或分立引起的债权债务关系的转让一般不通过合同来约定,而是根据法律的规定进行,具有其自身的特点。法人合并和分立不仅是现实中经常出现的情况,也是容易出现纠纷的问题。当前,我国经济处于增长速度换档期、结构调整阵痛期,同时也是推进企业兼并重组的重要机遇期,一些法人或非法人组织假借合并或分立转移债务,逃避应当承担的法律责任,造成了社会和经济秩序的混乱。根据本条规定,法人订立合同后分立的,除债权人和债务人另有约定的以外,由分立后的法人对合同的权和义务享有连带债权,承担连带债务。因此,法人合并或者分立后,不仅原有的一切债权和债务,依法由合并后的法人承担,而且原有的财产所有权、经营权、知识产权等也移转给合并或者分立后的法人。

当然,随着中央和地方各级政府部门关于企业兼并重组任务的逐步落实,一些纠纷将不可避免地通过诉讼程序进入人民法院。一些法人、非法人组织被兼并或者被撤销,另一些法人、非法人组织分立为新的法人或者非法人组织。无论法人、非法人组织的这些改变是出于何种原因,其合并或者分立后的债权及债务都应当按照法律的规定来确定,这样才能有效地防止法人假借合并或者分立逃避债务,更好地保护债权人的合法权益。

【司法案例】

### 镇江翔盛企业管理有限公司诉镇江恒顺商城有限公司、郑舒房屋租赁合同纠纷案[①]

**诉讼结论：**恒顺公司以分立方式设立恒顺商城，恒顺商城作为分立后的法人有权作为原告向翔盛公司主张权利。

本案中，2012年12月，恒顺公司以分立方式设立恒顺商城，恒顺商城在受让数额确定的债权后及时通知了翔盛公司负责人黄亮，恒顺商城具备原告主体资格。恒顺商城在2014年7月15日增加要求解除租赁合同的诉讼请求，一审法院于开庭前三个月即2014年8月12日向翔盛公司送达了变更后的起诉状副本等应诉材料，翔盛公司关于一审法院未给予其答辩期的主张，与上述事实不符。翔盛公司超过法定期限就房屋质量问题给其造成的损失提起反诉，一审法院告知其另案主张，审理程序并无不当。

**第六十八条　有下列原因之一并依法完成清算、注销登记的，法人终止：**
**（一）法人解散；**
**（二）法人被宣告破产；**
**（三）法律规定的其他原因。**
**法人终止，法律、行政法规规定须经有关机关批准的，依照其规定。**

【条文主旨】

本条是关于法人终止事由的规定。

【条文理解】

法人的终止，也就是法人的消灭。法人终止后，其民事权利能力和行为能力随之消灭。终止后的法人不能再以法人的名义对外从事民事活动。根据本条规定，法人因下列原因经清算、注销登记程序后终止：

第一，法人解散。法人解散的主要原因是：(1)法人章程规定的存续期间届满或者法人章程规定的其他解散事由出现；(2)法人的权力机构决议解散；(3)因法人合并或者分立需要解散；(4)法人依法被吊销营业执照、登记证书，责令关闭或者被撤销；(5)法律规定的其他情形。

---

① 江苏省高级人民法院(2015)苏审三民申字第01212号民事裁定书。

第二，法人被宣告破产。主要是指营利法人，包括有限责任公司、股份有限公司和其他企业法人。它们在不能清偿到期债务的情况下，经企业的法定代表人、主管部门或公司的债权人等提出申请，可以由人民法院宣告其破产。企业被宣告破产后，由清算组负责对它的财产、债权和债务进行清理，并变卖财产清偿债务，以其资产清偿其债务。从宣告破产之日起，法人终止。

第三，法律规定的其他原因。该项规定系兜底条款，也就是说，除上述原因以外，法人还可因其他法律规定的原因而终止。例如，因合并或分立导致原法人的终止，依法被撤销也是导致法人终止的原因之一，例如，我国一些全国性公司、银行和保险公司是直接根据法律的规定而成立的。那么撤销这些法人也应由法律规定，如法人严重违法，有关行政机关也可以依法撤销该法人。

《民法通则》第 45 条第 1 项规定企业法人终止的原因包括依法被撤销，但《民法典》本条在有关法人终止的原因中用了兜底性条款，即“法律规定的其他原因”，“其他原因”当然包括依法被撤销这一事由。

法人终止，法律、行政法规规定须经有关机关批准的，依照其规定。该款规定并非法人终止的原因，而是法人终止的前置程序。比如，《公司法》第 66 条规定，国有独资公司不设股东会，由国有资产监督管理机构行使股东会职权。国有资产监督管理机构可以授权公司董事会行使股东会的部分职权，决定公司的重大事项，但公司的合并、分立、解散、增加或者减少注册资本和发行公司债券，必须由国有资产监督管理机构决定；其中，重要的国有独资公司合并、分立、解散、申请破产的，应当由国有资产监督管理机构审核后，报本级人民政府批准。《保险法》第 89 条规定，保险公司因分立、合并需要解散，或者股东会、股东大会决议解散，或者公司章程规定的解散事由出现，经国务院保险监督管理机构批准后解散。

**【司法适用】**

需要注意的是，法人被吊销营业执照是引起法人解散从而导致法人终止的原因。《企业法人登记管理条例》第 33 条规定，企业法人被吊销《企业法人营业执照》，登记主管机关应当收缴其公章，并将注销登记情况告知其开户银行，其债权债务由主管部门或者清算组织负责清理。《最高人民法院关于企业法人营业执照被吊销后，其民事诉讼地位如何确定的复函》（法经〔2000〕24 号）规定，吊销企业法人营业执照，是工商行政管理机关依据国家工商行政法规对违法的企业法人作出的一种行政处罚。企业法人被吊销营业执照后，应当依法进行清算，清算程序结束并办理工商注销登记后，该企业法人才归于消灭。因此，企业法人被吊销营业执照后至被注销登记前，该企业法人仍应视为存续，可以自己的名义进行诉讼活动。如果该企业法人组成人员下落不明，无法通知参加诉讼，债权人以被吊销营业执照企业的开办单位为被告起诉的，人民法院也应予以准许。该开办单位对被吊销营业执照的企业法人，如果不存在投资不足或者转移资产逃避债务情形的，仅应作为企业清算人参加诉讼，承担清算责任。依照上述规定，吊销企业法人营业执照，是市场监督管理机关对违法的企业法人作出的一种行政处罚，企业法人被吊销营业执照后，应当进行清算，清算程序结束并办理工商注销登记后，该企业法人才归于消灭。结合本法第 69 条法人解散的情形，包括法人依法被吊销营业执照、登记证书，被责令关闭或者被撤销，法人被吊销营业执照是引起法人解散从而导致法人终止的原因。

**【司法案例】**

**徐钰峰诉新疆轮台县天骄农场、王瑞林等承揽合同纠纷案**①

**诉讼结论：**天骄农场支付徐钰峰欠款及相应利息。

**法院认为：**企业法人未按规定参加年检，被工商行政管理机关吊销企业法人营业执照，是工商行政管理机关依其职权作出的行政处罚行为，吊销企业法人经营资格，但民事主体并未消灭，故原审法院以天骄农场被工商行政管理部门吊销营业执照为由，直接判令出资人王瑞林、鲁淑珍承担责任不当，本院予以纠正，应由天骄农场承担对工程欠款的给付义务。

**第六十九条　有下列情形之一的，法人解散：**

**（一）法人章程规定的存续期间届满或者法人章程规定的其他解散事由出现；**

**（二）法人的权力机构决议解散；**

**（三）因法人合并或者分立需要解散；**

**（四）法人依法被吊销营业执照、登记证书，被责令关闭或者被撤销；**

**（五）法律规定的其他情形。**

**【条文主旨】**

本条是关于法人解散事由的规定。

**【条文理解】**

法人的解散，是指引起法人人格消灭的法律事实。法人解散的原因有两大

---

① 新疆维吾尔自治区高级人民法院（2016）新民再字第231号民事判决书。

类：一类是自愿解散的原因；另一类是强制解散的原因。本条规定了法人解散的几种事由，也就是法人解散的原因：

（1）法人章程规定的存续期间届满或者出现法人章程规定的其他解散事由。法人成立时，可以在章程中规定法人的存续期间，期限届满则法人解散。法人也可以在章程中规定解散事由，例如，甲、乙、丙三人设立一个公司，在章程中规定，一旦有其中一人退出，就解散公司。所以，如果出现了章程所规定的解散事由，则法人解散。法人的解散通常是由法人自己决定，解散法人一般要体现法人的自主意愿，而法人的撤销一般不是由法人自己决定的，而是由法律规定或由行政命令决定。

（2）法人的权力机构决议解散。法人是由成员的共同意志成立，它也就可以因成员的共同意志而解散。营利法人的股东会等出资人会为其权力机构，社会团体法人的会员大会或者会员代表大会为社会团体法人的权力机构。因此，社员大会或股东会为法人最高权力机构，有权决定解散法人组织。

（3）因法人合并或者分立需要解散。法人的合并，是指两个或两个以上的法人合并为一个新的法人，或者一个或多个法人并到一个现存的法人中去，或者将某个法人分成若干部分，并入其他的企业法人。在第一种情况下，原有的法人消灭，需要解散原有法人；在第二种情况下，被合并法人的主体资格消灭了，故被合并的法人亦需经解散程序。法人的分立，是指一个法人分成两个或两个以上的法人，或者将现有的一个或几个法人分出一个部分组成新的法人。在第一种情况下，被分立法人的主体资格消灭，该被分立法人需经解散程序。以上三种为自愿解散的原因，即只要出现法人解散的事由，法人即可解散。

（4）法人依法被吊销营业执照、登记证书，被责令关闭或者被撤销。比如，公司成立后无正当理由超过六个月未开业的，或者开业后自行停业连续六个月以上的，可以由公司登记机关吊销营业执照。公司因虚报注册资本，取得公司登记的，或提交虚假材料或者采取其他欺诈手段隐瞒重要事实，取得公司登记的，公司将被撤销登记。或者社会团体法人违反其他法律、法规的，有关国家机关认为应当撤销登记的，由登记管理机关撤销登记。再如公司严重污染环境的，由有关政府主管机关予以关闭。前述为强制解散，即由于某种情况的出现，主管机关或人民法院命令法人解散。

（5）法律规定的其他情形。除本条列举的前述情形外，法人亦可因法律的特别规定而解散。例如，破产还债导致的企业解散。破产是一种特殊的偿债程序，是由人民法院依法对不能清偿到期债务的企业宣告破产，而破产的企业伴随着破产程序的终结，其经济生命亦终止，故而视为一种特殊的强制解散。公司经营管理发生严重困难，继续存续会使股东利益受到重大损失，通过其他途径不能解决的，持有公司全部股东表决权百分之十以上的股东，可以请求人民法院解散公司。对于非营利法人的事业单位法人和特别法人中的机关法人，本条列举的法人解散原因一般不能适用，故这些法人的解散原因，应依照法律的特别规定。

**【司法适用】**

审判实践中，当事人向法院申请公司解散，属于“法律规定的其他情形”范畴。通常，衡量公司是否符合解散的条件主要有：一是公司是否出现了《公司法解释（二）》中所列举的四种情形之一，并导致公司经营管理发生了严重困难；二是公司继续存续是否会使大多数股东利益受到重大损失；三是通过其他途径能否解决公司存在的困境；四是提起公司解散的原告必须是单独或合计持有公司全部股东表决权百分之十以上的公司股东。判断“公司经营管理是否发生严重困难”，公司处于亏损状况并非判定公司经营管理发生严重困难的必要条件，而应从公司组织机构的运行状态进行综合分析，侧重点在于公司管理方面存有严重内部障碍，股东会等内部运行机制失灵等。比如连续两年未召开股东会的，虽然不能认定为公司已陷入股东会僵局或者表决权僵局，但是控股股东利用其控制地位，侵占公司的资产和商业机会，并进行关联方利益输送，导致公司的人格和经营性特征发生根本性变化，并丧失经营条件的，属于“经营管理发生严重困难，公司继续存续会使股东利益受到重大损失”的情形，如无其他解决途径的，人民法院可根据股东的请求依法判决公司解散。公司解散事由出现后，公司不开展清算或怠于清算以至于损害公司相关权利者利益的，权利人可以申请法院对公司强制清算，但强制清算不同于以评估股权价值、满足股东知情权或以对公司进行合并分立为目的对公司资产负债的全面清理核查。

公司解散纠纷案件应以公司为被告，其他股东为第三人或共同原告，符合法定条件的且经采取必要的调解程序和挽救措施无果后，判决解散公司。法院审理解散公司诉讼案件，应当注重调解，当事人不能协商一致由公司或者股东收购股份，或者以减资等方式使公司存续的，应及时判决。股东应举证证明其采用了其他途径解决其所主张的公司经营困难事项，在未通过其他合法途径解决公司股东之间存在的冲突之前即径行提起解散公司之诉，其相应的诉讼请求不应得到支持。司法应审慎介入公司事务，凡有其他途径能够维持公司存续的，不应轻易解散公司。[①]

---

① “仕丰科技有限公司诉富钧新型复合材料（太仓）有限公司、第三人永利集团有限公司解散纠纷案”，载《最高人民法院公报》2014 年第 2 期。

**【司法案例】**

**林方清诉常熟市凯莱实业有限公司、戴小明公司解散纠纷案①**

**诉讼结论:**凯莱公司已符合《公司法》及《公司法解释(二)》所规定的股东提起解散公司之诉的条件,判决解散凯莱公司。

凯莱公司仅有戴小明与林方清两名股东,两人各占50%的股份,凯莱公司章程规定"股东会的决议须经代表二分之一以上表决权的股东通过",且各方当事人一致认可该"二分之一以上"不包括本数。因此,只要两名股东的意见存有分歧、互不配合,就无法形成有效表决,显然影响公司的运营。凯莱公司已持续4年未召开股东会,无法形成有效股东会决议,也就无法通过股东会决议的方式管理公司,股东会机制已经失灵。执行董事戴小明作为互有矛盾的两名股东之一,其管理公司的行为,已无法贯彻股东会的决议。林方清作为公司监事不能正常行使监事职权,无法发挥监督作用。由于凯莱公司的内部机制已无法正常运行、无法对公司的经营作出决策,即使尚未处于亏损状况,也不能改变该公司的经营管理已发生严重困难的事实。

**第七十条　法人解散的,除合并或者分立的情形外,清算义务人应当及时组成清算组进行清算。**

**法人的董事、理事等执行机构或者决策机构的成员为清算义务人。法律、行政法规另有规定的,依照其规定。**

**清算义务人未及时履行清算义务,造成损害的,应当承担民事责任;主管机关或者利害关系人可以申请人民法院指定有关人员组成清算组进行清算。**

**【条文主旨】**

本条是关于法人解散清算的规定。

**【条文理解】**

清算是终结已解散法人的一切法律关系,处理法人剩余财产的程序。法人解散时,除法律另有规定外,必须进行清算,但法人自身不得为清算行为,必须依法选任清算义务人组成清算组进行清算。

一般来说,法人的清算有两种形式:(1)依破产程序进行清算。法人在宣告破

---

① 最高人民法院指导案例8号。

产以后,要由主管机关或人民法院组织有关人员成立清算组织,依照《企业破产法》规定的破产程序进行清算。这方面的程序应按《企业破产法》的规定办理。(2)非依破产程序进行清算。法人因宣告破产以外的原因而被解散的,应按《民法典》《公司法》《民事诉讼法》等有关规定而不按破产程序进行清算。

清算一般是在法人终止时进行,但是在法人负债过重的情况下,经过法人的权力机构或法人全体成员的决定,由法人向有关主管机关提出申请并被批准后,自动清算。人民法院也可以根据法人的债权人或其他利害关系人的申请责令法人进行清算。

清算义务人是指对非因破产而解散的法人负有清算义务的主体,从法人的董事、理事等执行机构成员中产生或基于法律的直接规定。而清算组是以清算法人债权、债务为目的而依法成立从事法人清算活动的组织,它负责对终止的法人的财产进行保管、清理、估价、处理和清偿。各国立法均对清算义务人的选任有明文规定。我国清算义务人的选任分为两种情况:一种是意定,即章程另有规定或权力机构另有决议;另一种是法定,即法律明文规定或法院指定。

第一,清算法人成立的清算组织。在法人因解散而终止的情况下,要由法人自己成立清算组,清算义务人由法人的权力机构决定。如不能选任,有些国家的法律规定,应由社团的董事为法定清算人(如《日本民法典》第74条、《德国民法典》第48条),如果没有董事,应由法院根据利害关系人的申请,选任其他人为清算人(《日本民法典》第75条,《德国民法典》第48条、第29条);如果清算人因违法行为或有其他原因不能作为清算人时,可以经利害关系人的申请,由法院予以撤销并指定清算人。我国《公司法》规定,有限责任公司的清算组由股东组成,股份有限公司的清算组由董事或者股东大会确定的人员组成。

第二,由主管机关或人民法院组成的清算组织。法人因被撤销、宣告破产而终止的,应当由主管机关或人民法院组织有关机关和有关人员成立清算组织。有关机关包括财政、审计、工商、税收、银行、劳动等部门。中外合资经营企业、中外合作经营企业或外资企业,其清算组织的成员中应包括该企业审批部门的代表。有关人员包括注册会计师、律师、经济师、工程师等人员。《民通意见》第59条规定,企业法人解散或被撤销的,应当由其主管机关组织清算小组进行清算。企业法人被宣告破产的,应当由人民法院组织有关机关和有关人员成立清算组织进行清算。《最高人民法院关于审理公司强制清算案件工作座谈会纪要》规定,人民法院受理强制清算案件后,应当及时指定清算组成员。公司股东、董事、监事、高级管理人员能够而且愿意参加清算的,人民法院可优先考虑指定上述人员组成清算组;上述人员不能、不愿进行清算,或者由其负责清算不利于清算依法进行的,人民法院可以指定《人民法院中介机构管理人名册》和《人民法院个人管理人名册》中的中介机构或者个人组成清算组;人民法院也可根据实际需要,指定公司股东、董事、监事、高级管理人员,与管理人名册中的中介机构或者个人共同组成清算组。人民法院指定清算组成员的同时,应当根据清算组成员的推选,或者依职权,指定清算组负责人。从上述规定可知,法人的不同解散事由决定了清算组的人员构成。

本条第 3 款规定清算义务人未及时履行清算义务的损害赔偿责任。法人在终止时应依法进行清算,这对维护商品经济的正常秩序十分必要。如果不了结其债权债务关系,必然会给国家、集体和个人造成损失。很多法人在出现解散事由后,不及时进行清算,甚至有的故意借解散之机逃废债务,严重损害债权人利益。这种现象不仅扰乱经济秩序,而且破坏了法人制度。本款规定清算义务人不及时清算要承担相应民事责任,强化清算义务人依法及时清算的法律责任,有利于建立健康、有序的法人退出机制,保护债权人的合法权益。

**【司法适用】**

清算义务人是负有组织成立清算组义务的主体,而清算组是直接开展清算事务的主体。关于清算组的成员,《公司法解释(二)》第 8 条规定,人民法院受理公司清算案件,应当及时指定有关人员组成清算组。清算组成员可以从下列人员或者机构中产生:(1)公司股东、董事、监事、高级管理人员;(2)依法设立的律师事务所、会计师事务所、破产清算事务所等社会中介机构;(3)依法设立的律师事务所、会计师事务所、破产清算事务所等社会中介机构中具备相关专业知识并取得执业资格的人员。

《公司法解释(二)》第 18 条规定,有限责任公司的股东、股份有限公司的董事和控股股东未在法定期限内成立清算组开始清算,导致公司财产贬值、流失、毁损或者灭失,债权人主张其在造成损失范围内对公司债务承担赔偿责任的,人民法院应依法予以支持。有限责任公司的股东、股份有限公司的董事和控股股东因怠于履行义务,导致公司主要财产、账册、重要文件等灭失,无法进行清算,债权人主张其对公司债务承担连带清偿责任的,人民法院应依法予以支持。上述情形系实际控制人原因造成,债权人主张实际控制人对公司债务承担相应民事责任的,人民法院应依法予以支持。需要明确的是,股东清算责任的性质是因股东怠于履行清算义务致使公司无法清算所应当承担的侵权责任,应当注意"怠于履行清算义务""因果关系""诉讼时效期间"的问题。

【司法案例】

### 上海存亮贸易有限公司诉蒋志东、王卫明等买卖合同纠纷案[①]

**诉讼结论：**有限责任公司的股东、股份有限公司的董事和控股股东，不能以其不是实际控制人或者未实际参加公司经营管理为由，免除清算义务。

房恒福、蒋志东和王卫明为拓恒公司的股东，所占股份分别为40%、30%、30%。拓恒公司因未进行年检，2008年12月25日被工商部门吊销营业执照，至今股东未组织清算。现拓恒公司无办公经营地，账册及财产均下落不明。拓恒公司在其他案件中因无财产可供执行被中止执行。无论蒋志东、王卫明在拓恒公司中所占的股份为多少，是否实际参与了公司的经营管理，两人在拓恒公司被吊销营业执照后，都有义务在法定期限内依法对拓恒公司进行清算。股东应当依法在公司被吊销营业执照后履行清算义务，怠于履行清算义务与拓恒公司的财产、账册灭失之间具有因果联系，不能以其不是实际控制人或者未实际参加公司经营管理为由，免除清算义务，应当对拓恒公司的上述债务承担连带清偿责任。

**第七十一条　法人的清算程序和清算组职权，依照有关法律的规定；没有规定的，参照适用公司法律的有关规定。**

【条文主旨】

本条是关于法人清算程序和清算组职权的规定。

【条文理解】

法人的清算程序与法人解散的原因具有密切关系。法人因破产进入清算，适用破产清算程序外，其他清算，如没有规定的，参照适用《公司法》的有关规定进行。不管是营利法人，还是非营利法人，清算程序大体相同，均为：(1)成立清算组；(2)通知或公告债权人申报债权；(3)清理财产清偿债务；(4)分配剩余财产；(5)清算终结。

清算组负责解散法人财产的保管、清理、处理和分配工作，依法了结法人解散时遗留的法律关系，具体包括财产的清理、了结尚未完结的业务、缴纳所欠国家的税款、收取债权及清偿债务、依法处理剩余财产，并实施法律规定的其他行为。清

① 最高人民法院指导案例9号，需要注意的是，《全国法院民商事审判工作会议纪要》第14条规定，小股东如果举证证明其既不是公司董事会或者监事会成员，也没有选派人员担任该机关成员，且从未参与公司经营管理，不应当对公司债务承担连带清偿责任。

算组的职权是对内清理财产、处理法人的有关事务，对外代表法人了结债权债务、在法院起诉应诉。主要事项包括：(1)对内处理法人事务。如清理财产、整理账目、编造资产负债表和财产目录。任何人未经清算组的同意，不得处分法人的财产。原来未履行的合同如能继续履行，可以法人的名义继续履行。清算组负责调查法人机关或成员有无违法行为或重大过失，以确定其是否应承担法律责任。(2)对外收取债权，清偿债务。清算组对法人已经到期的债权应负责收取，对未到期的债权，可以让与他人，也可以作价的方式让与他人。清算组应及时通知债权人申报债权，并规定适当的期限，逾期不申报债权的，不列入清算范围内。清算组有权召集债权人会议或其他会议，在核实债权以后，根据法定的清偿顺序，依次清偿。(3)变卖财产。变卖的方式可以是招标或拍卖，可以整体变卖也可以分散变卖。但是法律禁止或限制自由买卖的财产，应由政府主管部门或者指定的部门处理回收。法人在终止前投入其他法人的财产，不能抽回的，应当采取转让所有权的方式进行转让。(4)非依破产程序进行的清算，如果清算法人的财产不足以清偿债务，清算组应申请宣告破产。清算终止后，法人最终归于消灭。

关于清算组的权利和职责，各国立法也均有具体规定。本条作了授权性规定，对于法人的清算程序和清算组职权，没有规定的，参照适用《公司法》的有关规定。《公司法》第184条规定，清算组在清算期间行使下列职权：(1)清理公司财产，分别编制资产负债表和财产清单；(2)通知、公告债权人；(3)处理与清算有关的公司未了结的业务；(4)清缴所欠税款以及清算过程中产生的税款；(5)清理债权、债务；(6)处理公司清偿债务后的剩余财产；(7)代表公司参与民事诉讼活动。

《企业破产法》对于清算组职权未作规定，但《最高人民法院关于审理企业破产案件若干问题的规定》第50条规定，清算组的主要职责是：(1)接管破产企业。向破产企业原法定代表人及留守人员接收原登记造册的资产明细表、有形资产清册，接管所有财产、账册、文书档案、印章、证照和有关资料。破产宣告前成立企业监管组的，由企业监管组和企业原法定代表人向清算组进行移交；(2)清理破产企业财产，编制财产明细表和资产负债表，编制债权债务清册，组织破产财产的评估、拍卖、变现；(3)回收破产企业的财产，向破产企业的债务人、财产持有人依法行使财产权利；(4)管理、处分破产财产，决定是否履行合同和在清算范围内进行经营活动。确认别除权、抵消权、取回权；(5)进行破产财产的委托评估、拍卖及其他变现工作；(6)依法提出并执行破产财产处理和分配方案；(7)提交清算报告；(8)代表破产企业参加诉讼和仲裁活动；(9)办理企业注销登记等破产终结事宜；(10)完成人民法院依法指定的其他事项。

**【司法适用】**

需要注意的是，清算组不具有独立的诉讼主体资格，而是以法人名义代表清算法人参加诉讼。《民通意见》第 60 条规定："清算组织是以清算企业法人债权、债务为目的而依法成立的组织。它负责对终止的企业法人的财产进行保管、清理、估价、处理和清偿。对于涉及终止的企业法人债权、债务的民事诉讼，清算组织可以用自己的名义参加诉讼。以逃避债务责任为目的而成立的清算组织，其实施的民事行为无效。"《民事诉讼法解释》第 64 条规定："企业法人解散的，依法清算并注销前，以该企业法人为当事人；未依法清算即被注销的，以该企业法人的股东、发起人或者出资人为当事人。"在早期的司法实践中，不顾清算中公司存续的法人主体资格，仍以清算中公司的机关清算组作为诉讼主体在判决书列出。[①] 但不管是规定清算人代表企业参与诉讼活动，还是清算组代表公司参与诉讼活动，他们代表的都是清算中的企业，自身不具有独立的法律人格。从法条使用"代表"一词可知，清算人只是清算法人的代表机关而已。从利益归属看，即使按照诉讼法规定，清算组织胜诉，利益还是应当归属清算法人，而非归属清算组；一旦败诉，后果也拘束清算法人，并非归属清算组。[②] 因此，在清算法人未办理注销登记之前，有关清算法人的诉讼，当然应以法人的名义进行。《公司法解释（二）》第 10 条规定，公司成立清算组的，由清算组负责人代表公司参加诉讼；尚未成立清算组的，由原法定代表人代表公司参加诉讼。

**第七十二条　清算期间法人存续，但是不得从事与清算无关的活动。**

**法人清算后的剩余财产，根据法人章程的规定或者法人权力机构的决议处理。法律另有规定的，依照其规定。**

**清算结束并完成法人注销登记时，法人终止；依法不需要办理法人登记的，清算结束时，法人终止。**

**【条文主旨】**

本条是关于法人在清算期间的民事权利能力范围、剩余财产处理、清算结束的法律效果的规定。

---

① 参见最高人民法院(2002)民二终字第 67 号民事判决书："温州信托公司清算组诉幸福实业公司等债权债务转让合同纠纷案"，载《最高人民法院公报》2004 年第 2 期。

② 参见刘俊海：《新公司法的制度创新：立法争点与解释难点》，法律出版社 2006 年版，第 610 页。

**【条文理解】**

法人未经清算,不得消灭。因此,法人在清算期间仍然具有民事权利能力和民事行为能力。但为了保护第三人利益,法律对清算期间法人的民事权利能力应当予以限制,即在清算期间,法人只能进行与清算有关的法律行为。超出这一范围,法人即无民事权利能力,其实施的法律行为无效。法人一经解散,其人格是否立即消灭,抑或法人此时已经属于另一个独立实体?对此,存在不同的观点:一种观点认为,法人一经解散,法人人格即归消灭。为了清理债权债务,尚须进行清算,此时的法人属于另一个独立实体,为新的独立法人,称清算法人或财团。有学者认为,德国民法和瑞士民法均持消灭说,其中,《瑞士民法典》第58条规定,清算程序依有关合伙的规定办理,即清算中法人视同合伙。另一种观点认为,法人解散后至清算终结止,在清算必要范围内,视为存续。但清算中法人的权利能力受清算目的限制。日本和我国台湾地区持此观点,清算法人人格保留至清算结束,法人才归于消灭。清算期间,法人的权利能力和行为能力有所限制。

我国《民法通则》第40条规定,法人终止,应当依法进行清算,停止清算范围外的活动。《公司法》第186条第3款规定:"清算期间,公司存续,但不得开展与清算无关的经营活动。公司财产在未依照前款规定清偿前,不得分配给股东。"由此观之,我国公司法立法对清算中公司持存续说的观点,主要表现为两个方面:其一,在实体法上,公司清算期间,法人资格并未消灭。清算中公司仍有法人的权利能力,仍能以自己的名义享有权利和负担义务,只不过清算中公司的能力受到了限制。公司虽然存续,但不得开展与清算无关的经营活动,公司权利能力限制于清算范围内,不得从事非以清算为目的的其他法律行为。其二,在诉讼法上,清算中公司的诉讼主体资格依然存续。我国《公司法》规定公司应对其行为后果承担民事责任,它仍可以作为原告或被告。清算组代表公司参与诉讼,但诉讼主体仍然是以公司的名义,毕竟清算中的公司仍然具有法人资格。虽然它已解散,存在归于消灭的事由,但还未完成注销手续,在清算期间公司依然存续。

本条第2款是关于法人清算后剩余财产的处理的规定。法人清算后,可能还有剩余财产。对于这些剩余财产,如法律有规定,应按规定的方式处理。如法律没有特别规定的,则按原法人章程或法人权力机构的决议处理。对于法人经清算后剩余财产的处理,多数国家和地区的立法均有具体规定。考虑到我国的实际情况,机关法人和事业单位法人不存在清算问题,其撤销后的财产归属,由法律予以规定;国有独资企业法人经清算后的剩余财产,依行政命令由国家有关主管机关接受。前述法人之外的法人经清算后的剩余财产如何处理,本法作了规定。根据我国实际情况,并参考国外立法例,本条规定对于法人清算后剩余的财产,根据法人章程的规定或法人权力机构决议处理,并规定法律有特别规定依照其规定。

法人终止,是指法人的民事主体资格消灭,其直接的后果就是不能再以法人名义对外进行民事活动。法人终止的原因有:(1)法人解散;(2)法人被宣告破产;(3)法律规定的其他原因。法律规定,法人终止必须经过清算程序,停止清算以外的活动,不得再进行经营活动。清算终结,是指法人的清算组依法履行了清算程序,完成了清算任务。清算终结时,清算组应申请法人注销登记,此登记一经完成,法人人格归于消灭。

**【司法适用】**

需要注意的是,应当区分法人清算的可逆性和不可逆性。一类是因自愿解散产生的清算。公司因公司章程规定的营业期限届满或者公司章程规定的其他解散事由出现,或者股东会、股东大会决议自愿解散的,人民法院受理强制清算申请后,清算组对股东进行剩余财产分配前,申请人以公司修改章程,或者股东会、股东大会决议公司继续存续为由,请求撤回强制清算申请的,人民法院应予准许。

另一类是因强制解散产生的清算。公司因依法被吊销营业执照、被责令关闭或者被撤销,或者被人民法院判决强制解散的,人民法院受理强制清算申请后,清算组对股东进行剩余财产分配前,申请人向人民法院申请撤回强制清算申请的,人民法院应不予准许。但申请人有证据证明相关行政决定被撤销,或者人民法院作出解散公司判决后当事人又达成公司存续和解协议的除外。

公司因公司章程规定的营业期限届满或者公司章程规定的其他解散事由出现,或者股东会、股东大会决议自愿解散的,人民法院受理债权人提出的强制清算申请后,对股东进行剩余财产分配前,公司修改章程、或者股东会、股东大会决议公司继续存续,申请人在其个人债权及他人债权均得到全额清偿后,未撤回申请的,人民法院可以根据被申请人的请求裁定终结强制清算程序,强制清算程序终结后,公司可以继续存续。

**【司法案例】**

### 印玉芳诉魏向阳、王浩、扬州东宇房地产开发有限公司、扬州市大桥食品城有限公司等民间借贷纠纷案①

**诉讼结论:**大桥食品城公司出具的担保书无效,在魏向阳、王浩不能清偿部分的二分之一内对印玉芳承担赔偿责任。

**法院认为:**《民法通则》第40条规定,法人终止,应当依法进行清算,停止清算

① 江苏省高级人民法院(2015)苏民终字第00007号民事判决书。

范围外的活动。《公司法》第186条第3款也规定,清算期间,公司存续,但不得开展与清算无关的经营活动。大桥食品城公司经营期满且被吊销营业执照后不能从事清算范围之外的活动,丧失了在清算期间开展与清算无关的经营活动的权利能力与行为能力,大桥食品城公司向印玉芳出具担保书为魏向阳、王浩的债务提供连带保证,该担保合同应认定为无效。大桥食品城公司在经营期满、被吊销营业执照之后仍对外从事清算无关的担保,对此具有过错。印玉芳作为相对人有法律规定的注意义务,如果印玉芳尽到应有的注意义务,可以审查出大桥食品城公司已经被吊销营业执照,所以印玉芳作为相对人具有一定的过错。

**第七十三条　法人被宣告破产的,依法进行破产清算并完成法人注销登记时,法人终止。**

**【条文主旨】**

本条是关于法人破产的规定。

**【条文理解】**

《民法典》将法人分为营利法人、非营利法人与特别法人。营利法人,主要是有限责任公司、股份有限公司和其他企业法人;非营利法人,包括事业单位、社会团体、基金会、社会服务机构法人;特别法人,包括机关法人、农村集体经济组织等。在我国,机关法人和事业单位法人、社会团体法人、基金会法人及农村集体经济组织不存在破产清算问题,故本条规定主要指向营利法人、农村合作社的终止。换言之,该类法人的终止,必须经过破产清算,并办理注销登记,法人人格才终告消灭。

营利法人和农村合作社的破产清算均适用《企业破产法》的规定。在此,主要针对营利法人和农村合作社的破产清算进行阐述。《企业破产法》第2条第1款规定,企业法人不能清偿到期债务,并且资产不足以清偿全部债务或者明显缺乏清偿能力的,依照本法规定清理债务。《企业破产法》第7条规定,债务人有该法第2条规定的情形,可以向人民法院提出重整、和解或者破产清算申请。债务人不能清偿到期债务,债权人可以向人民法院提出对债务人进行重整或者破产清算的申请。企业法人已解散但未清算或者未清算完毕,资产不足以清偿债务的,依法负有清算责任的人应当向人民法院申请破产清算。

破产人无财产可供分配的,管理人应当请求人民法院裁定终结破产程序。管理人在最后分配完结后,应当及时向人民法院提交破产财产分配报告,并提请人民法院裁定终结破产程序。人民法院应当自收到管理人终结破产程序的请求之日起十五日内作出是否终结破产程序的裁定。裁定终结的,应当予以公告。

管理人应当自破产程序终结之日起十日内,持人民法院终结破产程序的裁定,向破产人的原登记机关办理注销登记。

**【司法适用】**

需要注意的是,清算程序与破产程序之间的衔接应当是破产程序优先。公司强制清算中,清算组在清理公司财产、编制资产负债表和财产清单时,发现公司财产不足清偿债务的,除依据《公司法解释(二)》第17条的规定,通过与债权人协商制作有关债务清偿方案并清偿债务的外,应依据《公司法》第188条和《企业破产法》第7条第3款的规定向人民法院申请宣告破产。

公司强制清算中,有关权利人依据《企业破产法》第2条和第7条的规定向人民法院另行提起破产申请的,人民法院应当依法进行审查。权利人的破产申请符合《企业破产法》规定的,人民法院应当依法裁定予以受理。人民法院裁定受理破产申请后,应当裁定终结强制清算程序。

**第七十四条　法人可以依法设立分支机构。法律、行政法规规定分支机构应当登记的,依照其规定。**

**分支机构以自己的名义从事民事活动,产生的民事责任由法人承担;也可以先以该分支机构管理的财产承担,不足以承担的,由法人承担。**

**【条文主旨】**

本条是关于法人分支机构及责任承担的规定。

**【条文理解】**

《民法通则》对于法人分支机构未作规定,本条体现了《民法典》提取公因式的立法技术,反映了民商合一的立体体例,也是对司法实践的高度总结,属立法亮点之一。法人的分支机构是根据法人的意志在法人总部之外法人设立的分部,其活动范围限于法人的活动范围内。法人的分支机构是法人的组成部分,分支机构的行为后果,由法人承担。其特征是:

1. 外部形式上具有与法人相类似的特点

它要经过核准登记才能进行业务活动,须拥有自己的名称和组织机构,有可以使用和支配的财产或经费。

2. 内容上具有从属于法人的特点

其主要表现在:第一,它是法人依法设立的不具有法人资格的组织,其所属法人的组成部分;第二,它只能实现法人宗旨,并在所属法人目的范围内经核准登记进行活动;第三,它的名称必须标明与其所属法人的隶属关系;第四,它所占用、使用的财产不属于自己所有,而是其所属法人财产的一部分;第五,它所从事业务活动的后果由所属法人承担,其中包括法人以其全部财产对其分支机构的债务承担责任;第六,它的管理人不是由内部产生,而是由其所属法人指派。

法人的分支机构不同于法人的一般科、室、车间、班组等。后者不是法人的分支机构。只有能够独立执行法人职能,即在一定范围内从事业务活动的组织机构,才能作为法人的分支机构。此外,法人的分支机构也不同于法人所创立或所持股设立的具有独立法律人格的新的法人组织。

我国《公司法》《企业法人登记管理条例》《社会团体登记管理条例》等法律、法规规定,法人的分支机构必须是法律允许设立的组织。法人设立分支机构应履行法定手续。如《公司法》第 14 条规定,公司可以设立分公司。设立分公司,应当向公司登记机关申请登记,领取营业执照。分公司不具有法人资格,其民事责任由公司承担。《社会团体登记管理条例》第 19 条规定,社会团体成立后拟设立分支机构、代表机构的,应当经业务主管单位审查同意,向登记管理机关提交有关分支机构、代表机构的名称、业务范围、场所和主要负责人等情况的文件,申请登记。《商业银行法》第 19 条规定,商业银行根据业务需要可以在中华人民共和国境内外设立分支机构。设立分支机构必须经国务院银行业监督管理机构审查批准。在中华人民共和国境内的分支机构,不按行政区划设立。

根据法人的分支机构的责任能力,可以将法人的分支机构类型分为两种:(1)非独立性的分支机构。非独立性的分支机构没有自己的财产和经费,而由其所属的法人拨给活动经费。分支机构的活动后果完全由设立分支机构的法人承担。法人设立这类分支机构,主要是为了从地域范围方面扩大业务活动,因此,一般是在法人住所地以外的其他地方设立分支机构。(2)相对独立性的分支机构。法人设立这类分支机构时,从法人的独立财产中拿出部分财产作为设立分支的投资。而分支机构独立核算,也有自己的财产。但分支机构与其所属的法人有业务上的联系,财产关系密切,分支机构的盈利收入由所属法人按比例提成。相对独立性的分支机构的行为后果由分支机构和所属法人承担连带责任。即先由分支机构承担,分支机构的财产不足以清偿对外债务时,不足部分则由设立分支机构的法人承担。

**【司法适用】**

需要注意的是,领取营业执照的分支机构具有独立的诉讼主体地位。《民事诉讼法解释》第 52 条规定,《民事诉讼法》第 48 条规定的其他组织是指合法成立、有一定的组织机构和财产,但又不具备法人资格的组织,包括:(1)依法登记领取营业执照的个人独资企业;(2)依法登记领取营业执照的合伙企业;(3)依法登记领取我国营业执照的中外合作经营企业、外资企业;(4)依法成立的社会团体的分支机构、代表机构;(5)依法设立并领取营业执照的法人的分支机构;(6)依法设立并领取营业执照的商业银行、政策性银行和非银行金融机构的分支机构;(7)经依法登记领取营业执照的乡镇企业、街道企业;(8)其他符合本条规定条件的组织。因此,对于依法成立的社会团体的分支机构、代表机构、依法设立并领取营业执照的法人的分支机构、依法设立并领取营业执照的商业银行、政策性银行和非银行金融机构的分支机构,均可以分支机构名义参与诉讼。《民通意见》第 107 条规定,不具有法人资格的企业法人的分支机构,以自己的名义对外签订的保证合同,一般应当认定无效。但因此产生的财产责任,分支机构如有偿付能力的,应当自行承担;如无偿付能力的,应由企业法人承担。《担保法》第 10 条第 2 款规定,企业法人的分支机构有法人书面授权的,可以在授权范围内提供保证。《担保法解释》第 17 条规定,企业法人的分支机构经法人书面授权提供保证的,如果法人的书面授权范围不明,法人的分支机构应当对保证合同约定的全部债务承担保证责任。企业法人的分支机构经营管理的财产不足以承担保证责任的,由企业法人承担民事责任。

一个企业法人设立分支机构或内部职能部门是否及时进行相关登记,已反映在该企业的营业执照中;但此外有诸多因素,不能仅根据营业执照来确定一个企业法人是否设立了这个部门或机构,即使法定应当登记而未登记的情况发生,未申报登记的企业并不因此免除民事责任。[①] 如果分支机构的工作人员,持分支机构代表人签署并加盖公章的授权文件从事民事活动,在该分支机构撤销后,应由其所在的企业承担民事责任。

---

① 江必新等:《最高人民法院指导性案例裁判规则理解与适用·公司卷》,中国法制出版社 2012 年版,第 16 页。

【司法案例】

**陕西益康乐工贸有限公司诉宁夏新华百货夏进乳业集团股份有限公司陕西分公司买卖合同纠纷管辖权异议纠纷案①**

**诉讼结论：**宁夏新华百货夏进乳业集团股份有限公司陕西分公司是依法成立并领取营业执照的分支机构，依法具备签订合同的主体资格，具备诉讼主体资格，可以作为案件当事人。

2005年1月1日，陕西益康乐工贸有限公司（乙方）与宁夏新华百货夏进乳业集团股份有限公司陕西分公司（甲方）签订夏进乳品的经销合同书，约定如发生纠纷可在甲方所在地人民法院诉讼解决。后宁夏新华百货夏进乳业集团股份有限公司以刘红和陕西益康乐工贸有限公司为被告向宁夏吴忠市中级人民法院提起诉讼。而在此期间，陕西益康乐工贸有限公司则以宁夏新华百货夏进乳业集团股份有限公司陕西分公司为被告向西安市雁塔区人民法院提起诉讼。

**法院认为：**依照我国民事诉讼法及其解释的规定，法人依法设立并领取营业执照的分支机构不仅可以作为民事诉讼的当事人，而且，以其自己名义对外签订合同，该合同内容特别是独立于合同效力之外的双方协议管辖条款对其亦具有约束力。人民法院在认定协议管辖条款有效的情形下，可以依据分支机构的住所地确定案件管辖权，而无须按照法人的住所地确定案件管辖权。

**第七十五条　设立人为设立法人从事的民事活动，其法律后果由法人承受；法人未成立的，其法律后果由设立人承受，设立人为二人以上的，享有连带债权，承担连带债务。**

**设立人为设立法人以自己的名义从事民事活动产生的民事责任，第三人有权选择请求法人或者设立人承担。**

【条文主旨】

本条是关于法人设立行为的法律后果的规定。

【条文理解】

法人设立，即团体人格之创设，与自然人不同。自然人因出生而当然取得其人格，而团体人格的取得，必须经历团体创立之过程。但有团体存在之事实，未必

① 最高人民法院（2007）民立他字第11号函。

即有团体人格之产生。团体人格的取得,离不开设立人的活动。

学说上对设立中法人具有何种法律性质,存有不同的认识:(1)同一体说。设立中法人与法人是同一个实体。设立阶段是每个法人都无法回避,必然存在于法人设立登记前。(2)合伙说。设立人在法人成立前是合伙人,因此设立人形成的团体是合伙,他们之间的关系是合伙关系。(3)无权利能力社团说。对于通过授予方式或者在社团登记簿中进行登记取得权利能力之前,民法上存在所谓的设立中社团之说,这种设立中社团被视为无权利能力社团。我国《公司法》对设立中公司权利义务关系的处理,采取了一种折中态度,即如果设立中公司发起失败,则全体发起人承担连带责任,从责任承担上看,似采"合伙说";但如果公司设立成功,则权利义务自动归属于设立后的公司,与成立后的公司同为一体。

我国《公司法》规定,发起人承担公司筹办事务。即使在董事及监事选任后,设立中公司的执行机关仍然是发起人,发起人为设立中公司事务的执行机关及代表机关。换言之,设立中公司业务的执行仍属发起人的权限,对内发起人管理设立事务,对外由发起人代表设立中公司。设立中公司虽然不是真正意义上的公司,尚无法律上的人格,但在设立阶段完成了股东出资,已经初步组建了相应的组织机构,具备了独立的财产和意思机关,具有一定权利能力和行为能力,可以形成团体的意思从事一定行为。故公司自开始设立到设立完成而具有法律人格前的事务,由发起人代表设立中公司为法律行为。从发起人与设立中公司的关系看,发起人作为设立中公司的机关,若公司设立成功,发起人作为设立中公司的代表,其行为后果由成立后的公司承继既体现了一定的灵活性,又顾及了交易安全,若公司未成立,则由发起人就设立公司所造成的行为后果及所需费用承担个人责任或连带责任。①

**【司法适用】**

《公司法解释(三)》对于设立中公司发生的法律行为后果归属作了规定,从而填补了公司法立法上的漏洞,强化了发起人的责任。《公司法解释(三)》第2条规定:"发起人为设立公司以自己名义对外签订合同,合同相对人请求该发起人承担合同责任的,人民法院应予支持。公司成立后对前款规定的合同予以确认,或者已经实际享有合同权利或者履行合同义务,合同相对人请求公司承担合同责任的,人民法院应予支持。"第3条规定:"发起人以设立中公司名义对外签订合同,公司成立后合同相对人请求公司承担合同责任的,人民法院应予支持。公司成立

① 何建:《发起人用微信以设立中公司名义对外签订合同的责任认定》,载《人民法院报》2016年7月14日,第6版。

后有证据证明发起人利用设立中公司的名义为自己的利益与相对人签订合同，公司以此为由主张不承担合同责任的，人民法院应予支持，但相对人为善意的除外。”第4条规定：“公司因故未成立，债权人请求全体或者部分发起人对设立公司行为所产生的费用和债务承担连带清偿责任的，人民法院应予支持。”该司法解释确认了发起人在对外开展交易活动时所应承担的义务，同时，根据《合同法》第403条关于隐名代理的规定①，赋予成立后公司进行追认或选择的权利，公司成立后可以对发起人为设立公司以自己名义对外所签订的合同予以确认。

发起人为设立公司以自己名义对外签订合同的，只有在设立后的公司通过明示方式或以实际享有合同权利或承担合同义务的默示方式同意成为合同当事人时，才会产生设立后的公司代替发起人成为合同当事人的法律后果。此时，合同相对人享有选择以订约的发起人或设立后的公司作为合同当事人的请求权。上述规定体现了严格的合同相对性原则，合同必须经设立后的公司同意方可约束该公司，其目的在于防止发起人在公司设立过程中滥用权力损害公司和其他发起人的利益。同理，如发起人以自己名义为设立公司对外签订合同，公司因故未成立的，只有全体发起人共同明示或默示认可合同，才由全体发起人承担连带责任。而《公司法解释（三）》第4条第1款规定仅调整公司因故未成立，且费用和债务系以设立中公司名义产生并且数额合理的情形。需要注意的是，该款并不调整公司已经成立但注册资本未到位的情形。

**【司法案例】**

### 深圳市维业装饰集团股份有限公司、山东分公司诉香港恒生伟业集团有限公司等建设工程设计合同纠纷案②

**诉讼结论：**香港恒生公司系以自己名义与维业山东分公司和维业公司履行的装修设计事宜，系香港恒生公司从事的个人行为，与设立公司行为无关，并非为设立恒生酒店公司所产生的费用和债务。香港恒生公司应向维业山东分公司、维业公司支付设计费600万元。

**法院认为：**尽管香港恒生公司委托设计时并未表明合同债务将由成立后的恒生酒店公司承担责任，但对于发起人以自己名义为设立公司对外签订合同的行为，《公司法解释（三）》有相应的规定。恒生酒店公司于2008年2月28日取得企

---

① 最高人民法院民事审判第二庭编著：《最高人民法院关于公司法解释（三）、清算纪要理解与适用》，人民法院出版社2011年版，第35页。

② 最高人民法院（2013）民提字第212号民事判决书。

业法人营业执照，已合法成立，故本案应当适用该规定确定香港恒生公司行为的法律后果。本案中，恒生酒店公司成立后没有开展经营活动，其既未明示确认由其支付设计费，也未实际使用设计成果或履行合同义务。本案无充分证据证明恒生酒店公司同意受合同约束，香港恒生公司的行为后果不能归于恒生酒店公司承担，依据《公司法解释（三）》第2条的规定，应当由香港恒生公司承担合同责任，维业山东分公司和维业公司无权请求合同以外的当事人恒生酒店公司和路通公司承担合同责任。

## 第二节 营利法人

**第七十六条　以取得利润并分配给股东等出资人为目的成立的法人，为营利法人。**

**营利法人包括有限责任公司、股份有限公司和其他企业法人等。**

**【条文主旨】**

本条是关于营利法人的定义及范围的规定。

**【条文理解】**

营利法人是以取得利润并分配给其成员为目的而设立的法人，如各种公司以及其他非公司形式的企业。营利法人设立的宗旨是从事工商业经营活动。因此，其成立必须在市场监督管理部门进行登记。

民法理论上，依法人设立的不同目的，可将法人分为公益法人与营利法人。公益法人是以社会公益为目的而设立的法人，如学校、医院、慈善机构等；以营利为目的而设立的法人为营利法人。但如何解释“营利”，却存有争议。有人认为法人是否为营利，应视其目的事业而定，如其目的事业性质上为经济行为，即为营利法人；有人则认为营利法人不仅须其目的事业性质上为经济行为，而且须分配其所得之利益于法人成员，才算是营利。本条营利法人定义采后说。因为是否从事经营活动并谋取经济利益，与法人成立的目的并不完全吻合，某些公益法人为实现其公益目的，也需从事经济活动，如基金会为了维持其财产的价值或使其增值，需将其资金用于投资；救济院等慈善机构为了维持和扩大慈善救济范围，也往往从事经营活动并谋取经济利益。可见，关键不在法人是否从事经营活动和谋取经济利益，而在其所得利益之归属，如所得利益归属于法人即用于实现法人目的，则不构成营利法人；如所得利益被分配给法人成员，则属于营利法人。简言之，营利法人之所谓“营利”，并非指法人本身之“营利”，而是指法人成员设立法人或者加入法人之目的为获得投资收益，即“营利”。①

本法第2款规定，营利法人包括有限责任公司、股份有限公司和其他企业法人等。企业法人是指以营利为目的，独立从事商品生产和经营活动的法人。该款中的“其他企业法人”是指除有限责任公司、股份有限公司以外的企业法人，包括全民所有制企业、集体所有制企业、中外合资经营企业、中外合作经营企业和外资企业等法人。

**【司法适用】**

营利法人与公益法人的不同主要表现在：(1)目的不同。营利法人以取得营利并分配给其成员为目的；公益法人以公益为目的。(2)设立准则不同。营利法人的设立依特别法如公司法的规定设立；而公益法人除有特别法外，一般依民法的规定设立。(3)设立程序不同。营利法人的设立，除有特别规定外，一般不需要得到主管机关的许可；公益法人则必须得到这种许可后才能成立。(4)法律形式不同。营利法人只能采取社团法人的形式；公益法人既可采取社团法人形式又可采取财团法人形式。(5)行为能力不同。营利法人可从事各种营利性事业，公益法人无权从事以向其成员分配营利为目的的营利性事业，否则构成违法。

## 第七十七条　营利法人经依法登记成立。

**【条文主旨】**

本条是关于营利法人成立的规定。

**【条文理解】**

团体人格非经登记不能创设，通常还需履行法定程序。可见，较之自然人人格的取得，法人人格之创设至为复杂。法人设立的立法模式，经历过从所谓“自由设立主义”到“特殊主义”，再到“核准主义”及至“准则主义”的发展过程。但各国立法根据其传统习惯及法律政策，在不同法人的设立方式上仍有不同规定。如德国民法，对于营利性社团法人、外国社团法人和依州法设立的财团法人采用行政许可主义，而对于非营利性社团法人，则采用准则主义；瑞士民法，就营利性法人的设立采用准则主义，但对公益法人的设立却采取自由设立主义；日本民法思想，

① 梁慧星主编：《中国民法典草案建议稿附理由·总则编》，法律出版社2013年版，第151页。

认为自由设立主义会导致法人的法律关系不明确,有损害市场交易安全之虞,故不采自由设立主义,而对公益法人采行政许可主义,对以营利为目的的社团法人采准则主义,对其他法人采特许设立主义。我国现行法在法人设立方式上也不采自由主义,法律思想与日本民法同。

**【司法适用】**

本条则采准则主义,以现行法为根据,规定营利法人原则上采准则设立主义。所谓准则主义,是指营利法人设立的条件由法律作出规定。凡符合法定条件的,不必经国家主管机关批准,即可设立营利法人。从我国《公司法》第 6 条的规定来看,包括两点:第一,设立公司,应当依法向公司登记机关申请设立登记。符合本法规定的设立条件的,由公司登记机关分别登记为有限责任公司或者股份有限公司。不符合本法规定的设立条件的,不得登记为有限责任公司或者股份有限公司。第二,法律、行政法规规定设立公司必须报经批准的,应当在公司登记前依法办理批准手续。

**第七十八条　依法设立的营利法人,由登记机关发给营利法人营业执照。营业执照签发日期为营利法人的成立日期。**

**【条文主旨】**

本条是关于营利法人的营业执照的规定。

**【条文理解】**

营利法人的成立,应当符合法律有关营利法人设立的具体条件,并经法人登记机关登记,取得法人资格。申请企业法人登记,经企业法人登记主管机关审核,准予登记注册的,领取《企业法人营业执照》,取得法人资格,其合法权益受国家法律保护。企业法人登记注册的主要事项:企业法人名称、住所、经营场所、法定代表人、经济性质、经营范围、经营方式、注册资金、从业人数、经营期限、分支机构。《公司法》第 7 条第 1 款、第 2 款规定,依法设立的公司,由公司登记机关发给公司营业执照。公司营业执照签发日期为公司成立日期。公司营业执照应当载明公司的名称、住所、注册资本、经营范围、法定代表人姓名等事项。《公司登记管理条例》第 25 条规定,依法设立的公司,由公司登记机关发给《企业法人营业执照》。公司营业执照签发日期为公司成立日期。

**【司法适用】**

营利法人的设立不等同于营利法人的设立登记,后者仅是营利法人设立行为的最后阶段。营利法人设立也不同于营利法人成立,前者是对营利法人设立人而言的,后者是对营利法人而言的。它不是一种法律行为,而是设立人取得法人资格的一种事实状态或设立人设立法人行为的法律后果。营利法人何时成立对于法人是否具有主体资格至关重要。本条明确了营业执照签发日期为营利法人的成立日期,与《公司法》第 7 条、《公司登记管理条例》第 25 条之规定相一致。营业执照的签发,具有下列效力:

第一,取得从事经营活动的合法身份,即取得法人资格。依照《公司法》《企业法人登记管理条例》《公司登记管理条例》等规定,营利法人经设立登记并取得营业执照时,始成立为法人,为权利义务之主体。

第二,取得营利法人名称专用权。经法人登记机关核准登记的企业法人名称受法律保护。在登记主管机关辖区内,同类业务之企业法人,不得使用相同或近似值名称,但法律、法规有特殊规定者除外。由此,企业取得名称专用权。

第三,取得营利法人经营权。我国《企业法人登记管理条例》第 3 条第 2 款规定:"依法需要办理企业法人登记的,未经企业法人登记主管机关核准登记注册,不得从事经营活动。"我国《公司登记管理条例》第 3 条第 2 款也规定:"自本条例施行之日起设立公司,未经公司登记机关登记的,不得以公司名义从事经营活动。"因此,营利法人只能在设立登记后,才能取得经营权,对外以法人名义进行活动。

## 第七十九条　设立营利法人应当依法制定法人章程。

**【条文主旨】**

本条是关于营利法人的章程的规定。

**【条文理解】**

法人的章程是指法人所具备的,法人的成员就法人的整个活动范围、组织机构以及内部成员之间的权利义务等问题所订立的书面文件。法人的章程作为规范法人的组织和活动的基本规则,在法人存续期间具有重要意义。其基本特征是:

(一)法定性

法定性主要强调法人章程的法律地位、主要内容及修改程序、效力都由法律强制规定,任何法人都不得违反。

(二)真实性

真实性主要强调法人章程记载的内容必须是客观存在的、与实际相符的事实。这一特征与营利法人的构成有关。营利法人由众多股东出资组成,现代经济发展中,跨行业、跨地域投资日益增多,这给出资人亲自参与营利法人经营管理造成不便,形成所有与经营分离的现象。在此情况下,出资人必然要求严格规范经营的行为,以平衡双方的权利与义务。法人章程就要实现这样的目的,即一方面要防止持股人干预法人具体经营活动,以确保经营的效率;另一方面要规范和监督经营者的行为,以防止经营失败损害持股人的利益。法人章程真实,才能实现上述目标。

(三)自治性

自治性主要体现在:其一,章程作为一种行为规范,不是由国家而是由法人依法自行制定的。比如,《公司法》只能就公司的普遍问题对公司作出规定,不可能顾及各个公司的特殊性。而每个营利法人制定的章程,则能反映营利法人的个性,为本法人提供行为规范。其二,营利法人章程是一种法律以外的行为规范,由法人自己来执行,无须国家强制力来保证实施。当出现违反章程的行为,只要该行为不违反法律,就由法人自行解决。其三,法人章程作为法人内部的基本规范,其效力仅及于法人和相关当事人,而不具有普遍的约束力。

(四)公开性

公开性主要对营利法人中的股份公司而言。公司章程的内容不仅要对投资人公开,还要对包括债权人在内的一般社会公众公开。公开的法律意义在于:一是便于出资人行使其享有的公司经营监督权;二是便于债权人充分保护自身的债权;三是便于公众了解公司的内部构成情况,为其实否进行投资提供可靠的决策参考。

**【司法适用】**

公司章程是公司治理结构的总纲领,公司完全按其意思自治原则决定自己应该决定的事情。公司章程载明对公司增资事宜不仅包括增资数额,也包括各股东认缴及认购事宜。只要该章程规定性质上并不违反我国《公司法》有关强行性规范,与我国《公司法》第 34 条有关内容不冲突,股东会所做决议应当有效,各股东应按照股东会决议内容执行。公司章程还可以规定股东会对股东处以罚款,此系公司全体股东所预设的对违反公司章程股东的一种制裁措施,符合公司的整体利益,体现了有限公司的人合性特征,不违反公司法的禁止性规定,应合法有效。但公司章程在赋予股东会对待股东处以罚款职权时,应明确规定罚款的标准、幅度。①

① “南京安盛财务顾问有限公司诉祝鹃股东会决议罚款纠纷案”,载《最高人民法院公报》2012 年第 10 期。

法人章程内容可以分为绝对必要记载事项和任意记载事项。绝对必要记载事项是指法律规定在章程中必须具备的内容,不记载这些内容,该章程即属无效,登记机关将不予登记。根据有关法律的规定,必要记载事项应包括:法人的名称、住所、注册资本和各个出资人的出资数额、出资人的姓名或名称、出资方式、出资额和出资时间、法人的机构及其产生办法、职权、议事规则、法定代表人、章程修改程序及权力机构认为需要规定的其他事项。任意记载事项,是指不是由法律明文规定不可缺少的事项,而是可以规定,也可以不规定在章程中。法人的章程对法人来说至关重大,章程一经登记后,就具有法律效力,成为法人的行为准则,法人只能在其章程规定的范围内进行活动。所以,任何营利法人要具备法人资格,必须要有自己的章程。

**第八十条　营利法人应当设权力机构。**

**权力机构行使修改法人章程,选举或者更换执行机构、监督机构成员,以及法人章程规定的其他职权。**

**【条文主旨】**

本条是关于营利法人的权力机构的规定。

**【条文理解】**

营利法人的权力机构即法人的决策机关,有权决定法人有关重大事项。营利法人,属于传统民法社团法人中的营利性社团法人,为人的组织体,法人成员大会(社员大会)是其意思机关。营利法人中,根据是否采取公司的组织形式,分为公司营利法人和非公司营利法人。公司法人的成员,为公司的投资人即股东,股东大会是公司法人的权力机构,其职权适用公司法之规定。非公司营利法人,即未采取公司形式的企业法人,其出资人大会是权力机构。国有独资公司或者未采公司形式的国有企业,其出资人为国家,不存在成员大会,其权力机构根据法律、行政法规予以确定。

营利法人的权力机构是必设的非常设机关,即最高意思决定机关。这意味着:首先,股东会等出资人会的权力机构是必设机关。除《公司法》有特别规定的以外,公司必须设立股东会,这有利于公司的运营和保护投资者的合法权益。其次,股东会是非常设机关。换言之,出资人会不是常设的营利法人的权力机构。它仅以会议形式存在。只有在召开出资人会会议时,出资人会才作为营利法人的权力机构存在。最后,出资人会是营利法人的权力机关,须由出资人会决定的重大事项，均应由股东会等出资人会决定。

权力机构的职权包括修改章程，选举或者更换执行机构、监督机构成员，并行使章程规定的其他职权。

**【司法适用】**

《公司法》规定股东会作为权力机构，主要行使下列职权：决定公司的经营方针和投资计划；选举和更换非由职工代表担任的董事、监事，决定有关董事、监事的报酬事项；审议批准董事会的报告；审议批准监事会或者监事的报告；审议批准公司的年度财务预算方案、决算方案；审议批准公司的利润分配方案和弥补亏损方案；对公司增加或者减少注册资本作出决议；对发行公司债券作出决议；对公司合并、分立、解散、清算或者变更公司形式作出决议；修改公司章程；公司章程规定的其他职权。

**第八十一条　营利法人应当设执行机构。**

**执行机构行使召集权力机构会议，决定法人的经营计划和投资方案，决定法人内部管理机构的设置，以及法人章程规定的其他职权。**

**执行机构为董事会或者执行董事的，董事长、执行董事或者经理按照法人章程的规定担任法定代表人；未设董事会或者执行董事的，法人章程规定的主要负责人为其执行机构和法定代表人。**

**【条文主旨】**

本条是关于营利法人的执行机构的规定。

**【条文理解】**

法人的权力机构即意思机关形成的法人意思，需由自然人的活动予以实现，实现法人意思的机关即为执行机构。凡设董事会的营利法人，董事会为该类法人常设的业务执行和经营意思决定机关。

首先，董事会是营利法人的必设机构，但未设董事会的营利法人，执行董事为执行机构。

其次，董事会是营利法人的业务执行和经营意思决定机关。董事会享有业务执行权和日常经营的决策权。所谓业务执行，是相对股东会等权力机构而言的。权力机构作出决议后，董事会应执行其决议并对权力机构负责。所谓日常经营决策，是指权力机构仅对法人重大和长远的事项作出决议，法人日常经营中的重要事项则不可能每次由权力机构的会议进行决议，而由董事会决定。

最后,董事会为营利法人的常设机构。董事会不同于股东会,它不仅以会议形式存在,而且是负有使法人正常运营任务的工作机构。所以,应属常设机关之列。

不管是公司法人,还是非公司性质的营利法人,董事会是法人的执行机构,法定代表人可由董事长、执行董事或者经理担任;未设董事会或者执行董事的,其执行机构和法定代表人均为法人章程所规定的主要负责人。根据本条规定,设董事会的非公司营利法人,其执行机构和法定代表人非为同一人;而未设董事会的非公司营利法人,其执行机构和法定代表人为同一人。按照传统理论及多数国家和地区的立法例,法人的执行机构即法人的代表机关,社团法人的执行机构为董事或者董事会。如董事为数人,则每一个董事均有代表权。法定代表人只能为一人,与多数国家和地区立法例不同。在编纂民法典的讨论中,也有学者提出不同的观点。但从我国的实践情况看,实行单一法定代表人制有利于明确法人代表权和维护市场交易安全,且经长期实行并未发生弊端。因此,本条仍规定单一法定代表人制。

**【司法适用】**

公司的董事会是执行机构,召集股东会议,决定公司的经营计划和投资方案,决定公司内部管理机构的设置,执行股东会的决议和根据公司章程的授权处理公司事务。公司法人的董事会根据公司法由数人组成,我国《公司法》规定,董事会对股东会负责,行使下列职权:召集股东会会议,并向股东会报告工作;执行股东会的决议;决定公司的经营计划和投资方案;制订公司的年度财务预算方案、决算方案;制订公司的利润分配方案和弥补亏损方案;制订公司增加或者减少注册资本以及发行公司债券的方案;制订公司合并、分立、解散或者变更公司形式的方案;决定公司内部管理机构的设置;决定聘任或者解聘公司经理及其报酬事项,并根据经理的提名决定聘任或者解聘公司副经理、财务负责人及其报酬事项;制定公司的基本管理制度;公司章程规定的其他职权。

**第八十二条　营利法人设监事会或者监事等监督机构的,监督机构依法行使检查法人财务,监督执行机构成员、高级管理人员执行法人职务的行为,以及法人章程规定的其他职权。**

**【条文主旨】**

本条是关于营利法人的监督机构的规定。

**【条文理解】**

本条对监事会的性质和职权作了明确规定。监事会是营利法人的常设监督机构,专司监督职能。监事会对权力机构负责,并向其报告工作。以《公司法》中的监事会为例,监事会由监事组成,其成员不得少于三人。股东人数较少或者规模较小的有限责任公司,可以设一至二名监事,不设监事会。监事会应当包括股东代表和适当比例的公司职工代表,其中职工代表的比例不得低于三分之一,具体比例由公司章程规定。监事会中的职工代表由公司职工通过职工代表大会、职工大会或者其他形式民主选举产生。监事会设主席一人,由全体监事过半数选举产生。监事会主席召集和主持监事会会议;监事会主席不能履行职务或者不履行职务的,由半数以上监事共同推举一名监事召集和主持监事会会议。董事、高级管理人员不得兼任监事。

监督机构依法检查法人财务,对执行机构成员及高级管理人员执行法人职务的行为进行监督,或行使法人章程规定的其他职权。

**【司法适用】**

我国《公司法》规定,监事会、不设监事会的公司的监事行使下列职权:检查公司财务;对董事、高级管理人员执行公司职务的行为进行监督,对违反法律、行政法规、公司章程或者股东会决议的董事、高级管理人员提出罢免的建议;当董事、高级管理人员的行为损害公司的利益时,要求董事、高级管理人员予以纠正;提议召开临时股东会会议,在董事会不履行公司法规定的召集和主持股东会会议职责时召集和主持股东会会议;向股东会会议提出提案;依照《公司法》相关规定,对董事、高级管理人员提起诉讼及公司章程规定的其他职权。为便于监督,我国《公司法》还规定,监事有权列席董事会会议,并对董事会决议事项提出质询或者建议。

**第八十三条** 营利法人的出资人不得滥用出资人权利损害法人或者其他出资人的利益;滥用出资人权利造成法人或者其他出资人损失的,应当依法承担民事责任。

营利法人的出资人不得滥用法人独立地位和出资人有限责任损害法人的债权人利益,滥用法人独立地位和出资人有限责任,逃避债务,严重损害法人债权人的利益的,应当对法人债务承担连带责任。

**【条文主旨】**

本条是关于出资人滥用权利的责任承担的规定。

**【条文理解】**

本条分两款规定营利法人出资人正当行使的一般原则及出资人滥用权利的民事责任。

首先,出资人不得损害法人或其他出资人权益。本着权利、义务平等的原则,营利法人的出资人在享受各项权利的同时,负有正当行使权利的义务。其正当权利受法律保护,滥用权利将受到法律的制裁。出资人行使权利不得损害法人和其他出资人的利益。对出资人滥用权利的行为,给法人和其他出资人造成损失的,滥用权利的出资人应承担赔偿责任。这样规定有利于规范出资人行为,促使出资人依法、正当行使权利。

其次,出资人不得利用法人独立地位和有限责任损害债权人利益。营利法人属于社团法人,具有法人独立法律地位、财产独立和出资人享有有限责任三大基本特征。

(一)营利法人在法律地位上的独立性

营利法人的法人性是指营利法人具有独立的法人人格,这种独立的法人人格为法律所承认,或者说是法律赋予的。当然,营利法人具有法人人格并不意味着它是自然人那样活生生的有机体,而是立法技术使法人拥有了独立于出资人的权利、义务,并能独立地承担责任,这使法人在从事经营活动及参与诉讼时十分便利。

(二)营利法人在财产上的独立性

营利法人是以营利为目的的法人,必须有其可控制、可支配的财产,以从事经营活动。营利法人之原始财产由股东的出资构成,股东一旦履行了出资义务,其出资标的物的所有权即转移至法人,构成营利法人的财产。法人的财产与股东个人的财产相分离,用其全部法人财产,对法人债务承担责任,自负盈亏。营利法人独立承担责任,就意味着股东除承担对法人的出资义务外,不再承担任何其他责任,即出资人责任的有限性。

(三)法人人格否认对出资人有限责任的修正

营利法人具有法人性,是指法人拥有独立于其成员的人格。营利法人的法人性与出资人受到有限责任制度的保护是密切相连的。换言之,出资人借助营利法人的独立人格,将自己隐藏在法人背后,只在自己出资的范围内承担责任。出资人仅承担有限责任,不意味着消灭了其投资风险,而只是将这些风险转嫁给法人及其债权人。当出资人一方面享受法人独立地位和有限责任的好处,另一方面又不尊重法人独立地位、滥用有限责任原则时,法律就需要考虑予以纠正。于是,法人人格否认应运而生,以维护法人制度的公平正义。

所谓法人人格否认,又称刺穿法人面纱或者揭开法人的面纱,是指为了阻止法人独立人格的滥用和保护法人债权人利益及社会公共利益，基于法人的出资人滥用法人独立地位和出资人有限责任，逃避债务，严重损害法人债权人利益的事实，否认法人与其背后的出资人各自独立的人格及出资人的有限责任，责令出资人对法人债权人直接承担责任。

**【司法适用】**

《公司法》第 20 条第 1 款规定，公司股东应当遵守法律、行政法规和公司章程，依法行使股东权利，不得滥用股东权利损害公司或者其他股东的利益；不得滥用公司法人独立地位和股东有限责任损害公司债权人的利益。第 2 款规定，公司股东滥用股东权利给公司或者其他股东造成损失的，应当依法承担赔偿责任。第 3 款规定，公司股东滥用公司法人独立地位和股东有限责任，逃避债务，严重损害公司债权人利益的，应当对公司债务承担连带责任。该条对公司股东的行为进行规范，禁止公司股东滥用公司法人独立地位和股东有限责任，所保护的对象是公司债权人。在公司股东违反此条规定时适用该法条，其法律效果是给予公司债权人以特别救济，使得公司债权人不仅有权追索债务人即公司，还可以突破公司法人独立原则和股东有限责任原则而向公司股东追索。在此类情形下，公司股东不得抗辩公司作为独立法人应以公司财产对其债务自行承担责任，也不得以其认缴的出资额主张有限责任。

存在股权关系交叉、均为同一法人出资设立、由同一自然人担任各个公司法定代表人的关联公司，如果该法定代表人利用其对上述多个公司的控制权，无视各公司的独立人格，随意处置、混淆各个公司的财产及债权债务关系，造成各个公司的人员、财产等无法区分的，该多个公司法人表面上虽然彼此独立，但实质上构成人格混同，使债权人合法权益受到损害的，该多个公司法人应承担连带清偿责任。[①] 如关联公司在借款关系中存在借款人身份混同的事实，两者之间构成了共同债务人关系，亦应共同承担偿还该笔贷款的法律责任。

在有限责任公司特别是一人公司的人格否认诉讼中，需要注意举证责任的分配。第一，在一人公司法人人格否认之诉中，应区分作为原告的债权人起诉所基于的事由。若债权人以一人公司的股东与公司存在财产混同为由起诉要求股东对公司债务承担连带责任，应实行举证责任倒置，由被告股东对其个人财产与公司财产之间不存在混同承担举证责任。而其他情形下需遵循关于有限责任公司法人人格否认举证责任分配的一般原则，即折中的举证责任分配原则。第二，一

---

① 江必新等：《最高人民法院指导性案例裁判规则理解与适用 · 公司卷》，中国法制出版社 2012 年版，第 86 页。

人公司的财产与股东个人财产是否混同,应当审查公司是否建立了独立规范的财务制度、财务支付是否明晰、是否具有独立的经营场所等进行综合考量。①

**【司法案例】**

### 徐工集团工程机械股份有限公司诉成都川交工贸有限责任公司等买卖合同纠纷案②

**诉讼结论:**川交工贸公司向徐工机械公司支付货款及逾期付款利息,川交机械公司、瑞路公司与川交工贸公司人格混同,应承担连带清偿责任。

公司人格独立是其作为法人独立承担责任的前提。公司的独立财产是公司独立承担责任的物质保证,公司的独立人格也突出地表现在财产的独立上。当关联公司的财产无法区分,丧失独立人格时,就丧失了独立承担责任的基础。本案中,三个公司虽在工商登记部门登记为彼此独立的企业法人,但实际上相互之间界线模糊、人格混同,其中川交工贸公司承担所有关联公司的债务却无力清偿,又使其他关联公司逃避巨额债务,严重损害了债权人的利益。上述行为违背了法人制度设立的宗旨,违背了诚实信用原则,其行为本质和危害结果与《公司法》第 20 条第 3 款规定的情形相当,故参照该规定,川交机械公司、瑞路公司对川交工贸公司的债务应当承担连带清偿责任。

**第八十四条　营利法人的控股出资人、实际控制人、董事、监事、高级管理人员不得利用其关联关系损害法人的利益;利用关联关系造成法人损失的,应当承担赔偿责任。**

**【条文主旨】**

本条是关于营利法人关联交易的规定。

**【条文理解】**

营利法人的关联交易一般是指具有投资关系或合同关系的不同主体之间所进行的交易,又称为关联方交易。营利法人的关联交易是一种经济行为。正常的关联交易,可以稳定营利法人业务,分散经营风险,有利于营利法人的发展;但实务中常有控制公司,利用与从属公司的关联关系或对从属公司的控制地位,迫使

---

① “应高峰诉嘉美德(上海)商贸有限公司、陈惠美其他合同纠纷案”,载《最高人民法院公报》2016年第10期。

② 最高人民法院指导案例15号。

从属公司与自己或其他关联方从事不利益的交易，损害从属公司和少数股东利益的现象。为此，各国公司法中对关联交易都有或繁或简的相关规定，调整关联关系，保护从属公司及少数股东的利益。

在大陆法系国家，一般在人事控制、会计原则、公司财务控制等方面有较为详细的规定，法院也可以根据法律原则规定作出裁决；在英美法系国家，由于法官的自由裁量权较大和其造法职能，通常可以由法官根据案件的具体情况作出裁判，所以后者对关联交易的控制多表现在判例法中。本条内容实质上来自《公司法》第 21 条的规定，即公司的控股股东、实际控制人、董事、监事、高级管理人员不得利用其关联关系损害公司利益。违反前款规定，给公司造成损失的，应当承担赔偿责任。

我国的公司关联交易现象是随着经济的发展、公司规模逐渐扩大、公司内部结构逐渐复杂而逐步增多的；特别是在较大的公司和上市公司中，这一现象更是较多。一些公司的大股东、实际控制人和管理层通过与公司的关联交易，随意挪用公司资金，为自己或关联方提供担保，通过操纵交易条件等将公司的利润转移至关联方，严重地损害公司、少数股东和债权人的利益。为此，中国证监会、财政部门、税务部门从财政、税收、上市公司监管等方面对公司关联交易控制做了一些规定。

总则做了一条原则性的规定，主要是明确了营利法人的关联方利用关联关系损害法人利益的法律后果，同时规定了对法人关联交易的处理。违反本条规定的，致使法人遭受损害的，应当就其损害承担赔偿责任。

**【司法适用】**

所谓关联关系，是指公司控股股东、实际控制人、董事、监事、高级管理人员与其直接或者间接控制的企业之间的关系，以及可能导致公司利益转移的其他关系；但是，国家控股的企业之间不仅仅因为同受国家控股而具有关联关系。根据本法第 11 条的规定，其他法律对民事关系有特别规定的，依照其规定。公司是现代法人制度最高级的代表形式，在此，以《公司法》规定为例，与公司有关联关系的五种人不得利用其与公司的关联关系损害公司利益，包括：(1)公司控股股东，是指其出资额占有限责任公司资本总额 50% 以上或者其持有的股份占股份有限公司股本总额 50% 以上的股东；出资额或者持有股份的比例虽然不足 50%，但依其出资额或者持有的股份所享有的表决权已足以对股东会、股东大会的决议产生重大影响的股东。(2)实际控制人，是指虽然不是公司的股东，但通过投资关系、协议或者其他安排，能够实际支配公司行为的人。(3)董事，是指公司股东会或者股东大会选举出来的董事会成员。(4)监事，是指公司股东会或者股东大会选举出来的监事会成员。(5)高级管理人员,是指公司的经理、副经理、财务负责人,上市公司董事会秘书和公司章程规定的其他人员。

**【司法案例】**

### 宜昌富连江复合材料有限公司诉宜昌弘健新材料有限公司、余鸿之公司关联交易损害责任纠纷①

**诉讼结论:**作为与余鸿之具有关联关系的弘健公司,其与余鸿之具有意思表示一致性及利益取得的共同性,故为共同侵权人,承担3455.2万元损失的赔偿责任。

余鸿之作为富连江公司的董事,基于其对弘健公司的重大影响力,而可能导致富连江公司利益转移至弘健公司。余鸿之作为富连江公司2009年至2010年期间的实际控制人,在涉及公司重大交易时,未经董事会表决通过或董事长同意,应当回避却未予回避,还直接批准了涉案交易用款,以与市场价格严重不相符的高价购买弘健公司供应的设备,直接导致富连江公司利益转移至弘健公司,客观上造成了富连江公司的损失。余鸿之既不能对该巨额差额进行合理说明,该差额也与市场惯例不相符合。因此,该差额应视为富连江公司的损失。因此,应认定余鸿之该行为属于违反《公司法》第21条"公司的控股股东、实际控制人、董事、监事、高级管理人员不得利用关联关系损害公司利益"规定的行为。

**第八十五条　营利法人的权力机构、执行机构作出决议的会议召集程序、表决方式违反法律、行政法规、法人章程,或者决议内容违反法人章程的,营利法人的出资人可以请求人民法院撤销该决议。但是,营利法人依据该决议与善意相对人形成的民事法律关系不受影响。**

**【条文主旨】**

本条是关于营利法人决议撤销的规定。

**【条文理解】**

股东会等出资人会是营利法人的权力机构,董事会是营利法人常设的执行机构,即经营决策机关。股东会等出资人会和董事会通过召开会议,形成决议行使权力。上述决议一旦依法作出并生效,则变为法人的意志,对法人及股东或出资

① 湖北省高级人民法院(2013)鄂民二终字第00084号民事判决书。

人具有约束力。因此,股东会等出资人会及董事会决议对出资人关系重大。有关决议有瑕疵的,可能损害出资人的合法权益,出资人有权对其提起撤销之诉。根据本条的规定,股东会、股东大会和董事会决议的瑕疵分为内容瑕疵和程序瑕疵:内容瑕疵主要是违反法人章程的瑕疵;程序瑕疵主要指召集程序、表决方式违反法律、行政法规及违反法人章程的瑕疵。由于法人权力机构和执行机构的决议能否顺利执行,直接影响法人行为的效率,而决议是否公平、合法也是涉及出资人权益的重要问题,法律规定要求三者兼备。本条分不同情况,考虑到决议内容的瑕疵和程序瑕疵在法律后果上轻重有别,违反法律及违反法人章程的瑕疵从性质及后果上也不相同,本着兼顾公平和效率的原则分别作了规定。营利法人的股东会等出资人会、董事会的决议在会议召集程序和表决方式上违反本法及其他有关法律、行政法规的,任何出资人可以提起撤销之诉。上述决议无论是在内容还是在程序上有违反章程的瑕疵的,出资人只能提起撤销之诉。出资人在提起这一诉讼时,其应当持有法人的出资,即具有法人出资人的适格性。决议被人民法院撤销的,自撤销之日起失去效力。

**【司法适用】**

本条规定的内容与我国《公司法》第 22 条第 2 款的规定基本一致,即股东会或者股东大会、董事会的会议召集程序、表达方式违反法律、行政法规或者公司章程,或者决议内容违反公司章程的,股东可以自决议作出之日起 60 日内,请求人民法院撤销。

决议撤销之诉与一般民事诉讼相比,并无特别之处,应当按照《民事诉讼法》关于原告就被告的原则,由公司的主要办事机构所在地人民法院管辖;无法确认公司的主要办事机构所在地的,可由公司的注册登记地人民法院管辖。撤销决议之诉,在性质上,属于形成之诉,相比确认之诉,形成之诉的主要特点在于当事人对于现存的法律关系作为事实的存在并无争议,只是意欲通过该诉讼消灭或者变更该法律关系的内容,因此在生效裁判做出之前,该法律关系应属有效。

需要注意的是,本条另有但书规定,即营利法人依据该决议与善意相对人形成的民事法律关系不受影响。《公司法解释四》①第 11 条规定,人民法院判决股东会或者股东大会、董事会决议不存在、未形成有效决议、决议无效或者撤销决议的,该决议自始没有法律约束力。该条认为被撤销的决议自始没有法律约束力。然而,决议为公司机关产生的内部意思,属于公司意思表示之意思形成阶段,意思表示之表达须有公司代表机关以公司名义将此向外部表示的行为。我国大陆司

① 该司法解释于 2016 年 12 月 5 日经最高人民法院审议并原则通过,自 2017 年 9 月 1 日起施行。

法在实践中对公司意思进行了内外区分，但并未结合决议效力来判断对外行为的效力。在绵阳市红日实业有限公司、蒋洋诉绵阳高新区科创实业有限公司股东会决议效力及增资纠纷案①中，最高人民法院认为，“出于保护善意第三人和维护交易安全的考虑，在公司内部意思形成过程存在瑕疵的情况下，只要对外的表示行为不存在无效的情形，公司就应受其表示行为的制约。”该案的判决是否意味着确立了一种导向，即公司代表人的对外表示行为不受据以行为的决议瑕疵的影响？从该案案由看，应当属于公司股东内部之间的纠纷，难以看出保护善意相对人和维护交易安全趣旨所在。而在此后的中建材集团进出口公司诉北京大地恒通经贸有限公司、北京天元盛唐投资有限公司、天宝盛世科技发展（北京）有限公司、江苏银大科技有限公司、四川宜宾俄欧工程发展有限公司进出口代理合同纠纷案②中，最高人民法院认为，公司内部决议程序，不得约束第三人，公司法定代表人违反公司章程的规定对外提供担保应认定为有效。对于公司法定代表人越权对外提供担保的情形，《公司法》第16条对关联担保和非关联担保的决定机关作出了区别规定，公司对外仍应对善意相对人承担民事责任。由此观之，《民法总则》对法人决议的溯及力问题上，遵循公平原则，合理确定各方的权利和义务，既尊重营利法人的意思，又顾及交易安全，保护善意相对人利益。

**【司法案例】**

### 绵阳市红日实业有限公司、蒋洋诉绵阳高新区科创实业有限公司股东会决议效力及公司增资纠纷案③

**诉讼结论：**法定代表人陈木高认缴新增出资的决议内容部分无效不影响增资决议的效力。

2003年12月18日，科创公司与陈木高签订的《入股协议书》系科创公司与该公司以外的第三人签订的合同，应适用《合同法》的一般原则及相关法律规定认定其效力。虽然科创公司于2003年12月16日作出的股东会决议部分无效，导致科创公司达成上述协议的意思存在瑕疵，但作为合同相对方的陈木高并无审查科创公司意思形成过程的义务，科创公司对外达成协议应受其表示行为的制约。上述《入股协议书》是科创公司与陈木高作出的一致意思表示，不违反国家禁止性法律

---

① 最高人民法院（2010）民提字第48号民事判决书，载《最高人民法院公报》2011年第3期。

② “中建材集团进出口公司诉北京大地恒通经贸有限公司、北京天元盛唐投资有限公司、天宝盛世科技发展（北京）有限公司、江苏银大科技有限公司、四川宜宾俄欧工程发展有限公司进出口代理合同纠纷案”，载《最高人民法院公报》2011年第2期。

③ 最高人民法院（2010）民提字第48号民事判决书。

规范，且陈木高按照协议约定支付了相应对价。出于保护善意第三人和维护交易安全的考虑，在公司内部意思形成过程存在瑕疵的情况下，只要对外的表示行为不存在无效的情形，公司就应受其表示行为的制约。

**第八十六条 营利法人从事经营活动，应当遵守商业道德，维护交易安全，接受政府和社会的监督，承担社会责任。**

**【条文主旨】**

本条是关于营利法人应当履行的义务的规定。

**【条文理解】**

本条规定针对营利法人，其中内容与《公司法》规定大体一致。

营利法人作为社会经济活动的基本单位，作为民事主体，其合法权益受法律保护，同时也要求它承担一定的社会责任：(1)营利法人应当遵守社会公德和商业道德。社会公德，是指各个社会主体在其交往过程中应当遵循的公共道德规范；商业道德是指从事商业活动应遵循的道德规范。这两种规范在市场主体的活动中相互交融，对法律起着较好的补充作用。营利法人作为一种与社会经济各个方面有广泛联系的实体，应当遵守社会公德和商业道德，接受这些规范的约束。在法律中明确规定应遵守社会公德和商业道德，使其成为一种法律规范，有利于促使公司形成良好的经营作风、树立商业信誉，从而维护社会公众利益和经济秩序。(2)营利法人从事经营活动，必须维护交易安全。维护交易安全实质是要求民事主体从事民事活动应当遵循诚信原则，秉持诚实，恪守承诺，这也是营利法人从事民事活动，应当遵循诚实信用原则的体现。在实际生活中，许多营利法人能够诚实经营，并有良好的效益；但也有相当一些企业，采用虚假出资、虚报业绩、做假账等欺骗手段非法经营，丧失了诚实守信的原则，严重损害了有关交易相对人的合法利益。针对这一现象，"总则编"强调营利法人从事经营活动，要诚实守信。(3)营利法人的经营活动要接受政府和社会公众的监督。营利法人的经营行为是否符合法律，是否符合商业道德规范，由政府和社会公众来进行监督。通过监督促使营利法人的行为规范化，更有效地维护国家利益、社会公众利益和法人自身的合法权益，维护市场秩序，促进公司的健康发展。(4)营利法人应当承担社会责任。营利法人在依法经营、努力实现赢利的同时，还应承担一定的社会责任，包括避免造成环境污染和维护职工合法权益等方面的责任。

营利法人是独立享有法定权利的法人，法律对其合法权益应当予以保护。侵犯营利法人合法权益的,将受到法律追究。

**【司法适用】**

本条规定与我国《公司法》第5条规定基本一致,即公司从事经营活动,必须遵守法律、行政法规,遵守社会公德、商业道德,诚实守信,接受政府和社会公众的监督,承担社会责任。

营利是营利法人的根本目的,是其区别于非营利法人的重要特征。营利法人从事经营活动的目的是谋取经济利益。马克思有句名言,“资本来到世间,从头到脚,每个毛孔都滴着血和肮脏的东西。”因此,政府和社会对营利法人在逐利过程中的失范行为予以管理和监督。要求营利法人承担社会责任,不仅是《民法总则》的重要立法规定,也是弘扬社会主义核心价值观的重要体现。营利法人在生产经营、转让股权、发行股票或债券、签订合同以及合并、分立、破产清算等商事活动中,不得损害国家、集体或者第三人利益,破坏社会经济秩序和生产、生活秩序,应当自觉维护交易的安全和经济秩序的稳定,最大限度地关怀和增进出资人利益之外的其他所有社会利益。

**【司法案例】**

### 浙江复星商业发展有限公司诉上海长烨投资管理咨询有限公司等股权转让合同纠纷案①

**诉讼结论:**撤销确认股权转让协议无效的一审判决,准许浙江复星商业发展有限公司放弃全部诉讼请求。

复星公司以长烨公司、长昇公司、绿城公司、证大五道口公司、证大置业公司以及嘉和公司之间恶意串通,损害复星公司利益为由,诉请确认系争股权交易无效,恢复绿城公司和证大五道口公司的股权状态至转让前。一审认为,交易各方规避了法律赋予复星公司享有股东优先购买权的设定要件,通过实施间接出让的交易模式,达到了与直接出让相同的交易目的。系争股权交易的实质,规避了《公司法》第71条之规定,符合《合同法》第52条第3项规定之无效情形,应当依法确认为无效。二审期间,复星公司明确声明认可系争股权交易,放弃其在一审中提出的全部诉讼请求。复星公司的该行为不违反法律法规的禁止性规定,亦不存在损害国家利益、社会公共利益、他人合法权益的情形,对此予以准许。鉴于此,当事人之间在本案中的争议已经不复存在,一审判决可予撤销。

---

① 上海市高级人民法院(2013)沪高民二(商)终字第27号民事判决书。

## 第三节　非营利法人

**第八十七条　为公益目的或者其他非营利目的成立，不向出资人、设立人或者会员分配所取得利润的法人，为非营利法人。**

**非营利法人包括事业单位、社会团体、基金会、社会服务机构等。**

**【条文主旨】**

本条是关于非营利法人的定义的规定。

**【条文理解】**

非营利法人是指以公益为目的或其他非营利目的而成立的法人，亦即此类法人组织的宗旨不是取得经济利益并分配给其出资人或设立人。此类法人或者是以从事社会公益事业、满足不特定多数人的利益为目的的公益法人，如基金会法人；或者是以满足法人成员或特定范围人员的利益为目的的互益法人，如行业协会。非营利法人包括营利法人之外的部分法人，可分为事业单位法人、社会团体法人、捐助法人三大类。

需要注意的是，本条规定的非营利法人不包括机关法人、农村集体经济组织、居民委员会、村民委员会等特别法人，有别于《民法通则》对法人作企业法人和非企业法人这样的划分。非营利法人的成立，原则上必须经法定主管机关登记，如各种协会、基金会等必须经法定主管部门登记，但法律另有规定的不在此限。

**【司法适用】**

非营利法人的设立主要规定了两种方式：(1)特许设立。按此种方式设立的非营利法人，其设立或直接根据法律、行政法规的规定，或直接根据有关机关的行政命令，故不需要进行登记。此种方式适用于依法不需要办理登记的事业单位法人和社会团体法人。(2)行政许可设立。按此种方式设立的非营利法人，其设立应当经过业务主管部门审查同意，向登记机关申请登记。此种方式适用于依法需要办理法人登记的事业单位、社会团体、基金会和社会服务机构。

**第八十八条　具备法人条件，为适应经济社会发展需要，提供公益服务设立的事业单位，经依法登记成立，取得事业单位法人资格；依法不需要办理法人登记的，从成立之日起，具有事业单位法人资格。**

**【条文主旨】**

本条是关于事业单位法人的定义的规定。

**【条文理解】**

事业单位法人，是指国家为了社会公益目的，由国家机关举办或者其他组织利用国有资产举办的，从事教育、科技、文化、卫生等非营利性的社会公益事业活动的社会服务组织，如学校、研究机构、医院、新闻、出版、广播、电影、教育、文艺团体等。具有独立财产或经费的事业单位，依法不需要办理法人登记的，得自成立起依法取得法人资格，但法律规定需要登记的，须经登记而取得法人资格。

事业单位相对于企业而言，事业单位法人则是相对于企业法人而言的。事业单位法人具有如下特点：

（一）广泛从事社会公益活动

这些活动包括文化、教育、卫生、体育、新闻等事业，它们是社会主义精神文明的重要工具。事业单位从事的活动主要不是商品生产经营活动，不以营利为其主要目的，但是与商品经济活动不能截然分开。大多数事业单位已由过去的国家财政拨款，改为独立经营、自负盈亏或自收自支，他们活动所需的资金靠自筹解决，他们的活动当然可以盈利。但是，获取盈利并不是事业单位的目的和宗旨，否则，事业单位的性质就与作为营利法人的公司、企业无异。

（二）拥有独立的财产或经费

大多事业单位主要靠国家的财政拨款进行活动。随着我国社会经济的发展，国家预算中的事业费支出不断增加，以促进文、教、科、卫、体等事业的发展。事业单位通过财政拨款取得的经费，由事业单位独立支配。事业单位所有或经营的财产是其对外从事民事活动，享受权利并承担的义务的物质基础，事业单位以法人的名义从事民事活动所形成的债务，由事业单位以自己经营或所有的财产承担责任。

（三）依法成立

机关法人依据法律的规定或行政命令而设置，从成立之时取得法人资格，无须登记。《事业单位登记管理暂行条例》规定，事业单位经县级以上各级人民政府及其有关主管部门批准成立后，应当依照该条例的规定登记或者备案。法律规定具备法人条件、自批准之日起，取得法人资格的事业单位或者法律、其他行政法规规定具备法人条件、经有关主管部门依法审核或者登记，已经取得相应的执业许可证书的事业单位，不再办理事业单位法人登记，由有关主管机关按照分级登记管理的规定向登记管理机关备案。

【司法适用】

本条规定与《民法通则》第50条第2款规定一致，即具备法人条件的事业单位、社会团体，依法不需要办理法人登记的，从成立之日起，具有法人资格；依法需要办理法人登记的，经核准登记，取得法人资格。

《民事诉讼法解释》第62条第1项规定，法人或者其他组织应登记而未登记，行为人即以该法人或者其他组织名义进行民事活动的，以行为人为当事人。作为事业单位，如果是依法不需要办理法人登记的，其必须依法登记，才取得事业单位法人资格。

【司法案例】

**惠州市经济开发实业总公司诉广东省惠州市质量技术监督局、测控技术研究所拖欠承包款纠纷案①**

**诉讼结论：**测控所应支付机器设备使用费，质量监督局对测控所不能偿还上述债务承担清偿责任。

测控所虽然是惠州市机构编制委员会同意质量监督局申请独立设置为正科级事业单位，惠州市机构编制委员会审批同意的是测控所为事业单位是否可以成立，即使批准了该机构成立，当批准文件发出时，该机构实际上还不具有法人资格，因此应理解为惠州市机构编制委员会的审批只是批准同意成立。是否具备法人资格，应符合《民法通则》第37条规定的应当具备的条件即"依法成立：有必要的财产或者经费；有自己的名称、组织机构和场所；能够独立承担民事责任"，按照《民法通则》第50条第1款规定，也要有独立经费的机关，从成立之日起，才具有法人资格。质量监督局申请开办测控所，因测控所当时不具备事业单位法人资格，因此应对测控所债务承担清偿责任。

**第八十九条　事业单位法人设理事会的，除法律另有规定外，理事会为其决策机构。事业单位法人的法定代表人依照法律、行政法规或者法人章程的规定产生。**

【条文主旨】

本条是关于事业单位的组织机构的规定。

---

① 广东省惠州市中级人民法院（2001）惠中法经终字第206号民事判决书。

**【条文理解】**

本条规定事业单位法人设理事会的,理事会为其决策机构,除非法律另有规定。也就是说,在立法上明确事业单位设理事会等决策层和管理层,把政府直接办事业单位的职能交给理事会,可以使事业单位法人经由理事会这一机构获得自身重大问题的决策权、管理权、监督权。以理事会为主要架构的事业单位法人运行机制,是实现法人治理、推进事业单位改革的一个重要方面,要保证这种机制独立、顺畅地运行,必然要求现行事业单位管理制度做出相应的变革。因此,本条规定:第一,通过明确理事会等决策层的决策地位,减少政府主管部门对事业单位的微观管理和直接管理,有利于明确事业单位的功能定位,进一步激发事业单位从业人员的积极性和主动性。第二,通过吸收事业单位外部人员参加决策层,扩大参与事业单位决策和监督的人员范围,有利于进一步规范事业单位的行为,确保公益目标的实现。第三,通过明确决策层与管理层的职责权限和运行规则,有利于进一步完善事业单位的激励约束机制,提高公益服务的质量和效益。

一般而言,事业单位法人治理结构的基本架构包括决策层和管理层。决策层是事业单位的决策与监督机构,负责对本单位的重大事项进行决策,并对管理层执行决策层决议事项有关情况进行监督。管理层是决策层的执行机构,对决策层负责,并向决策层汇报工作。对服务事项涉及公众普遍需求,承载较多公共利益,以及可以依法开展相关经营活动的事业单位,可设置监事会,作为本单位的专门监督机构,负责对本单位的财务、理事和管理层履行职责的情况进行监督。事业单位法人的治理结构、运行方式要通过法律予以保障。这种治理结构可以落实事业单位所有权与经营权的分离。事业单位法人应当拥有独立的财产权,按照市场经济原理,事业单位法人只有确立了独立的法人财产权,才能获得法人资格成为真正的市场主体,独立承担民事责任。

本条对事业单位法人的法定代表人的产生作了授权性规定,法定代表人可在法人章程中进行规定。例如,《义务教育法》第26条规定,学校实行校长负责制。而代表法人从事民事活动的负责人,为法人的法定代表人。因此,根据本条规定,作为事业单位法人的学校的法定代表人是基于法律的规定产生。

**【司法适用】**

《事业单位登记管理暂行条例实施细则》第30条规定,事业单位的拟任法定代表人,经登记管理机关核准登记,方取得事业单位法定代表人资格。需要注意的是,事业单位法人治理结构与公司法人治理结构既相联系又相区别。就联系而言,事业单位法人治理结构在组织架构和运行机制上主要借鉴了公司法人治理结构的相关经验,二者的基本原理都是在组织体内形成决策、执行与监督相互分离又相互协调的权力运行机制。就区别而言，事业单位具有公益属性，组织使命是提供公益服务，出资者角色弱化，体现利益相关方的多方共同治理；公司具有财产属性，组织使命是获取利润，依出资比例分配收益，彰显所有者权益。

**第九十条 具备法人条件，基于会员共同意愿，为公益目的或者会员共同利益等非营利目的设立的社会团体，经依法登记成立，取得社会团体法人资格；依法不需要办理法人登记的，从成立之日起，具有社会团体法人资格。**

**【条文主旨】**

本条是关于社团法人资格的取得的规定。

**【条文理解】**

社会团体法人，是指基于自然人、法人等会员的共同意愿，为实现公益目的或者会员共同利益等而设立的法人。主要从事社会公益、文学艺术、学术研究、宗教等活动的各类法人，如工会、妇女联合会、工商业联合会等。社会团体包括人民群众团体（如工会、妇女联合会、工商业联合会等）、社会公益团体（如中国福利会、残疾人基金会等）、学术研究团体（如自然科学工作者协会、医学会、经济学会等）、宗教团体（如基督教、天主教、佛教协会等）以及其他依法成立的社会团体。社会团体符合法人条件的，可取得法人资格，其特点是：

（一）依法自愿成立

社会团体一般是由成员全体协商一致，自愿成立的组织。它有自己的章程，由主管机关认可章程后即可成立。社会团体不是依行政命令而成立，而是民间的群众性组织，但它仍必须接受主管机关的指导和监督。

（二）从事的事业广泛

社会团体既可以从事事业单位所从事的某些事业，也可以从事群众性的社会活动。但是，社会团体从事各类活动也不得违反法律的规定。它们必须在核准登记的业务范围和活动地域内从事活动。例如，学术研究团体不得专门从事宗教活动，地方社会团体法人不得在全国范围内从事业务活动，否则，将依法追究其法律责任，甚至撤销其法人资格。社会团体也可从事某些营利性活动，如行业协会从事技术咨询和服务工作，依法收取一定的报酬。但是它们不得专门以营利为目的，不得从事大规模的生产经营活动，否则就逾越了其性质所允许的活动范围。

（三）拥有独立的财产或经费

许多社会团体的财产是通过自筹资金方式取得的，如采取募捐形式或由成员出资,或者由社会有关单位和公民个人赞助。这些财产归社会团体所有,并受法律保护。还有一些社会团体,将国家财政拨款作为活动经费,如工会、妇联等,在这一点上它们与事业单位相同。社会团体在从事民事活动中形成的债务,应以其自己的财产清偿。

**【司法适用】**

本条规定与《民法通则》第50条第2款的规定相同,具备法人条件的社会团体,依法不需要办理法人登记的,从成立之日起,具有法人资格;依法需要办理法人登记的,经核准登记,取得法人资格。《社会团体登记管理条例》规定,申请成立社会团体,应当经其业务主管单位审查同意,由发起人向登记管理机关申请登记。依照法律规定,自批准成立之日起即具有法人资格的社会团体,应当自批准成立之日起60日内向登记管理机关提交批准文件,申领《社会团体法人登记证书》。登记管理机关自收到文件之日起30日内发给《社会团体法人登记证书》。

**第九十一条　设立社会团体法人应当依法制定法人章程。**

**社会团体法人应当设会员大会或者会员代表大会等权力机构。**

**社会团体法人应当设理事会等执行机构。理事长或者会长等负责人按照法人章程的规定担任法定代表人。**

**【条文主旨】**

本条是关于社会团体法人的章程及组织机构的规定。

**【条文理解】**

社会团体,是会员自愿组成,为实现会员共同意愿,按照其章程开展活动的非营利性社会组织,故设立社会团体法人应当制定章程,社会团体的章程应当包括:名称、住所;宗旨、业务范围和活动地域;会员资格及其权利、义务;民主的组织管理制度,执行机构的产生程序;负责人的条件和产生、罢免的程序;资产管理和使用的原则;章程的修改程序;终止程序和终止后资产的处理;应当由章程规定的其他事项。

社会团体法人机构设置类似于营利法人中的公司法人,设会员大会、理事会、理事长。其会员大会是权力机构,有权决定社会团体法人的重大事项。理事会是执行机构,理事长是法定代表人。

**【司法适用】**

我国社会团体法人,相当于外国法上的公益社团法人,其会员大会是意思机关,也即权力机构,为社团法人所独有的机关。社会团体法人还应当设立理事会等执行机构,但监事或监事会,并非社会团体法人的必设机构。我国实行单一法定代表人制,社会团体的理事会为执行机构,法定代表人由理事长或会长等负责人担任。需要注意的是,社会团体的法定代表人,不得同时担任其他社会团体的法定代表人。①

**第九十二条　具备法人条件,为公益目的以捐助财产设立的基金会、社会服务机构等,经依法登记成立,取得捐助法人资格。**

**依法设立的宗教活动场所,具备法人条件的,可以申请法人登记,取得捐助法人资格。法律、行政法规对宗教活动场所有规定的,依照其规定。**

**【条文主旨】**

本条是关于捐助法人的定义和范围的规定。

**【条文理解】**

从《民法典》的立法编排上来看,捐助法人在非营利法人一节,实质上将其作为传统民法上的财团法人对待。捐助法人为财产的集合体,即以财产为其成立的基础,没有成员。如各种基金会、孤儿院、救济院等慈善机构及宗教活动场所。捐助法人的设立目的只能是公益。捐助法人虽然也有人的参与,由人进行管理并代表法人对外进行民事活动,但是,代表捐助法人进行活动的人并非捐助法人的成员而是管理人员。

财团法人往往通过捐助财产设立,其典型形式是各种基金会。我国实行改革开放以来,由有关人士捐资设立的基金会大量增加。但基金会等与明显具有社团特征的社会团体具有本质区别,如加以混淆,可能将基金会等福利机构中的管理人员误认为法人成员,从而导致其设立目的和财产用途被非法改变。但又不能把基金会归入事业单位法人的范畴,否则,其财团性质难以显示。所以,将团体或个人捐资设立的基金会等公益组织统称为"捐助法人",在立法上单独加以规定,明确其性质与特征。②

本条第 2 款规定,依法设立的宗教活动场所,具备法人条件的,可以申请法人登记,取得捐助法人资格。换言之,具备法人条件的寺庙经登记后取得法人资格。

---

① 《社会团体登记管理条例》第 14 条第 2 款。

② 尹田:《民法典总则之理论与立法研究》,法律出版社 2010 年版,第 373 ~ 374 页。

明确宗教活动场所的主体资格，对于确定寺庙等宗教活动场所财产的归属具有十分重要意义。信众捐赠的钱物，不作为宗教财产所有人的意思，而且信教群众没有形成一个成员或固定的集体，也没有明确的组织形态，而是宗教活动场所的财产，比如寺庙、道观、教堂等，系财产的集合体，即在一定独立财产基础上形成的、能独立参加民事关系的法人团体。故宗教活动场所亦可取得捐助法人资格。

**【司法适用】**

捐助法人的成立，必须经过主管机关的批准并经登记机关登记。在民事立法中，各国皆运用法律手段对捐助行为进行严格的目的管制和审查。各国承认附有法律容许的特定目的的、组织化的财产拥有法人资格，使得其成为法律上独立的权利义务主体，实现与捐助者人格的分离，杜绝捐助者意志在捐助法人设立之后对捐助财产的直接影响，从而让捐助财产在依循通过法律严格审查的捐助目的范围内使用。[①]

**第九十三条　设立捐助法人应当依法制定法人章程。**

**捐助法人应当设理事会、民主管理组织等决策机构，并设执行机构。理事长等负责人按照法人章程的规定担任法定代表人。**

**捐助法人应当设监事会等监督机构。**

**【条文主旨】**

本条是关于捐助法人的章程及组织机构的规定。

**【条文理解】**

章程规定捐助法人成立的目的、活动宗旨及其组织机构由捐助法人决定并在章程中予以规定。捐助法人为财产的集合体，而非人的集合体。在章程规定的目的范围内，为了使捐助财产保值增值，捐助法人可以从事必要的经营活动。捐助法人的理事或理事会是其执行机构，按照捐助法人的章程规定的目的行使管理权，其理事或理事长是法定代表人。在捐助法人设立之后，法律对捐助财产的使用是否符合捐助目的进行法律监督和审查，既维护捐助者设立捐助法人的初始意志，也防止捐助财产的管理机构违背捐助目的而滥用捐助财产。加上捐助法人并无成员，无法通过成员大会建立自治章程并依此作出自治性的决议，故章程之制

---

① 谭启平、黄家镇：《民法总则中的法人分类》，载《法学家》2016 年第 5 期。

定显得尤为必要，确保捐助法人服务于捐助之目的。

目前对于捐助法人并无统一的专门立法规定，与捐助法人最为相似的是基金会。捐助法人成立的条件无异于法人应当具备的成立条件：（1）必须为特定的公益目的而设立，必须要有规范的名称、章程、组织机构以及与其开展活动相适应的专职工作人员。（2）有固定的住所。（3）能够独立承担民事责任。捐助法人承担民事责任以自己能够支配的财产为限。（4）捐助法人组织募捐、接受捐赠，应当符合章程所规定的目的和公益活动的业务范围。捐助法人设理事会，理事会包括理事长、副理事长和秘书长，从理事中选举产生，理事长等负责人是捐助法人的法定代表人。理事会是捐助法人的决策机构，依法行使职权。本法明确规定，捐助法人应当设立监事会等监督机构，此系捐助法人和社会团体法人在组织机构上的最大不同。

**【司法适用】**

在组织机构上，捐助法人不设权力机构，决策机构和执行机构根据既定的章程执行捐助法人事务。而营利法人、社会团体法人等设有权力机构，权力机构作出的决议由执行机构负责执行。捐助法人因其稳固不变的制度构造足以维持捐助法人意志不被变更，适宜运营长期稳定特别是与市场波动无关的事业。[①] 虽然《民法典》未明确捐助法人监事会的职权，但依据本法第 11 条的规定，特别法有规定的，可适用特别法规定。《基金会管理条例》第 22 条规定，监事依照章程规定的程序检查基金会财务和会计资料，监督理事会遵守法律和章程的情况。监事列席理事会会议，有权向理事会提出质询和建议，并应当向登记管理机关、业务主管单位以及税务、会计主管部门反映情况。

**第九十四条　捐助人有权向捐助法人查询捐助财产的使用、管理情况，并提出意见和建议，捐助法人应当及时、如实答复。**

**捐助法人的决策机构、执行机构或者法定代表人作出决定的程序违反法律、行政法规、法人章程，或者决定内容违反法人章程的，捐助人等利害关系人或者主管机关可以请求人民法院撤销该决定。但是，捐助法人依据该决定与善意相对人形成的民事法律关系不受影响。**

---

① 罗昆：《我国民法典法人基本类型模式选择》，载《法学研究》2016 年第 4 期。

**【条文主旨】**

本条是关于捐助人的权利的规定。

**【条文理解】**

本条第1款规定捐助人的权利。其中包括有权向捐助法人查询捐助财产的使用、管理情况,并提出意见和建议,捐助法人应当及时、如实答复。

本条第2款规定捐助决定的撤销。捐出财产,以设立捐助法人为目的的行为,学说上称为捐助行为,性质上属于单方法律行为。捐助行为无论采取何种方式,均因捐助人一方的意思表示而生效力。虽然捐助法人的设立须取得登记机关的许可,但许可系公法上行为,不得因此而认为登记机关系捐助意思表示的相对人,因此,捐助行为系无相对人的单独行为。捐助行为既属法律行为的一种,有法律上撤销原因时,可以撤销之。捐助人为当然的利害关系人,由于捐助法人并无意思机关,而捐助章程之法定应记载事项,只为捐助法人的目的及所捐助财产,未对组织及管理方法之记载作强制性规定,[①]而捐助人本身又不一定熟悉法律或捐助财产之运作,能针对捐助章程为详细之规定,若不补充赋予主管机关撤销权,则捐助法人事业将无从进行。捐助法人决策机构、执行机构或者其法定代表人的决定程序或内容违反捐助法人章程或决定程序违反法律、行政法规的,应受法律约束和监督,由法院宣告撤销。捐助法人并无权力机构或其他法定监督机构,而社团法人的本质特征在于是否设置权力机构对社团保持控制包括修改社团章程的权力。在没有社员大会的捐助法人中,捐助章程规定了决策机构、执行机构或者法定代表人的设置,为防止相关机构的独断、专横或谋取私利等,有特别保护捐助法人在章程范围内活动之必要,故法律赋予捐助人等利害关系人或者主管机关撤销权。

出于保护善意第三人和维护交易安全的考虑,在捐助法人内部决定撤销的情况下,只要与相对人形成的民事法律关系不存在无效的情形,捐助法人应受该决定约束。

**【司法适用】**

司法实践中,最常见的纠纷是捐助法人要求捐助人履行捐赠义务,交付捐赠物,或者捐助人出于某种原因,要求撤销捐助协议,在法律适用方面,主要集中在以下这些法律。例如,《民法典》第663条第1款规定,受赠人不履行赠与合同约定的义务,赠与人可以撤销赠与。

《慈善法》第42条规定,捐赠人有权查询、复制其捐赠财产管理使用的有关资

---

① 史尚宽:《民法总论》,中国政法大学出版社2000年版,第237页。

料，慈善组织应当及时主动向捐赠人反馈有关情况。慈善组织违反捐赠协议约定的用途，滥用捐赠财产的，捐赠人有权要求其改正；拒不改正的，捐赠人可以向民政部门投诉、举报或者向人民法院提起诉讼。

《公益事业捐赠法》第 21 条规定，捐赠人有权向受赠人查询捐赠财产的使用、管理情况，并提出意见和建议。对于捐赠人的查询，受赠人应当如实答复。

《基金会管理条例》第 39 条规定，捐赠人有权向基金会查询捐赠财产的使用、管理情况，并提出意见和建议。对于捐赠人的查询，基金会应当及时如实答复。基金会违反捐赠协议使用捐赠财产的，捐赠人有权要求基金会遵守捐赠协议或者向人民法院申请撤销捐赠行为、解除捐赠协议。

**【司法案例】**

### 美国妈妈联谊会诉丽江妈妈联谊会公益事业捐赠纠纷案①

**诉讼结论：**丽江妈妈联谊会在诉讼前已向美国妈妈联谊会报告了其使用捐赠款项的情况，已履行了义务，法院没有必要再作出判决履行；丽江妈妈联谊会将未按照美国妈妈联谊会捐赠意愿使用的 907，890 元人民币返还给美国妈妈联谊会。

双方当事人对捐赠财产的用途没有书面约定，但在款项的具体使用中，丽江妈妈联谊会已违背了捐赠人的意愿，美国妈妈联谊会在起诉时已有主张行使法定撤销权的意思表示，即将未按照其指定用途使用的捐赠款项退回。因此，丽江妈妈联谊会应当返还该两笔款项。美国妈妈联谊会要求丽江妈妈联谊会对其捐款的使用情况作详细说明，由省级审计部门依法对其财务进行审计的诉讼请求的问题。按照《公益事业捐赠法》的规定，受赠人除应当履行约定的义务外，还应当履行法定义务，即应接受捐赠人查询、且如实答复的义务；同时，应当公开捐赠的情况和受赠财产的使用、管理情况，接受社会监督义务。在本案中，丽江妈妈联谊会已向美国妈妈联谊会报告了具体使用捐赠款项的情况，丽江地区审计局又对丽江妈妈联谊会的财务收支情况进行了审计，现美国妈妈联谊会又起诉要求丽江妈妈联谊会履行这一法定义务，没有法律依据，且其也没有权利要求将社会捐赠给丽江妈妈联谊会的所有款项作详细说明和公布，故该项主张不予支持。

---

① 云南省高级人民法院（2002）云高民三终字第 26 号民事判决书。

**第九十五条　为公益目的成立的非营利法人终止时,不得向出资人、设立人或者会员分配剩余财产。剩余财产应当按照法人章程的规定或者权力机构的决议用于公益目的;无法按照法人章程的规定或者权力机构的决议处理的,由主管机关主持转给宗旨相同或者相近的法人,并向社会公告。**

**【条文主旨】**

本条是关于非营利法人终止时剩余财产的处理的规定。

**【条文理解】**

本条规定本着公益目的成立的非营利法人终止时的剩余财产,不得向出资人或设立人分配,而是应当按照章程约定或权力机构的决议用于公益目的,否则,由主管机关主持转给宗旨相同或者相近的以公益为目的的法人。

首先,本条针对的是以公益目的成立的非营利法人。从文字表述上看,不包括为其他目的而成立的非营利法人。只要是以公益为目的的非营利法人,出资人或者设立人的资产就不再属于自己,而是属于全社会。

其次,法人章程的规定或权力机构的决议不得违反本条规定,将剩余财产用于公益目的之外的其他用途。否则,本是以公益为目的的非营利法人可以通过章程规定或权力机构决议对本条内容做变更,规避公益的目的,那就突破了本条立法限制。

最后,如果章程未作约定,或权力机构也未对剩余财产的处理进行决议,则由主管机关主持转给宗旨相同或者相近的以公益为目的的法人。

**【司法适用】**

《基金会管理条例》第33条规定:“基金会注销后的剩余财产应当按照章程的规定用于公益目的;无法按照章程规定处理的,由登记管理机关组织捐赠给予该基金会性质、宗旨相同的社会公益组织,并向社会公告。”《民办教育促进法》第19条规定:“民办学校的举办者可以自主选择设立非营利性或者营利性民办学校。但是,不得设立实施义务教育的营利性民办学校。非营利性民办学校的举办者不得取得办学收益,学校的办学结余全部用于办学。营利性民办学校的举办者可以取得办学收益,学校的办学结余依照公司法等有关法律、行政法规的规定处理。”第59条第2款规定:“非营利性民办学校清偿上述债务后的剩余财产继续用于其他非营利性学校办学。”换言之,针对非营利性民办学校,司法实践也已明确,因该民办学校系公益性组织,当事人对该类学校的出资在本质上属于向社会的捐赠,民办学校对于已投入的资产享有独立法人财产权,且投入的财产最终归属于社会而非归属于出资人。①

## 第四节 特别法人

**第九十六条 本节规定的机关法人、农村集体经济组织法人、城镇农村的合作经济组织法人、基层群众性自治组织法人,为特别法人。**

**【条文主旨】**

本条是关于特别法人的规定。

**【条文理解】**

根据我国社会生活实际,具有特殊性的法人组织主要有以下几种情况:一是机关法人,其在设立依据、目的、职能和责任承担上,均与其他法人存在较大差别;二是基层群众性自治组织和农村集体经济组织,其设立、变更和终止,管理的财产性质,成员的加入和退出,承担的职能等都有其特殊性;三是城镇农村合作经济组织,既具有公益性或者互益性,又具有营利性。针对上述这些法人,单独设立一种法人类别,有利于其更好地参与民事生活,也有利于保护其成员和与其进行民事活动的相对人的合法权益。为此,《民法典》在第三章第四节规定特别法人,特别法人的类别将弥补法人按营利和非营利进行分类的不足。

**第九十七条 有独立经费的机关和承担行政职能的法定机构从成立之日起,具有机关法人资格,可以从事为履行职能所需要的民事活动。**

**【条文主旨】**

本条是关于机关法人的规定。

**【条文理解】**

机关法人,是指依照法律和行政命令组建的、享有公权力的以从事国家管理活动为主的各级国家机关。在我国,各种机关的设立,直接根据的是宪法和国家机关组织法,如《全国人民代表大会组织法》《地方各级人民代表大会和地方各级

① "李稳博诉上海虹口区艺术合子美术进修学校合同纠纷案",载《最高人民法院公报》2016年第9期。

人民政府组织法》《人民法院组织法》《人民检察院组织法》等，可分为国家权力机关、国家行政机关、国家审判机关与国家法律监督机关、国家军事机关。有独立经费的机关一律从成立之时取得法人资格，不需要经过核准登记程序，一旦依照法律或行政命令成立，即具有民事权利能力和民事行为能力，能够以法人的名义对外从事民事活动。

国家机关依法享有国家赋予的权力，代表国家从事立法司法活动，对政治、经济、文化、教育等事务进行管理。它们从事管理活动时，受国家的委托并以国家的名义进行，直接体现国家的意志。在从事这些活动中，它们与各种机关组织和公民往往处于领导和被领导、监督和被监督的关系，因此不是也不可能以法人的名义出现，不能与经济组织和公民处于平等的地位。只有在从事商品交换活动，如购置办公用品、租用房屋等时，它们才以机关法人的资格出现，与其他民事主体处于平等的地位。

各级国家机关不是以营利为目的的组织，它们没有自己的独立经济利益。它们从事管理活动而形成的利益均归于国家，其依法从事管理活动所形成的债务，也只能由国家负法律责任。只有机关法人以法人的名义从事必要的民事活动时所形成的债务，才由机关法人以其经由预算拨款获得的独立经费承担责任。

**第九十八条　机关法人被撤销的，法人终止，其民事权利和义务由继任的机关法人享有和承担；没有继任的机关法人的，由作出撤销决定的机关法人享有和承担。**

**【条文主旨】**

本条是关于机关法人终止后权利义务的享有和承担的规定。

**【条文理解】**

机关法人属于不以营利为目的的组织，它们没有自己的独立经济利益。但当机关法人以法人的名义从事必要的民事活动时，在民事活动中的地位并不优于其他当事人，而是一律平等。我国法律未排除机关法人在民事活动中应当承担的民事责任。如《民法通则》规定，当事人一方由于上级机关的原因，不能履行合同义务的，应当按照合同约定向另一方赔偿损失或者采取其他补救措施，再由上级机关对它因此受到的损失负责处理。国家机关或者国家机关工作人员在执行职务中，侵犯公民、法人的合法权益造成损害的，应当承担民事责任。法律均规定机关法人也属于承担民事责任的主体。对于机关法人被撤销后的民事责任承担，虽然没有直接的法律规定，但在一些法律中，也可以管窥其中的规定。如《合同法》规定，当事人订立合同后合并的，由合并后的法人或者其他组织行使合同权利，履行合同义务。当事人订立合同后分立的，除债权人和债务人另有约定的以外，由分立的法人或者其他组织对合同的权利和义务享有连带债权，承担连带债务。

**【司法适用】**

我国行政法中也规定了机关法人终止后的民事责任。《行政诉讼法》规定，行政机关被撤销或者职权变更的，继续行使其职权的行政机关是被告。《国家赔偿法》第 7 条第 5 款规定，赔偿义务机关被撤销的，继续行使其职权的行政机关为赔偿义务机关；没有继续行使其职权的行政机关的，撤销该赔偿义务机关的行政机关为赔偿义务机关。同理，在民事活动中，机关法人被撤销的，法人终止，其民事责任由继续履行其职能的机关法人承担；没有继续履行其职能的机关法人的，由撤销该机关法人的机关法人承担。

**【司法案例】**

### 无锡市崇安区广益街道丁村社区居民委员会诉中国人民解放军安徽省芜湖市镜湖区人民武装部合同纠纷执行异议案①

**诉讼结论：**变更、追加继续行使其职权的镜湖区人武部为被执行人并无不妥。

法院于 2015 年 2 月 4 日变更、追加执行当事人，作出执行裁定书，变更丁村居委会为申请执行人，镜湖区人武部为被执行人、向丁村居委会清偿人民币 73,124.4 元。在已经开始的执行程序中，作为债务人的机关法人被撤销的，可以追加、变更继续行使其职权的机关为被执行人。本案原安徽省新芜区在 2006 年行政区划调整时被撤销，设立新的镜湖区。2007 年经南京军区报经总参谋部批准，为适应地方行政区划调整，同意撤销新芜区人武部，镜湖区人武部体制编制不作调整，继续行使其职权，故法院变更、追加继续行使其职权的镜湖区人武部为被执行人并无不妥。综上，镜湖区人武部提出的执行异议不能成立，应予驳回。

**第九十九条 农村集体经济组织依法取得法人资格。**

**法律、行政法规对农村集体经济组织有规定的，依照其规定。**

---

① 江苏省无锡市滨湖区人民法院（2015）锡滨执异字第 00010 号执行裁定书。

**【条文主旨】**

本条是关于农村集体经济组织法人的规定。

**【条文理解】**

《宪法》第 17 条第 1 款规定:“集体经济组织在遵守有关法律的前提下,有独立进行经济活动的自主权。”《物权法》第 124 条第 1 款规定:“农村集体经济组织实行家庭承包经营为基础、统分结合的双层经营体制。”《农业法》第 10 条第 3 款规定:“农村集体经济组织应当在家庭承包经营的基础上,依法管理集体资产,为其成员提供生产、技术、信息等服务,组织合理开发、利用集体资源,壮大经济实力。”《宪法》《物权法》等对农村集体经济组织均有提及,但规范农村集体经济组织成员的法律几乎是空白,导致国家层面认定农村集体经济组织成员资格缺少法律依据。尽管有些地方出台了地方性规章作出相关规范,但缺乏相应的上位法作保障,对于农村集体经济组织主体地位规定不清。按照现有法律规定,我国财产所有权分为国家所有、集体所有、个人所有三种形式。集体所有是现实中广泛存在的一种财产所有制形式,如何对这种经济形态的法人地位进行认定,法律是模糊的。特别是在现行法律框架下,农村集体产权改革后,经由折股量化改造而成的新型集体经济组织,面临登记困惑和身份认同尴尬,没有依法参与市场经济活动的“通行证”。[①] 虽然有的地方将集体经济组织登记为农民专业合作社法人,但按农民专业合作社登记有明显局限性,因为集体经济组织与农民专业合作社在合作属性、业务范围、成员构成、分配和管理方式等方面存在许多不同,用合作社名义登记并不合适。而农村集体经济组织是农村集体资产经营管理的主体,依法代表农村集体行使农村集体资产所有权,承担经营管理事务,明确其民事主体地位有利于其从事民事活动,有利于完善农村集体经济的实现形式和运行机制,增强农村集体经济发展活力。

**【司法适用】**

随着农村集体产权制度改革深入推进,越来越多的集体经济组织将通过折股量化组建独立的股份合作经济组织。在实践中,改制遇到的核心问题是股份合作经济组织法人地位不明确,农村集体资产归属不清晰、权责不明确、保护不力等问题日益突出。这客观上要求加快农村集体经济组织立法,赋予其明确的法人地位,创造使其与其他各类所有制经济组织受到同等保护的法律环境。为此,2015 年中央一号文件明确提出,抓紧研究起草农村集体经济组织条例。2015 年中共中央办公厅、国务院办公厅印发的《深化农村改革综合性实施方案》,也明确把农村

---

① 韩俊:《在民法总则中明确集体经济组织的特殊法人地位》,载《中国人大》2016 年第 21 期。

集体经济组织条例列在需要研究制定的法律法规中。

农村集体经济组织兼具地域性、社区性、内部性,不同于一般的法人组织,也不同于公益性组织,简单套用营利法人、非营利法人和非法人组织规范都难以准确界定其属性。鉴于其特殊性和唯一性,《民法总则》明确规定,符合条件的农村集体经济组织作为特别法人,可以依法登记,取得法人资格,这为制定有关农村集体经济组织的具体规定提供了依据。

**第一百条 城镇农村的合作经济组织依法取得法人资格。**

**法律、行政法规对城镇农村的合作经济组织有规定的,依照其规定。**

**【条文主旨】**

本条是关于合作经济组织法人的规定。

**【条文理解】**

农村合作经济组织是在市场经济条件下农民为捍卫自己的利益而建立的特殊性经济组织或团体。农村合作经济组织具有独特的宗旨和目的,它是农民自愿结成的利益共同体,是农民自我服务的经济组织,为全体成员提供多种所需要的服务。换言之,农村合作经济组织以农民为主体,以农业为基础,自愿联合,通过共同所有和民主管理,来满足共同的经济和社会需求的自治组织。农村合作经济组织对内不以营利为目的,它根据组织成员的愿望和要求,开展业务经营活动,并通过组织的力量,使成员的经济利益不断实现,政治地位不断提高。农村合作经济组织作为第三部门,同时能够克服政府和市场双重失灵,兼顾效率与公平,提高农民组织化程度,分担部分政府职能,与政府互动、协作,服务于国民经济和社会的发展。

农村合作经济组织主要包括基层供销社、专业合作社、村级综合服务社等。农村合作经济组织能够提高农民适应市场的能力和素质,提高农民社会地位,发展社会主义农村民主政治。以农村经济合作社为例,该组织属于法人,应按照现代法人制度的要求进行运作,建立健全治理机构。农村经济合作社的最高权力机构是社员大会。社员大会是全体成员参加的全员会议,是决定合作社经营方针和各项重大事项的最高权力机构。农村经济合作社设立理事会和监事会。理事会是合作社的常设权力机构,类似于一般企业的董事会。理事会由全体社员选举出来的,具有判断能力、决策能力和管理能力的理事所组成。监事会则是合作社内部设立的专职监督机构,负责监督合作社的一切运行活动。监事会以理事会和总经理为监督对象,对理事、经理执行职务时违反法律、法规或者合作社章程的行为进行监督。

本条第2款规定,法律、行政法规对城镇农村的合作经济组织有规定的,依照其规定。例如,国家法律专门对农村合作经济组织中的农民专业合作社做了规定。农民专业合作社是在农村家庭承包经营基础上,同类农产品的生产经营者或者同类农业生产经营服务的提供者、利用者,自愿联合、民主管理的互助性经济组织;以其成员为主要服务对象,提供农业生产资料的购买,农产品的销售、加工、运输、贮藏以及与农业生产经营有关的技术、信息等服务。农民专业合作社依照本法登记,取得法人资格。农民专业合作社对由成员出资、公积金、国家财政直接补助、他人捐赠以及合法取得的其他资产组成的财产,享有占有、使用和处分的权利,并以上述财产对债务承担责任。

**【司法适用】**

本法规定城镇农村合作经济组织具有法人资格,实质上是加强发展农村合作经济组织,增强农业竞争力、增加农民收入的重要措施。它可以有效解决农村社区组织统不了、政府部门管不了、单家农户办不了的许多事情,又能补充国家和集体农业服务体系的不足,强化农业社会化服务,促进政府职能的转变,维护社会的稳定。农村合作经济组织具有名正言顺的法人资格和法律地位,能更好地得到法律的保护、规范和引导。

**第一百零一条　居民委员会、村民委员会具有基层群众性自治组织法人资格,可以从事为履行职能所需要的民事活动。**

**未设立村集体经济组织的,村民委员会可以依法代行村集体经济组织的职能。**

**【条文主旨】**

本条是关于基层群众性自治组织法人规定。

**【条文理解】**

居民委员会和村民委员会是公民自我管理、自我教育、自我服务的基层群众性自治组织。居民委员会和村民委员会在自治群众制定和实施公约,建设精神文明,办理公共事务和公益事业,调解民间纠纷,协助维护社会治安,协助基层人民政府推行工作等方面,发挥了基层群众性自治组织的作用。

居民委员会、村民委员会可以是民事活动的当事人,如愿意担任监护人的个人或者组织，由未成年人住所地或被监护人住所地的居民委员会、村民委员会或者民政部门同意。对监护人的确定有争议的，由被监护人住所地的居民委员会、村民委员会或者民政部门指定监护人。又如，集体所有的土地依照法律属于村民集体所有，由村农业生产合作社等农业集体经济组织或者村民委员会经营、管理。

《村民委员会组织法》对村民委员会存在两种含义的混合规定，导致实务中在村民委员会是否为有关法律关系中的权利或义务主体问题上存在诸多分歧，并直接导致法律适用的困难。现法律规定居民委员会、村民委员会具有基层群众性自治组织法人资格，可以从事为履行职能所需要的民事活动。未设立村集体经济组织的，村民委员会可以依法代行村集体经济组织的职能。由于它是依法设立的、有自己的名称、组织机构和场所，拥有独立于村民个体的财产，并能对外独立承担民事责任，完全具备《民法典》"总则编"所规定的法人要件。在此基础上，明确赋予其以法人资格，按照法人理念确立居民委员会和村民委员会的法律地位，具有以下显著优点：

第一，可以使人们之间的法律关系得以明确和简化。法人制度本身是为了使法律关系简化和确定而做出的一种设计。当村民个人与村集体之间、村集体与村小组之间、村集体与其他村民自治组织之间产生纠纷，将村集体拟制为法律上的"人"，显然更利于相关法律关系的明晰和纠纷的解决，也更符合现代法律所追求的效率与确定原则。

第二，更符合村民自治的精神。从自治的本意讲，自治意味着自治团体具有相对独立于政府而根据自己的意志或意愿管理自身事务的法律资格或能力，法人制度也就是对这种资格赋予法律上的确定性。不承认这种法律主体资格，实际上等于对自治的否定。①

第三，赋予基础自治主体以法人资格，有利于其诉讼地位的明确。现行法律关于村民委员会是否为适格的诉讼主体的规定是不明确的。对于同一类型案件，不同法律的审理结果及适用的法律可能完全不同。赋予村民委员会或居委会法人资格，有利于解决司法实践中村民委员会的诉讼地位问题，解决代表机构与本人角色不分的困境。如果村民委员会本身的法律地位不明确，那么，管理本村属于农民集体所有的土地和其他财产，尊重、保护集体经济组织的自主权，将沦为一句空话。

**【司法适用】**

司法实践中适用本条，可以参考以下规定：

---

① 任自力：《村民委员会的法律地位辨析》，载《中国农业大学学报》（社会科学版）2006年第3期。

《民事诉讼法》第 3 条规定，人民法院受理公民之间、法人之间、其他组织之间以及他们相互之间因财产关系和人身关系提起的民事诉讼。由此观之，《民法总则》未作规定之前，居民委员会或村民委员会属于其他组织的范畴。司法实践中，对于村民委员会是否具有主体地位曾存在不同的认识。

《最高人民法院研究室关于人民法院对农村集体经济所得收益分配纠纷是否受理问题的答复》(法研〔2001〕51 号)文件中认为，农村集体经济组织与其成员之间因收益分配产生的纠纷，属平等民事主体之间的纠纷。当事人就该纠纷起诉到人民法院，只要符合《民事诉讼法》第 119 条的规定，人民法院应当受理。

《最高人民法院关于村民因土地补偿费、安置补助费问题与村民委员会发生纠纷人民法院应否受理问题的答复》(法研〔2001〕116 号)中认为，此类问题可以参照最高人民法院给《广东省高级人民法院关于人民法院对农村集体经济所得收益分配纠纷是否受理问题的答复》(法研〔2001〕51 号)办理。

《公安部关于村民委员会可否构成单位犯罪主体问题的批复》(公复字〔2007〕1 号)文件中认为，根据《刑法》第 30 条的规定，单位犯罪主体包括公司、企业、事业单位、机关、团体。按照《村民委员会组织法》第 2 条的规定，村民委员会是村民自我管理、自我教育、自我服务的基层群众性自治组织，不属于《刑法》第 30 条列举的范围。因此，对以村民委员会名义实施犯罪的，不应以单位犯罪论，可以依法追究直接负责的主管人员和其他直接责任人员的刑事责任。“总则编”赋予居民委员会、村民委员会具有法人资格，明确了该类组织的主体地位。

# 第四章　非法人组织

1986 年颁布的《民法通则》规定的民事主体是"公民(自然人)"与"法人"的二元结构。[①] 随着我国经济社会的发展,1988 年颁布的《全民所有制工业企业法》、1996 年颁布的《乡镇企业法》、1997 年颁布的《合伙企业法》、1999 年颁布的《个人独资企业法》等相继规定了不具有法人资格的国有企业、乡镇企业、村办企业、合伙企业、个人独资企业等民事主体。根据 1993 年颁布的《注册会计师法》、1996 年颁布的《律师法》等,律师事务所、会计师事务所等专业服务机构,可以采取合伙形式,不具有法人的资格。1999 年颁布的《合同法》将民事主体首次明确表述为"自然人、法人、其他组织"的三元结构。随后制定或修改的《商标法》《著作权法》《专利法》《票据法》《民事诉讼法》《行政诉讼法》等法律都采取了"其他组织"的概念。《民法典》明确"非法人组织"的民事主体地位,适应了现实的需要,有利于其开展民事活动,促进社会发展,也有利于与其他法律相衔接。

本章共有七个条文,规定了非法人组织的概念(第 102 条),规定了非法人组织的成立(第 103 条),规定了非法人组织的债务承担(第 104 条),规定了非法人组织的代表人(第 105 条),规定了非法人组织的解散(第 106 条),规定了非法人组织的清算(第 107 条),规定了法人制度的参照适用(第 108 条)。按照组织形态,非法人组织可以分为非法人社团和非法人财团。按照组织目的,非法人组织可以分为非法人营利组织和非法人公益组织。法人依法设立的分支机构、筹备中的法人等,在实践中也往往认定为非法人组织。从法律适用上,本章是非法人组织的一般规定,《个人独资企业法》和《合伙企业法》等法律是非法人组织的特别规定。与《民法通则》相比,《民法典》明确采取了三元化的民事主体结构,创设了"非法人组织"的概念,明确了非法人组织可以参照适用第三章"法人"第一节"一般规定"。

---

① 1804 年的《法国民法典》只承认自然人是民事主体。1900 年实施的《德国民法典》确立了法人作为有别于自然人的民事主体地位。

**第一百零二条　非法人组织是不具有法人资格，但是能够依法以自己的名义从事民事活动的组织。**

**非法人组织包括个人独资企业、合伙企业、不具有法人资格的专业服务机构等。**

**【条文主旨】**

本条是关于非法人组织的定义和范围的规定。

**【条文理解】**

本条中的"非法人组织"，是立法采用的新概念。非法人组织，是指虽然不具有法人资格但可以自己的名义从事活动的组织。非法人组织不是法人，但具有组织体的特征，存在设立程序、机构设置、议事规则等问题。非法人组织应当具备的要件有：(1)有特定的经营范围或其他目的。可以是以获取经济利益为目的，也可以是非营利目的，如发展科学、技术、文化、教育、艺术、体育、宗教、慈善事业等。(2)有自己的名称。有自己的名称，方能以组织的名义对外进行民事活动。(3)有自己相对独立的财产或者经费。与法人组织相比，非法人组织不要求该财产或经费自己独立享有，也不要求与其成员的财产截然分开。(4)有组织管理机构及其代表人或管理人。

非法人组织的主要类型有：(1)个人独资企业。一个自然人投资，财产为投资人个人所有，投资人以其个人财产对企业债务承担无限责任的经营实体，即为个人独资企业。(2)合伙企业。合伙企业包括普通合伙企业和有限合伙企业。普通合伙企业由普通合伙人组成，合伙人对合伙企业债务承担无限连带责任；有限合伙企业由普通合伙人和有限合伙人组成，普通合伙人对合伙企业债务承担无限连带责任，有限合伙人以其认缴的出资额为限对合伙企业债务承担责任。(3)合伙制律师事务所。合伙律师事务所可以采用普通合伙或特殊的普通合伙形式设立。(4)合伙制会计师事务所。合伙设立的会计师事务所的债务，由合伙人按出资比例或协议的约定，以各自财产承担责任。合伙人对会计师事务所的债务承担连带责任。

**【司法适用】**

《民事诉讼法解释》第52条规定："民事诉讼法第四十八条规定的其他组织是指合法成立、有一定的组织机构和财产，但又不具备法人资格的组织，包括：(一)依法登记领取营业执照的个人独资企业；(二)依法登记领取营业执照的合伙企业；(三)依法登记领取我国营业执照的中外合作经营企业、外资企业；(四)依法成立的社会团体的分支机构、代表机构；（五）依法设立并领取营业执照的法人的分支机构；（六）依法设立并领取营业执照的商业银行、政策性银行和非银行金融机构的分支机构；（七）经依法登记领取营业执照的乡镇企业、街道企业；（八）其他符合本条规定条件的组织。”第68条规定：“村民委员会或者村民小组与他人发生民事纠纷的，村民委员会或者有独立财产的村民小组为当事人。”

在司法适用时要注意，非法人组织可以作为民事主体进行必要的民事活动，也可以作为民事诉讼主体以自己的名义参加民事诉讼。非法人组织毕竟不是独立的民事主体，在其财产不足以单独承担民事责任时，其出资人或设立人应当承担无限责任。实践中，并不能因为分公司等非法人组织不具有法人资格，不能独立承担民事责任，而否认其民事诉讼主体的地位。审判实践中，在当事人只选择法人的分支机构作为被告，法院可以直接判决分支机构承担民事责任。企业法人的分支机构为他人提供担保的，可以将企业法人作为共同被告参加诉讼。对于依法设立并领取营业执照的商业银行、政策性银行和非银行金融机构的分支机构承担民事责任时，只以该分支机构为被告。当事人以法人和法人的分支机构为共同被告时，法院可以在判决法人的分支机构承担民事责任的同时，让法人承担补充责任。

**【司法案例】**

**徐州西苑艺君花园（一期）业主委员会诉徐州中川房地产开发有限公司物业管理用房所有权确认纠纷案①**

业主委员会依据业主共同或者业主大会决议，在授权范围内，以业主委员会名义从事法律行为，具备诉讼主体资格。

**第一百零三条　非法人组织应当依照法律的规定登记。**

**设立非法人组织，法律、行政法规规定须经有关机关批准的，依照其规定。**

**【条文主旨】**

本条是关于非法人组织成立的规定。

① 《最高人民法院公报》2014年第6期。

【条文理解】

非法人组织要进行设立登记，必要时需要提交审批文件。(1)个人独资企业的设立登记。申请设立个人独资企业，应当由投资人或者其委托的代理人向个人独资企业所在地的登记机关提交设立申请书、投资人身份证明、生产经营场所使用证明等文件。委托代理人申请设立登记时，应当出具投资人的委托书和代理人的合法证明。个人独资企业不得从事法律、行政法规禁止经营的业务；从事法律、行政法规规定须报经有关部门审批的业务，应当在申请设立登记时提交有关部门的批准文件。(2)合伙企业的设立登记。申请设立合伙企业，应当向企业登记机关提交登记申请书、合伙协议书、合伙人身份证明等文件。合伙企业的经营范围中有属于法律、行政法规规定在登记前须经批准的项目的，该项经营业务应当依法经过批准，并在登记时提交批准文件。合伙企业未在其名称中标明“普通合伙”“特殊普通合伙”或者“有限合伙”字样的，由企业登记机关责令限期改正，处以二千元以上一万元以下的罚款。

非法人组织要进行变更登记和注销登记。(1)个人独资企业的变更登记和注销登记。个人独资企业存续期间登记事项发生变更的，应当在作出变更决定之日起的 15 日内依法向登记机关申请办理变更登记。个人独资企业清算结束后，投资人或者人民法院指定的清算人应当编制清算报告，并于 15 日内到登记机关办理注销登记。(2)合伙企业的变更登记和注销登记。合伙企业登记事项发生变更的，执行合伙事务的合伙人应当自作出变更决定或者发生变更事由之日起 15 日内，向企业登记机关申请办理变更登记。合伙企业登记事项发生变更时，未依照本法规定办理变更登记的，由企业登记机关责令限期登记；逾期不登记的，处以 2000 元以上 2 万元以下的罚款。清算结束后，清算人应当编制清算报告，经全体合伙人签名、盖章后，在 15 日内向企业登记机关报送清算报告，申请办理合伙企业注销登记。

【司法适用】

《民通意见》第 49 条规定：“个人合伙或者个体工商户，虽经工商行政管理部门错误地登记为集体所有制企业，但实质为个人合伙或者个体工商户的，应当按个人合伙或者个体工商户对待。”1993 年 3 月最高人民法院发布的《关于企业开办的企业被撤销或者歇业后民事责任承担问题的批复》第 2 条规定：“人民法院在审理案件中，对虽然领取了《企业法人营业执照》，但实际上并不具备企业法人资格的企业，应当依据已查明的事实，提请核准登记该企业法人的工商行政管理部门吊销其《企业法人营业执照》。工商行政管理部门不予吊销的，人民法院在审理案件中对该企业法人的法人资格可不予认定。”《民事诉讼法解释》第 53 条规定：

"法人非依法设立的分支机构，或者虽然依法设立，但没有领取营业执照的分支机构，以设立该分支机构的法人为当事人。"

**【司法案例】**

**李土明等诉惠州市粤旺实业有限公司等合作合同纠纷案**[①]

**诉讼结论：**本案不是基于合伙关系发生的纠纷，应定性为合作合同纠纷为宜。

在本案中，李土明、吴秀锋与粤旺公司之间不存在合伙关系。首先，双方并未签订书面合伙协议并领取营业执照；其次，根据《合作意向书》约定，双方确实共同投资，各自负责满足市场运行的部分条件，但协议明确约定，合作期间的生产销售和收益权全部归李土明所有，李土明按每立方米 18 元，每月结算支付给粤旺公司。简要来讲，李土明一方独立经营，不论经营结果的盈亏，李土明按照约定的单价向粤旺公司支付费用，不符合构成合伙关系所需的共同经营、共担风险条件。因此，李土明、吴秀锋与粤旺公司是合作合同关系。

**第一百零四条　非法人组织的财产不足以清偿债务的，其出资人或者设立人承担无限责任。法律另有规定的，依照其规定。**

**【条文主旨】**

本条是关于非法人组织债务承担的规定。

**【条文理解】**

非法人组织的出资人或者设立人对该组织的债务承担无限责任。(1)个人独资企业财产不足以清偿债务的，投资人应当以其个人的其他财产予以清偿。个人独资企业解散后，原投资人对个人独资企业存续期间的债务仍应承担偿还责任，但债权人在五年内未向债务人提出偿债请求的，该责任消灭。(2)合伙企业注销后，原普通合伙人对合伙企业存续期间的债务仍应承担无限连带责任。

对于特殊普通合伙和有限合伙，法律设置了例外，在特定情形承担有限责任。(1)特殊普通合伙人的有限责任。以专业知识和专门技能为客户提供有偿服务的专业服务机构，可以设立为特殊的普通合伙企业，如律师事务所、会计师事务所、医师事务所、设计师事务所等。对于特殊普通合伙的责任，《合伙企业法》第 57 条规定："一个合伙人或者数个合伙人在执业活动中因故意或者重大过失造成合伙

---

① 广东省惠州市中级人民法院(2015)惠中法民二终字第 116 号民事判决书。

企业债务的,应当承担无限责任或者无限连带责任,其他合伙人以其在合伙企业中的财产份额为限承担责任。合伙人在执业活动中非因故意或者重大过失造成的合伙企业债务以及合伙企业的其他债务,由全体合伙人承担无限连带责任。”(2)有限合伙人的有限责任。有限合伙企业由二个以上五十个以下合伙人设立;但是,法律另有规定的除外。有限合伙人可以用货币、实物、知识产权、土地使用权或者其他财产权利作价出资。有限合伙人不得以劳务出资。有限合伙人应当按照合伙协议的约定按期足额缴纳出资;未按期足额缴纳的,应当承担补缴义务,并对其他合伙人承担违约责任。有限合伙企业由普通合伙人执行合伙事务。(3)有限合伙人有限责任的例外。第三人有理由相信有限合伙人为普通合伙人并与其交易的,该有限合伙人对该笔交易承担与普通合伙人同样的责任。《合伙企业法》第68条规定:有限合伙人不执行合伙事务,不得对外代表有限合伙企业。有限合伙人的下列行为,不视为执行合伙事务:(1)参与决定普通合伙人入伙、退伙;(2)对企业的经营管理提出建议;(3)参与选择承办有限合伙企业审计业务的会计师事务所;(4)获取经审计的有限合伙企业财务会计报告;(5)对涉及自身利益的情况,查阅有限合伙企业财务会计账簿等财务资料;(6)在有限合伙企业中的利益受到侵害时,向有责任的合伙人主张权利或者提起诉讼;(7)执行事务合伙人怠于行使权利时,督促其行使权利或者为了本企业的利益以自己的名义提起诉讼;(8)依法为本企业提供担保。

**【司法适用】**

在司法实践中,应当准确把握“无限责任”的含义。首先,出资人或者设立人对非法人组织的债务负有无限清偿责任。无限清偿责任,就是以其全部财产承担非法人组织的债务。这是为维护交易秩序、保护债权人合法权益,立法所作出的特别安排。其次,各出资人或者设立人负连带清偿责任。如《合伙企业法》规定合伙人对合伙债务应当承担无限连带清偿责任;入伙的新合伙人对入伙前的债务承担连带责任;合伙企业解散后,合伙人对合伙债务仍负连带责任。最后,出资人或者设立人对非法人组织债务承担的是补充清偿责任。所谓补充清偿责任,是指出资人或者设立人对非法人组织债务承担的不是直接清偿责任,而是一种补充清偿责任,即在穷尽非法人组织财产后仍不足以清偿债务后,方以设立人或者出资人其他财产承担连带清偿责任。

【司法案例】

## 南通双盈贸易有限公司诉镇江市丹徒区联达机械厂、魏恒聂等六人买卖合同纠纷案[①]

(1)在当事人约定合伙经营企业仍使用合资前个人独资企业营业执照,且实际以合伙方式经营企业的情况下,应据实认定企业的性质。各合伙人共同决定企业的生产经营活动,也应共同对企业生产经营过程中对外所负的债务负责。合伙人故意不将企业的个人独资企业性质据实变更为合伙企业的行为,不应成为各合伙人不承担法律责任的理由。

(2)合伙企业债务的承担分为两个层次:第一顺序的债务承担人是合伙企业,第二顺序的债务承担人是全体合伙人。《合伙企业法》第 39 条所谓的"连带责任",是指合伙人在第二顺序的责任承担中相互之间所负的连带责任,而非合伙人与合伙企业之间的连带责任。

**第一百零五条　非法人组织可以确定一人或者数人代表该组织从事民事活动。**

【条文主旨】

本条是关于非法人组织代表人的规定。

【条文理解】

非法人组织应当设有代表人,对外代表非法人组织。非法人组织的主要负责人是其法定代表人,有权以非法人组织的名义实施民事法律行为。法定代表人以非法人组织名义从事的民事活动或者其他执行职务的行为,其法律后果由非法人组织承受。非法人组织的章程或者权力机构对法定代表人的代表权范围的限制,不得对抗善意第三人。如《合伙企业法》第 37 条规定:"合伙企业对合伙人执行合伙事务以及对外代表合伙企业权利的限制,不得对抗善意第三人。"

《个人独资企业法》第 19 条规定:"个人独资企业投资人可以自行管理企业事务,也可以委托或者聘用其他具有民事行为能力的人负责企业的事务管理。投资人委托或者聘用他人管理个人独资企业事务,应当与受托人或者被聘用的人签订书面合同,明确委托的具体内容和授予的权利范围。受托人或者被聘用的人员应

---

① 《最高人民法院公报》2011 年第 7 期。

当履行诚信、勤勉义务,按照与投资人签订的合同负责个人独资企业的事务管理。投资人对受托人或者被聘用的人员职权的限制,不得对抗善意第三人。”

《合伙企业法》第 26 条规定:“合伙人对执行合伙事务享有同等的权利。按照合伙协议的约定或者经全体合伙人决定,可以委托一个或者数个合伙人对外代表合伙企业,执行合伙事务。作为合伙人的法人、其他组织执行合伙事务的,由其委派的代表执行。”第 28 条规定:“由一个或者数个合伙人执行合伙事务的,执行事务合伙人应当定期向其他合伙人报告事务执行情况以及合伙企业的经营和财务状况,其执行合伙事务所产生的收益归合伙企业,所产生的费用和亏损由合伙企业承担。合伙人为了解合伙企业的经营状况和财务状况,有权查阅合伙企业会计账簿等财务资料。”

**【司法适用】**

《民事诉讼法解释》(法释〔2015〕5 号)第 60 条规定:“在诉讼中,未依法登记领取营业执照的个人合伙的全体合伙人为共同诉讼人。个人合伙有依法核准登记的字号的,应在法律文书中注明登记的字号。全体合伙人可以推选代表人;被推选的代表人,应由全体合伙人出具推选书。”第 62 条规定:“下列情形,以行为人为当事人:(一)法人或者其他组织应登记而未登记,行为人即以该法人或者其他组织名义进行民事活动的;(二)行为人没有代理权、超越代理权或者代理权终止后以被代理人名义进行民事活动的,但相对人有理由相信行为人有代理权的除外;(三)法人或者其他组织依法终止后,行为人仍以其名义进行民事活动的。”

《行政诉讼法解释》(法释〔2000〕8 号)第 14 条规定:“合伙企业向人民法院提起诉讼的,应当以核准登记的字号为原告,由执行合伙企业事务的合伙人作诉讼代表人;其他合伙组织提起诉讼的,合伙人为共同原告。不具备法人资格的其他组织向人民法院提起诉讼的,由该组织的主要负责人作诉讼代表人;没有主要负责人的,可以由推选的负责人作诉讼代表人。同案原告为 5 人以上,应当推选 1 至 5 名诉讼代表人参加诉讼;在指定期限内未选定的,人民法院可以依职权指定。”

**【司法案例】**

### 世欣荣和投资管理股份有限公司诉长安国际信托股份有限公司等信托合同纠纷案①

**诉讼结论:**有限合伙企业中,执行合伙事务合伙人怠于行使诉讼权利时,不执

① 最高人民法院(2016)民终字第 19 号民事判决书。

行合伙事务的有限合伙人可以为了合伙企业的利益以自己的名义提起诉讼。

在本案中，世欣荣和公司在认为合伙企业东方高圣的权利被侵犯时，已经就相关问题向东方高圣及执行事务合伙人发函催告，要求东方高圣向人民法院提起民事诉讼，维护东方高圣的民事权利。东方高圣虽予以响应，但未依法提起民事诉讼，世欣荣和公司遂选择以自己的名义提起诉讼并无不妥，符合法律规定。

**第一百零六条　有下列情形之一的，非法人组织解散：**

**（一）章程规定的存续期间届满或者章程规定的其他解散事由出现；**

**（二）出资人或者设立人决定解散；**

**（三）法律规定的其他情形。**

**【条文主旨】**

本条是关于非法人组织解散事由的规定。

**【条文理解】**

非法人组织解散事由包括两类：自愿解散和强制解散。自愿解散是民事主体自愿选择的结果。出资人或者设立人决定解散的，应当经全体成员同意或多数成员同意。如《合伙企业法》第30条第1款规定："合伙人对合伙企业有关事项作出决议，按照合伙协议约定的表决办法办理。合伙协议未约定或者约定不明确的，实行合伙人一人一票并经全体合伙人过半数通过的表决办法。"强制解散往往涉嫌行政违法，由主管机关吊销营业执照、责令关闭或者被撤销。建立健全非法人组织解散清算制度，是市场退出机制的重要内容，具有重要的社会现实意义。

《个人独资企业法》第26条规定："个人独资企业有下列情形之一时，应当解散：（一）投资人决定解散；（二）投资人死亡或者被宣告死亡，无继承人或者继承人决定放弃继承；（三）被依法吊销营业执照；（四）法律、行政法规规定的其他情形。"《合伙企业法》第85条规定："合伙企业有下列情形之一的，应当解散：（一）合伙期限届满，合伙人决定不再经营；（二）合伙协议约定的解散事由出现；（三）全体合伙人决定解散；（四）合伙人已不具备法定人数满三十天；（五）合伙协议约定的合伙目的已经实现或者无法实现；（六）依法被吊销营业执照、责令关闭或者被撤销；（七）法律、行政法规规定的其他原因。"

据此，本条中的"法律规定的其他情形"，包括"依法被吊销营业执照、责令关闭或者被撤销"等强制解散事由。除此之外，还包括一些特别事由。如《合伙企业法》第75条规定："有限合伙企业仅剩有限合伙人的，应当解散。有限合伙企业仅剩普通合伙人的,转为普通合伙企业。”

**【司法适用】**

现行法规定了公司的司法解散程序,但没有规定非法人组织的司法解散程序。《公司法解释(二)》第1条第1款规定:“单独或者合计持有公司全部股东表决权百分之十以上的股东,以下列事由之一提起解散公司诉讼,并符合公司法第一百八十三条规定的,人民法院应予受理:(一)公司持续两年以上无法召开股东会或者股东大会,公司经营管理发生严重困难的;(二)股东表决时无法达到法定或者公司章程规定的比例,持续两年以上不能做出有效的股东会或者股东大会决议,公司经营管理发生严重困难的;(三)公司董事长期冲突,且无法通过股东会或者股东大会解决,公司经营管理发生严重困难的;(四)经营管理发生其他严重困难,公司继续存续会使股东利益受到重大损失的情形。”非法人组织,特别是合伙企业,在发展过程中,也可能发生经营僵局问题。合伙企业在正常经营期间的,不能因合伙人内部之间出现矛盾而视为“合伙目的不能实现”。合伙企业仍在经营,认为出现矛盾导致人合性丧失的,合伙人应首先选择退伙,而无须合伙企业解散。[①] 然而,如果合伙协议约定的解散事由出现及合伙协议约定的合伙目的无法实现的,或者合伙人已不具备法定人数满30日的,可以参照《公司法解释(二)》第1条第1款的规定,通过向法院提起强制解散合伙企业的诉讼。

## 第一百零七条　非法人组织解散的,应当依法进行清算。

**【条文主旨】**

本条是关于非法人组织清算的规定。

**【条文理解】**

个人独资企业解散,由投资人自行清算或者由债权人申请人民法院指定清算人进行清算。投资人自行清算的,应当在清算前15日内书面通知债权人,无法通知的,应当予以公告。债权人应当在接到通知之日起30日内,未接到通知的应当在公告之日起60日内,向投资人申报其债权。个人独资企业解散后,原投资人对个人独资企业存续期间的债务仍应承担偿还责任,但债权人在5年内未向债务人提出偿债请求的,该责任消灭。个人独资企业解散的,财产应当按照下列顺序清偿:(1)所欠职工工资和社会保险费用;(2)所欠税款;(3)其他债务。清算期间,

① 《人民法院报》2016年6月23日。

个人独资企业不得开展与清算目的无关的经营活动。在按前条规定清偿债务前，投资人不得转移、隐匿财产。个人独资企业财产不足以清偿债务的，投资人应当以其个人的其他财产予以清偿。

合伙企业解散，应当由清算人进行清算。清算人由全体合伙人担任；经全体合伙人过半数同意，可以自合伙企业解散事由出现后 15 日内指定一个或者数个合伙人，或者委托第三人，担任清算人。自合伙企业解散事由出现之日起 15 日内未确定清算人的，合伙人或者其他利害关系人可以申请人民法院指定清算人。清算人在清算期间执行下列事务：(1)清理合伙企业财产，分别编制资产负债表和财产清单；(2)处理与清算有关的合伙企业未了结事务；(3)清缴所欠税款；(4)清理债权、债务；(5)处理合伙企业清偿债务后的剩余财产；(6)代表合伙企业参加诉讼或者仲裁活动。清算期间，合伙企业存续，但不得开展与清算无关的经营活动。合伙企业注销后，原普通合伙人对合伙企业存续期间的债务仍应承担无限连带责任。合伙企业不能清偿到期债务的，债权人可以依法向人民法院提出破产清算申请，也可以要求普通合伙人清偿。合伙企业依法被宣告破产的，普通合伙人对合伙企业债务仍应承担无限连带责任。

**【司法适用】**

2012 年 10 月通过的《最高人民法院关于个人独资企业清算是否可以参照适用企业破产法规定的破产清算程序的批复》规定：(1)个人独资企业具有破产能力，可以参照适用《企业破产法》规定的破产清算程序问题。《企业破产法》第 135 条规定："其他法律规定企业法人以外的组织的清算，属于破产清算的，参照适用本法规定的程序。"(2)个人独资企业参照适用破产清算程序的必要性。《个人独资企业法》虽然规定了企业解散必须进行清算，但对如何清算，尤其是对企业不能清偿到期债务并且资产不足以清偿全部债务或者明显缺乏清偿能力的情况下，如何进行清算并未作出明确的规定，由此导致个人独资企业在清算中实施企业资产的清理处置、债权的审查确认、分配方案的制订、执行等清算事务时，因清算程序和争议解决机制欠缺，极易发生清算僵局或者清算混乱。(3)个人独资企业参照适用破产清算程序终结清算程序后其债务清偿问题。在个人独资企业参照适用破产清算程序终结清算程序后其尚未清偿的债务，仍由投资人以其个人的其他财产予以清偿。

**【司法案例】**

**周德镜诉邓国良、高福祥、刘深、史历军合伙协议纠纷案①**

**诉讼结论：**合伙期限届满后，要认定合伙是否有剩余利润可予分配，可由各方合伙人对合伙组织进行清算。

本案中，周德镜提出了先对涉案会计账簿、会计凭证的真实性、合法性、关联性、合理性进行司法鉴定后再进行审计结算的申请。周德镜认为应在广州市司法会计鉴定机构名录中摇珠选定鉴定机构，并委托该机构对涉案会计资料先进行鉴定后结算、清算。原审法院司法委托行政科经审查，认为周德镜申请的鉴定事项并非司法委托业务，无相应中介机构，也不存在摇珠选定中介机构的可能。在已知晓司法委托业务中并无对会计账簿、会计凭证的真实性、合法性、关联性、合理性进行司法鉴定的项目的前提下，周德镜仍坚持先行鉴定再行审计，并拒绝根据邓国良提交的会计资料进行审计从而导致无法对涉案合伙有无剩余利润可予分配作出认定，其不利后果应由其承担。

**第一百零八条　非法人组织除适用本章规定外，参照适用本编第三章第一节的有关规定。**

**【条文主旨】**

本条是关于非法人组织参照适用法人制度的规定。

**【条文理解】**

从字面上理解，"参照"一词包含了"参考""仿照"的含义。就约束力来讲，参照是介于遵照和参考之间的，遵照、参照、参考依次递减。适用或遵照适用的约束力最强，具有强制的法律效力；参照适用较之要弱，但具有相当的法律效力；参考适用则几乎没有约束力，可自主选择是否适用。在进行具体判断时，应注意相应参照适用条款的表达，结合立法目的综合予以判断。

本法第三章第一节的诸多条款，如第57条法人民事权利能力和民事行为能力的产生与消灭，第61条法人的法定代表人，第62条法人的侵权责任能力，第63条法人的住所，第64～66条法人的登记，第67条法人的合并与分立，第71条、第72条法人的清算，第74条法人的分支机构，非法人组织可以参照适用。据此，非

① 广东省广州市中级人民法院（2015）穗中法民二终字第1209号民事判决书。

法人组织的法定代表人因执行职务造成他人损害,由非法人组织承担。非法人组织以其主要办事机构所在地为住所。非法人组织的实际情况与登记的事项不一致的,不得对抗善意第三人。非法人组织也可以设立分支机构等。

**【司法适用】**

最高人民法院判决书[(2013)民提字第129号判决书]指出:争议涉及的铸钢厂系股份合作制企业,目前我国未颁行实施股份合作制企业法律法规。股份合作制企业兼具有公司制企业或者合伙制企业组织的部分特征,但其既不是公司企业,也不是合伙企业,因此,有关股份合作制企业纠纷的处理,应首先尊重企业内部的规定、决定或者约定等,在企业内部没有约定的情况下,可以参照公司法或者合伙企业法的相关规定处理。

# 第五章 民事权利

《民法典》坚持以人民为中心,以保护民事权利为出发点和落脚点,切实回应人民的法治需求,更好地满足人民日益增长的美好生活需要,充分维护好最广大人民的根本利益。保护民事权利是民事立法和民事审判的重要任务。民事权利是民事法律关系最重要的要素,是贯彻民法典始终的主线。为凸显对民事权利的尊重,加强对民事权利的保护,同时为民法典各分编和民商事特别法律具体规定民事权利提供依据,《民法典》继承了《民法通则》的体例,设专章规定了民事权利的种类和内容。与《民法通则》不同的是,"总则编"将"民事权利"放在"民事法律行为"之前,更彰显权利本位的立法哲学。同时,将"人格权"置于"财产权"之前,突出人格自由和人格尊严,强化生命健康权的保护,充分弘扬人本主义精神。

本章是"总则编"第3条的具体化,将民事权利大致分为人身权利、财产权利、知识产权和新型民事权利。一般人格权、具体人格权、个人信息权、自然人的身份权、私人财产权、物权、债权、知识产权、继承权、被继承权、投资收益权、其他民事权益,支撑起民法典基本的框架体系。根据《宪法》第37条、第38条关于公民的人身自由和人格尊严不受侵犯的规定,并综合各方面意见,明确规定了自然人的人身自由、人格尊严受法律保护。保护自然人、法人和非法人组织的财产权利是民法典的重要任务,也是"总则编"的应有之义。为了加强对知识产权的保护,促进科技创新,建设创新型国家,对知识产权作出概括性规定,以统率各知识产权单行法律。为了适应互联网和大数据时代发展的需要,对网络虚拟财产和数据信息的保护予以规定。为体现对弱者保护思想,对未成年人、老年人、残疾人、妇女、消费者和英雄烈士等的民事权利作出了特别规定。对民事权利的取得和民事权利的行使,以及有关因征收、征用而获得补偿的权利等,作出原则性规定。

从法律创新看,本章新增的"身体权""个人信息权""投资收益权""虚拟财产权"等,充分展示了民法典的时代特征。个人信息权是自然人在现代信息社会享有的重要权利,明确对个人信息的保护对于保护自然人的人格尊严,使自然人免受非法侵扰,维护正常的社会秩序具有现实意义。虚拟财产是指在网络环境下,模拟现实环境中的财产形态,以数字化形式存在的、具有独立价值和可独占性的财产利益。从立法技术上，明确使用“利益”的概念，多次使用“人身、财产权利及其他合法权益”“生命权、健康权……婚姻自主权等权利”“名称权、名誉权、荣誉权等权利”“婚姻、家庭关系等产生的人身权利”“股权和其他投资性权利”“其他民事权利和利益”等兜底性规定，充分展示民事权利的开放性，为特别法的制定和新型案件的司法裁判提供广阔的空间。

## 第一百零九条　自然人的人身自由、人格尊严受法律保护。

**【条文主旨】**

本条是关于自然人一般人格权的规定。

**【条文理解】**

本条是立法的新规定，将“人身自由、人格尊严”置于民事权利之首，充分体现人格权保护至上的立法理念，与民法调整对象新表述相契合。《联合国宪章》《世界人权公约》等国际法文件以及大多数国家的宪法文本，都将保护人的尊严作为根本原则来加以对待。我国《宪法》第37条第1款规定：“中华人民共和国公民的人身自由不受侵犯。”第38条第1款规定：“中华人民共和国公民的人格尊严不受侵犯。”2016年6月28日，最高人民法院发布的《人民法院民事裁判文书制作规范》规定，“裁判文书不得引用宪法”。宪法权利只有具体化为民事权利才能实现司法救济，因此本条规定具有重要的宪法实施价值。

一般人格权的内容不可能列举穷尽，大致可以分为人格平等、人格独立、人格自由、人格尊严。人格平等是指每个人不分性别、年龄、民族、地域、贫富、受教育程度等，都是平等的，没有高低贵贱之分，没有彼此的人身依附关系。人格独立是指每个人都有权独立作出意思表示，彼此相互独立，包括意思独立、财产独立以及责任独立。人格自由包括保持人格自由和发展人格自由两方面的内容。保持人格自由是指任何人都有保持自己人格的自由，同时任何人不得放弃或让与自己的人格自由。发展人格自由是指通过接受教育、不断深造、加强锻炼、接受治疗等，来发展完善自己的人格，使自己更加完美。人格尊严是人之所以能够成为真正的“人”，所应享有的最起码的社会地位和应得到的最起码的尊重。

**【司法适用】**

在司法实践中，当人们遇到自己的人格利益受到侵害，而这种人格利益在具体人格权制度中没有规定时，可以通过一般人格权来寻求法律的救济。一般人格权为补充和完善具体人格权提供了法律依据，具有补充具体人格权的功能。2011

年颁布的《精神损害赔偿解释》第1条将“人格尊严权、人身自由权”与“生命权、健康权、身体权”“姓名权、肖像权、名誉权、荣誉权”相并列。第4条规定：“具有人格象征意义的特定纪念物品，因侵权行为而永久性灭失或者毁损，物品所有人以侵权为由，向人民法院起诉请求赔偿精神损害的，人民法院应当依法予以受理。”2011年修改后的《民事案件案由规定》将“一般人格权纠纷”作为“人格权纠纷”的重要类型。目前争议的结社自由、迁徙自由、住宅自由、性自由、通信自由、表达自由、信仰自由等，可以根据社会发展需要，通过适当的程序予以创设。

**【司法案例】**

**韩秀敏诉孙学贞一般人格权纠纷案**[①]

**诉讼结论：**公民的人格尊严受法律保护。

在本案中，原告韩秀敏与被告孙学贞同系杞县城郊乡袁洼村三组村民，两家居住相邻，平时关系不睦。2009年12月5日下午5时许，被告孙学贞因琐事用自家厕所的大便泼洒在原告家大门口，原告及其家人返家发现后与被告发生争执并报警，被告孙学贞在接受公安机关询问时承认其在原告家大门口泼洒大便，是为了不便于原告家出行，找原告家难看，捉弄、侮辱原告及其家人。被告孙学贞用大便泼洒在原告家大门口的行为已经被公安机关认定为公然侮辱他人，并给予了行政处罚，其行为构成对原告人格尊严的损害，依法还应当承担相应的民事责任。

**第一百一十条　自然人享有生命权、身体权、健康权、姓名权、肖像权、名誉权、荣誉权、隐私权、婚姻自主权等权利。**

**法人、非法人组织享有名称权、名誉权和荣誉权。**

**【条文主旨】**

本条是关于自然人、法人和其他组织具体人格权的规定。

**【条文理解】**

本条规定的具体人格权包括：(1)生命权。生命权是自然人享有的，以维持生命、保护生命安全利益为内容的权利。(2)健康权。健康权是自然人以器官机能运转和身心健康为内容的权利。(3)身体权。身体权是自然人维持其身体组织的完整性，并支配其身体和组织器官的权利。本条明确了“身体权”是法律新增的内

① 河南省杞县人民法院(2010)杞民初字第755号民事判决书。

容。(4)姓名权。姓名权是自然人对其姓名享有的决定、使用和依照规定改变,同时禁止他人干涉、盗用和冒用的权利。(5)肖像权。肖像权是自然人享有的以自己肖像所体现的人格利益为内容的人格权。(6)隐私权。隐私权是自然人享有对个人信息和个人生活进行支配并排除他人侵扰、知悉、披露和公开的权利。(7)婚姻自主权。婚姻自主权是指公民依法享有的按照自己的意志,自愿结婚或者离婚,不受他人限制或干涉的权利。(8)名称权。名称权指自然人以外的其他民事主体依法享有的决定、使用、改变及转让自己的名称,并排除他人非法干涉、盗用或冒用的权利。(9)名誉权。名誉权是自然人、法人和非法人组织所享有的保护自己名誉不受他人侵害的权利。(10)荣誉权。荣誉权则是指自然人、法人和非法人组织获得、保持、利用荣誉并享有其利益的权利。

**【司法适用】**

本条中的"等权利"是兜底条款,授权法院根据立法目的,适时创设知情权、声音权、形象权、环境权和信用权等新型权利。《精神损害赔偿解释》第 3 条规定:"自然人死亡后,其近亲属因下列侵权行为遭受精神痛苦,向人民法院起诉请求赔偿精神损害的,人民法院应当依法予以受理:(一)以侮辱、诽谤、贬损、丑化或者违反社会公共利益、社会公德的其他方式,侵害死者姓名、肖像、名誉、荣誉;(二)非法披露、利用死者隐私,或者以违反社会公共利益、社会公德的其他方式侵害死者隐私;(三)非法利用、损害遗体、遗骨,或者以违反社会公共利益、社会公德的其他方式侵害遗体、遗骨。"第 5 条规定:"法人或者其他组织以人格权利遭受侵害为由,向人民法院起诉请求赔偿精神损害的,人民法院不予受理。"据此,法人或者其他组织的人格权遭受侵害,只能主张财产损害,不能主张精神损害。因为只有自然人是目的性存在,法人或者其他组织只是特定财产的集合,只是特定目的的共同体,只是工具性存在。自然人的人格权和法人的人格权具有本质的区别,立法者将本条明确分为两款,也充分体现了区别对待的立法目的。

**【司法案例】**

### 倪某等诉无锡某医院身体权案[①]

**诉讼结论:**身体权受法律保护。

在本案中,无锡某医院作为专业的医疗机构,在沈某保死亡后未及时拔出氧气插管,导致沈某保全身浮肿、多处流血,存在过错,其过错行为给沈某的近亲属造成的精神损害,沈某的近亲属有权要求该医院赔偿精神损害赔偿金。

---

① 江苏省无锡市崇安区人民法院(2013)崇民初字第 0640 号民事判决书。

**第一百一十一条　自然人的个人信息受法律保护。任何组织和个人需要获取他人个人信息的，应当依法取得并确保信息安全，不得非法收集、使用、加工、传输他人个人信息，不得非法买卖、提供或者公开他人个人信息。**

**【条文主旨】**

本条是关于个人信息权的规定。

**【条文理解】**

本条是新增内容。2003年颁布的《居民身份证法》第3条第1款规定："居民身份证登记的项目包括：姓名、性别、民族、出生日期、常住户口所在地住址、公民身份号码、本人相片、证件的有效期和签发机关。"2006年颁布的《护照法》第7条第1款规定："普通护照的登记项目包括：护照持有人的姓名、性别、出生日期、出生地，护照的签发日期、有效期、签发地点和签发机关。"2009年颁布的《刑法修正案（七）》规定："国家机关或者金融、电信、交通、教育、医疗等单位的工作人员，违反国家规定，将本单位在履行职责或者提供服务过程中获得的公民个人信息，出售或者非法提供给他人，情节严重的，处三年以下有期徒刑或者拘役，并处或者单处罚金。"2015年修正后的《邮政法》第76条第1款规定："邮政企业、快递企业违法提供用户使用邮政服务或者快递服务的信息，尚不构成犯罪的，由邮政管理部门责令改正，没收违法所得，并处一万元以上五万元以下的罚款；对邮政企业直接负责的主管人员和其他直接责任人员给予处分；对快递企业，邮政管理部门还可以责令停业整顿直至吊销其快递业务经营许可证。"《档案法》《传染病防治法》《商业银行法》《律师法》《互联网电子公告服务管理规定》《医疗机构病历管理规定》等法律法规也都对个人信息保护作出了相应的规定。

个人信息权，是指本人依法对其个人信息所享有的支配、控制并排除他人侵害的权利。其具体包括个人信息自决权、个人信息查询权、个人信息选择权、个人信息保密权、个人信息更正权、个人信息删除权、个人信息收益权等。（1）个人信息自决权，是指除因国家利益或公共利益，本人对其个人信息享有绝对的控制、支配的权利。自决权实际上就是对自己个人信息的一种掌控权利，是个人信息权利体系中最基础的权利，是总括性的权利。（2）个人信息查询权，是指本人对国家机关或国家机关以外的其他机构记录、控制的个人信息，享有查阅、知悉的权利。本人要实现对其个人信息的控制与支配，必须以了解哪些个人信息被收集、处理、传输与利用为前提。（3）个人信息选择权，是指在个人信息的收集、处理、传输与利用过程中，有权选择同意或者反对，个人信息的利用人应当履行通知、说明的义务。(4)个人信息保密权,是指本人得以请求个人信息管理、控制等主体保持个人信息不被第三方知晓的权利。立法一般是从个人信息相对人的保密义务角度进行规范,包括确立安全保障原则和设置各种具体的安全保障规则。(5)个人信息更正权,是指本人发现其个人信息存在错误、不精确、不完整或未及时更新的情况时,可以请求个人信息的管理者、控制者进行更正、补充等维护操作的权利。更正权的行使是为了保证个人信息存在的质量,以利于维护个人信息本人的个人信息权及与之相关联的其他利益。(6)个人信息删除权,是指在法定或约定的情形出现时,个人信息所有者请求管理者、控制者删除本人信息的权利。(7)个人信息收益权,是指特定主体通过利用具有经济价值的个人信息,个人信息所有者有权要求特定主体给付报酬的权利。

**【司法适用】**

人肉搜索是指通过提问回答网站(如百度百科、猫扑)的提问,通过网络社区集合广大网民的力量,追查某些事情或人物的真相与隐私,并将这些信息公之于众。对于人肉搜索的规制,我国法律并未有明确的规定,因其涉及舆论监督与个人信息权的平衡问题。对于恶意搜索,透漏个人信息,受害者可以依法维权。2014 年通过的《最高人民法院关于审理利用信息网络侵害人身权益民事纠纷案件适用法律若干问题的规定》第 12 条第 1 款规定:“网络用户或者网络服务提供者利用网络公开自然人基因信息、病历资料、健康检查资料、犯罪记录、家庭住址、私人活动等个人隐私和其他个人信息,造成他人损害,被侵权人请求其承担侵权责任的,人民法院应予支持。但下列情形除外:(一)经自然人书面同意且在约定范围内公开;(二)为促进社会公共利益且在必要范围内;(三)学校、科研机构等基于公共利益为学术研究或者统计的目的,经自然人书面同意,且公开的方式不足以识别特定自然人;(四)自然人自行在网络上公开的信息或者其他已合法公开的个人信息;(五)以合法渠道获取的个人信息;(六)法律或者行政法规另有规定。”

**第一百一十二条 自然人因婚姻家庭关系等产生的人身权利受法律保护。**

**【条文主旨】**

本条是关于因婚姻家庭关系等产生的人身权利受保护的规定。

**【条文理解】**

身份权是人身权的重要组成部分,与人格权共同构成了人身权法律体系。身份权是指民事主体基于某种特定的身份依法享有的一种民事权利。身份权主要包括亲权、配偶权、亲属权等。婚姻包括结婚和离婚。结婚又称婚姻的成立,是一男一女依照法律规定的条件和程序结合为夫妻的法律行为。离婚又称婚姻的解除,是指配偶生存期间依照法定程序解除婚姻关系的行为。

夫妻的人身关系,是指夫妻双方在婚姻中的人格和身份方面的权利义务关系。(1)夫妻双方在家庭中地位平等。男女双方平等地享有权利,负担义务,互不隶属、支配,都享有姓名权和参与社会活动的自由。夫妻双方都享有人身自由权,禁止夫妻一方以殴打、捆绑、残害、强行限制人身自由等手段,给对方的身体或精神方面造成一定伤害后果的暴力行为。(2)同居的权利和义务。婚姻以夫妻共同生活为目的,因此夫妻间互有同居的权利和义务。(3)忠实的权利和义务。忠实义务主要是指不为婚外性行为,不重婚,不与配偶以外的第三人非以夫妻名义持续、稳定地共同居住。

家庭关系包括父母子女关系,祖父母、外祖父母和孙子女、外孙子女关系及兄弟姐妹关系等。(1)父母子女关系。父母对子女有抚养教育的义务;子女对父母有赡养扶助的义务。父母不履行抚养义务时,未成年的或不能独立生活的子女,有要求父母付给抚养费的权利。子女不履行赡养义务时,无劳动能力的或生活困难的父母,有要求子女付给赡养费的权利。非婚生子女享有与婚生子女同等的权利,任何人不得加以危害和歧视。不直接抚养非婚生子女的生父或生母,应当负担子女的生活费和教育费,直至子女能独立生活为止。(2)祖父母、外祖父母和孙子女、外孙子女关系。有负担能力的祖父母、外祖父母,对父母已经死亡或父母无力抚养的未成年的孙子女、外孙子女,有抚养的义务。有负担能力的孙子女、外孙子女,对子女已经死亡或子女无力赡养的祖父母、外祖父母,有赡养的义务。(3)兄弟姐妹关系。有负担能力的兄、姐,对父母已经死亡或父母无力抚养的未成年的弟、妹,有扶养的义务。由兄、姐扶养长大的有负担能力的弟、妹,对缺乏劳动能力又缺乏生活来源的兄、姐,有扶养的义务。

本条中的"等产生的人身权利",是兜底条款。除"亲属法上的身份权",还包括"亲属法外的身份权"。著作权中的身份权是指作者基于其创作的作品所享有的以身份利益为内容的权利。其具体包括:(1)署名权。即表明作者的身份,在作品上署名的权利。署名权只有作者本人才能享有,其他任何未参与过作品创作的人不得在作品上署名,否则就是侵犯作者的署名权;作者对署名权的行使,可以是在作品上署名,也可以不署名;可以署真实姓名,也可以署笔名或假名。(2)发表权。即决定是否将作品公之于众的权利。只有作者本人才有权决定作品是否发表、如何发表,其他人不得干预;未经作者本人同意而发表其作品,就是侵犯作者的身份权。(3)修改权。即修改或者授权他人修改作品的权利。因作品体现作者的思想或风格,故除法律另有规定外,不经作者同意任何人不得对作品进行修改。(4)保护作品完整权。即保护作品不受歪曲或篡改的权利。歪曲,是指作品的思想、观点、形象被歪曲;篡改,是指以作为的手段改动作品的思想、内容或精神实质,从而破坏作品内容或形式的统一性和完整性。专利权中的身份权是指专利权人在发明创造时,其本人所享有的与其发明人身份不可分离的权利。(1)发明人或者设计人有在专利文件中写明自己是发明人或设计人的权利。此权利不得转让或继承,不因专利技术的转让或者财产的转让而消灭。(2)专利权人有在其专利产品的包装上标明专利标记和专利号的权利。(3)被授予专利权的单位应当对职务发明创造的发明人或者设计人给予奖励。

**【司法适用】**

《精神损害赔偿解释》第 2 条规定:"非法使被监护人脱离监护,导致亲子关系或者近亲属间的亲属关系遭受严重损害,监护人向人民法院起诉请求赔偿精神损害的,人民法院应当依法予以受理。"《婚姻法解释(三)》第 2 条规定:"夫妻一方向人民法院起诉请求确认亲子关系不存在,并已提供必要证据予以证明,另一方没有相反证据又拒绝做亲子鉴定的,人民法院可以推定请求确认亲子关系不存在一方的主张成立。当事人一方起诉请求确认亲子关系,并提供必要证据予以证明,另一方没有相反证据又拒绝做亲子鉴定的,人民法院可以推定请求确认亲子关系一方的主张成立。"第 9 条规定:"夫以妻擅自中止妊娠侵犯其生育权为由请求损害赔偿的,人民法院不予支持;夫妻双方因是否生育发生纠纷,致使感情确已破裂,一方请求离婚的,人民法院经调解无效,应依照婚姻法第三十二条第三款第(五)项的规定处理。"

**【司法案例】**

### 唐某诉李某某、唐某乙法定继承纠纷案①

**诉讼结论:**婚内财产分割协议不涉及第三人利益,法院应当予以尊重。

在本案中,2010 年 10 月 2 日,唐某甲与被告李某某签订《分居协议书》,双方约定:"唐某甲、李某某的感情已经破裂。为了不给儿子心灵带来伤害,我们决定分居。双方财产作如下切割:财富中心和慧谷根园的房子归李某某拥有。李某某可以任何方式处置这些房产,唐某甲不得阻挠和反对,并有义务协办相关事务。湖光中街和花家地的房产归唐某甲所有。唐某甲可以任何方式处置这些房产,李

① 《最高人民法院公报》2014 年第 12 期。

某某不得阻挠和反对,并有义务协办相关事务。儿子唐某乙归李某某所有。唐某甲承担监护、抚养、教育之责。李某某每月付生活费5000元。双方采取离异不离家的方式解决感情破裂的问题。为了更好地达到效果,双方均不得干涉对方的私生活和属于个人的事务。"上述《分居协议书》中,唐某甲与李某某一致表示"对财产作如下切割",该约定系唐某甲与李某某不以离婚为目的对婚姻关系存续期间所得财产作出的分割,应认定为婚内财产分割协议,是双方通过订立契约对采取何种夫妻财产制所作的约定。

## 第一百一十三条　民事主体的财产权利受法律平等保护。

**【条文主旨】**

本条是关于财产权的规定。

**【条文理解】**

财产权是以具有经济价值的利益为客体的权利。土地、房屋、金钱和产品等是财产,文学艺术和科学作品、发明、实用新型、外观设计、商标等也是财产。根据财产关系的内容,财产关系可以分为财产归属关系和财产流转关系。财产归属关系是指财产所有和利用关系;财产流转关系是指财产由一方向另一方流转而发生的法律关系。因物质资料和智力成果归属所发生的关系,是最基本的财产归属关系。而商品买卖关系、货币借贷关系、货物运送关系、承揽加工关系、物品保管关系、提供服务关系、知识产权转让关系、赠与关系和继承关系等,则属于财产流转关系。以权利的效力和内容为标准,财产权可以分为物权、债权、知识产权和继承权等。

本条中的"民事主体"包括自然人、法人和非法人组织,包括国家、集体和私人。2004年,"公民的合法的私有财产不受侵犯"被写入《宪法》。不仅要保护市场主体的平等地位,而且还保护平等的发展权。平等是基础,发展是目的。没有平等关系,就没有民法。没有平等的财产关系,就没有物权法。例如,土地是主要的物权类型,国家所有的土地与集体所有的土地都属于私权利,应当具有同等的法律地位。农村集体土地与国有土地应当按照按"同地、同价、同权"的原则,建构统一、开放、竞争、有序的城乡一体化的建设用地市场。

产权制度是社会主义市场经济的基石,保护产权是坚持社会主义基本经济制度的必然要求。《中共中央关于全面深化改革若干重大问题的决定》指出:"产权是所有制的核心。健全归属清晰、权责明确、保护严格、流转顺畅的现代产权制度。公有制经济财产权不可侵犯,非公有制经济财产权同样不可侵犯。国家保护各种所有制经济产权和合法利益,保证各种所有制经济依法平等使用生产要素、公开公平公正参与市场竞争、同等受到法律保护,依法监管各种所有制经济。”2016 年 11 月 4 日,中共中央、国务院印发《关于完善产权保护制度依法保护产权的意见》,对完善产权保护制度、推进产权保护法治化工作进行了全面部署。

**【司法适用】**

人民法院作为居中的裁判者,必须对各类产权主体一视同仁,确保诉讼地位平等、诉讼权利平等、法律适用平等。2014 年 12 月,最高人民法院发布《关于依法平等保护非公有制经济促进非公有制经济健康发展的意见》(法发〔2014〕27 号)。该意见指出,加强民商事审判工作,依法维护公开平等的市场交易秩序。其主要内容包括:(1)正确认定民商事合同效力,保障非公有制经济的合法交易。(2)妥善审理权属及劳动争议纠纷案件,保护非公有制经济的合法权利。(3)妥善审理破产、清算案件,促进生产要素的优化组合和非公有制经济的转型升级。(4)妥善审理各类知识产权案件,保障和推动非公有制经济的自主创新。

为充分发挥审判职能作用,切实加强产权司法保护,增强人民群众财产财富的安全感,促进经济社会持续健康发展,最高人民法院出台《关于充分发挥审判职能作用切实加强产权司法保护的意见》(法发〔2016〕27 号)。其主要内容如下:

首先,坚持产权司法保护的基本原则。(1)坚持平等保护,坚持各种所有制经济权利平等、机会平等、规则平等,对各类产权主体的诉讼地位和法律适用一视同仁,确保公有制经济和非公有制经济财产权不可侵犯。(2)坚持全面保护,既要保护物权、债权、股权,也要保护知识产权及其他各种无形财产权。(3)坚持依法保护,结合各个时期经济发展的形势和政策,准确把握立法精神,严格公正司法,妥善处理涉及产权保护的各类案件。

其次,准确把握、严格执行产权保护的司法政策。(1)依法惩治各类侵犯产权犯罪,平等保护各种所有制经济产权。(2)客观看待企业经营的不规范问题,对定罪依据不足的依法宣告无罪。(3)严格区分经济纠纷与刑事犯罪,坚决防止把经济纠纷当作犯罪处理。(4)依法慎用强制措施和查封、扣押、冻结措施,最大限度降低对企业正常生产经营活动的不利影响。(5)严格规范涉案财产的处置,依法维护涉案企业和人员的合法权益。(6)依法公正审理行政协议案件,促进法治政府和政务诚信建设。(7)依法公正审理财产征收征用案件,维护被征收征用者的合法权益。(8)依法制裁知识产权违法犯罪,加大知识产权保护力度。(9)依法处理历史形成的产权申诉案件,坚决落实有错必纠的要求。(10)提高审判执行效率,切实防止因诉讼拖延影响企业生产经营。

**第一百一十四条　民事主体依法享有物权。**

**物权是权利人依法对特定的物享有直接支配和排他的权利，包括所有权、用益物权和担保物权。**

**【条文主旨】**

本条是关于物权的定义及类型的规定。

**【条文理解】**

物权又称对物权，与对人权相对应。物权包括自物权与他物权。自物权就是所有权。他物权包括用益物权和担保物权。

（一）所有权

所有权是所有权人依法对自己的不动产或者动产所享有的占有、使用、收益和处分的权利。不动产是指依自然性质或法律规定不可移动的土地和房屋等；动产是指能够移动而不损害其经济用途和价值的物，如电视机和桌子等。不动产所有权的取得以登记为要件，动产所有权的取得以交付为要件，机动车、航空器和船舶的所有权，未经登记，不得对抗善意第三人。

（二）用益物权

用益物权是指非所有人对他人的不动产或动产所享有的占有、使用、收益的排他性的权利，包括土地承包经营权、建设用地使用权、宅基地使用权、探矿权和采矿权等。

土地承包经营权，是农业生产经营者对集体所有或国家所有的土地进行占有、使用、收益的权利。其特征在于：（1）土地承包经营权主体一般是村集体经济组织成员。本集体经济组织以外的单位或个人承包经营的，必须经村民会议2/3以上成员或者2/3以上村民代表的同意，并报乡镇人民政府批准。（2）土地承包经营权的客体是集体所有或国家所有的土地或森林、山岭、草原、荒地和滩涂等。（3）承包经营权的内容是从事农业生产，包括种植业、林业、畜牧业和渔业生产等，不得进行非农建设。（4）土地承包经营权是有期限的。耕地的承包期为30年，草地的承包期为30～50年，林地的承包期一般为30～70年。承包期届满，由土地承包经营权人依照农村土地承包的法律规定继续承包。（5）土地承包经营权可以流转。土地承包经营权人有权在不超过承包期的剩余期限内，采取转包、互换、转让等方式流转。

建设用地使用权，是依法在国家所有土地上建造建筑物、构筑物及其附属设施的权利。其特征在于：（1）建设用地使用权的主体是任何民事主体，包括自然人、法人和其他组织。(2)建设用地使用权的客体是国家所有的土地。村民依法利用集体所有的土地建造住宅及其附属设施的权利,属于宅基地使用权。(3)建设用地使用权的取得方式包括划拨和出让。公共利益用地,可以依法通过无偿划拨取得。非公共利益用地,要向国家支付建设用地使用权出让金。(4)建设用地使用权有期限。最高使用年限根据土地用途有所不同,如居住用地为70年,工业用地为50年,教育、科技、文化、卫生、体育用地为50年,商业、旅游、娱乐用地为40年,综合或者其他用地为50年。住宅建设用地使用权期间届满的,自动续期。非住宅建设用地使用权期间届满后的续期,依照法律、行政法规的规定办理。

(三)担保物权

担保物权是为了确保债权的实现,而在他人财产上设立的物权。担保物权的设立和实现必须针对债务人或第三人的某项能够变卖或者拍卖的财产,债权人可以直接支配该财产,在债权得不到清偿的情况下,直接拍卖或变卖该财产,实现自己的到期债权。担保物权可以由当事人的约定或法律的规定而产生,包括抵押权、质权和留置权。

抵押权,是指债务人或者第三人不转移财产的占有,将该财产作为债权的担保,债务人不履行债务时,债权人依照法律规定的程序就该财产优先受偿的权利。例如,甲向乙借款20万元,以其所有的一栋房屋做抵押,并到房产局进行了登记。甲仍然可以居住该房屋或者将这栋房屋出租。如果甲到期不能归还20万元的本息,乙有权将抵押的房屋变卖,并就卖得的价款优先受偿。乙在甲抵押的房屋上享有的变卖并就卖得的价款优先受偿的权利,称为抵押权。这栋房屋是抵押财产,甲是抵押人,乙是抵押权人。

质权,是指债务人或者债务人提供的第三人的动产或权利,移交给债权人占有,在债务人不履行债务时,债权人有权以该财产价款优先受偿的权利。例如,甲向乙借款1万元,将其所有的一个钻戒,移交给乙占有。甲到期不能归还的,乙有权将占有甲的这个钻戒予以变卖,并就卖得的价款优先受偿。这个钻戒就是质押财产,甲是出质人,乙是质权人。质权人在质权存续期间,应当妥善保管质押财产,未经出质人同意,不得擅自使用、处分质押财产。

留置权,是指当债务人不履行其到期债务时,债权人可以留置已经合法占有的债务人的动产,并就该动产优先受偿的权利。例如,甲请乙木匠加工一个柜子,到期柜子做好了,甲拒不付钱。乙有权留置该柜子,并且可以将柜子依法变卖。甲是债务人,债权人乙是留置权人,该柜子就是留置财产。留置权的行使,不得违反公共秩序或善良风俗,不得留置身份证、毕业证和护照等。

**【司法适用】**

对于典权，现行法没有明文规定，但审判实践中予以确认。1984 年《最高人民法院关于贯彻执行民事政策法律若干问题的意见》规定，“典契未载明期限经过三十年未赎的，原则上应视为绝卖”。1988 年《民通意见》第 120 条规定：“在房屋出典期间或者典期届满时，当事人之间约定延长典期或者增减典价的，应当准许。承典人要求出典人高于原典价回赎的，一般不予支持。以合法流通物作典价的，应当按照回赎时市场零售价格折算。”

2016 年 3 月开始实施的《物权法解释(一)》对不动产登记错误与民事诉讼的关系，异议登记与确权诉讼的关系，预告登记的效力，特殊动产转让中的“善意第三人”，发生物权变动效力的法律文书范围、按份共有人优先购买权的司法保护、善意取得的构成要件等，作出了具体的规定，对民商事审判具有重要指导意义。社会生活是丰富多彩的，对于实践中诸多问题，还需要进一步探索。

**第一百一十五条　物包括不动产和动产。法律规定权利作为物权客体的，依照其规定。**

**【条文主旨】**

本条是关于物权客体的规定。

**【条文理解】**

本条来源于《物权法》第 2 条第 2 款的规定：“本法所称物，包括不动产和动产。法律规定权利作为物权客体的，依照其规定。”以物是否可以移动，或者移动是否会变更物的价值或者付出高昂的代价为标准，物可以分为动产和不动产。不动产是指不能移动，或者移动将改变其性能或者付出较大代价的物，包括土地、矿藏、水流、海域和土地上的建筑物。不动产之外的物即为动产，包括机器设备、产品、半产品和原材料等。

不动产和动产的区分具有重要的法律意义。(1)公示方法不同。不动产一般以登记为公示方法，动产以占有为公示方法。(2)权利变动的依据不同。不动产物权的变动通常以登记为依据，动产通常以交付为物权变动的根据。(3)物权设定种类不同。如担保物权的质权只能设立在动产和权利上。虽然抵押物权也可以设定在动产上，但较多设定在不动产上。(4)法律管辖不同。因不动产提起的诉讼，采取属地主义管辖，而动产采用属人主义管辖。需要说明的是，随着社会发展，电、热、声、光、无线频谱等成为“物”的范畴。

权利作为物权客体,立法并没有明确具体的范围。从实践看主要包括如下类型:(1)债权作为物权客体。如汇票、支票、本票、债券、存款单和应收账款的质押等,可以成为质权的客体。(2)股权与基金份额作为物权客体。如股票、基金份额等投资性权益,可以成为质权的客体。(3)知识产权作为物权客体。如注册商标专用权、专利权、著作权等知识产权中的财产权,可以成为质权的客体。(4)物权作为物权客体。如土地承包经营权、建设用地使用权可以成为抵押权的客体。

**【司法适用】**

第一,不动产的物权变动。《最高人民法院关于审理涉及国有土地使用权合同纠纷案件适用法律问题的解释》第 10 条第 1 款规定:"土地使用权人作为转让方就同一出让土地使用权订立数个转让合同,在转让合同有效的情况下,受让方均要求履行合同的,按照以下情形分别处理:(一)已经办理土地使用权变更登记手续的受让方,请求转让方履行交付土地等合同义务的,应予支持;(二)均未办理土地使用权变更登记手续,已先行合法占有投资开发土地的受让方请求转让方履行土地使用权变更登记等合同义务的,应予支持;(三)均未办理土地使用权变更登记手续,又未合法占有投资开发土地,先行支付土地转让款的受让方请求转让方履行交付土地和办理土地使用权变更登记等合同义务的,应予支持;(四)合同均未履行,依法成立在先的合同受让方请求履行合同的,应予支持。"

第二,普通动产的物权变动。《买卖合同解释》第 9 条规定:"出卖人就同一普通动产订立多重买卖合同,在买卖合同均有效的情况下,买受人均要求实际履行合同的,应当按照以下情形分别处理:(一)先行受领交付的买受人请求确认所有权已经转移的,人民法院应予支持;(二)均未受领交付,先行支付价款的买受人请求出卖人履行交付标的物等合同义务的,人民法院应予支持;(三)均未受领交付,也未支付价款,依法成立在先合同的买受人请求出卖人履行交付标的物等合同义务的,人民法院应予支持。"

第三,特殊动产的物权变动。《买卖合同解释》第 10 条规定:"出卖人就同一船舶、航空器、机动车等特殊动产订立多重买卖合同,在买卖合同均有效的情况下,买受人均要求实际履行合同的,应当按照以下情形分别处理:(一)先行受领交付的买受人请求出卖人履行办理所有权转移登记手续等合同义务的,人民法院应予支持;(二)均未受领交付,先行办理所有权转移登记手续的买受人请求出卖人履行交付标的物等合同义务的,人民法院应予支持;(三)均未受领交付,也未办理所有权转移登记手续,依法成立在先合同的买受人请求出卖人履行交付标的物和办理所有权转移登记手续等合同义务的,人民法院应予支持;(四)出卖人将标的物交付给买受人之一,又为其他买受人办理所有权转移登记,已受领交付的买受人请求将标的物所有权登记在自己名下的,人民法院应予支持。”

**【司法案例】**

**上诉人贾传良诉吉林龙谷生物科技有限公司返还原物纠纷案①**

**诉讼结论:**不动产登记载明的权利人对该不动产享有支配和排他的权利。

在本案中,龙谷公司提供的证据能够证明其是房屋的合法权利人,享有占有、处分等物权权利。贾传良占用的房屋为原单位为了照顾其生活而允许其居住,但并未将所有权分配给贾传良,亦未在产权登记机关办理登记手续,故贾传良并不是该处房屋的产权所有人,属无权占有。而在企业改制后,该处房产已经登记在龙谷公司名下,龙谷公司取得该房产的所有权,具有支配和排他的权利,故龙谷公司要求贾传良从此处房产中迁出,合法有据,法院予以支持。

## 第一百一十六条　物权的种类和内容,由法律规定。

**【条文主旨】**

本条是关于物权法定原则的规定。

**【条文理解】**

物权是一种对世权、绝对权,需要物权法定原则,使物权关系明确化。(1)物权种类法定,是指物权类型除法律明确规定的外,不得随意创设。如果当事人为了自身的利益而创设了新类型物权,那么这种创设不具有物权法上的效力。(2)物权内容法定,是指物权的内容由法律明确规定,当事人不得创设与物权的法定内容相悖的物权。如当事人约定买受人取得标的物的所有权不包含处分权,创设“所有权”的内容,此种约定不产生物权的效力。

本条中的“法律”是广义还是狭义,立法没有明确规定。《物权法》第151条规定:“集体所有的土地作为建设用地的,应当依照土地管理法等法律规定办理。”第153条规定:“宅基地使用权的取得、行使和转让,适用土地管理法等法律和国家的有关规定。”《民法典》第361条和第363条分别对这两条作了文字修改,即将其中的“土地管理法等”改为“土地管理的”,虽然没有实质差别,但是增强了本条的应用力,表明立法是采取广义法律的理解。从目的解释角度分析,扩张“物权法定”中“法”的范围,有利于制度创新,是社会发展必然的趋势。据此,法律、行政法规、

① 吉林市中级人民法院(2016)吉02民终字第939号民事判决书。

司法解释和习惯等，都是"物权法定"中"法"的范围。

**【司法适用】**

在司法实践中，违反物权法定的法律后果，应当区别合同关系与物权关系。违反物权法定原则，物权就不会发生变动的效果。当事人就设定物权类型和确定物权内容的主要条款达成合意，符合《合同法》规定合同生效的条件，该合同就可以产生效力，当事人就应当受到该合同的拘束。同时，要对物权法定作适当的扩张解释。商铺租赁权质押、出租车经营权质押、银行理财产品质押、人身保险的保单质押、排污权质押、存货动态质押、保证金质押等新型担保物权，法院不能简单否认其物权的效力，需要根据实际情况综合判断。

**【司法案例】**

### 刘正诉王玉贞、刘飞占有保护纠纷案①

**诉讼结论：**离婚后加入外国国籍，并不影响基于婚姻关系已经合法取得的居住权。

在本案中，因北京金融街拆迁，作为拆迁补偿而被安置的对象，刘正于1996年与北京市金融街房产经营管理公司签订《公有住宅租赁合同》，从而取得涉诉房屋的承租居住权。由于拆迁安置是以家庭为对象，故当时作为刘正妻与子的王玉贞和刘飞也因此而取得涉诉房屋的居住权。王玉贞起诉要求法院对其享有的涉诉房屋居住使用权予以确认，符合法律规定，并无不当。根据《最高人民法院关于审理离婚案件中公房使用、承租若干问题的解答》的精神，夫妻共同居住的公房，若是婚后一方或双方申请取得公房承租权的，离婚后双方均可承租。本案中，对涉诉房屋的承租居住权系刘正和王玉贞婚后由刘正申请取得，双方离婚后王玉贞对该房屋仍具有居住权。因此，刘正关于王玉贞对涉诉房屋的居住使用权是依附于婚姻关系，且王玉贞已加入外国国籍，离婚后王玉贞即丧失居住使用权的主张，没有法律依据，法院不予支持。

**第一百一十七条　为了公共利益的需要，依照法律规定的权限和程序征收、征用不动产或者动产的，应当给予公平、合理的补偿。**

---

① 最高人民法院(2011)民监字第510号民事裁定书。

**【条文主旨】**

本条是关于征收、征用的规定。

**【条文理解】**

土地是人类生存和发展的基础，是具有战略意义的社会财富。土地征收是指国家为了公共利益，依据法定程序，强制取得他人土地所有权并给予合理补偿的行政行为。我国《宪法》第10条规定："国家为了公共利益的需要，可以依照法律规定对土地实行征收或者征用并给予补偿。"《土地管理法》第2条第4款规定："国家为了公共利益的需要，可以依法对土地实行征收或者征用并给予补偿。"《国有土地上房屋征收与补偿条例》第8条规定："为了保障国家安全、促进国民经济和社会发展等公共利益的需要，有下列情形之一，确需征收房屋的，由市、县级人民政府作出房屋征收决定：(一)国防和外交的需要；(二)由政府组织实施的能源、交通、水利等基础设施建设的需要；(三)由政府组织实施的科技、教育、文化、卫生、体育、环境和资源保护、防灾减灾、文物保护、社会福利、市政公用等公共事业的需要；(四)由政府组织实施的保障性安居工程建设的需要；(五)由政府依照城乡规划法有关规定组织实施的对危房集中、基础设施落后等地段进行旧城区改建的需要；(六)法律、行政法规规定的其他公共利益的需要。"

土地改革牵动着国家经济发展的命脉，影响着社会生活的方方面面。土地问题不仅是私法问题，更是公法问题。土地问题不仅是法律问题，更是政治问题。十八届三中全会决议指出，要建立城乡统一的建设用地市场，具体措施包括：(1)在符合规划和用途管制前提下，允许农村集体经营性建设用地出让、租赁、入股，实行与国有土地同等入市、同权同价。(2)缩小征地范围，规范征地程序，完善对被征地农民合理、规范、多元保障机制。(3)扩大国有土地有偿使用范围，减少非公益性用地划拨。(4)建立兼顾国家、集体、个人的土地增值收益分配机制，合理提高个人收益，完善土地租赁、转让、抵押二级市场。

**【司法适用】**

人民法院应当充分发挥审判职能作用，切实加强产权司法保护，依法公正审理财产征收征用案件，维护被征收征用者的合法权益。准确把握立法精神，合理把握征收征用适用的公共利益范围，坚决防止公共利益扩大化。遵循及时合理补偿原则，对土地征收和房屋拆迁补偿标准明显偏低的，要综合运用多种方式进行公平合理补偿，充分保护被征收征用者的合法权益。

人民法院审理土地补偿费分配纠纷时，要在现行法律规定框架内，综合考虑当事人生产生活状况、户口登记状况以及农村土地对农民的基本生活保障功能等因素认定相关权利主体。要以当事人是否获得其他替代性基本生活保障为重要考量因素，慎重认定其权利主体资格的丧失，注重依法保护妇女、儿童以及农民工等群体的合法权益。

**第一百一十八条 民事主体依法享有债权。**

**债权是因合同、侵权行为、无因管理、不当得利以及法律的其他规定，权利人请求特定义务人为或者不为一定行为的权利。**

**【条文主旨】**

本条是关于债权定义的规定。

**【条文理解】**

债权是在特定人之间存在，以受领他人给付的利益为内容的财产权。(1)债权是在特定人之间存在的权利，债务人之外的任何人与债权人不存在权利义务关系。(2)债权是以受领他人给付的利益为内容，即债务人依约定或法律的规定履行债务时，债权人有权予以接受，并保持所得利益。(3)债权是财产权。债权作为财产权不但可以以金钱来评价，而且在许多情况下具有很强的流通性。(4)债权是期待权。债权并非是一种既得利益，而是一种期待利益。

除合同、侵权行为、无因管理、不当得利，债权产生的原因还包括：(1)单方行为，即指有一方的意思表示就可以成立的民事法律行为，如遗赠行为。(2)多方行为，即股东会、董事会、监事会、建筑物区分所有人决议、基金持有人决议等。(3)救助行为。因保护他人民事权益使自己受到损害的，由侵权人承担民事责任。(4)拾得遗失物行为。拾得人应当妥善保管遗失物。因故意或者重大过失致使遗失物毁损、灭失的，应当承担民事责任。(5)添附行为。添附主要有混合、附合、加工三种方式。(6)其他法律规定。如《证券法》第44条第1款规定："上市公司、股票在国务院批准的其他全国证券交易场所交易的公司持有百分之五以上股份的股东、董事、监事、高级管理人员，将其持有的该公司的股票或其他具有股权性质的证券在买入后六个月内卖出，或者在卖出后六个月内又买入，由此所得收益归该公司所有，公司董事会应当收回其所得收益。但是，证券公司因购入包销后剩余股票而持有百分之五以上股份的，以及有国务院证券监督管理机构规定的其他情形的除外。"

**【司法适用】**

司法实践中，应当谨慎使用公平分担损失条款。损害补偿条款是立法者坚持社会主义理念，追求和谐稳定政策的产物，是共同体主义法文化在新时期的表现。

损害补偿条款是一种新型法定之债，让经济强者承担了国家应当承担的救济经济弱者的义务。损害补偿条款原则适用于生命权和健康权受损害的场合，适用于受害人不能维持当地基本生活的场合，凸显生命权大于财产权的理念，凸显生存权大于发展权的理念。损害补偿条款属于衡平性条款，应当坚持合宪解释和限缩解释。

## 第一百一十九条　依法成立的合同，对当事人具有法律约束力。

**【条文主旨】**

本条是关于合同效力的规定。

**【条文理解】**

在市场经济和分工的社会中，合同是人们获取财产权的最重要途径。合同是平等主体的自然人、法人及其他组织之间设立、变更、终止民事权利义务关系的协议。婚姻、收养、监护等有关身份关系的协议，适用其他法律的规定。根据是否赋予特定名称，可将合同分为有名合同与无名合同。有名合同又称典型合同，是指法律对其专门设有规范，并赋予一定名称的合同，如买卖合同、赠与合同、借款合同、租赁合同和委托合同等。无名合同又称非典型合同，是指立法上没有确定名称与具体规则的合同，如借用合同、教育合同、住宿合同、美容合同等。

依法成立的合同，对当事人具有法律约束力。当事人应当按照约定履行自己的义务，不得擅自变更或者解除合同。依法成立的合同，受法律保护。当事人应当按照约定全面履行自己的义务，遵循诚实信用原则，根据合同的性质、目的和交易习惯履行通知、协助、保密等义务。合同生效后，当事人就质量、价款或者报酬、履行地点等内容没有约定或者约定不明确的，可以协议补充；不能达成补充协议的，按照合同有关条款或者交易习惯确定。违约责任，是指合同当事人一方不履行合同义务或履行合同义务不符合合同约定，应承担继续履行、采取补救措施或者赔偿损失等违约责任。合同不成立，或者合同虽然成立，但不符合法定的生效条件而被确认无效、被变更或被撤销，给对方造成损失时，应当承担缔约过失责任。当事人假借订立合同，恶意进行磋商，故意隐瞒与订立合同有关的重要事实或者提供虚假情况，或有其他违背诚实信用原则的行为，应当承担损害赔偿责任。

**【司法适用】**

在司法实践中，要处理好“契约信守”与“情势变更”的关系。信守合同是原则，变更调整是例外。《最高人民法院关于当前形势下审理民商事合同纠纷案件若干问题的指导意见》指出,要慎重适用情势变更原则,合理调整双方利益关系。人民法院在判断某种重大客观变化是否属于情势变更时,应当注意衡量风险类型是否属于社会一般观念上的事先无法预见、风险程度是否远远超出正常人的合理预期、风险是否可以防范和控制、交易性质是否属于通常的“高风险高收益”范围等因素,并结合市场的具体情况,在个案中识别情势变更和商业风险。在调整尺度的价值取向把握上,人民法院仍应遵循侧重于保护守约方的原则。适用情势变更原则,并非简单地豁免债务人的义务而使债权人承受不利后果,而是要充分注意利益均衡。

**第一百二十条　民事权益受到侵害的,被侵权人有权请求侵权人承担侵权责任。**

**【条文主旨】**

本条是关于侵权责任的规定。

**【条文理解】**

侵权责任,是指民事主体违反法律规定的义务,实施侵权行为而应承担赔偿损失、返还财产、停止侵害、恢复名誉、消除影响和赔礼道歉等民事责任。侵害生命权、身体权、健康权、姓名权、名誉权、荣誉权、肖像权、隐私权、婚姻自主权、监护权、所有权、用益物权、担保物权、著作权、专利权、商标专用权、发现权、股权、继承权等人身、财产权益,应当承担侵权责任。

(一)侵权责任的归责原则

侵权责任包括过错侵权责任、过错推定侵权责任和无过错侵权责任。

过错侵权责任,是指因行为人对故意或过失侵害他人财产权和人身权,并造成损害的违法行为应当承担的民事责任。过错责任原则是侵权行为的一般归责原则,在法律没有明确规定的情况下,当事人无过错就无责任。如宾馆、商场、银行、车站、娱乐场所等公共场所的管理人或者群众性活动的组织者,违反安全保障义务,造成他人损害的,应当承担过错的侵权责任。

过错推定侵权责任,是指根据法律规定推定行为人有过错,行为人不能证明自己没有过错的,应当承担的侵权责任。在过错推定中,受害人不需要证明行为人的过错,法律推定加害人具有过错,除非行为人能够证明自己没有过错。如建筑物、构筑物或者其他设施及其搁置物、悬挂物发生脱落、坠落造成他人损害,所有人、管理人或者使用人承担过错推定责任,不能证明自己没有过错的,应当承担侵权责任。

无过错侵权责任，是指行为人损害他人民事权益，不论行为人是否具有过错，根据法律规定都要承担的侵权责任。无过错责任的适用不以行为人的过错为要件，但必须有法律的明确规定。从事高度危险作业，包括高空、高压、易燃、易爆、剧毒、地下挖掘活动或者使用高速轨道运输工具等，造成他人损害的，承担的就是无过错的侵权责任。

（二）产品侵权责任

产品责任，是指产品存在可能危及人身、财产安全的不合理危险，造成他人人身或者除缺陷产品以外的其他财产损失后，缺陷产品的生产者、销售者应当承担的无过错侵权责任。因产品存在缺陷造成损害的，受害人有权向产品的生产者或产品的销售者请求赔偿。产品缺陷由生产者造成的，销售者赔偿后，有权向生产者追偿。因销售者的过错使产品存在缺陷的，生产者赔偿后，有权向销售者追偿。投入流通后，发现产品存在缺陷，生产者、销售者应当及时采取警示、召回等补救措施。

（三）机动车交通事故侵权责任

机动车道路交通事故侵权，是指因发生道路交通事故给他人造成财产或者人身损害的侵权行为。机动车之间发生交通事故的，适用过错责任原则，由有过错的一方承担责任；双方都有过错的，按照各自过错的比例分担责任。机动车与非机动车驾驶人、行人之间发生交通事故，有证据证明非机动车驾驶人、行人有过错的，根据过错程度适当减轻机动车一方的赔偿责任。机动车一方没有过错的，对非机动车驾驶人、行人一方承担不超过10%的赔偿责任。

（四）医疗侵权责任

医疗损害责任，是指医疗机构及其医务人员在医疗活动中，未尽相关法律、法规、规章和诊疗技术规范所规定的注意义务，在医疗过程中发生过错，导致患者人身损害所应承担的侵权责任。医疗侵权责任采纳一般过错责任原则，由患者证明医疗机构的过错。医疗机构违反法律、行政法规、规章以及其他有关诊疗规范的规定，隐匿或者拒绝提供与纠纷有关的病历资料，伪造、篡改或者销毁病历资料的，推定医疗机构有过错。

**【司法适用】**

在司法实践中，要明确“侵权人”和“被侵权人”的具体含义。《人身损害赔偿解释》第1条第2款规定：“本条所称‘赔偿权利人’，是指因侵权行为或者其他致害原因直接遭受人身损害的受害人、依法由受害人承担扶养义务的被扶养人以及死亡受害人的近亲属。”第9条第1款规定：“雇员在从事雇佣活动中致人损害的，雇主应当承担赔偿责任;雇员因故意或者重大过失致人损害的,应当与雇主承担连带赔偿责任。雇主承担连带赔偿责任的,可以向雇员追偿。”《民事诉讼法解释》第58条规定:“在劳务派遣期间,被派遣的工作人员因执行工作任务造成他人损害的,以接受劳务派遣的用工单位为当事人。当事人主张劳务派遣单位承担责任的,该劳务派遣单位为共同被告。”第67条规定:“无民事行为能力人、限制民事行为能力人造成他人损害的,无民事行为能力人、限制民事行为能力人和其监护人为共同被告。”第69条规定:“对侵害死者遗体、遗骨以及姓名、肖像、名誉、荣誉、隐私等行为提起诉讼的,死者的近亲属为当事人。”

**第一百二十一条　没有法定的或者约定的义务,为避免他人利益受损失而进行管理的人,有权请求受益人偿还由此支出的必要费用。**

**【条文主旨】**

本条是关于无因管理的规定。

**【条文理解】**

无因管理是指没有法定或约定的义务,为避免他人利益受到损失,自愿为他人管理事务或提供服务的行为。(1)无因管理是合法行为。原则上,对于私人事务,他人不得随意干涉,否则构成侵权。但无因管理中,管理人是为了公共利益或者受益人的利益进行管理行为,是符合道德准则的有益行为。为平衡个人事务禁止他人任意干涉和人们之间互助行为的关系,创设了无因管理制度,阻却管理人行为的侵权性,确认其合法性,倡导和弘扬了社会互助的道德追求,是公平正义的法律精神的体现。(2)无因管理是事实行为。无因管理之债的发生不以当事人的意思表示为要素,管理人进行管理行为时虽然有管理他人事务的意思,但该意思无须表示于外让他人知晓,也不以发生无因管理之债为目的,只要客观上存在管理人的管理行为即可。因此,无因管理是一种事实行为而非法律行为,任何自然人、法人及其他组织都可成为无因管理的主体,且无须具备相应的民事行为能力。

无因管理的构成要件包括:(1)管理人没有法定或约定的义务。无因管理的“无因”,即管理人管理他人的事务没有法律上的原因,包括法定或约定的义务,这是无因管理成立的核心要件。法定义务,即由法律直接规定的义务。这里的法律不限于民法或其他私法,还包括公法,如刑法、行政法等。约定义务,即基于合同发生的义务,如委托合同、行纪合同等都可以发生管理他人事务的义务。(2)客观上实施了管理他人事务的行为。管理人管理他人的事务是无因管理的客观要件。

所谓管理,是指对事务进行处理,实现事务内容的行为。(3)主观上为避免他人利益受到损失。为避免他人利益遭受损失是无因管理成立的主观要件,又称管理意思,指的是管理人认识到他所管理的是他人的事务,且有为他人谋利益的意思。无因管理是事实行为,其效力来源于法律的直接规定,管理意思并非管理人的效果意思,仅是其实施管理行为的动机,无须表示。

无因管理的法律效力包括:(1)管理人的权利。无因管理之债是法定之债,无因管理一经成立,管理人与本人之间即产生债权债务关系,管理人有权要求本人偿付因管理行为而支付的必要费用。《民通意见》第132条规定:"民法通则第九十三条规定的管理人或者服务人可以要求受益人偿付的必要费用,包括在管理或者服务活动中直接支出的费用,以及在该活动中受到的实际损失。"(2)管理人的义务。管理人实施管理行为应不违背本人的意思,即不违背本人明示或可推知的意思,或本人的真实利益,或与本人在社会公共利益下承担的义务不相悖。无因管理事实发生后,除确实无法通知本人之外,管理人应及时通知本人,以使本人及时采取相应措施。本人已经知悉管理人的管理时,管理人免负该义务。通知后,除有紧迫情况外,应听候本人的指示。管理人在开始管理后应及时将管理的有关情况报告给本人,管理事务结束后,应明确向本人报告管理事务的始末和结果。管理人在本人、本人的继承人或法定代理人得以进行管理前,如停止管理会使本人、本人的继承人或法定代理人的利益受到损失的,应继续管理。管理人因管理事物所取得的利益,包括金钱、物品及其孳息应交付本人,并将以自己名义取得的权利转移给本人。

**【司法适用】**

根据《民通意见》第132条的规定,管理人或者服务人可以要求受益人偿付的必要费用,包括在管理或者服务活动中直接支出的费用,以及在该活动中受到的实际损失。管理人未尽到注意义务导致本人受到损害的,管理人主观上存在过错,应承担损害赔偿义务。《最高人民法院关于审理民事案件适用诉讼时效制度若干问题的规定》第9条规定:"管理人因无因管理行为产生的给付必要管理费用、赔偿损失请求权的诉讼时效期间,从无因管理行为结束并且管理人知道或者应当知道本人之日起计算。"考虑到无因管理行为可能持续一段时间,且与本人联系需要一定时间,因无因管理人受损一般容易及时发觉,因此将诉讼时效的起算日作上述规定。

**第一百二十二条　因他人没有法律根据，取得不当利益，受损失的人有权请求其返还不当利益。**

**【条文主旨】**

本条是关于不当得利的规定。

**【条文理解】**

不当得利是指没有法律上的根据，使他人受损而自己获得利益。其中，取得不当利益的人称为受益人，财产受损失的人称为受害人或受损人。不当得利制度的设立，旨在矫正欠缺法律关系的财产利益变动，平衡受益人与受害人之间的利益冲突，通过授予受害人不当得利返还请求权和要求受益人承担不当得利返还义务，确定利益的正确归属，维护正常的社会经济秩序。不当得利包括给付不当得利和非给付不当得利。

给付不当得利，是指受益人受领他人基于给付行为而移转的财产或利益，因欠缺给付目的而发生的不当得利。(1)给付目的自始不存在的不当得利。即当事人在给付之时给付目的就不存在的不当得利。如非债清偿，民事行为不成立、无效或被撤销所产生的不当得利。(2)给付目的嗣后不存在的不当得利。即当事人在给付之时存在给付目的，但其后该目的不存在造成的不当得利。即给付之时受领者取得利益的合法根据，但其后失去该根据。如因一时性合同解除的；附解除条件或终止期限的合同，条件成就或期限到来合同解除的。(3)给付目的不达的不当得利。

非给付不当得利是基于给付以外的事由而发生的不当得利，包括人的行为、自然事件和法律规定。(1)因行为而产生的不当得利。即当事人为实现将来目的而为给付，但因某种障碍，其后给付目的不能实现的不当得利。其一，基于受益人的侵害行为而产生的不当得利。如无权处分人因有偿的处分行为受有利益，构成不当得利；无权使用或消费他人之物，所得的利益多为节省自己应支出的费用，受损人的损失则是因自己之物被他人使用而丧失了可能取得的利益，构成不当得利；擅自出租或转租他人之物，由此获得的租金构成不当得利；侵害他人知识产权或人格权而获得利益的，对权利人也构成不当得利。其二，基于受害人自己的行为而产生的不当得利。如将他人的牲畜误以为是自己的而加以饲养。其三，基于第三人的行为而产生的不当得利。如善意的受让人因无偿的无权处分行为受有利益，受损人可以请求受让人返还不当得利。(2)因自然事件而产生的不当得利。即与人的意志无关的法律事实引发的不当得利。如甲鱼塘中的鱼因天降大雨被冲入乙的鱼塘,乙因此获得甲的鱼,该利益即为不当得利。引起不当得利的原因即天降大雨这一自然事件。(3)因法律的直接规定而产生的不当得利。基于法律规定的不当得利,是指在一定事实或行为发生时,法律不问当事人的意思,直接规定发生不当得利的效果,如因添附发生的不当得利。

**【司法适用】**

根据《民通意见》第131条的规定,不当得利之债的标的应当包括原物和原物所生的孳息。利用不当得利所取得的其他利益,扣除劳务管理费用后,应当予以收缴。2005年最高人民法院公报刊载的《喻山澜诉工行宣武支行、工行北京分行不当得利纠纷案》指出,根据《民法通则》第92条的规定,金融企业在发放与行政机关行政管理职责相关的服务性集成电路卡时,违反收费管理办法,向当事人收取工本费以外的费用,构成不当得利。

**【司法案例】**

## 朱某诉褚某等不法原因给付之债案[①]

**诉讼结论:**不法原因之债不受法律保护。

在本案中,朱某请褚某为其子朱某某上高校打招呼,并提供给褚某180,000元。为上高校谋求非正常途径,不符合高校招生录取工作的相关规定。双方给付高额金钱的行为,超过了善良风俗的界限,有可能涉嫌违法违纪。这属于不法原因之债,不法原因之债自始不发生任何效力,不属于民法规范调整的范围。

**第一百二十三条　民事主体依法享有知识产权。**

**知识产权是权利人依法就下列客体享有的专有的权利:**

**(一)作品;**

**(二)发明、实用新型、外观设计;**

**(三)商标;**

**(四)地理标志;**

**(五)商业秘密;**

**(六)集成电路布图设计;**

**(七)植物新品种;**

**(八)法律规定的其他客体。**

---

① 江苏省无锡市中级人民法院(2014)锡民终字第0464号民事裁定书。

【条文主旨】

本条是关于知识产权概念的规定。

【条文理解】

知识产权,是指民事主体对其智力活动创造的成果和经营管理活动中的标记、信誉依法享有的权利,包括著作权、专利权和商标权等。知识产权具有如下特点:(1)知识产权客体具有无形性。知识产权通常是创造性智力劳动的产物,其本质是一种信息。(2)知识产权内容具有独占性。知识产权是支配权,他人未经权利人许可,不得使用。(3)知识产权具有地域性和时间性。除国际公约或双边、多边协定外,知识产权只能在本国境内有效,而且具有一定期限。

(一)作品

全国人民代表大会常务委员会1990年制定《著作权法》,2001年和2010年两次修改。著作权是作者和其他著作权人依法对文学、艺术和自然科学、社会科学、工程技术等作品所享有的,与人身相联系或者密不可分而又无直接财产内容的各项权利。作品包括文字作品;口述作品;音乐、戏剧、曲艺、舞蹈、杂技艺术作品;美术、建筑作品;摄影作品;电影作品和以类似摄制电影的方法创作的作品;工程设计图、产品设计图、地图、示意图等图形作品和模型作品;计算机软件;等等。

(二)发明、实用新型、外观设计

全国人民代表大会常务委员会1984年制定《专利法》,1992年、2000年和2008年三次修改。专利权是发明创造人或其权利受让人对特定的发明创造在一定期限内依法享有的独占实施权。依法应授予专利权的发明创造包括发明、实用新型和外观设计。发明是指对产品、方法或者其改进所提出的新的技术方案。实用新型是指对产品的形状、构造或者其结合所提出的适于实用的新的技术方案。外观设计是指对产品的形状、图案或者其结合以及色彩与形状、图案相结合所作出的富有美感并适于工业上应用的新设计。发明专利权的期限是20年,实用新型专利权和外观设计专利权的期限是10年。科学发现、智力活动的规则和方法、疾病的诊断和治疗方法、动物和植物新品种和用原子核变换方法获得的物质,不能授予专利权。

(三)商标

全国人民代表大会常务委员会1982年制定《商标法》,1993年、2001年、2013年三次修改。根据《商标法》的规定,任何能够将自然人、法人或者其他组织的商品与他人的商品区别开的标志,包括文字、图形、字母、数字、三维标志、颜色组合和声音等,以及上述要素的组合,均可以作为商标申请注册。经商标局核准注册的商标为注册商标,包括商品商标、服务商标和集体商标、证明商标,商标注册人享有商标专用权,受法律保护。自然人、法人或者其他组织在生产经营活动中,对其商品或者服务需要取得商标专用权的,应当向商标局申请商标注册。两个以上的自然人、法人或者其他组织可以共同向商标局申请注册同一商标,共同享有和行使该商标专用权。注册商标的有效期是 10 年,有效期满需要继续使用的,可以办理续展手续,每次续展注册的有效期为 10 年。

(四)地理标志

2005 年颁布的《地理标志产品保护规定》(质检总局令第 78 号)第 2 条规定:"本规定所称地理标志产品,是指产自特定地域,所具有的质量、声誉或其他特性本质上取决于该产地的自然因素和人文因素,经审核批准以地理名称进行命名的产品。地理标志产品包括:(一)来自本地区的种植、养殖产品。(二)原材料全部来自本地区或部分来自其他地区,并在本地区按照特定工艺生产和加工的产品。"

(五)商业秘密

根据《反不正当竞争法》等相关规定,商业秘密包括经营秘密与技术秘密,是指不为公众所知悉,能为权利人带来经济利益,具有实用性并经权利人采取保密措施的技术信息和经营信息。技术信息是指与产品生产和制造有关的技术诀窍、生产方案、工艺流程、设计图纸、化学配方、技术情报等专有知识。经营信息是指与生产经营销售活动有关的经营方法、管理方法、产销策略、货源情报、客户名单、标底及标书内容等专有知识。

(六)集成电路布图设计

2001 年颁布的《集成电路布图设计保护条例》第 2 条规定:"集成电路布图设计,是指集成电路中至少有一个是有源元件的两个以上元件和部分或者全部互连线路的三维配置,或者为制造集成电路而准备的上述三维配置。"

(七)植物新品种

1997 年颁布的《植物新品种保护条例》规定:"本条例所称植物新品种,是指经过人工培育的或者对发现的野生植物加以开发,具备新颖性、特异性、一致性和稳定性并有适当命名的植物品种。"

**【司法适用】**

在知识产权维权中,"赢了官司,输了市场"的情况屡屡出现,不仅损害了知识产权权利人的合法权利,也纵容了知识产权侵权行为的发生。从司法上,要大幅度提升侵权赔偿额度及诉讼合理支出,提升对侵权行为的震慑力度。2016 年 12 月,我国首家知识产权法院——北京知识产权法院判决被告赔偿原告经济损失及诉讼合理支出共计 5000 万元。这是一次重要的司法审判尝试,具有标杆意义。

该案件事实与裁判情况如下:(1)诉讼请求。原告握奇公司和被告恒宝公司都是生产应用于金融领域智能密码钥匙产品(USBKey)的企业。原告要求法院判令被告停止侵权,赔偿经济损失4900万元及诉讼合理支出100万元。(2)事实理由。原告认为,由被告制造并向全国几十家银行销售的多款USBKey产品以及被告使用该侵权产品进行网上银行转账交易时使用的物理认证方法侵犯其专利权。(3)法院裁判。法院确认被告向上述12家银行以外的3家银行销售了侵权产品,被告持有实际销售数量的证据却拒绝提供。原告根据行业惯例,推断被告向这3家银行销售被诉侵权产品的盈利应在200万元以上,并就此请求赔偿其中的85.8万元。法院依据最高人民法院司法解释中关于举证妨碍的规定,支持了原告这一请求。最终,法院对原告提出的4900万元经济赔偿请求予以全额支持。据了解,这是北京知识产权法院建院以来作出的最高判决金额。对于原告提出的100万元律师费的赔偿请求,法院从"案件代理的必要性、难易程度、律师的实际付出"等因素考量后,认定原告请求合理,予以全额支持。这也是北京知识产权法院首次在判决书中以计时收费的方式计算律师费。①

**【司法案例】**

### 裴国良侵犯商业秘密案②

**诉讼结论:**侵权人利用窃取的技术秘密履行与他人签订的技术合同,从而谋取巨额利润的,应当将侵权人在侵权期间因侵权所获得的利润额确定为给技术秘密权利人的赔偿额。

在本案中,中冶公司利用西安重研所的凌钢连铸机主设备图纸为他人设计、制造板坯连铸机,从而谋取巨额利润,是不正当竞争行为。中冶公司与川威公司、泰山公司签订的两个板坯连铸机设计、安装合同,总金额为14,856万元。按照中国重型机械工业协会关于板坯连铸机成套设备设计、制造的平均利润为12%的专家评估意见计算,中冶公司从中所获利润可以认定为14,856×12% =1782万元。

**第一百二十四条　自然人依法享有继承权。**
**自然人合法的私有财产,可以依法继承。**

---

① 《我国首家知识产权法院作出5000万元最高赔额判决》,载《惠州日报》2016年12月9日。

② 《最高人民法院公报》2006年第12期。

**【条文主旨】**

本条是关于继承权的规定。

**【条文理解】**

《民法典》“继承编”调整自然人死亡后遗产转移关系，基本原则包括保护私有财产继承权原则、继承权男女平等原则、限定继承原则和养老抚育原则。保护自然人的私有财产继承权，是“继承编”立法的目的和任务，也是“继承编”最重要的基本原则。

（一）法定继承

法定继承，是指被继承人遗产处理没有遗嘱，由法律直接规定继承人的范围、继承顺序和遗产分配原则的一种继承形式。我国法定继承人的范围包括配偶、子女、父母和兄弟姐妹、祖父母和外祖父母。其中，子女包括婚生子女、非婚生子女和养子女和有扶养关系的继子女，父母包括生父母、养父母和有扶养关系的继父母，兄弟姐妹包括同父同母的兄弟姐妹、同父异母或同母异父的兄弟姐妹、养兄弟姐妹以及有扶养关系的继兄弟姐妹。故意杀害被继承人，为争夺遗产而杀害其他继承人，遗弃被继承人，虐待被继承人情节严重，或伪造、篡改、隐匿或者销毁遗嘱情节严重，以欺诈、胁迫手段迫使或者妨碍被继承人设立、变更或者撤回遗嘱情形严重的，继承人的继承权丧失。遗产分配应当为胎儿保留遗产份额，如果胎儿娩出时是死体的，保留的份额按照法定继承办理。

法定继承人的顺序，是指法定继承人根据法律规定参与继承遗产的先后次序。我国第一顺序继承人是配偶、子女、父母，第二顺序继承人是兄弟姐妹、祖父母、外祖父母。丧偶儿媳对公婆，丧偶女婿对岳父母，尽了主要赡养义务的，作为第一顺序继承人。继承开始后，由第一顺序继承人继承，没有第一顺序继承人继承的，由第二顺序继承人继承。被继承人的子女先于被继承人死亡的，由被继承人的子女的直系晚辈血亲代位继承。代位继承人一般只能继承被代位继承人有权继承的遗产份额。

法定继承的应继份额，是指当法定继承人是两人以上时，各法定继承人依法应当继承的遗产份额。我国采纳的是同一顺序继承人继承遗产的份额均等原则。对生活有特殊困难又缺乏劳动能力的继承人，应当予以照顾；对被继承人尽了主要扶养义务或者与被继承人共同生活的继承人，可以多分遗产；有扶养能力和有扶养条件的继承人，不尽扶养义务的，应当不分或者少分遗产；对继承人以外的依靠被继承人扶养的人，或者继承人以外的对被继承人扶养较多的人，可以分给他们适当的遗产。

对被继承人的遗产债务的清偿，遵循限定继承原则和保留必留份原则。继承遗产应当清偿被继承人依法应当缴纳的税款和债务,缴纳税款和清偿债务以他的遗产实际价值为限。超过遗产实际价值部分的债务,继承人没有清偿的义务。限定继承原则决定了继承人对遗产债务仅负有限的清偿责任,这是对父债子还原则的否定,也是民法公平原则的体现。清偿被继承人的债务,应当对生活有特殊困难的缺乏劳动能力的继承人保留适当的份额,即使财产不足以清偿债务。

(二)遗嘱继承

遗嘱继承,是指按照遗嘱人生前所立的符合法律规定的遗嘱,确定被继承人的继承人及继承份额。作为有效的遗嘱,必须具备以下条件:(1)在设立遗嘱时,遗嘱人必须具有遗嘱能力。无民事行为能力人所立的遗嘱,即使其本人后来恢复了民事行为能力,仍属无效遗嘱。遗嘱人立遗嘱时有民事行为能力,后来丧失了民事行为能力,不影响遗嘱的效力。(2)遗嘱人的意思表示必须真实。因受威胁、强迫、欺骗所立的遗嘱或伪造、篡改的遗嘱无效。(3)遗嘱的内容必须符合法律和社会道德。遗嘱应当为缺乏劳动能力又没有生活来源的继承人保留必要的份额,否则遗嘱无效或部分无效。(4)遗嘱必须符合形式的要求。合法的遗嘱形式包括公证遗嘱、自书遗嘱、代书遗嘱、录音遗嘱和口头遗嘱等。公证遗嘱是指经公证机关办理公证的遗嘱。自书遗嘱是遗嘱人生前亲手书写的遗嘱。代书遗嘱是指被继承人口述遗嘱的内容,授意他人代为书写的遗嘱。

(三)遗赠与遗赠扶养协议

遗赠,是指自然人通过遗嘱方式将其遗产的一部分或全部赠与法定继承人以外的个人或者组织,并于遗嘱人死亡后发生效力的行为。遗赠是单方行为,不考虑受遗赠人的意思,即可发生效力。受遗赠人应当在知道受遗赠后 2 个月内,作出接受或者放弃受遗赠的表示,到期没有表示的,视为放弃受遗赠。

遗赠人可以与扶养人签订遗赠扶养协议,按照协议扶养人承担遗赠人生养死葬的义务,遗赠人的财产在其死后归属扶养人。扶养人无正当理由不履行遗赠扶养协议,不能享有受遗赠的权利,其支付的供养费用一般不予补偿。遗赠人无正当理由不履行遗赠扶养协议,应偿还扶养人已支付的扶养费用。

(四)继承财产的范围

本条中的“私有财产”,包括有形财产和无形财产。有形财产包括不动产和有体动产。无形财产包括投资权益和知识产权等。投资权益包括股权、债券、基金份额等。知识产权包括专利权、版权、商标权、商誉、商号、商品外观、地理标志、集成电路布图设计、植物新品种、商业秘密、特许经营权等。私有财产权是公民的基本权利,它与生命权、自由权一起被并称为公民的三大基本权利。当然,私有财产保护不是漫无边际的,首先界定哪些是合法的私有财产,进而才对其进行保护,非法的财产是不受保护的。

**【司法适用】**

《人民司法·案例》2009 年第 4 期刊载的《李雪花等与范祖业等继承纠纷案》指出,一方同意人工授精后又反悔,不影响受孕子女的法律地位。1991 年 7 月 8 日《最高人民法院关于夫妻离婚后人工授精所生子女的法律地位如何确定的复函》中规定:“在夫妻关系存续期间,双方一致同意进行人工授精,所生子女应视为夫妻双方的婚生子女,父母子女之间权利义务关系适用婚姻法的有关规定。”范顺祥因无生育能力,签字同意医院为其妻子即原告李雪花施行人工授精手术,表明了其想通过人工授精方法获得与李雪花共同子女的意思表示。范顺祥因病,对已签字同意施行人工授精手术一事表示反悔,但此时妻子李雪花已经受孕。范顺祥要反悔此事,依法必须取得李雪花的同意;在未取得李雪花同意的情形下,范顺祥的签字就具有法律约束力,不得以其单方意志擅自变更或者解除。因此,范顺祥在遗嘱中否认其与李雪花所怀胎儿的父子关系,是无效民事法律行为。李雪花生育的原告范某,是范顺祥的合法继承人。

土地承包经营权能否继承,最高人民法院公报刊登的《李维祥诉李格梅继承权纠纷案》,具有指导意义。该案的裁判摘要如下:根据《农村土地承包法》第 15 条的规定,农村土地家庭承包的,承包方是本集体经济组织的农户,其本质特征是以本集体经济组织内部的农户家庭为单位实行农村土地承包经营。家庭承包方式的农村土地承包经营权属于农户家庭,而不属于某一个家庭成员。根据《继承法》第 3 条的规定,遗产是公民死亡时遗留的个人合法财产。农村土地承包经营权不属于个人财产,故不发生继承问题。除林地外的家庭承包,当承包农地的农户家庭中的一人或几人死亡,承包经营仍然是以户为单位,承包地仍由该农户的其他家庭成员继续承包经营;当承包经营农户家庭的成员全部死亡,由于承包经营权的取得是以集体成员权为基础,该土地承包经营权归于消灭,不能由该农户家庭成员的继承人继续承包经营,更不能作为该农户家庭成员的遗产处理。[①] 需要指出的是,十八届三中全会决议指出,赋予农民更多财产权利。保障农民集体经济组织成员权利,积极发展农民股份合作,赋予农民对集体资产股份占有、收益、有偿退出及抵押、担保、继承权。据此,法院应当根据中央新政策,综合各种因素,对土地承包经营权能否继承的问题,适时予以调整。

---

① “李维祥诉李格梅继承权纠纷案”,载《最高人民法院公报》2009 年第 12 期。

## 第一百二十五条 民事主体依法享有股权和其他投资性权利。

**【条文主旨】**

本条是关于投资收益权的规定。

**【条文理解】**

股权是基于股东地位而产生的对公司进行主张的权利。股权可以分为自益权和公益权、单独股东权和少数股东权、普通股东权和特别股东权。公司包括有限责任公司和股份有限公司两种类型。有限责任公司,是指公司全体股东对公司债务仅以各自的出资额为限,承担有限责任的公司。股份有限公司,是指公司资本划分为等额股份,全体股东仅以各自认购的股份额为限,对公司债务承担有限责任的公司。公司股东依法享有资产收益、参与重大决策和选择管理者等权利。股东会由全体股东组成,是公司的最高权力机构。

股权是资本证券,债券、国库券等是债权证券。证券是指直接向社会借债筹措资金时,向投资者发行,同时承诺按一定利率支付利息并按约定条件偿还本金的债权债务凭证。《证券法》第15条规定:“公开发行公司债券,应当符合下列条件:(一)具备健全且运行良好的组织机构;(二)最近三年平均可分配利润足以支付公司债券一年的利息;(三)国务院规定的其他条件。公开发行公司债券筹集的资金,必须按照公司债券募集办法所列资金用途使用;改变资金用途,必须经债券持有人会议作出决议。公开发行公司债券筹集的资金,不得用于弥补亏损和非生产性支出。上市公司发行可转换为股票的公司债券,除应当符合第一款规定的条件外,还应当遵守本法第十二条第二款的规定。但是,按照公司债券募集办法,上市公司通过收购本公司股份的方式进行公司债券转换的除外。”国库券是指国家为弥补国库收支不平衡而发行的一种政府债券。《国库券条例》第4条规定:“每年国库券的发行数额、利率、偿还期等,经国务院确定后,由财政部予以公告。”

信托权益是指信托受益人在信托财产中享有的经济利益,包括证券投资基金等。《信托法》第2条规定:“本法所称信托,是指委托人基于对受托人的信任,将其财产权委托给受托人,由受托人按委托人的意愿以自己的名义,为受益人的利益或者特定目的,进行管理或者处分的行为。”《证券投资基金法》第47条规定:“基金份额持有人享有下列权利:(一)分享基金财产收益;(二)参与分配清算后的剩余基金财产;(三)依法转让或者申请赎回其持有的基金份额;(四)按照规定要求召开基金份额持有人大会;(五)对基金份额持有人大会审议事项行使表决权;(六)查阅或者复制公开披露的基金信息资料;(七)对基金管理人、基金托管人、基金份额发售机构损害其合法权益的行为依法提起诉讼；（八）基金合同约定的其他权利。”

合作社社员权也是投资收益权的重要范畴。《农民专业合作社法》第 16 条规定：“农民专业合作社成员享有下列权利：（一）参加成员大会，并享有表决权、选举权和被选举权，按照章程规定对本社实行民主管理；（二）利用本社提供的服务和生产经营设施；（三）按照章程规定或者成员大会决议分享盈余；（四）查阅本社的章程、成员名册、成员大会或者成员代表大会记录、理事会会议决议、监事会会议决议、财务会计报告和会计账簿；（五）章程规定的其他权利。”

**【司法适用】**

2012 年 2 月颁布的《最高人民法院关于人民法院为防范化解金融风险和推进金融改革发展提供司法保障的指导意见》指出：（1）人民法院在审查金融创新产品合法性时，对于法律、行政法规没有规定或者规定不明确的，应当遵循商事交易的特点、理念和惯例，坚持维护社会公共利益原则，充分听取金融监管机构的意见，不宜以法律法规没有明确规定为由，简单否定金融创新成果的合法性，为金融创新活动提供必要的成长空间。（2）要充分发挥金融商事审判的延伸服务功能，对金融机构自身管理方面存在的缺陷，要及时发现，及时反馈，为金融监管部门和金融机构查堵漏洞、防范风险提出司法建议。

2016 年 10 月颁布的《最高人民法院关于依法审理和执行民事商事案件保障民间投资健康发展的通知》指出，严格按照《公司法解释（三）》，妥善审理各类股东资格纠纷案件，依法维护实际出资的非公有制经济股东的合法权益。（1）依法审理股东的知情权、利润分配请求权、请求确认董事会、股东会或者股东大会决议无效或撤销董事会、股东会或者股东大会决议等纠纷案件，维护各类投资主体的股东权益。（2）通过股权转让纠纷案件的审理，畅通股权转让渠道，依法保障各类投资主体退出公司的权利。（3）在审理公司债权人请求公司偿还债务的纠纷案件时，依法区分公司财产与股东个人财产、家庭共有财产，正确认定公司的责任财产，防止在没有法律依据的情况下将股东个人财产和家庭共有财产用于偿还公司债务，切实维护非公有制经济股东的合法权益。

**【司法案例】**

### 黄伟忠诉陈强庆等股东资格确认案①

**诉讼结论：**未经公司有效的股东会决议通过，他人虚假向公司增资以“稀释”

① 《最高人民法院公报》2015 年第 5 期。

公司原有股东股份,该行为损害原有股东的合法权益,即使该出资行为已被工商行政机关备案登记,仍应认定为无效,公司原有股东股权比例应保持不变。

在本案中,宏冠公司曾于2006年10月20日完成增资1100万元,并为此提供了所谓股东会的决议,但没有提供足以证明该些书面材料系真实的证据材料。相反,有关"黄伟忠"的笔迹鉴定意见进一步证实了黄伟忠并没有在相关股东会决议上签名的事实。由此可推知,黄伟忠、陈强庆、陈琳、张洋、顾惠平、王秀英作为宏冠公司的前股东未就宏冠公司增资1100万元事宜召开过股东会。在未召开股东会的情况下,该增资行为违反了公司章程及法律的规定,是无效的行为。

## 第一百二十六条 民事主体享有法律规定的其他民事权利和利益。

**【条文主旨】**

本条是关于其他民事权益的规定。

**【条文理解】**

民法是私法的一般法,还有特别私法。(1)经营性、职业性的特别私法,包括商法(《公司法》《票据法》《保险法》《证券法》《商业银行法》等)和消费者保护法等。如《票据法》第4条第4款规定:"本法所称票据权利,是指持票人向票据债务人请求支付票据金额的权利,包括付款请求权和追索权。"(2)保护竞争方面的特别私法,包括《反垄断法》和《反不正当竞争法》等。《反垄断法》第50条规定:"经营者实施垄断行为,给他人造成损失的,依法承担民事责任。"(3)保护劳动者的特别私法,包括《劳动合同法》等。如《劳动合同法》第82条规定:"用人单位自用工之日起超过一个月不满一年未与劳动者订立书面劳动合同的,应当向劳动者每月支付二倍的工资。用人单位违反本法规定不与劳动者订立无固定期限劳动合同的,自应当订立无固定期限劳动合同之日起向劳动者每月支付二倍的工资。"(4)保护环境的特别私法,包括《水法》《森林法》《草原法》《渔业法》等。

民法保护民事权利,也保护一定的民事利益。每一种权利的内容都是具体的法益,但是并非每一种法益都可以上升到权利的程度。生活中的"吊唁权",可以清晰说明民事权利与法益的区别。如2015年4月16日,济南市市中区人民法院立案受理了李先生的诉讼请求:因三个兄妹向自己隐瞒了母亲去世的信息,涉嫌侵犯自己的"吊唁权",请求法院依法判决三个兄妹公开赔礼道歉,并赔偿原告精神损害抚慰金12万元。《民法通则》对"吊唁权"没有明确的规定。但立法没有明确规定的,并不表明该项利益不受法律保护。根据民事法律适用的原则,有法律依法律,没有法律依民事习惯。按照我国民间习惯,人死亡后,近亲属瞻仰死者的遗容、参加火化及悼念等是其应尽的义务,更是其享有的权利。

**【司法适用】**

随着数字化技术和网络服务的迅猛发展,“被遗忘权”作为一种“新兴”权利应时而生并逐渐成为公众关注的焦点。2015 年 12 月,北京市第一中级法院对“任甲玉与北京百度网讯科技有限公司名誉权纠纷上诉案”作出终审裁判,判决书中首次出现了有关“被遗忘权”的认定问题。尽管法院没有支持原告的诉讼请求,但是首次面对“被遗忘权”的诉讼请求。法院认为:“‘被遗忘权’是欧盟法院通过判决正式确立的概念,虽然我国学术界对被遗忘权的本土化问题进行过探讨,但我国现行法律中并无对‘被遗忘权’的法律规定,亦无‘被遗忘权’的权利类型。任甲玉依据一般人格权主张其‘被遗忘权’应属一种人格利益,该人格利益若想获得保护,任甲玉必须证明其在本案中的正当性和应予保护的必要性。”

**第一百二十七条　法律对数据、网络虚拟财产的保护有规定的,依照其规定。**

**【条文主旨】**

本条是关于数据、虚拟财产权的规定。

**【条文理解】**

随着互联网和大数据的广泛运用,“虚拟化”和“数字化”日益成为时代标志。数据的意义也并非仅仅限于智力创造和商业价值,而且能够体现人格权性质。在大数据时代,个性化推荐、定向推送变得越来越普遍,而背后所涉及的用户数据和个人信息也日益成为热议话题。因此,要适时制定个人数据保护法,规范个人数据处理行为,在保护个人隐私的前提下,促进个人数据流通和利用。

虚拟财产是指为所有人支配和控制,且能给所有人带来经济利益或精神利益的只能存在于网络空间的数字化、非物化财产,如网游账号、QQ 账号、微博和微信账户、游戏装备、淘宝网店、虚拟货币等。文化部、商务部于 2009 年 6 月发布了《关于加强网络游戏虚拟货币的管理工作的通知》,2010 年 6 月文化部颁布了《网络游戏管理暂行办法》的法律效力层级较低,且主要是规范网络游戏虚拟货币的发行和交易行为,适用范围有限,不能满足虚拟财产保护的需要。虚拟财产本身是一种新的财产权,不同于传统的物权。本条只是原则性规定,有必要加快完善虚拟财产相关法律法规。

**【司法适用】**

根据2000年4月通过的《最高人民法院关于审理扰乱电信市场管理秩序案件具体应用法律若干问题的解释》第8条的规定，盗用他人公共信息网络上网账号、密码上网，造成他人电信资费损失数额较大的，依照刑法第二百六十四条的规定，以盗窃罪定罪处罚。最高人民法院民一庭在《网络游戏中虚拟财产的认定与保护》（载《民事审判指导与参考》2010年第2辑）中认为，在网络游戏的虚拟环境中产生的虚拟财产，虽然以数据形式存在于特定空间，但由于其具有一定价值，满足人们的需求，具有合法性，能够为人所掌控，属于在一定条件下可以进行交易的特殊财产，故而其具有财产利益的属性。根据《侵权责任法》第2条的规定，既然虚拟财产属于民事利益的一种，法院就应予以保护。

**第一百二十八条　法律对未成年人、老年人、残疾人、妇女、消费者等的民事权利保护有特别规定的，依照其规定。**

**【条文主旨】**

本条是关于民事权利特别保护法律适用的规定。

**【条文理解】**

身份平等原则，是指当事人在民事活动中享有平等的法律资格。身份平等要求当事人双方人格独立，互不隶属，不存在人身依附关系，任何一方都不能命令他方服从自己，把自己的意志强加给他人。民法上的平等是竞赛机会的平等，而不是竞赛结果的平等。现代民法在追求形式平等的基础上，追求实质正义的实现，保护未成年人、老年人、残疾人、妇女、消费者等弱势群体的民事权利。

国家通过《未成年人保护法》《老年人权益保障法》《残疾人保障法》《妇女权益保障法》《消费者权益保护法》等保护弱势群体的民事权利。如《未成年人保护法》第13条规定："父母或者其他监护人应当尊重未成年人受教育的权利，必须使适龄未成年人依法入学接受并完成义务教育，不得使接受义务教育的未成年人辍学。"《老年人权益保障法》第14条规定："赡养人应当对老年人经济上供养、生活上照料和精神上慰藉的义务，照顾老年人的特殊需要。赡养人是指老年人的子女以及其他依法负有赡养义务的人，赡养人的配偶应当协助赡养人履行赡养义务。"《残疾人保障法》第33条规定："国家对残疾人福利性企业事业组织和城乡残疾人个体劳动者，实行税收减免政策，并在生产、经营、技术、资金、物资、场地等方面给予扶持。地方人民政府和有关部门应当确定适合残疾人生产的产品,优先安排残疾人福利企业生产,并逐步确定某些产品由残疾人福利企业专产。政府有关部门下达职工招用、聘用指标时,应当确定一定数额用于残疾人。对于申请从事个体工商业的残疾人,有关部门应当优先核发营业执照,并在场地、信贷等方面给予照顾。"《妇女权益保障法》第 12 条规定:"国家积极培养和选拔女干部。国家机关、社会团体、企业事业单位在任用干部时必须坚持男女平等的原则,重视培养、选拔女干部担任领导成员。国家重视培养和选拔少数民族女干部。"《消费者权益保护法》第 55 条第 1 款规定:"经营者提供商品或者服务有欺诈行为的,应当按照消费者的要求增加赔偿其受到的损失,增加赔偿的金额为消费者购买商品的价款或者接受服务的费用的三倍;增加赔偿的金额不足五百元的,为五百元。法律另有规定的,依照其规定。"

**【司法适用】**

2014 年 3 月,最高人民法院发布的第 23 号指导性案例,也即"孙银山诉南京欧尚超市有限公司江宁店买卖合同纠纷案",充分体现了消费者权益保护的法律精神。(1)裁判要旨。消费者购买到不符合食品安全标准的食品,要求销售者或者生产者依照《食品安全法》规定支付价款十倍赔偿金或者依照法律规定的其他赔偿标准赔偿的,不论其购买时是否明知食品不符合安全标准,人民法院都应予支持。(2)相关条文。《食品安全法》第 148 条第 2 款规定:"生产不符合食品安全标准的食品或者销售明知是不符合食品安全标准的食品,消费者除要求赔偿损失外,还可以向生产者或者销售者要求支付价款十倍或者损失三倍的赔偿金。"(3)基本案情。2012 年 5 月 1 日,原告孙银山在被告南京欧尚超市有限公司江宁店(简称欧尚超市江宁店)购买"玉兔牌"香肠 15 包,其中价值 558.6 元的 14 包香肠已过保质期。孙银山到收银台结账后,即径直到服务台索赔,后因协商未果诉至法院,要求欧尚超市江宁店支付 14 包香肠售价十倍的赔偿金 5586 元。(4)裁判结果。江苏省南京市江宁区人民法院于 2012 年 9 月 10 日作出(2012)江宁开民初字第 646 号民事判决:被告欧尚超市江宁店于判决发生法律效力之日起 10 日内赔偿原告孙银山 5586 元。宣判后,双方当事人均未上诉,判决已发生法律效力。

2015 年 11 月,最高人民法院通报 30 起婚姻家庭纠纷典型案例。其中"余某诉余某望抚养费纠纷案",充分体现了"未成年人利益优先原则"和"未成年人最大利益原则"。在婚姻家庭类案件中,人民法院在对未成年子女的抚养费进行判决、调解时,抚养费标准一般是依据当时当地的社会平均生活水平而确定。但随着经济的发展,生活水平的提高及物价上涨等因素,法院原先所判决、调解的抚养费的基础已经不存在或发生很大改变，再依据当时的条件和标准支付抚养费，已经不能满足未成年人基本的生活要求，不能保障未成年子女正常的生活和学习。基于最大限度保障未成年子女利益的考量，在原审调解书已经发生法律效力的情况下，准予未成年子女余某向人民法院提起新的诉讼，依法支持其请求其父增加抚养费的主张。

**第一百二十九条　民事权利可以依据民事法律行为、事实行为、法律规定的事件或者法律规定的其他方式取得。**

**【条文主旨】**

本条是关于民事权利取得的规定。

**【条文理解】**

民事权利发生、变更、消灭的原因，被称为民事法律事实。民事法律事实分为两类：事件和行为。(1)事件，又称为自然事实，是指与人的意志无关，能够引起民事法律后果的客观现象。客观情况的发生能引起民事法律关系的产生、变更和消灭，如人的出生、死亡能改变身份关系，物的灭失可以使所有权关系消灭等。某种客观情况的持续，如人的下落不明、精神失常、对物继续占有、权利继续不行使等，也能引起民事法律关系的产生、变更和消灭。(2)行为。行为是与人的意志有关的法律事实。行为是法律要件中最常使用的法律事实。行为虽与人的意志有关，但根据意志是否需明确对外作出意思表示，行为又被划分为表意行为和非表意行为。表意行为又称为民事法律行为，非表意行为又称事实行为。表意行为是行为人通过意思表示，旨在设立、变更或消灭民事法律关系的行为，如合同行为。非表意行为是行为人主观上没有产生民事法律关系的意思表示，但客观上引起法律效果发生的行为，如侵权行为。

**【司法适用】**

实践中，祖父母、外祖父母主张对孙子女、外孙子女的探望权。对此，立法没有明文规定。有法院认为，依法对未成年子女享有探视权的只能是未成年子女的父或母，法律并没有赋予祖父母对未成年人享有探视的权利。而有法院在类似案件中认为，祖父母要求探望孙子并不影响孩子的身心健康，两位老人可以成为探视权的主体，否则有悖于公序良俗原则。后一种裁判思路更科学，符合《婚姻法》的逻辑体系，考虑到法律条文之间的关联。2015 年通过的《第八次全国法院民事商事审判工作会议(民事部分)纪要》对此予以确认，明确指出“祖父母、外祖父母对父母已经死亡或父母无力抚养的未成年孙子女、外孙子女尽了抚养义务,其定期探望孙子女、外孙子女的权利应当得到尊重,并有权通过诉讼方式获得司法保护”。

**第一百三十条　民事主体按照自己的意愿依法行使民事权利,不受干涉。**

**【条文主旨】**

本条是关于民事权利自愿行使原则的规定。

**【条文理解】**

民事权利是权利人意思自由的范围。在此范围内,有充分的自由,可实施任何行为,法律对此给予充分的保障。当事人依照自己的理性判断,规划自己的生活,安排自己的事务,追求自己的幸福,是民事权利自愿行使的精髓。就居住房屋而言,有人喜欢租房住,有人喜欢买房住;有人喜欢买现房,有人喜欢买楼花;有人喜欢一次性付款,有人喜欢分期付款;有人喜欢楼层高,有人喜欢楼层低;有人喜欢鸽子楼,有人喜欢单家独院。这就是民法坚持意思自治的原因。

民事主体自愿行使权利原则主要体现在:(1)合同自由。合同自由,是指合同主体意志独立和行为自主,即合同主体在从事合同活动时,以自己的真实身份来充分表达自己的意愿,根据自己的意愿来设立、变更和终止民事权利义务关系。具体包括缔结合同的自由、选择相对人的自由、决定合同内容的自由、选择合同方式的自由、选择违约损害赔偿计算方法的自由、选择裁判方式的自由等。(2)所有权行使自由。所有权人可以按照自己的意志,占有、使用、收益或处分自己的财产。(3)婚姻自由。婚姻自由,是指婚姻当事人按照法律的规定在婚姻问题上所享有的充分自主的权利,任何人不得强制或干涉。婚姻自由包括结婚自由和离婚自由。结婚自由是建立婚姻关系的自由,离婚自由是解除婚姻关系的自由。结婚自由是实现婚姻自由的先决条件,离婚自由是结婚自由的必要补充。(4)结社自由。结社自由,是公民按一定宗旨,依照法定程序组织或者参加具有持续性的社会团体的自由,包括设立公司自由、设立社会团体自由等。可以选择设立公司,也可以选择设立个人独资企业、合伙企业。可以选择设立有限责任公司,也可以选择设立股份有限公司。可以选择设立分公司,也可以选择设立子公司。可以选择单一的经营范围,也可以选择多元化的经营范围。

**【司法适用】**

2015 年 12 月,最高人民法院周强院长首次提出民事商事审判工作必须坚持六个原则,即依法保护产权、尊重契约自由、平等保护、权利义务责任相统一、倡导诚实守信、程序公正与实体公正相统一。目前民事商事审判中对契约自由尊重不够仍然存在。强调尊重契约自由,主要是针对民事商事审判而言的。民事商事审判中适用这个原则时,主要应在"尊重"二字上下功夫:一要把契约当法律看待。合同当然不是法律,但在依法订立合同的当事人之间有相当于法律的效力。法官应树立尊重合同就是尊重法律、依合同裁判也是依法裁判的理念。二要把意思自治落到实处。契约的实质是合意,合意变了就等于立了新的契约。对当事人双方有意图变更原契约的,及时引导达成合意、予以认定,或判决或调解或和解撤诉,处理起来就有了基础。①

**【司法案例】**

**张一诉郑中伟、中国联合网络通信有限公司武汉市分公司建筑物区分所有权纠纷案②**

**诉讼结论:**即使业主对房屋的使用没有给其他区分所有权人造成噪音、污水、异味等影响,只要房屋的用途发生改变,由专供个人、家庭日常生活居住使用改变为用于商业、工业、旅游、办公等经营性活动,即可认定该行为影响了业主的安宁生活,属于将住宅改变为经营性用房。

本案中,联通武汉分公司租赁讼争房屋用于放置光纤传输机柜作为数据传输汇聚节点,以建设有线光纤传输宽带网络,解决"平安城市"视频监控录像传输、无线城市综合项目 WLAN(无线宽带局域网)、周边居民小区宽带、固定电话等接入业务的汇聚、交换需求。租赁讼争房屋并不是为了生活居住,而是为了从事经营性活动,因此联通武汉分公司的上述行为属于将住宅改变为经营性用房。

**第一百三十一条　民事主体行使权利时,应当履行法律规定的和当事人约定的义务。**

---

① 董开军:《贯彻落实民事商事审判六个原则》,载《人民司法(应用)》2016 年第 3 期。

② 《最高人民法院公报》2014 年第 11 期。

**【条文主旨】**

本条是关于民事权利与义务一致原则的规定。

**【条文理解】**

民事权利与义务相一致原则,又称利益平衡原则,是指法律在对当事人进行权利义务分配时应恪守衡平理念,并努力使分配结果保持大体均衡状态。换言之,作为一项重要的价值性原则,利益平衡原则意味着虽然民法高度尊重当事人自由意志之表达,但如果当事人之间的权利义务配置发生严重偏差,那么法律就可以有条件地介入当事人的意思自治领域,对当事人之间的权利义务进行重新分配。典型的如民法中对显失公平的民事法律行为法律效果的否定,司法实践中对过高违约金或过高约定利息的调整等都是属于这一原则的具体体现。[①] 另外还需要强调的是,权利义务一致原则,并不是权利与义务绝对的一致,如单务合同、赠与合同就存在一方只享有权利,另一方只承担义务的情况。

**【司法案例】**

**上海诚希物业管理有限公司诉上海诚莹实业有限公司物业服务合同纠纷案[②]**

**诉讼结论:**原告依约提供了物业服务,被告亦实际接受了原告提供的服务,根据合同相对性及权利义务相一致原则,被告应按照约定向原告支付原告服务期间的物业服务费。

原告系物业服务公司与上海市闵行区金城绿苑业主大会分别于2009年4月26日、2011年7月14日和2013年7月12日签订了物业服务合同,在第一份合同履行期间,双方口头约定被告按照每年3万元的标准缴纳物业费并实际履行。2011年7月14日双方续签物业服务合同后,被告继续按照之前口头约定的标准实际履行,原告亦实际接受了被告的履行义务,故双方通过实际履行变更了合同对于物业费的约定,因此在合同期内,双方均应按照协商变更后的物业费缴费标准履行。2013年7月12日,原告与业主大会再次续签物业服务合同,在该份合同中,双方未进行过相关条款变更的协商,亦未通过实际行动变更合同条款,故该合同期间的权利义务双方均应按约履行。原告依约提供了物业服务,被告亦实际接受了原告提供的服务,根据合同相对性及权利义务相一致原则,被告应按照约定向原告支付原告服务期间的物业服务费。

---

① 赵万一:《民法基本原则:民法总则中如何准确表达?》,载《中国政法大学学报》2016年第6期。

② 上海市闵行区人民法院(2014)闵民一(民)初字第20387号民事判决书。

**第一百三十二条 民事主体不得滥用民事权利损害国家利益、社会公共利益或者他人合法权益。**

**【条文主旨】**

本条是关于民事权利不得滥用原则的规定。

**【条文理解】**

禁止权利滥用原则,是指民事主体不得以不正当的方式行使权利,加害于他人的原则。权利都要有一定的边界,权利行使超越必要的边界,损害他人权益,就构成权利滥用。为了协调和平衡个体之间,以及个体与社会之间的利益冲突,并提高整个社会对资源的利用效率,有必要对民事权利的行使予以适度限制。如业主对其建筑物专有部分行使权利不得危及建筑物的安全,不得损害其他业主的合法权益。不动产的相邻权利人应当按照有利生产、方便生活、团结互助、公平合理的原则,正确处理相邻关系。在行使民事权利时,尽到必要的容忍和注意义务,避免因权利的恣意行使,对他人造成不合理损害。行使权利具有损害国家利益、社会公共利益或他人利益的故意或重大过失等主观过错,客观上已经或可能造成他人利益的损害,可以判断构成民事权利滥用。

**【司法适用】**

在最高人民法院公布的周某诉某公安分局拖延履行法定职责一案中,原告周某因社区居民在其楼下跳广场舞,严重影响生活安宁,向某公安分局报案处理未果后提起行政诉讼。人民法院依法判决该公安分局对周某的报案作出行政处理。判决生效后,该公安分局又数次对跳舞的人们进行劝解、教育,并加强与当地社区的合作,引导广场舞队转移至距离原处百米之外的空坪上。原告所住的社区也在政府部门的积极协调和支持下,与长沙某汽车站达成一致,将在车站附近建设一块专门用于广场舞等娱乐活动的健身场所,既避免噪音扰民,又给跳舞健身爱好者自由活动的场所。①

2016 年 10 月,最高人民法院发布了"狼牙山五壮士"和邱少云烈士名誉权侵权纠纷案等五个典型案例。这些案件中,侵权人往往以学术研究、商业营销活动等手段,以互联网媒体为主要工具,诋毁、侮辱、诽谤英雄人物,丑化英雄人物的形象,贬损英雄人物的名誉,削弱他们的精神价值,进而解构当代中国社会主义核心

---

① 《最高人民法院公布 10 起弘扬社会主义核心价值观典型案例》,载《人民法院报》2016 年 3 月 10 日。

价值观。[①] 法院判决认为，英雄人物的事迹、形象和精神价值，已经成为中华民族共同记忆和民族感情的一部分。当事人滥用民事权利损害社会公共利益，应当依法承担侵权责任。

① 《最高人民法院发布保护英雄人物人格权益典型案例》，载最高人民法院网，2016 年 10 月 19 日。

# 第六章　民事法律行为

民事法律行为是实现私法自治的工具。本章展现了民事法律行为理论的基本法律价值判断与法律规范导向。一般认为,促使民事关系发生、变更和终止的法律事实有两种:一是事件,二是行为。作为事件,其发生与否与特定人的意志无关,而行为则与特定人的意志有关。

民事法律行为是民事主体通过意思表示设立、变更、终止民事法律关系的行为。特别值得注意的是,本章民事法律行为不再限于合法行为,而是包含合法有效、效力待定、无效等不同情况;同时也不再区分民事法律行为和民事行为。

一般认为,民事法律行为构成有以下几个重要方面的内容:民事法律行为的成立要件与生效要件、主体、意思表示、标的、规避法律的行为。

第一,民事法律行为的成立要件与生效要件。成立要件是指民事法律行为成立时不可缺少的条件;生效要件是指已经成立的法律行为发生法律效力所不可缺少的要件。成立要件与生效要件体现了民法作为私法,当事人对自己行为的法律控制,当事人希望该行为成立形成约束对方的法律事实,但是同时他们双方或多方还可以约定虽然行为确立了法律事实,但不立即产生法律效果直接作用于各方,也就是说,对相关行为产生法律效果进行分阶段控制。例如,在租赁合同中,双方签订租赁合同之时为合同成立,但双方约定出租方一旦出国成行,那么合同就立即生效。之后出租方果然出国了,该合同就生效可以履行了,此时法院无须介入,全靠私法自治;但合同履行出现问题产生了合同效力的争执,双方当事人只能依靠司法的力量来判断合同的效力。

第二,民事法律行为的主体。作为民事法律行为的一般要件,民事主体是必不可少的,因其是民事权利义务的承担者。从民事法律行为的生效要件来看,当事人的行为能力至关重要,“总则编”正式确认了未成年人在部分领域的行为效力。

第三,意思表示。民事法律行为是以意思表示为核心的,而意思表示则是私法自治原则的直接体现。意思表示就是法律行为的精髓,即某种法律行为是否有效关键是看意思表示的法律判断结果。比如《民法典》“总则编”扩展了未成年人行为有效性的范围,也就是更加注重行为人的意思表示能否真正产生有效的社会效果。意思表示贯穿于整个民事法律行为体系的全部,更重要的是对意思表示的适法性理解,成为解释判断民事法律行为的一种基本依据,本章对意思表示进行了正式立法表达,完整地展现了意思表示的概念、要件、方式、效力和法律后果等。

第四,民事法律行为的标的。民事法律行为的标的是指民事法律行为的内容,也就是行为人通过民事法律行为所要实现的目的和要达到的效果。民事法律行为以标的合法、可能和确定为生效要件。标的合法是指民事法律行为不得违背法律的强制性规定,不得违背公序良俗;标的可能是指民事法律行为内容可以实现的可能;标的确定是指民事法律行为的内容于民事法律行为成立时已经确定或可以确定。

第五,规避法律的行为。规避法律的行为也称脱法行为,是指采用迂回手段规避法律强制性规定的行为,主要是指以合法形式掩盖非法目的的无效行为。比如以房屋买卖为形式掩盖偿还赌债的非法目的,此类行为无效。禁止脱法行为体现的是私法自治原则不能突破强行法的限制,即不得违反命令性和禁止性的法律规定,亦不得滥用契约自由以谋取非法利益,包括滥用垄断地位的行为、暴利行为、违反公序良俗行为、逃避土地税等。

本章由四节合计 28 条组成:一般规定、意思表示、民事法律行为的效力、民事法律行为的附条件和附期限。本章形成了以下几个特征:(1)修正了民事法律行为的概念。“总则编”中民事法律行为与民法理论中的法律行为没有区别,不涉及合法与非法抑或有效与无效的问题。(2)本章明确了民事法律行为概念,民事法律行为的基本分类法之单方、双方与多方行为,民事法律行为的基本分类法之要式与不要式以及民事法律行为的成立与生效。(3)本章第二节“意思表示”与第三节“民事法律行为的效力”分别单独立法,体现了立法者对以意思表示为核心的民事法律行为体系的足够尊重和对理论的立法正当化的回馈。本章第三节形成了新的民事法律行为效力状况的“总—分”模式,即第 143 条为总括有效民事法律行为,其他为分类阐释民事法律行为效力的不同情况,主体效力问题(第 144 条、第 145 条)、意思表示具体化之分类(虚假意思表示、重大误解、欺诈、胁迫、乘人之危等错误表示反映在第 146 条至第 151 条)、效力后果问题(撤销权的行使与消灭、无效民事法律行为类型、多种效力后果反映在第 152 条至第 157 条)。(4)本章第四节确立了附条件和附期限的民事法律行为的概念,提炼与融合了司法解释的相关内容,使得民事法律行为体系更加完善。

## 第一节 一般规定

**第一百三十三条 民事法律行为是民事主体通过意思表示设立、变更、终止民事法律关系的行为。**

**【条文主旨】**

本条是关于民事法律行为概念的规定。

**【条文理解】**

民事法律行为是法律事实的一种,是指民事主体通过意思表示设立、变更、终止民事法律关系,以意思表示为核心的,旨在产生民事法律效果的行为。“总则编”第133条确立的民事法律行为概念是对《民法通则》第54条的修订调整。

民事法律行为是以意思表示为核心的,而意思表示则是私法自治原则的直接体现。意思表示是由效果意思与表意行为所构成,其中效果意思是指当事人自主地建立民事法律关系并接受法律效果约束的内心意思,表意行为则是通过法律允许的方式将内心意思表达于外部。二者合一为主观心理与客观行为,主观心理是区分“真意保留”和“误解”的钥匙,而表意行为是通过分析行为方式、行为对象查明行为者的表意内容,进而判断该行为的效力状态。其中,意思表示方式在民法实践中千变万化,查明其真实意图颇费周折,比如行为人的意思表示的方式可以是书面的、口头的或特定形式的申请、批准、备注等,但有时候甚至是默示行为,需要在商业习惯、交易习惯当中来确定。

**【司法适用】**

合同是平等主体的自然人、法人、其他组织之间设立、变更、终止民事权利义务关系的协议,婚姻、收养、监护等有关身份关系的协议,适用其他法律的规定。从民事法律行为概念与合同概念对比中发现,大部分民事法律为行为就是合同,合同的法律适用应当依照《民法典》“合同编”的相关规定等进行裁判。另需注意,在裁判文书说理部分以及判项当中一般不直接引用本条,因为本条属于教义式的法律概念,具有高度概括性和抽象性,具体案件还须引用具体的各编相关条款。

**【司法案例】**

### 上诉人樟鑫公司与被上诉人中行香港路支行、原审被告捷丰达公司、信邺公司、丰亿集团公司、翰达公司、青都公司、青州宾馆、许建平、谢碧霞金融借款合同纠纷案[①]

**诉讼结论:**驳回上诉、维持原判。

**法院认为:**中行香港路支行作为债权银行有权在授信合同项下的贷款全部清偿之前,要求债务人追加提供担保,并不影响抵押合同的设立和抵押担保的范围……中行香港路支行与捷丰达公司于2011年7月14日、11月15日分别签订的编号为2011年港司授字018号《授信额度协议》以及该协议项下的具体业务合同,是当事人的真实意思表示,不违反法律法规强制性规定,应认为合法有效。

**第一百三十四条　民事法律行为可以基于双方或者多方的意思表示一致成立,也可以基于单方的意思表示成立。**

**法人、非法人组织依照法律或者章程规定的议事方式和表决程序作出决议的,该决议行为成立。**

**【条文主旨】**

本条是关于民事法律行为成立的规定。

**【条文理解】**

本条第1款指出了民事法律行为分为单方、双方、多方行为三种类型,第2款对非自然人主体的民事法律行为的类型作出了规定。民事法律行为可以基于单方的意思表示成立,也可以基于双方或者多方的意思表示一致成立,那么规范出三种民事法律行为类型的目的就是区分不同法律行为的效果。单方行为是指仅有一方当事人的意思表示即可成立的民事法律行为,如同意、撤销、抵消、非婚生子女的自愿认领、债务免除以及遗嘱等。双方行为一般指契约行为,指依双方当事人相互的意思表示一致而成立的民事法律行为。民法上以婚约关系而产生的赠与有特殊性,与一般赠与不同,“合同法”规定一般的赠与在履行前都可以撤销;根据《婚姻法解释(二)》第10条的规定,如果礼物的给付是以结婚为目的,未结婚的可请求退回礼物,已经结婚的在离婚时可请求予以返还。多方行为是指三个以

---

① 最高人民法院(2014)民二终字第91号民事判决书。

上的多数当事人的意思表示一致而成立的民事法律行为,也称共同行为。多方行为一般用来解释某些团体的设立行为,如社团法人的设立、公司章程的订立等。有的学者指出,三人以上一定是平行的意思表示才能达成共同行为、多方行为,其实也不尽然,如股东会决议、董事会决议,尽管决议的结论只有一个,但是股东行为或董事会行为不一定都是平行的,有时候是资本多数决、有时候是成员多数决。需要注意的是,借款合同中出借人与借款人是相对的双方民事法律行为,如果借款合同还约定了保证人,那么是否构成多方法律行为呢? 一般认为,保证人作为保证借款按期归还的人与出借人形成了保证合同关系,而不是与借款人形成了愿意担保的关系,故而借款合同中出借人、借款人、保证人不是多方行为,而是两两双方行为。

本条第2款中"法人、非法人组织依照法律或者章程规定的议事方式和表决程序作出决议的"用意即是非自然人组织的决议行为就是民事法律行为。法人与非法人组织的意思表示与自然人的意思表示有些不同,特别是在表意能力、表意效果、表意行为上。首先,自然人的表意能力与其行为能力保持一致,只要自然人不是未成年人、表意能力有障碍的成年人,法律都推定其表意能力无缺陷。其次,表意效果是指行为人内心希望发生一定的私法上的效果的意图。意思表示有自身的形成过程,一般来说行为人会先在内心形成"效果意思",再将效果意思向特定的对象表达,即进行"表意行为",从而形成完整的意思表示过程。其中又有行为人的真意和法律上的效果意思之分,当行为人的真意与法律上的效果意思完全吻合的时候,两者实际上是同一的。只是在行为人的真意与法律上的效果意思不一致时,此区分才有意义。比如在"真意保留"和"误解"的效力判断中,两者并不相同,故而民事法律行为效力存疑。最后,表意行为是指行为人将其效果意思以一定方式表达于特定的对象的行为。行为人尽管在内心有强烈的私法效果的意思,但是没有行动表示出来,也不可能产生意思表示的法律效果,行为方式至关重要。根据当事人自治原则,表意行为须为行为人自觉自愿的行为方可有效,对表意行为及其后果清晰和明了,不能有表意行为被外在因素所中断,如被麻醉、醉酒,被欺诈、胁迫、误解等。本条第2款规定非自然人主要通过组织行为来实现其表意行为,实现方式主要是通过代表人的决定以及组织的议事程序、决议程序、公布程序、操作程序等来实现,它们的意思自治的内部决策与外部行为可能出现不一致,判断其有效性主要从其外部行为的方式来考察,如公司的登记、公司发行新股(以交易所挂牌内容为准)。

**【司法适用】**

在司法实践中,单方民事法律行为包括同意、撤销、抵消、非婚生子女的自愿认领、债务免除以及遗嘱，以遗嘱为例人民法院应当参照《民法典》"继承编"第三章"遗嘱继承和遗嘱"的相关具体条文处理，并且应当根据相关法条确定遗嘱作为单方民事法律行为的效力。双方民事法律为行为主要是指契约行为，司法适用时参照《民法典》"合同编"予以适用，但注意婚约上的赠与与普通赠与行为在民事法律为行为效力上的差异，应当予以按照《婚姻法解释（二）》第10条的规定处理。多方行为是指三个以上的多数当事人的意思表示一致而成立的民事法律行为，也称共同行为。多方行为是商事组织或其他团体的设立行为或表决行为，即本条的"议事方式和表决程序"，如社团法人的设立、公司章程的订立等。人民法院在审理商事案件中应当注意适用《公司法》《证券法》《合伙企业法》等相关法律或司法解释的条款，准确理解多方意思表示的表意行为与效果行为之间的差异，从而判断其议事方式或表决程序的有效性。同时需要注意，人民法院审理商事案件需谨慎适用本章第147条重大误解、第151条显失公平等条款。

**【司法案例】**

**案例一**

悬赏广告是一种比较典型的单方意思表示而形成的单方民事法律行为，即悬赏广告一经发出即具有民事法律行为效力，而无须在发出行为时有相对人的意思表示予以回应，但是发出之后不特定相对人接受其悬赏内容，并完成相关悬赏任务后，其悬赏发出人的义务必须履行。2014年3月，最高人民法院公布典型案例，其中余某诉某化传播公司悬赏广告纠纷案中，原告余某作为悬赏广告的完成人有权依据悬赏广告的内容获得报酬请求权，而被告悬赏广告人指出原告的抄袭却无证据证实，法院不予支持。

**案例二**

## 再审申请人刘树清、李景芹、刘海龙与被申请人凯丹公司确认合同无效纠纷案①

**诉讼结论：**驳回刘树清、李景芹、刘海龙的再审申请。

**法院认为：**关于嵘燊公司免去刘树清、刘海龙凯丹公司董事职务决议的效力。凯丹公司是在英属维尔京群岛注册的公司，英属维尔京群岛公司法规定，"根据公司章程的规定，公司股东决议可以免除公司董事的职务"，刘树清、李景芹、刘海龙并未主张凯丹公司章程有相反的规定，根据英属维尔京群岛公司法，嵘燊公司作为凯丹公司的唯一股东，有权通过股东决议免除凯丹公司的董事。凯丹公司一审

---

① 最高人民法院（2015）民申字第3439号民事裁定书。

提交了2013年6月13日《单一股东书面决议》,决议内容为:"嵘燊公司依照公司章程,特此同意如下行动并通过如下决议:任免董事。免去全部现任董事,即刻生效;任命保国武和马肇明为公司董事,即刻生效。"刘树清、李景芹、刘海龙在质证中称对该项证据的真实性有异议,但未说明具体理由,《单一股东书面决议》由嵘燊公司共同清盘人保国武代表嵘燊公司签字,并经过公证认证,刘树清、李景芹、刘海龙没有提交相应的证据,不能否定《单一股东书面决议》的效力。简言之,公司决议的效力在该决议成立时生效。

**第一百三十五条　民事法律行为可以采用书面形式、口头形式或者其他形式;法律、行政法规规定或者当事人约定采用特定形式的,应当采用特定形式。**

**【条文主旨】**

本条是关于民事法律行为的形式的规定。

**【条文理解】**

民事法律行为当事人可以自由约定法律行为的形式,可以选择书面形式、口头形式以及其他形式。从本条前半句来看,本条规定了民事法律行为形式自由的原则,法律不干涉当事人采取何种形式的民事法律行为,体现了意思自治原则及其契约自由原则。近现代民法规定的法律行为形式自由原则,不仅体现了当事人的意思自治,还体现了市场经济对交易便捷的要求。

后半句"法律、行政法规规定或者当事人约定采用特定形式的,应当采用特定形式"与《民法通则》有些许区别,增加了"当事人约定采用特定形式的"。民事法律行为的特别形式不仅仅是法律规定的,而且当事人约定采用特别形式的,也应当依照其约定。法律规定必须采用特别形式的,如要式合同、收养行为、强制保险、设立中外合资企业等;当事人约定必须采取书面形式的,如约定租赁房屋必须要签订书面租赁合同、约定中介费用必须签订书面协议等。"总则编"更为彻底地彰显了民法作为私法的本质,不仅体现在意思自治的表意行为中,还体现在表意方式的自由性,即使在民事法律行为的形式有特别要求的情况下,不遗漏当事人约定的价值,即多方当事人为他们自己行为立法(契约约束),这样的自我立法受到法律的肯定性评价。

从理解民事法律行为形式的价值上看,要注意以下几点:第一,提醒当事人注意民事法律行为的意义和利害关系,避免匆促和轻率决定,体现在中国法律文化上就是“签字画押”的心理依赖和现实约束都要远远强于“口说无凭”。第二，特定形式的民事法律行为可以在诉讼或仲裁或多元化争端解决机制中作为其行为效力的载体，有着重要的证据作用。第三，确保那些重要的民事法律关系的公开性和公示性，尤其对于一些大型动产（船舶、车辆、民用航空器等）和不动产（房地产、林地、耕地、荒山等）。第四，对于一些有价证券、物权凭证，如股票、债券、期货、提单等，便于债权的流动。

**【司法适用】**

在具体民事案件中，人民法院对于民事法律行为外部要件审查时应当参照“合同编”第469条的规定：当事人订立合同，可以采用书面形式、口头形式或者其他形式。在法人分离、合并、破产等商事领域，人民法院也应当仔细审查各项法人的表意性材料的形式要件，对必须要经过表决通过的书面材料尤其需要严格把握。

**第一百三十六条　民事法律行为自成立时生效，但是法律另有规定或者当事人另有约定的除外。**

**行为人非依法律规定或者未经对方同意，不得擅自变更或者解除民事法律行为。**

**【条文主旨】**

本条是关于民事法律行为效力的一般性规定。

**【条文理解】**

一般来说，民事法律行为成立与民事法律行为生效是两个不同的概念，是民事法律行为拟制的两个阶段；大多数情况下民事法律行为成立就是立即生效，而那些附条件或附期限的民事法律行为在条件成就时或期限到来时生效。民事法律行为的成立是指符合民事法律行为构成要件的客观情况。民事法律行为的构成要件主要是指主体适格、意思表示真实、标的合法与可能、无规避法律的行为，符合此四个民事法律行为的构成要件我们认为该民事法律行为成立且生效，前提是无法律另有规定或者当事人约定的其他情况。

本条第2款规定，行为人非依法律规定或者未经对方同意，不得擅自变更或者解除民事法律行为。对于解除权的理解，我们认为解除权是指民事法律行为失效后，在出现法律规定或者当事人约定的特定事由时，当事人可以在一定期间内作出意思表示使该民事法律行为失去效力的权利。民事法律行为的变动是有条件的，否则它具有法律约束力，在当事人之间不能妥善处理之时可以诉诸司法以获得强制执行力。民事法律行为的变动条件之一为法律的规定，比如不可抗力情况下的解除、标的物非因双方或多方当事人的原因灭失、征收行为等；民事法律行为的变动条件之二为对方当事人的同意，如调整合同价款获得对方当事人的许可等。

**【司法适用】**

人民法院在审理合同案件时需要注意把握“合同编”第502条（合同的生效）的内涵，即依法成立的合同，自成立时生效，但是法律另有规定或者当事人另有约定的除外。同时，“合同编”关于格式合同的无效等规定作为排除性效力解释的意义，在具体案件说理部分中如果是证明合同有效，可以直接适用第502条。另外，还必须参考《合同法解释（二）》第9条至第15条的规定，更加细化合同效力的具体操作过程。在审理涉房涉地的案件中，人民法院应当按照“物权编”第215条的规定，当事人之间订立有关设立、变更、转让和消灭不动产物权的合同，除法律另有规定或者当事人另有约定外，自合同成立时生效；未办理物权登记的，不影响合同效力。故而不要轻易否定当事人双方或多方签订的物权性质的租赁、无偿出借、买卖、抵押等行为的效力，其物权合同的效力人民法院应该尽量使其有效，维护交易安全；同时物权没有登记，要注意掌握其仅仅是不能对抗善意第三人。

**【司法案例】**

### 再审申请人沃德公司与被申请人香溢公司、一审被告尚格公司合作开发房地产合同纠纷案①

**诉讼结论：**经对方认可的，确认合同解除。

**法院认为：**由于沃德公司主张香溢公司违约的情形，并不必然致使合同目的不能实现，并非根本违约，也不是合同中约定的一方可以行使合同解除权的情形。因此，二审法院根据沃德公司单方通知解除合同，香溢公司以默示方式认可了沃德公司解除要求，进而依据《合同法》第93条、第94条的规定，确认双方的合同解除，认定事实清楚、适用法律正确。简言之，解除权不能擅自行使。

① 最高人民法院（2014）民申字第914号民事裁定书。

## 第二节 意 思 表 示

**第一百三十七条　以对话方式作出的意思表示，相对人知道其内容时生效。**

**以非对话方式作出的意思表示，到达相对人时生效。以非对话方式作出的采用数据电文形式的意思表示，相对人指定特定系统接收数据电文的，该数据电文进入该特定系统时生效；未指定特定系统的，相对人知道或者应当知道该数据电文进入其系统时生效。当事人对采用数据电文形式的意思表示的生效时间另有约定的，按照其约定。**

**【条文主旨】**

本条是关于以对话方式与非对话方式作为意思表示的生效规定。

**【条文理解】**

对话方式作出的意思表示，是指通过面对面的谈话或者手语、电话或者在线即时通讯方式作出的意思表示。非对话作出的意思表示，是指通过信函、传真、电报或者电子邮件等方式作出的意思表示。以对话方式作出的意思表示到达相对人是即时的，表意人在完成语言陈述之时相对人就能够完整、准确地了解其内容时，此时表意人的效果意思和表意行为均已完成，故而意思表示即刻生效。大多数即时付清的买卖合同就属于这种方式，如菜市场买菜人的询价、卖菜人的报价都是通过对话方式作出的意思表示。

本条第 2 款主要规范了非对话形式的意思表示，以非对话方式的意思表示采“达到主义”，而不采意思表示的“发出主义”。简单地说，对于非对话形式的意思表示只有在效果意思通过表意行为达到相对人时才能产生效力，而不是只要表意人发出其意思表示就生效了。“以非对话方式作出的采用数据电文形式的意思表示，相对人指定特定系统接收数据电文的，该数据电文进入该特定系统时生效；未指定特定系统的，相对人知道或者应当知道该数据电文进入其系统时生效”。《合同法》第 16 条第 2 款规定，采用数据电文形式订立合同，收件人指定特定系统接收数据电文的，该数据电文进入该特定系统的时间，视为到达时间；未指定特定系统的，该数据电文进入收件人的任何系统的首次时间，视为到达时间。虽然此处表述有些复杂，其实就是相对人指定了邮箱地址就发送至该邮箱地址，如果相对人未指定特定邮箱就发送到相对人任何一个邮箱即可,当然这里的邮箱指任何一种软件系统,如QQ、微信等即时通讯软件系统。

《电子商业示范法》第15条“发出和收到数据电文的时间和地点”中第1款规定:“除非发端人与收件人另有协议,一项数据电文的发出时间以它进入发端人或者代表发端人发送数据电文的人控制范围之外的某一信息系统的时间为准。”第2款规定:“除非发端人与收件人另有协议,数据电文的收到时间按下述办法确定:1.如收件人为接收数据电文而指定了某一信息系统:(1)以数据电文进入该指定信息系统的时间为收到时间;或(2)如数据电文发给了收件人的一个信息系统但不是指定的信息系统,则以收件人检索到该数据电文的时间为收到时间;2.如收件人并未指定某一信息系统,则以数据电文进入收件人的任一信息系统的时间为收到时间。”该条第1款规定了何为数据电文的“发出”,第2款规定了何为数据电文的“收到”即到达。

对于《电子商业示范法》的这一规定,该法指南的解释是:第2款的目的在于规定一项数据电文的收到时间,所针对的情况是收件人单方面指定了收取电文的特定信息系统(所指定的系统可能是也可能不是收件人的一个信息系统),而数据电文实际上到达了收件人的一个信息系统但并非指定的那个系统,在这种情况下,应以收件人检索到数据电文的时间为收到时间。在《电子商业示范法》中,所谓“指定的信息系统”意图包括由某一方特别指定的系统,如一项要约明文指定了应发回承诺通知的地址。如果只是在信头上或在其他文件上显示电子邮件或传真印件的地址,不应视为明确指定了一个或多个信息系统。“进入”的概念既用以界定数据电文的发出,也用以界定其收到。所谓一项数据电文进入了一个信息系统,其时间应是在该信息系统内可投入处理的时间。究竟进入了一个信息系统的数据电文是不是能为收件人所识读或使用,这个问题不在《电子商业示范法》的范围以内。《电子商业示范法》不妨碍这样的立法:如果进入了系统,尽管没有为收件人所识读或使用,也认为是收到了电文。假如一项数据电文只是到达了收件人的信息系统但未能进入该系统,则不应认为发出了该电文。

**【司法适用】**

人民法院在审理以非对话方式进行的意思表示是否生效的案件中,需要注意以下几个方面:第一,要确定其非对话方式是否符合合同要求或身份契约的形式要求,比如遗嘱是否有书面形式;第二,当事人的意思表示是否完整和准确,接受意思表示的当事人是否知悉对方当事人的基本意图,以合同为例,对方发出了邀约,另一方是否认为这就是一个订立合同的邀约,如果是否定性的,那么不能认定具有合同成立的标准;第三,数据电文系统是否接收或收到,不能仅凭当事人的陈述,而应该对其进行鉴定或检测,此外,对电子数据进行证据认证的过程要客观和公证,并体现在裁判文书说理过程中。

**【司法案例】**

**上诉人凌继标、邱享明、薛仁树、何蜀秋与被上诉人汇东公司保证合同纠纷案**[①]

**诉讼结论:**驳回上诉、维持原判。

**法院认为:**案涉债权转让均向债务人及担保人履行了通知义务,债权的转让自通知到达时生效,故凌继标等四人主体适格,汇东公司所持债权转让未通知不生效的抗辩理由不能成立,不予支持。简言之,通知到达时生效。

**第一百三十八条　无相对人的意思表示,表示完成时生效。法律另有规定的,依照其规定。**

**【条文主旨】**

本条是关于无相对人的意思表示的生效规定。

**【条文理解】**

有相对人的意思表示,是指需要相对人的存在才能成立的意思表示,如一方欲订立合同的邀约就必须向另一方发出。无相对人的意思表示,是指没有相对人的存在也能成立的意思,如立遗嘱。

无相对人的意思表示与单方民事法律行为是不同的,不能混淆。单方民事法律行为是指仅依一方当事人的意思表示即可成立的民事法律行为,也称单独行为或一方行为,如同意、撤销、抵消、非婚生子女的自愿认领以及债务的免除等都是单方行为。民事单方行为有两类:第一类,须向相对人进行意思表示始能成立单方行为,称为有相对人的单方行为,如民事法律行为之撤销承认、契约解除、债务免除。请注意,即便是在有相对人的单方行为中,行为人也仅需向相对人为意思表示,即可产生民事法律行为上的效力,无须相对人承诺。这就是单方行为区分双方行为的核心点。

第二类,由于单方行为仅依当事人一方的意思表示即可有效成立,因没有相对人存在,无须意思表示到达相对人,因此在无相对人意思表示的民事法律行为

① 四川省高级人民法院(2015)川民终字第754号民事判决书。

中,行为人在单方行为发出后亦可任意变更或撤销其单方行为。最为典型的是遗嘱,遗嘱设立人设立遗嘱后可以随时变更遗嘱内容,亦可撤销遗嘱,而无须他人同意。但是第一类有相对人的单方民事法律行为一旦发出,而相对人接收到之后该单方法律行为即发生法律效力,表意人就不得变更或撤销,例如债务免除通知一旦送达债务人即发生债务免除的效力,当事人不得变更或者撤销。

**【司法适用】**

司法实践中,最常见的无相对人的意思表示发出即生效的是遗嘱与遗赠,审理此类案件的人民法院应当注意以下几个方面:第一,口头遗嘱、录音遗嘱的证据确认是案件审理的重点和难点,应当按照“继承编”第 1137 条、第 1138 条严格适用。第二,录音遗嘱需要审查遗嘱人是否是真实意思表示,而不是经过诱骗、引导而说出的某些具有分配财产性质的话,简言之,遗嘱人是否知道他/她正在以录音的方式进行遗嘱,人民法院审理此类案件需要综合全案进行考察认证,不要轻率作出有效或无效的结论。第三,遗嘱或遗赠不得违背公序良俗,著名的“泸州二奶案”为典型,遗赠人可以自己真实意思遗赠他人财物而单方法律行为即可完成,但是限制条件为遗赠对象不可以为同居对象,这违背了社会公序良俗,也侵害了其配偶的善良情感。

**【司法案例】**

### 张某诉蒋某遗嘱继承纠纷案

**诉讼结论:**将遗产遗赠给婚外同居者的遗嘱无效。

四川省泸州市某公司职工黄某和蒋某 1963 年结婚,但是妻子蒋某一直没有生育。1994 年,黄某认识了一个名叫张某的女子,并且在与张某认识后的第二年同居。1996 年年底,黄某和张某租房公开同居,以“夫妻”名义生活,依靠黄某的工资(退休金)及奖金生活,并曾经共同经营。黄某在 2001 年 4 月 18 日立下遗嘱:“我决定,将依法所得的住房补贴金、公积金、抚恤金和卖泸州市江阳区一套住房售价的一半(4 万元),以及手机一部遗留给我的朋友张某一人所有。我去世后骨灰盒由张某负责安葬。”4 月 20 日黄某的这份遗嘱在泸州市纳溪区公证处公证。

4 月 22 日,黄某去世,张某根据遗嘱向蒋某索要财产和骨灰盒,但遭到蒋某的拒绝。张某遂向纳溪区人民法院起诉,请求依据继承法的有关规定,判令被告蒋某按遗嘱履行,同时对遗产申请诉前保全。从 5 月 17 日起,法院经过 4 次开庭之后(其间曾一度中止,2001 年 7 月 13 日,纳溪区司法局对该公证遗嘱的“遗赠抚恤金”部分予以撤销,依然维持了住房补贴和公积金中属于黄某部分的公证。此后审理恢复),于 10 月 11 日纳溪区人民法院公开宣判。

**法院认为**：尽管继承法中有明确的法律条文，而且本案中的遗赠也是真实的，但是黄某将遗产赠送给“第三者”的这种民事行为违反了《民法通则》第7条“民事活动应当尊重社会公德，不得损害社会公共利益，破坏国家经济计划，扰乱社会经济秩序”，因此法院驳回原告张某的诉讼请求。上诉亦遭驳回。

## 第一百三十九条　以公告方式作出的意思表示，公告发布时生效。

**【条文主旨】**

本条是关于以公告方式作为意思表示的效力规定。

**【条文理解】**

以公告方式作出的意思表示主要是指表意人找不到相对人或者相对人是不确定的多数人，不得已只能通过公告的方式传递意思表示，此处的公告方式包含报纸公告、电视公告、广播公告、网络平台公告等方式，既可以是私法主体发布，也可以是公权力主体受私人委托而发布。

以公告方式作出的意思表示之第一种类型为民事法律行为人需要对找不到或难以确定具体的相对人发出意思表示的行为，比如公司协议解散时，需要向债权人、债务人发出公告，需要他们来参与公司解散时财产分配处理事项，而有可能部分债权人、债务人难以直接通知或已下落不明，只能采取公告的方式让债权人、债务人知晓和参与。以公告方式作出的意思表示之第二种类型为民事法律行为需要不特定的多数人知晓，比如通过广告等形式向外表达所要达成的目的。比较多的是悬赏广告、遗失物招领广告、特定事项的招标通告等，这样的广告或通告交给报纸或网络公司之后，在登报或上线之前不发生效力，此时表意人可以撤回，而一旦登报或上线那么表意人无权撤回，一般也无权撤销，也就是见报即生效或上线即生效。如果发生公告的内容与公告发出人本来意思不一致的，应当以公告内容为准，以保护公示信赖人的利益。

**【司法适用】**

以公告方式作出的意思表示，在司法实践中需要注意程序的完整性，不能存在程序上的瑕疵，如公司协议解散时，需要向债权人、债务人发出公告，公告目的是让他们来参与公司解散时的财产分配处理，而有可能部分债权人、债务人难以直接通知或已下落不明，只能采取公告的方式让债权人、债务人知晓和参与，那么公告发出时意思表示传递就已经完成，还需要注意公告期届满并不是公告的意思表示结束，而是该程序经过之后，可以进入下一程序。

**【司法案例】**

### 上诉人淮南国土局、山南管委会、淮南市政府与被上诉人汇鸿公司建设用地使用权出让合同纠纷管辖权异议案[①]

**诉讼结论：**驳回上诉，维持原裁定。

**法院认为：**淮南国土局发布招标公告属于要约邀请，汇鸿公司投标竞拍属于要约，《成交确认书》是承诺，符合平等民事主体之间的民事行为特征，应属民事诉讼案件受案范围。本案中，2011 年 7 月 21 日淮南国土局与汇鸿公司签订的《成交确认书》中明确：汇鸿公司在国有建设用地使用权拍卖出让活动中，竞得案涉地块使用权。后由于土地交付问题发生的纠纷，符合建设用地使用权出让合同纠纷的基本特征。是否订立了书面合同，不影响对双方是否构成合同关系的认定。本案符合《民事诉讼法》第 119 条规定的民事诉讼受理条件。

**第一百四十条　行为人可以明示或者默示作出意思表示。**

**沉默只有在有法律规定、当事人约定或者符合当事人之间的交易习惯时，才可以视为意思表示。**

**【条文主旨】**

本条是关于默示作为意思表示的效力规定。

**【条文理解】**

一般来说，行为人作出表意行为时，其表示方式是多种多样的，本法之前诸多条文就表明通常可以对话方式、语言文字的方式、肢体语言的方式、某种具体行为的方式，这些都是常见且易于理解的，同时法律并不禁止用不作为，或者称为默示的方式来进行表意行为。《民法通则》《合同法》《民通意见》都规定了各种意思表示的形式，几乎无限制，这也充分体现了意思自治和契约自由的原则。但是沉默作为一种具有法律意义的行为类型，必须要作较为仔细的研读。沉默，是指当事人不仅没有语言或者文字的表示，也没有任何行动上的表示，可以理解为“什么也不说，什么也不做”。通常情况下，沉默不能作为意思表示的形式，只有在法律有规定、当事人有约定或者当事人之间有交易习惯时方可采用。如《民法典》“继承编”第 1124 条规定，“继承开始后，继承人放弃继承的，应当在遗产处理前，以书面

---

① 最高人民法院(2016)最高法民辖终字第 160 号民事裁定书。

形式作出放弃继承的表示;没有表示的,视为接受继承。受遗赠人应当在知道受遗赠后六十日内,作出接受或者放弃受遗赠的表示;到期没有表示的,视为放弃受遗赠",该条规定的两处"没有表示的"即为沉默。

至于默示行为的效力问题,司法机关最早发现问题并予以补正,《民通意见》第66条规定,"一方当事人向对方当事人提出民事权利的要求,对方未用语言或者文字明确表示意见,但其行为表明已接受的,可以认定为默示。不作为的默示只有在法律有规定或者当事人双方有约定的情况下,才可以视为意思表示",较为完整地表述了当事人可以通过默示的方式进行意思表示。所谓默示,应与可以辨识的行为相区别。默示就是沉默,哪些不积极作为的意思表示能构成法律意义上的沉默呢?比如双方在合同中约定双方交货的数量问题时提及,超过约定数量的货物在3个工作日内买方不提出异议,视为接受超过数量的货物。比如双方交易大米20吨,但是卖方运来21吨货物,在交货日之后3日内买方保持沉默,那么该沉默就视为同意接受超过约定的货物,此处的沉默行为就是一种意思表示,并且是以默示的方式来表达的。这种情况的不作为的默示是属于当事人约定的情况,当然还可以有法律的明确规定,比如本法第171条规定,在代理领域中,行为人没有代理权、超越代理权或者代理权终止后,仍然实施代理行为,未经被代理人追认的,对被代理人不发生效力。相对人可以催告被代理人自收到通知之日起30日内予以追认。被代理人未作表示的,视为拒绝追认。此处被代理人未作表示的,就是以沉默的方式行使意思表示,而法律直接规定其意思表示的效果。

在本条规定出台之前,不作为的默示已经明确在法律有规定或者当事人双方有约定的情况下可以视为意思表示,而需要注意的是本条增加了习惯来确定默示成为意思表示的一种方式,不难理解的是在民事习惯和商事习惯当中,有很多默示行为可以被认为是意思表示,最为常见的是多次的、循环的民商事交易,第一次和第二次有书面的合意情况,之后双方都以行为来履行合同,甚至在书面合同交易期间结束后还有履行行为,那么在书面合同履行期届满后的送货行为,收货方的沉默就应当被认为是一种对收货的默示,且对货物品质和权利不提出异议的意思表示。本条对习惯作为默示方式的确认,也是回应了"总则编"第10条"处理民事纠纷,应当依照法律;法律没有规定的,可以适用习惯,但是不得违背公序良俗"的规定。

**【司法适用】**

人民法院在审理合同案件时,对于当事人提出的默示作为意思表示的,应当进行严格的审查程序,并按照本条的三个要件进行处理。首先,法律明确规定默示可以作为意思表示的情形,比如双发合同履行过程中对有关合同内容约定不明确，那么就默示适用《民法典》"合同编"第511条之规定：第一，质量要求不明确的，按照强制性国家标准履行；没有强制性国家标准的，按照推荐性国家标准履行；没有推荐性国家标准的，按照行业标准履行；没有国家标准、行业标准的，按照通常标准或者符合合同目的的特定标准履行。第二，价款或者报酬不明确的，按照订立合同时履行地的市场价格履行；依法应当执行政府定价或者政府指导价的，按照规定履行。第三，履行地点不明确，给付货币的，在接受货币一方所在地履行；交付不动产的，在不动产所在地履行；其他标的，在履行义务一方所在地履行。第四，履行期限不明确的，债务人可以随时履行，债权人也可以随时要求履行，但应当给对方必要的准备时间。第五，履行方式不明确的，按照有利于实现合同目的的方式履行。第六，履行费用的负担不明确的，由履行义务一方负担；因债权人原因增加的履行费用，由债权人承担。还应当准确理解《民通意见》第66条的规定，一方当事人向对方当事人提出民事权利的要求，对方未用语言或者文字明确表示意见，但其行为表明已接受的，可以认定为默示。不作为的默示只有在法律有规定或者当事人双方有约定的情况下，才可以视为意思表示。

其次，当事人约定的默示意思表示。比如在合同中约定，如果收货之后5日内没有提出质量异议，那么视为该货物品质符合合同要求。此时，交货方交货完毕5日之内，收货方没有提出异议，也就是以默示表示货物符合约定的要求。

最后，人民法院在审理以沉默作为一种交易习惯的案件时，应当做好更加充分的证据查证过程，特别是要对习惯本身的可靠性、可信赖性以及当事人对习惯的依赖度综合考虑。

**【司法案例】**

### 上诉人广钢金钧公司与被上诉人淮矿物流公司管理人买卖合同纠纷管辖权异议案①

**诉讼结论：**驳回上诉，维持原裁定。

**法院认为：**虽然该《商品购销合同》系传真件，但是，淮矿物流公司管理人已经说明了双方的交易习惯以及该《商品购销合同》的形成过程。传真件显示的传真日期与合同订立的日期相矛盾这一事实，并不能直接证明淮矿物流公司伪造了《商品购销合同》。一审法院依据《商品购销合同》关于协议管辖的约定，确定该院对本案有管辖权并无不当，广钢金钧公司关于本案应移送广州市荔湾区人民法院管辖的上诉理由不能被支持。双方交易习惯确定合同效力。

---

① 最高人民法院(2014)民二终字第180号。

**第一百四十一条　行为人可以撤回意思表示。撤回意思表示的通知应当在意思表示到达相对人前或者与意思表示同时到达相对人。**

**【条文主旨】**

本条是关于意思表示撤回的规定。

**【条文理解】**

本条规定中意思表示的撤回，主要是指表意人通过撤回行为来阻止其意思表示到达相对人，使其不发生法律效力的行为。在合同领域中以承诺为例，由于承诺一经送达要约人即发生法律效力，合同即刻成立，所以撤回承诺的通知应当在承诺通知到达之前或者与承诺通知同时到达要约人。如果撤回承诺的通知晚于承诺的通知到达要约人，则承诺已经生效，合同已经成立，受要约人便不能撤回承诺。

《国际货物销售合同公约》第22条规定："接受得予撤回，如果撤回通知于接受原应生效之前或同时，送达发盘人。"《国际商事合同通则》第2.10条也规定："承诺可以撤回，只要撤回通知在承诺本应生效之前或同时送达要约人。"可见，两者的规定都采用了送达主义原则，而没有采纳发信主义原则，允许受要约人撤回承诺。《国际商事合同通则》解释说，对于承诺的撤回，规定了与要约的撤回相同的原则，即受要约人可以改变其想法并撤回承诺。《合同法》采纳了大陆法与国际公约的规定。

**【司法适用】**

在司法实践中，人民法院应当重点审查当事人行使撤回权在证据上的体现，在民事裁判文书的说理部分对撤回权是否完成可以根据《合同法》第477条作出恰当的判断，另外撤回权的行使与当事人意思自治具有关联性，合同最后是否成立要仔细考察撤回意思表示是否达到对方当事人。如果是通过数据电文或者即时聊天工具等作出的撤回，还需要对相关证据进行鉴定或公证等程序。

**【司法案例】**

**上诉人李汉权与被上诉人吴安乐、金厦公司确认合同无效纠纷案①**

**诉讼结论：**驳回上诉，维持原判。

**法院认为：**上诉人李汉权出借给金厦公司的260万元借款中含有被上诉人吴

① 江苏省宿迁市中级人民法院（2013）宿中民终字第0395号民事判决书。

安乐的90万元，该90万元实际是被上诉人吴安乐出借给金厦公司的借款，故该函件不存在无效情形亦不存在是否撤回的问题。上诉人李汉权主张该函件无效以及其已经撤回该函件，没有依据，法院不予支持。简言之，撤回的要件必须要达到。

**第一百四十二条　有相对人的意思表示的解释，应当按照所使用的词句，结合相关条款、行为的性质和目的、习惯以及诚信原则，确定意思表示的含义。**

**无相对人的意思表示的解释，不能完全拘泥于所使用的词句，而应当结合相关条款、行为的性质和目的、习惯以及诚信原则，确定行为人的真实意思。**

**【条文主旨】**

本条是关于意思表示的解释方法的规定。

**【条文理解】**

关于意思表示有两类解释方法。意思表示必须符合民事法律行为的基本特点来进行解释，同时亦要符合私法中意思自治原则来进行合理解释，但不论其解释的方法与类型，不可以脱离民法框架、不可以违反法律层级等约束。一般来说，法律解释有六种方法：法律文义、体系地位、立法史及立法资料、比较法、立法目的以及“合宪性”解释。[①] 本条是关于意思表示的解释，本质上就是回归到民事法律行为的解释上，本条的两个条款，体现了两种本位、两种倾向和两类民事法律行为的不同解释规则。特别值得适法者注意的是，本条作为《民法典》意思表示的立法解释体系，完美地勾勒出今后民事裁判者必须按照立法限定的意思表示的解释导向而为，不能突破本条的立法限定。

本条第1款因有相对人的意思表示，故而解释重心在于文义解释，即“应当按照所使用的词句”；本条第2款因无相对人的意思表示，故其解释中心不在于文义解释，即“不能拘泥于所使用的词句”，其重心放在了后半段“应当结合相关条款、行为的性质和目的、习惯以及诚实信用原则，确定行为人的真实意思”。总之，本条第1款可以概述为公平本位，体现了合意理论之价值倾向；本条第2款可以概述为个人意志本位，体现了自然人的绝对意志倾向。

---

① 台湾地区现行“民法总则”第98条对意思表示的解释为：解释意思表示，应探求当事人之真意，不得拘泥于所用之词句。

一般来说,有相对人的意思表示的解释包含双方或多方民事法律行为和有相对人的单方民事法律行为。双方民事法律行为大多数是契约行为,体现的是合意理论,而合意理论是双方或多方自由意思的汇聚,不能只照顾某一方之自由意识,而应是双方或多方汇合之后的自由意思,即本质上是双方的同意,体现的是真实、连续和一致的意思表示。那么在解释意思表示的时候更加注重合意(契约)中共同认可、共同签署的文本,也就是"应当按照所使用的词句"所呈现的文义解释为核心,而"结合相关条款、行为的性质和目的、习惯以及诚实信用原则,确定行为人的真实意思"作为辅助或次要的解释。本条第1款的另一方面是有相对人的单方民事法律行为,它的解释仍然要照顾到相对人的权益,使得相对人在法律地位中不至于降低,民事裁判者应当均衡解释有相对人的单方民事法律行为之表意行为的基本内涵。

本条第2款针对的是无相对人的意思表示的解释,那么仅依一方当事人的意思表示即可生效的单方民事法律行为的解释重心在于表意人自己的陈述,并且不在乎表意人之前的效果意思和表意行为之间的冲突或矛盾,而是重点判读"应当结合相关条款、行为的性质和目的、习惯以及诚实信用原则,确定行为人的真实意思"。无相对人的单方民事法律行为最为典型的是遗嘱,此时解释遗嘱内容的时候,不应该以其落笔写下的内容为根本依据,而是应该将查明的重点放到遗嘱人的行为性质和目的、习惯以及诚实信用原则来确定遗嘱人的真实意思。其实道理也很简单,因为没有相对人的利益平衡,而法律只需要考量表意人也通常就是遗嘱人的最真实意思,以及他的真实意思所带来的法律效果,这样一来就可以全面保护单方民事法律行为人的核心利益和真正的法律诉求。

**【司法适用】**

人民法院审理民事法律行为的案件最为典型的是合同案件,解释合同、阐明民事法律行为的意义,可以根据"合同编"第510条进行相关补偿解释,合同生效后,当事人就质量、价款或者报酬、履行地点等内容没有约定或者约定不明确的,可以协议补充;不能达成补充协议的,按照合同有关条款或者交易习惯确定。

**【司法案例】**

### 徐某某诉北京神州汽车租赁有限公司租赁合同纠纷案

**诉讼结论:**(1)网上订单构成合同的组成部分,订单内容可以作为合同履行的基本义务;(2)在上海提供网约车是否默约定上海牌照的车辆号牌;(3)合同没有约定时可依据交易习惯确定当事人之间的权利义务,也就是说被告应当提供默示的上海牌照汽车。

## 第三节　民事法律行为的效力

**第一百四十三条　具备下列条件的民事法律行为有效：**

**（一）行为人具有相应的民事行为能力；**

**（二）意思表示真实；**

**（三）不违反法律、行政法规的强制性规定，不违背公序良俗。**

**【条文主旨】**

本条是关于民事法律行为的一般有效要件的规定。

**【条文理解】**

根据民事法律行为的构造理论，其构成要件形成民事法律行为的基本内涵，本条确立的三要件说沿袭了《民法通则》的规定，同时使民事法律行为有效性要件构成体系更加完善。民事法律行为三要件分别是：第一，行为人具有相应的民事行为能力。完全民事行为能力人可以独立从事所有的法律行为，未成年人与成年非完全行为能力人可以从事与其认识能力相应的法律行为，其他法律行为由其法定代理人代理。必须注意的是，如果限制民事行为能力人从事超过其年龄或认知能力的行为，不必然导致行为无效，民事法律行为有效要件之外并非无效，不是非此即彼的逻辑关系。第二，意思表示真实。这里的意思表示真实一方面是指当事人主观真实意思能够表达，未受到外在之干扰、蒙蔽、胁迫等表意障碍；另一方面意思表示真实反映了当事人追求自己内心效果意思，不违背其本来意志，否则就无法发生追求私法上的效果。本要件之所以确定为意思表示真实是因为该效果意思要产生法律上的约束力，不得不保证民事法律行为人的真事意愿表达。第三，不违反法律、行政法规的效力性强制规定，不违背公序良俗。

值得注意的是，关于效力性强制性规定的范围问题，主要把握两点：首先它是指法律、行政法规明确规定违反此类规定将导致民事法律行为无效的强制规定；其次虽未明确作前述规定，但是为了实现维护国家利益、社会公共利益等立法目的应当确认违反此规定的民事法律行为无效的强制规定。

不违反法律、行政法规的效力性强制规定，可从以下几个方面解读为：第一，此处的法律和行政法规缩限解释为全国人大和全国人大常委会制定的法律以及国务院制定的行政法规，其他广义法律不包含在内。第二，法律和行政法规的效力性强制规定明确了民事法律行为人违反管理型强制性规定不当然使得其民事法律行为无效。效力性强制性规定和管理型强制性规定的区别主要是看条文外在的不同,指法律及行政法规明确规定违反了这些禁止性规定将导致合同无效或者合同不成立的规范。第三,人民法院仍然有对个案主导性的解释权力,此刻人民法院对于违反效力性强制性规定要作谨慎解释,围绕合同目的和当事人主观企图的指向性证据一一审查,最后还需与重大国家利益、社会公共利益相冲突之时才能认为违反了效力性强制性规定。简言之,不能轻易否定民事法律行为的有效性。

**【司法适用】**

在司法适用过程中,可以先看"合同编"规定的无效形式,进而反推有效的情况,在司法实践中可能是包罗万象的,案件中有些因素有无效情形、有些因素存在有效情况,具体如何判断要结合个案分析。

**【司法案例】**

### 上诉人镇远百龙公司与被上诉人镇远县政府、原审第三人镇远名城公司、原审第三人重庆景域公司政府采购合同纠纷案[①]

**诉讼结论:**撤销原判,发回重审。

**法院认为:**涉案合同并不属于《合同法》第52条及《合同法解释(二)》所规定违反效力性强制性规定的无效情形,即使涉案合同在采购方式、采购程序方面存有瑕疵,从合同履行情况、合同签订的历史背景、不轻易认定合同无效的司法精神及维护政府公信力角度均不应认定涉案合同无效。

贵州高院判令涉案合同无效的《政府采购法》的相关依据并非《合同法》所规定的合同无效的效力性、强制性规范。最高人民法院在全国民商事审判工作会议上的讲话中已经对效力性规范的确认标准进行了明确的阐述:第一,效力性规定是指法律及行政法规明确规定违反该类规定将导致合同无效的规范;第二,虽未明确规定违反之后将导致合同无效,但若使合同继续有效将损害国家利益和社会公共利益的规范;第三,此类规范不仅旨在处罚违反之行为,而且意在否定其在民商法上的效力。因此,只有违反了效力性的强制规范的,才应当认定合同无效。

## 第一百四十四条　无民事行为能力人实施的民事法律行为无效。

---

① 最高人民法院(2015)民二终字第215号民事裁定书。

**【条文主旨】**

本条是关于无民事行为能力人实施的民事法律行为的效力的规定。

**【条文理解】**

无民事行为能力人实施的民事法律行为无效，是指民事法律行为实施的主体要件不合格，民事法律为行为无效，其中包含不满八周岁的儿童和被认定为无民事行为能力的成年人。需注意的是，无民事行为能力人虽不得实施民事法律行为，但可作为民事法律行为的相对人，如接受赠与、获得奖励、取得某种资格或权利。另外，八周岁以下未成年人仍然可以实施极少数民事法律行为，如零钱购物、乘坐公交车等，在司法实践中会判定这些行为有效。

**【司法适用】**

在司法实践中，无民事法律行为能力人实施的民事法律为行为一般无效，例外是八周岁以下未成年人仍然可以实施极少数民事法律行为，如零钱购物、乘坐公交车等，在司法实践中会判定这些行为有效。有判例认为，只要是纯获利益的民事法律行为都应当有效；而负担民事法律行为一般都会判令其无效。无民事法律行为能力人可以是事实行为的主体，如未成年人的侵权行为、拾得遗失物和取得占有、无主物的先占、埋藏物的发现、添附、无因管理等。

**第一百四十五条　限制民事行为能力人实施的纯获利益的民事法律行为或者与其年龄、智力、精神健康状况相适应的民事法律行为有效；实施的其他民事法律行为经法定代理人同意或者追认后有效。**

**相对人可以催告法定代理人自收到通知之日起三十日内予以追认。法定代理人未作表示的，视为拒绝追认。民事法律行为被追认前，善意相对人有撤销的权利。撤销应当以通知的方式作出。**

**【条文主旨】**

本条是关于限制民事行为能力人实施民事法律行为的效力的规定。

**【条文理解】**

限制民事行为能力人实施的民事法律行为是否有效？实际上存在四种形态：第一，限制民事行为能力人实施的民事法律行为在未被法定代理人同意或者追认之前属于效力待定，不能一概否定或肯定其效力。第二，限制民事行为能力人实施的民事法律行为，经法定代理人同意或者追认后有效。第三，限制民事行为能力人实施的与其年龄、智力、精神健康状况相适应的民事法律行为，无须经法定代理人同意或者追认,其民事法律行为有效。第四,限制民事行为能力人实施的民事法律行为如不属于与其年龄、智力、精神健康状况相适应的民事法律行为,同时其法定代理人拒绝追认或不做表示的,限制民事行为能力人实施的民事法律行为无效。

本条第2款规定,相对人可以催告法定代理人自收到通知之日起1个月内予以追认;法定代理人未作表示的,视为拒绝追认。这是关于未成年人实施民事法律行为后追认权的规定,它的确立有利于维护交易秩序,平衡限制民事行为能力人和相对人的权利。另外,相对人可以催告法定代理人自收到通知之日起1个月内予以追认,同时享有撤销催告的权利,即民事法律行为被追认前,善意相对人有撤销的权利,撤销应当以通知的方式作出。其表明善意相对人既可以希望与限制民事行为能力人之间的民事法律行为有效,也可以不予催告使其归于无效抑或让限制民事行为能力人的法定代理人自由作出选择。此外,理解本条第2款需掌握撤销权概念。撤销权,是指民事法律行为成立时存在重大误解、欺诈、胁迫、显失公平等情形,一方当事人根据法律规定享有在一定期间内请求确认该民事法律行为自始无效的权利。

**【司法适用】**

司法适用过程中,需要理解本条是由《合同法》第47条演变而来的,需要注意的是,相对人撤销这类合同必须要满足以下条件:

1. 撤销的意思表示必须是在法定代理人追认之前作出,对于法定代理人已经追认的合同,相对人不得撤销。

2. 只有善意的相对人才可以作出撤销合同的行为。所谓"善意",这里是指合同的相对人在签订合同之时并不知道或者也不可能知道对方是限制民事行为能力人。倘若相对人明知对方是限制民事行为能力人而仍然与对方签订合同,那么相对人就没有撤销合同的权利。

3. 相对人作出撤销的意思表示时,应当采用通知的方式作出,任何默示的方式都不构成对此类合同的撤销。

**第一百四十六条　行为人与相对人以虚假的意思表示实施的民事法律行为无效。**

**以虚假的意思表示隐藏的民事法律行为的效力,依照有关法律规定处理。**

**【条文主旨】**

本条是关于虚假意思表示与隐藏行为的效力的规定。

**【条文理解】**

本条所谓“虚假的意思表示”,是指行为人与相对人恶意串通而作出的与其真实意思不一致的意思表示,其特征在于双方都不希望其行为发生法律效力。所谓隐藏的民事法律行为,是指被虚假的意思表示所掩盖的按照当事人真实意思而实施的民事法律行为。

本条第1款“行为人与相对人以虚假的意思表示实施的民事法律行为无效”,来源于《民法通则》第58条第4项和《合同法》第52条第2项,即“恶意串通,损害国家、集体或者第三人利益”的行为(合同)无效。简言之,行为人与相对人串通,以虚假的意思表示实施的民事法律行为会导致国家、集体或者第三人的损害后果,当然归于无效;但是如果串通行为没有造成国家、集体或者第三人损失,反而导致了行为人与相对人的损失且善意第三人获得利益,此时行为人与相对人不得以双方有串通行为到法院主张其民事法律行为无效,此时应当保护善意第三人的利益。

本条第2款规定,行为人以虚假的意思表示隐藏的民事法律行为的效力,依照有关法律规定处理。行为人以虚假的意思表示隐藏的民事法律行为不一定导致相对人或善意第三人受到损失,那么其行为性质属于效力待定,需要法院查明事实真相之后再作出无效、可撤销、有效,甚至罚款等措施。比较典型的是两方当事人为了损害第三人利益或国家、集体利益而签订“阴阳合同”。被隐藏的民事法律行为并不因当事人虚假的意思表示而必然无效。

**【司法适用】**

人民法院审理民事案件,对于民事法律行为无效,任何人均可主张,特别是受到串通侵害的第三方(国家、集体或善意第三人),人民法院应当主动审查受案合同或其他具有民事法律行为意义的相关文件或材料。一般来说,法院是居中裁判者,奉行的是不告不理原则,但是在审查合同时发现有恶意串通损害第三方利益的情况,特别是损害国家或集体利益的情况,或者可能涉及虚假诉讼的情况,法院有权作出全面审查,如确定有恶意串通损害国家、集体、第三人利益的情况发生,应当作出罚款、拘留等司法制裁措施。如果涉及“阴阳合同”骗取国家或集体批文、少缴税款等违法行为,法院可以通知相关机构参与诉讼,以挽回国家或集体损失。如果涉及第三方受损的情况下,法院亦可通知其参加诉讼,亦可驳回原告诉讼请求,并予以司法制裁。

**第一百四十七条　基于重大误解实施的民事法律行为，行为人有权请求人民法院或者仲裁机构予以撤销。**

**【条文主旨】**

本条是关于民事法律行为中重大误解的规定。

**【条文理解】**

重大误解，是指民事主体在从事民事活动时对行为的性质、对方当事人以及标的物的品种、质量、规格和数量的错误认识，使行为后果与自己的意思相悖，并将造成较大利益损失。重大误解的构成要件是：第一，表意人作出了意思表示；第二，表意人的意思与其表示不一致；第三，表意人的意思与表示的不一致是由于表意人的过失造成的；第四，意思与表示的不一致是重大的。

重大误解，是指误解者作出意思表示时，对涉及合同法律效果的重要事项存在认识上的显著缺陷，其后果是使误解者的利益遭受较大的损失，或者达不到误解者订立合同的目的。误解直接影响到当事人所应享有的权利和承担的义务。同时在这种情况下，虽然与行为人原来的真实意思不相符合，但这种情况的出现，并不是由于行为人受到对方的欺诈、胁迫或者对方乘人之危而被迫订立的合同，从而使自己的利益受损，而是由于行为人自己的大意，缺乏经验或者信息不通而造成的。因此，对于这种合同，不能与无效民事行为一样处理，而应由一方当事人请求变更或者撤销。

仍然以合同为例进行说明，因重大误解而可撤销的合同一般具有以下几个要件：第一，误解一般是因受害方当事人自己的过失产生的。这类合同发生误解的原因多是当事人缺乏必要的知识、技能、信息或者经验而造成的。第二，必须是对合同的内容构成重大的误解。也就是说，对于一般的误解而订立合同一般不构成此类合同，这种误解必须是重大的。所谓重大的确定，要分别误解者所误解的不同情况，考虑当事人的状况、活动性质、交易习惯等各方面的因素。第三，这类合同要能直接影响到当事人所应享有的权利和承担的义务，合同一旦履行就会使误解方的利益受到损害。第四，重大误解与合同的订立或者合同条件存在因果关系。误解导致了合同的订立，没有这种误解，当事人将不订立合同或者虽订立合同但合同条件将发生重大改变。与合同订立和合同条件无因果关系的误解，不属于存在重大误解的合同。

**【司法适用】**

需要注意的是：不是所有的民事法律行为都存在重大误解的可能，除了合同之外其他民事法律行为一般不能适用重大误解的规定,如无因管理、婚约、公司企业等决议行为、继承、遗嘱、遗赠、收养等。在合同领域,也不是所有合同可以适用重大误解,在劳动合同、部分格式合同、保险合同等也可能难以适用重大误解的规定,必须经过个案分析,从当事人自身认知判断、是商业行为还是偶发的交易行为等方面进行判断。

在我国的司法实践中,对误解是否重大,主要从以下两个方面来考察:其一,对什么产生误解,如对标的物本质或性质的误解可以构成重大误解,对合同无关紧要的细节产生误解就不构成重大误解。其二,误解是否造成了对当事人的重大不利后果。如果当事人对合同的某种要素产生误解,并不因此而产生对当事人不利的履行后果,那么这种误解也不构成重大误解。

重大误解一般包括以下几种情况:第一,对合同的性质发生误解。在此种情况下,当事人的权利义务将发生重大变化。如当事人误以为出租为出卖,这与当事人在订约时所追求的目的完全相反。第二,对对方当事人发生的误解。如把甲当事人误以为乙当事人与之签订合同。特别是在信托、委托等以信用为基础的合同中对对方当事人的误解就完全属于重大误解的合同。第三,对标的物种类的误解。如把大豆误以为黄豆加以购买,这实际上是对当事人权利义务的指向对象即标的本身发生了误解。第四,对标的物的质量的误解直接涉及当事人订约的目的或者重大利益的,如误将仿冒品当成真品。除此之外,对标的物的数量、履行地点或者履行期限、履行方式发生误解,足以对当事人的利益造成重大损害的,也可认定为重大误解。

**第一百四十八条　一方以欺诈手段,使对方在违背真实意思的情况下实施的民事法律行为,受欺诈方有权请求人民法院或者仲裁机构予以撤销。**

**【条文主旨】**

本条是关于民事法律行为中单方欺诈的规定。

**【条文理解】**

本条的单方欺诈主要是合同欺诈,当然还包括合伙欺诈、婚约欺诈、继承欺诈等各种民事法律行为。但是合同欺诈在单方欺诈行为里占绝大多数,也是司法实践中常常遇到的。合同欺诈是以订立合同为手段,以非法占有为目的,用虚构事实或隐瞒真相的欺骗方法骗取公私财物的行为。合同欺诈的行为表现为合同当事人一方为了获取非法利益,故意捏造虚假情况,或歪曲、掩盖真实情况,使相对人陷入错误认识,并因此作出不合真意的意思表示,从而订立、履行合同的行为。

合同欺诈行为具有双重性:一方面行为人的行为表面上是合法的,行为人通过订立、成立、履行合同行为使自己的行为合法化;另一方面行为人的行为本质上是非法的,行为人的行为破坏了相对人的意思表示,使相对人作出错误的意思表示。合同欺诈行为的双重性使因合同欺诈行为成就的合同在法律上是一个矛盾体,从而使其成为利用合同从事违法活动的一种典型的违法行为。合同欺诈是一个广义的概念,根据其性质不同,合同欺诈包括两种,即民事欺诈和刑事意义上的欺诈。在认识上,人们对合同欺诈行为易产生混淆,如将合同欺诈与合同诈骗犯罪相等同。合同民事欺诈是指一方当事人故意告知对方虚假情况,或者故意隐瞒真实情况,诱使或误导对方基于此作出错误的意思表示,以签订合同达到欺诈的目的。合同民事欺诈行为的主要方式包括虚假的质量欺诈行为、虚假的商品标识欺诈行为、虚假的合同主体欺诈行为、虚假的宣传欺诈行为、虚假的价格欺诈行为。

**【司法适用】**

人民法院在审理涉及欺诈案件时,可以在裁判文书说理部分引用本条,如果涉及其他欺诈案件,如公司登记案件,应当引用《公司法》《公司法解释》《公司登记条例》;涉及消费者欺诈,应当引用《消费者权益保护法》及《消费者权益保护条例》;涉及广告欺诈,应当引用《广告法》;等等。

**第一百四十九条　第三人实施欺诈行为,使一方在违背真实意思的情况下实施的民事法律行为,对方知道或者应当知道该欺诈行为的,受欺诈方有权请求人民法院或者仲裁机构予以撤销。**

**【条文主旨】**

本条是关于民事法律行为中第三方欺诈的规定。

**【条文理解】**

本条规定了第三方欺诈,行为人有权请求人民法院或仲裁机构予以撤销。《民法通则》第58条第3项规定,一方以欺诈、胁迫的手段或者乘人之危,使对方在违背真实意思的情况下所为的,是无效的民事行为;《合同法》第54条第2款规定,一方以欺诈、胁迫的手段或者乘人之危,使对方在违背真实意思的情况下订立的合同,受损害方有权请求人民法院或者仲裁机构变更或者撤销。可以看出,立法者对民事欺诈行为(以区别构成犯罪者)的态度从无效转变为可撤销、可变更,反映了国家干预民事法律关系的渐进退出，将欺诈行为效力判断的权利交还给当事人自己，更充分地体现了民法的私法性和当事人意思自治的原则。《民法典》第148条和第149条仅规定了欺诈的可撤销性，即欺诈的法律行为不得变更，显而易见立法者认为变更是不适当的。一般认为，欺诈的构成要件有以下几个：第一，欺诈的故意，即故意是当事人明知自己的行为会发生损害结果而希望或放任该结果发生的一种主观心态，分为直接故意和间接故意。第二，欺诈的行为，是指欺诈行为是对民事行为有关的重要事实故意所作的虚假陈述，它通常表现为虚构事实、歪曲事实、隐瞒事实、存在告知错误时将错就错。第三，表意人因欺诈陷入了错误认识。第四，表意人因错误认识而为意思表示。民事法律行为以意思表示为核心要素，民法贯彻私法自治原则，意思表示须自由形成，方能体现表示的真意。在欺诈人行使欺诈行为的情况下，受欺诈人因被欺诈陷入错误认识，并基于该错误认识而为意思表示，该意思表示与其受欺诈形成的错误认识具有因果关系。

行为人基于相对人的欺诈陷入错误认识之后有权提起撤销之诉，比较好理解的就是直接欺诈导致的责任承担；而第三人实施欺诈，相对人知道或应当知道是欺诈行为的，行为人亦可以撤销与相对人之间的民事法律行为，其意义是交易相对人有诚实信用的义务，在明知或已知第三方存在欺诈的情况下告知行为人需要注意，如果明知或已知而不告知，那么行为人有权撤销受欺诈的民事法律行为。

**【司法适用】**

某电子商务网上平台对入驻商家审核不严，由商家所提供的销售许可证、知识产权权属证明等造假，该平台应当发现而未发现或明知有假仍然允许其销售，造成消费者或权利人损失的，行为人有权行使撤销权。此外，还包括人身保险合同中需要体检，而医院提供了虚假报告，体检人本人知晓其提供的虚假报告，此时人身保险公司享有撤销权。

**第一百五十条　一方或者第三人以胁迫手段，使对方在违背真实意思的情况下实施的民事法律行为，受胁迫方有权请求人民法院或者仲裁机构予以撤销。**

**【条文主旨】**

本条是关于民事法律行为中胁迫的规定。

**【条文理解】**

本条规定，一方或者第三人以胁迫手段，使对方在违背真实意思的情况下实施的民事法律行为,受胁迫方有权请求人民法院或者仲裁机构予以撤销。《民法通则》第58条第3项规定,一方以欺诈、胁迫的手段或者乘人之危,使对方在违背真实意思的情况下所为的民事行为,是无效的;《合同法》第54条第2款规定,一方以欺诈、胁迫的手段或者乘人之危,使对方在违背真实意思的情况下订立的合同,受损害方有权请求人民法院或者仲裁机构变更或者撤销。可以看出,立法者对民事胁迫行为的态度从无效转变为可撤销、可变更,反映了国家干预民事法律关系的渐进退出,将胁迫行为的法律后果的判断权交还给当事人自己,更充分地体现了民法的私法性和当事人意思自治的原则。

需要注意的是:本条所指的胁迫不是一种普通的强制压力,而是一种非法威胁和行动能力,主要是指胁迫人预示某种不利的情况;在被胁迫人看来,胁迫人有能力使这种不利情况发生,而且如果被胁迫人不发出对方所希望发出的表示,胁迫人一定会使这种不利情况发生的。胁迫人想用这种预示来使被胁迫人陷入一种心理困惑,使其只能在两害之中作出选择。

**【司法适用】**

在司法实践中,人民法院审理欺诈案件主要集中在合同领域,在分析论证因欺诈、胁迫订立的合同效力的问题上应当谨慎,特别要对证据三性"真实性""合法性""关联性"进行审查,是否存在由于胁迫导致的合同可撤销的情形同时特别注意当事人申请变更的,根据本条的规定,只能撤销,不得变更。本条对因胁迫订立的合同的态度最大的区别在于是否损害了国家利益。损害国家利益的,涉及社会公共秩序,大陆法系国家一般规定为无效。如果未损害国家利益,受胁迫的一方可以自主决定该合同有效或可撤销。对于那些适用可撤销的合同,可以认为已经能够充分保护受损害方的利益,也能适应订立合同时各种复杂的情况。

**第一百五十一条　一方利用对方处于危困状态、缺乏判断能力等情形,致使民事法律行为成立时显失公平的,受损害方有权请求人民法院或者仲裁机构予以撤销。**

**【条文主旨】**

本条是关于民事法律行为中显失公平的规定。

**【条文理解】**

显失公平,是指一方利用对方处于危困状态、缺乏判断能力等情形,致使双方在从事民事法律行为时权利义务明显有违公平的情形。显失公平的特征包括:第一，客观上行为的内容及其后果显失公平，明显地有利于一方而不利于另一方；第二，主观上一方利用了己方拥有的某种优势，或者利用了对方处于危困状态、缺乏判断能力等。显失公平主要适用于对处于相对弱势地位的交易主体的保护。如经营者利用消费者缺乏相关知识，不能理解合同用语等而与消费者进行交易，造成消费者与经营者之间的权利义务重大失衡。

本条所称的“处于困境”属于《合同法》第 54 条第 2 款所称的乘人之危，“缺乏判断能力”属于《合同法》第 54 条第 1 款第 1 项的重大误解，而不论如何表述所带来的法律后果就是显失公平，受损害方有权请求人民法院或者仲裁机构予以撤销。所谓显失公平的合同，就是一方当事人在紧迫或者缺乏经验的情况下订立的使当事人之间享有的权利和承担的义务严重不对等的合同。标的物的价值和价款过于悬殊、承担责任、风险承担显然不合理的合同，都可称为显失公平的合同。

显失公平的合同往往是当事人双方权利和义务很不对等，经济利益上严重失衡，违反了公平合理的原则，法律规定显失公平的合同应予撤销，不仅是公平原则的体现，而且切实保障了公平原则的实现；再者从法律上确认显失公平的合同可撤销，对保证交易的公正性和保护消费者的利益，防止一方当事人利用优势或利用对方没有经验而损害对方的利益都有重要的意义。

**【司法适用】**

我国的司法实践一般认为，显失公平制度具有以下构成要件：第一，客观要件，即在客观上当事人之间的利益不平衡。根据显失公平的合同，一方当事人将承担更多的义务而享受极少的权利或者在经济利益上遭受重大损失，而另一方则以较少的代价获得了极大的利益。这种不平衡违反了等价公平原则，也违反了当事人的自主自愿原则。第二，主观要件即一方当事人故意利用其优势或者另一方当事人的草率、无经验等订立了合同。因此，在考察是否构成显失公平时，就必须把主观要件和客观要件结合起来考虑。

掌握显失公平制度还要搞清其与正常的商业风险的区别。在市场经济条件下，要求各种交易中给付和对价给付都达到完全的对等是不可能的，做生意都是有赔有赚，从事交易必然要承担风险，并且这种风险都是当事人自愿承担的，这种风险造成的不平衡如果是在法律允许的限度范围之内，这种风险就是商业风险。显失公平制度并不是为免除当事人所应承担的正常商业风险，而是限制一方当事人获得超过法律允许的利益；同时在显失公平制度下，一方当事人一般是利用了另一方当事人的草率或者无经验等而订立的合同，而在正常的商业风险下，不存在这种情况。

**【司法案例】**

**再审申请人韩玉福与被申请人中铁七局、内蒙古鄂尔多斯市泰宝投资有限责任公司及一审原告、二审上诉人张怀柱建设工程分包合同纠纷案①**

**诉讼结论：**驳回再审申请。

**法院认为：**一审法院委托的经达公司所作出的审核结论与韩玉福自行委托的北京华银建设工程咨询有限公司的审核结论不同，主要系因两公司审核的工程内容不同。韩玉福关于二审判决显失公平的主张不能成立。

**第一百五十二条　有下列情形之一的，撤销权消灭：**

**（一）当事人自知道或者应当知道撤销事由之日起一年内、重大误解的当事人自知道或者应当知道撤销事由之日起九十日内没有行使撤销权；**

**（二）当事人受胁迫，自胁迫行为终止之日起一年内没有行使撤销权；**

**（三）当事人知道撤销事由后明确表示或者以自己的行为表明放弃撤销权。**

**当事人自民事法律行为发生之日起五年内没有行使撤销权的，撤销权消灭。**

**【条文主旨】**

本条是关于撤销权的消灭的规定。

**【条文理解】**

撤销权，是指民事法律行为成立时存在重大误解、欺诈、胁迫、显失公平等情形，一方当事人根据法律规定享有在一定期间内请求确认该民事法律行为自始无效的权利。

本条以较长的篇幅规定了撤销权行使的期间，与之前诸条形成了中国特色的撤销权行使制度。撤销应向人民法院或者仲裁机构提起，并受除斥期间的限制。第一，除斥期间，是指法律规定的某种权利预定的存续期间，该期间届满，则权利当然消灭，故又称为权利预定存续期间，即预定期间。第二，形成权，是指权利人

① 最高人民法院（2013）民申字第485号民事裁定书。

依自己单方面的意思表示，使民事法律关系发生、变更或消灭的权利，如追认权、解除权、撤销权、抵消权等。各国民法对许多形成权均设有预定期间的限制，期间一经届满，这些形成权即告消灭。但并非所有形成权都设有除斥期间限制，法律对形成权是否设定除斥期间以及期间的长短，通常依立法上的利益衡量而定。撤销权属于形成权之一种，故而撤销权就会存在除斥期间。我国民法史上第一次规定撤销权的行使期间是《合同法》。该法第 55 条规定："有下列情形之一的，撤销权消灭：（一）具有撤销权的当事人自知道或者应当知道撤销事由之日起一年内没有行使撤销权；（二）具有撤销权的当事人知道撤销事由后明确表示或者以自己的行为放弃撤销权。"

本条与《合同法》第 55 条之规定相比而言，更加细致、更加完备；与我国台湾地区"民法典"第 93 条（撤销不自由意思表示之除斥期间）"前条之撤销，应于发现欺诈或胁迫终止后，一年内为之。但自意思表示后，经过十年，不得撤销"之规定相比同样更加系统和完备。中国特色的撤销权消灭制度为：第一，当事人自知道或者应当知道撤销事由之日起 1 年内、重大误解的当事人自知道或者应当知道撤销事由之日起 90 日内没有行使撤销权的；第二，当事人受胁迫，自胁迫行为终止之日起 1 年内没有行使撤销权的；第三，当事人知道撤销事由后明确表示或者以自己的行为表明放弃撤销权的；第四，当事人自民事法律行为发生之日起 5 年内没有行使撤销权的。

本条第 2 款规定的是撤销权的抛弃。撤销权的抛弃是当事人以明示或者以自己的行为放弃撤销权的行为。可撤销的合同，一般存在一方当事人的意思表示不真实的情况，而当这一方当事人知道了撤销事由以后，法律应当允许当事人自己选择合同的效力，既可以撤销合同，也可以对可撤销的合同的效力予以承认。撤销权的放弃即是这种方式。承认以后的可撤销合同就体现了双方当事人的真实意思表示。因此，合同撤销权消灭后，当事人不得再以存在撤销的事由为理由，请求人民法院或者仲裁机构裁决撤销合同。

**第一百五十三条　违反法律、行政法规的强制性规定的民事法律行为无效。但是，该强制性规定不导致该民事法律行为无效的除外。**

**违背公序良俗的民事法律行为无效。**

**【条文主旨】**

本条是关于违反效力性强制性规定和违背公序良俗的民事法律行为无效的

规定。

**【条文理解】**

本条第1款规定，违反法律、行政法规的强制性规定的民事法律行为无效，但是该强制性规定不导致该民事法律行为无效的除外，本质上说的就是违反效力性强制性规定的民事法律行为无效，而违反管理性强制性规定的情况要做详细分析而不能一概而论。首先我们来看看本条第1款，即违反效力性强制性规定的民事法律为行为无效的情况。强制性规定一般以三种情况出现：第一种情况，强制性规定本身直接规定了违法行为的效力；第二种情况，强制性规定本身没有直接明确规定违法行为的效力，但引致或结合其他法律条文，其他法律条文明确规定了该违法行为效力；第三种情况，强制性规定本身没有直接明确规定违法行为的效力，也没有引致其他具体的法律条文中，更没有其他法律条文对其效力予以明确规定。

《合同法解释（二）》将强制性规范创造性地区分为效力性规范和管理性规范（或取缔性规范）。① 所谓效力性规范，指法律及行政法规明确规定违反了这些禁止性规定将导致合同无效或者合同不成立的规范；或者是法律及行政法规虽然没有明确规定违反这些禁止性规范后将导致合同无效或者不成立，但是违反了这些禁止性规范后如果使合同继续有效将损害国家利益和社会公共利益的规范。所谓管理性规范或取缔性规范，指法律及行政法规没有明确规定违反此类规范将导致合同无效或者不成立，而且违反此类规范后如果使合同继续有效也并不损害国家或者社会公共利益，而只是损害当事人的利益的规范。

对于强制性效力性规定的区分方法，王利明教授提出三分法：第一，法律、法规规定违反该规定，将导致合同无效或不成立的，为当然的效力性规定；第二，法律、法规虽然没有规定违反其规定，将导致合同无效或不成立，但违反该规定若使合同继续有效将损害国家利益和社会公共利益，这也属于效力性规定；第三，法律、法规没有规定违反其规定，将导致合同无效或不成立，虽然违反该规定，但若使合同继续有效并不损害国家利益和社会公共利益，而只是损害当事人利益的，属于取缔性规定（管理性规定）。

本条第2款规定，关于违背公序良俗导致民事法律行为无效的规定，来源于《民法通则》第7条与《合同法》第7条的规定，民事活动（当事人订立、履行合同），应当尊重社会公德，不得损害社会公共利益，扰乱社会秩序；以及本法第10

---

① 《合同法解释（二）》第14条，参见沈德咏主编：《关于合同法司法解释（二）理解与适用》，人民法院出版社2009年版，第105～113页。

条,处理民事纠纷,应当依照法律;法律没有规定的,可以适用习惯,但是不得违背公序良俗。本条将上述民事法律原则直接规定为可直接适用的法律规则,那么人民法院如何认定何种情况构成违背公序良俗就显得至关重要。本条的理解应注意到,本条与本法第 143 条第 3 项是对应关系。其中关于什么是效力性强制性规定请参照本书第 143 条的理解,在此只简要说明什么是公序良俗,特别是在中国大陆语境下的公序良俗。公序良俗的内容大致包含:第一,国家的政治秩序和制度形态,包括宪法规定的各项政治制度和单一制的国家形式;第二,各地社会善良风俗习惯;第三,自然人人格以及法人、其他组织的声誉等权益的尊重;第四,家庭美德与民族习惯;第五,其他公序良俗。

**【司法适用】**

在司法实践中,《民法通则》第 58 条第 5 项确立了社会公共利益的原则,本法对其予以继承和接纳。《民法通则》第 58 条第 5 项规定,违反法律或者社会公共利益的民事行为无效。损害社会公共利益的合同实质上是违反了社会主义的公共道德,破坏了社会经济秩序和生活秩序,例如,与他人签订合同出租赌博场所。

关于违反法律、行政法规的强制性规定的合同,应当特别注意的是本项的规定只限于法律和行政法规,不能任意扩大范围。这里的法律是指全国人大及其常委会颁布的法律,如当事人订立的合同违反了刑事法律或者行政管理法律;行政法规是指由国务院颁布的法规,如我国税收征管、外汇管理的法规。实践中存在将违反地方行政管理规定的合同都认定为无效是不妥当的。

**【司法案例】**

### 上诉人梅雁公司与被上诉人吉富公司、原审第三人高金公司、信宏公司、宜华公司、水牛公司股权转让纠纷案①

**诉讼结论:**驳回上诉、维持原判。

**法院认为:**梅雁公司与吉富公司转让广发证券 8.4% 的股权未经办理批准手续,违反了证券管理的相关要求,但不对合同效力产生影响,该股权转让合同有效。梅雁公司关于其与吉富公司签订的《股份转让协议》与《股份转让协议之补充协议》未生效或无效的主张,没有法律依据,不予支持。简言之,违反管理性规定不导致合同无效。

① 最高人民法院(2009)民二终字第 00117 号民事判决书。

**第一百五十四条　行为人与相对人恶意串通，损害他人合法权益的民事法律行为无效。**

**【条文主旨】**

本条是关于恶意串通导致民事法律行为无效的规定。

**【条文理解】**

恶意串通，是指当事人为实现某种目的，相互串通、共同实施的损害国家、集体或者第三人利益的民事法律行为。

本条规定，行为人与相对人恶意串通，损害他人合法权益的民事法律行为无效，其法律源头是《民法通则》第58条第4项和《合同法》第52条第2项规定的恶意串通，损害国家、集体或者第三人利益的，民事法律行为无效。恶意串通行为，又称作恶意通谋行为，是指在买卖活动中，双方以损害他人利益为目的，弄虚作假的违法行为。具体表现为：串通掩盖事实真相，在应价过程中串通一气，有意压价，损害委托人的利益。恶意串通行为的构成要件有两个部分：第一，恶意串通首先需要有双方损害第三人的恶意，恶意是相对于善意而言的，即明知或应知某种行为会造成国家、集体或第三人的损害，而故意为之。如果双方当事人或一方当事人不知或不应知道其行为的损害后果，不构成恶意。第二，恶意串通需要恶意串通的双方事先存在通谋，这首先是指当事人具有共同的目的，即串通的双方都希望通过实施某种行为而损害国家、集体或第三者的利益。共同的目的可以表现为当事人事先达成一致的协议，也可以表现为一方作出意思表示，而对方或其他当事人明知实施该行为所达到的非法目的，而用默示的方式表示接受；其次是指当事人互相配合或共同实施该非法行为。

恶意串通在合同领域比较常见。恶意串通的合同就是合同的双方当事人非法勾结，为牟取私利，而共同订立的损害国家、集体或者第三人利益的合同。恶意串通行为其实很好理解，请注意的是“无效”本身的含义。第一，所谓无效，是指完全不发生法律效力，即尽管民事法律行为全部要件已经成立，但欠缺生效要件。第二，无效是指自始民事法律行为不发生效力，不具备生效要件，如本条的行为特征。第三，本条所说的恶意串通行为还需要受害人到人民法院或仲裁机构提起无效之诉，使其恶意串通行为归于无效。

**【司法适用】**

人民法院在审理恶意串通方面案件时，是否“恶意串通”系个人心理活动，对其认定应采取推定方式，在综合分析相关证据的基础上，按照《最高人民法院关于民事诉讼证据的若干规定》第10条的规定，依照日常经验、行为习惯等，根据盖然性原则予以判断和认定。当事人主观心态如何，是认定是否构成"恶意串通"的关键，而主观心态属个人内心活动范畴，除当事人自行承认外，难以直接予以证实或查实，若仅按照"谁主张，谁举证"的规则分配举证责任，要求主张权利的当事人承担全部举证责任，其基于客观原因而导致举证不能，进而败诉的可能性较大，不具备可操作性。对于类似情况，采取推定方式完成举证、认证则较为合理，即在当事人提交的证据或已查明事实的基础上，依照日常习惯经验，推理、判断未知事实是否存在，并允许相关当事人进行反证、辩驳，只要存在高度盖然的可能性，则可择优判定某种事实，从而在最大限度内反映案件真实情况。《最高人民法院关于民事诉讼证据的若干规定》第10条第1款规定，根据法律规定推定的事实，或者已知事实和日常生活经验法则能推定出的另一事实，当事人无须举证证明。因此在民事诉讼过程中采取推定方式认定案件事实，符合法律规定。需注意的是，推定方式仅限于难以用证据直接证实的情况，推定事实仍需以可知事实为基础或以有效证据佐证，并且不因采取推定方式而免除当事人需承担的其他举证责任。在认定是否"恶意串通"时，推定方式仅适用于认定当事人在实施某行为时是否故意而为之的心理状态，对于当事人基于该行为是否牟取了利益，主张权利的对方当事人仍需举证。

司法实践中相关案例众多，例如，甲企业的产品质量低劣，销不出去，就向乙企业的采购人员或者其他订立合同的主管人员行贿，然后相互串通订立合同，将次品当成合格产品买入。在实践中比较常见的还有代理人与第三人勾结订立合同，损害被代理人利益的行为。由于这种合同具有极大的破坏性，损害了国家、集体或者第三人的利益，为了维护国家、集体或者第三人的利益，维护正常的合同交易秩序，此类合同要纳入无效合同之中。

**第一百五十五条　无效的或者被撤销的民事法律行为自始没有法律约束力。**

**【条文主旨】**

本条是关于无效、被撤销民事法律行为自始无法律约束力的规定。

**【条文理解】**

无论民事法律行为是当然无效（完全不发生法律行为的效力），还是被撤销后无效（因显失公平、欺诈、胁迫等被撤销后无效），抑或是效力待定的民事法律行为不予以追认后的无效(代理人超越代理权,而被代理人不予以追认的情况等),其最终的结果是该民事法律行为无效,其结果是相同的。无效的民事法律行为是一种国家干预私法的结果,应当被社会、国家机关、其他组织和个人尊重,形成一种确定的社会效果,作为一种有效的稳定社会的法律指引。

只有法律、行政法规明确规定合同违反某强制性规定无效,合同才能被认定为无效,否则,一般有效,此即所谓"法不设责即豁免"。对于一份已经成立的合同,只要合同中不存在阻却合法有效的法定事由,该合同就应依法认定为有效。这样既统一了合同效力认定的标准,也充分尊重了合同当事人的意愿,同时也缩小了无效合同的范围,鼓励了交易,不仅在法学理论上而且在司法实践中都是可行的。

**【司法适用】**

人民法院在处理无效民事法律行为(主要指无效合同)时,要掌握几个原则:第一,慎重对待地方性法规、行政规章的强制性规定。合同无效应当以全国人大及其常委会制定的法律和国务院制定的行政法规为依据,不得以地方性法规、行政规章为依据。违反地方性法规、规章的一般性规定的合同,不再被确认为无效。有的地方性法规和部门规章掺杂着各部门、地方的利益,具有一定的地方、部门保护主义的色彩,如以此作为认定合同无效的依据,势必造成交易中禁令如林、民事活动中处处陷阱、行政干预无边、当事人寸步难行的局面。但是,对于国务院有关主管部门颁布的关系到国计民生和国家重大利益的行政规章中的强制性规定(如有关外汇、外贸管理方面的规定),在未上升为法律或行政法规之前,有司法解释的,应依照司法解释的规定,确认违反上述规定的合同无效;无司法解释的,应根据具体情况确认。如果机械地以合同未违反法律、行政法规的强制性规定为由,一概宣告合同有效,在当前立法活动滞后的情况下,又会产生不良的社会影响。

第二,慎重认定合同无效。一般应以当事人请求为前提,法官不要轻易主动地去认定和宣告。要求他人作为或不作为的权利,该请求权为实体法上的请求权,在法院作出合同无效的认定之前,该合同应该是有效的。除非合同必然无效,法官一般推定有效。只有当当事人一方向法院提出认定合同无效的请求或主张时,法院才能依法确认合同无效。但如果合同损害了国家、集体或者社会公共利益的,由于缺乏合同无效的请求权主体,所以允许法院主动认定其无效。这并不是说法院对任何合同都可以主动干预其效力,而是由于请求权主体缺位而造成的。除损害国家、集体或者第三人利益、社会公共利益外,法院不要主动地去认定和宣告合同无效,这样既尊重了当事人的意愿,也达到了稳定交易关系和鼓励交易的目的。

第三,法官要慎重行使民事行为效力的释明权。在司法实践中如当事人未主张合同无效,则合同无效的确认是法官裁量的结果。鉴于合同的有效或无效导致对案件的处理迥异,故法官依照《最高人民法院关于民事诉讼证据的若干规定》第53条第1款的规定,行使民事行为效力释明权时需格外小心。笔者认为,除非明显违反法律、行政法规的强制性规定导致合同无效,法官以不释明为宜,因为在此情况下认定合同无效是法官自由心证的结果,对此一审、二审法院及不同法官之间的认识会有所不同,这就可能会导致案件处理结果不同。

第四,注意认定无效合同启动司法程序和启动行政处罚程序的区别。有些强制性规范如果当事人予以违反,有可能会因此而受到行政处罚甚至刑事制裁,但不一定会承担民事责任,对此法院可建议行政机关处理而不必主动确认合同无效;只有合同一方当事人违反了会影响其民事行为及责任的强制性规范时,法院才能对其作出相应的认定。

**第一百五十六条　民事法律行为部分无效,不影响其他部分效力的,其他部分仍然有效。**

**【条文主旨】**

本条是关于民事法律行为部分无效的规定。

**【条文理解】**

根据我国法律的规定,民事法律行为无效包括部分无效和全部无效两种。无效的合同同样也可分为部分无效的合同和全部无效的合同。部分无效的合同就是指有些合同条款虽然违反法律规定,但并不影响其他条款效力的合同。如某一买卖合同标的物超过了国家限制性的规定,则超过的部分无效,但整个合同效力继续存在。合同的部分无效可以是量上的部分无效,也可以是质上的部分无效。所谓量上的部分无效,是指合同有一部分是在法律许可的范围之内的,可以将范围之外的部分确认为无效。如买卖合同的标的数量超过了国家规定的数量,则超过部分无效,在法律范围内的部分仍然有效。所谓合同质上的部分无效,是指合同的内容是由各种不同的条款组成的,可以将其中的一个条款或者数个条款确认为无效。如当事人约定的法律适用条款违反了法律的规定,那么该法律适用条款无效,但其他条款仍然有效。

**【司法适用】**

从合同法上来看,部分无效不影响其他部分效力的,其他部分仍然有效。这一规定包含以下两层意思：

第一，如果认定合同的某些条款无效，该部分内容与合同的其他内容相比较，应当是相对独立的，该部分与合同的其他部分具有可分性，也就是本条所说的，合同的无效部分不影响其他部分的效力。如果部分无效的条款与其他条款具有不可分性，或者当事人约定某合同条款为合同成立生效的必要条款，那么该合同的部分无效就会导致整个合同的无效，而不能在确认该部分无效时，另一部分合同内容又有效力。

第二，如果合同的目的是违法的，或者根据交易习惯或者诚实信用和公平原则，剩余部分的合同内容的效力对当事人已没有任何意义或者不公平合理的，合同应全部确认为无效。

**第一百五十七条　民事法律行为无效、被撤销或者确定不发生效力后，行为人因该行为取得的财产，应当予以返还；不能返还或者没有必要返还的，应当折价补偿。有过错的一方应当赔偿对方由此所受到的损失；各方都有过错的，应当各自承担相应的责任。法律另有规定的，依照其规定。**

**【条文主旨】**

本条是关于无效民事法律行为后果的规定。

**【条文理解】**

本条可以分解为五个方面：第一，民事法律行为无效、被撤销或者确定不发生效力后，行为人因该行为取得的财产，应当予以返还；第二，民事法律行为无效、被撤销或者确定不发生效力后，行为人因该行为取得的财产不能返还或者没有必要返还的，应当折价补偿；第三，由于该民事法律行为的无效导致损失的一方当事人有权请求有过错的一方当事人赔偿；第四，该民事法律行为的无效双方都有过错的，应当各自承担相应的责任；第五，某些民事法律行为的无效，法律另有规定的依照其规定，那么当事人不仅承担一般的补偿性民事责任，还有可能承担惩罚性赔偿责任，如欺诈消费者、保险欺诈等方面。当事人恶意串通，损害国家、集体或者第三人利益导致民事法律行为无效的，因此取得的财产收归国家所有或者返还集体、第三人。本条所称"确定不发生效力"，是无效、被撤销以外的情形，例如《合同法解释（一）》中"未生效"，或者确定无疑不能够发生效力。

## 第四节 民事法律行为的附条件和附期限

**第一百五十八条 民事法律行为可以附条件，但是根据其性质不得附条件的除外。附生效条件的民事法律行为，自条件成就时生效。附解除条件的民事法律行为，自条件成就时失效。**

**【条文主旨】**

本条是关于民事法律行为附条件的规定。

**【条文理解】**

本条所指条件是指将来发生的决定法律行为效力的不确定的事实。附有条件的行为称为附条件的民事法律行为。条件是意思表示的一个部分，它有如下特征：第一，条件是民事法律行为意思表示的一个组成部分。条件存在于所附着的民事法律行为的意思表示之中，并且构成该意思表示的一部分。而不是说先有一个不附条件的民事法律行为存在，然后再给它加上一个条件。另外，条件是表意人自己附加到意思表示之中去的，而不是他人违背表意人的意愿硬塞进去的，也不是法律直接规定的。第二，条件决定民事法律行为固有效力的发生、存续或者消灭。条件的功能在于，决定其所附着的民事法律行为的固有效力发生或消灭，如前述在劳动合同上附着的条件就决定着劳动合同能否生效。第三，条件是将来的、不确定的、可能发生也可能不发生的事实，具有未来性和或然性。条件就是在意思表示中规定民事法律行为的效力，被确定作为条件的事实必须满足下列条件：必须是作出意思表示时尚未发生的将来事实；必须是发生与否不能确定的事实。第四，必须是合法事实，即具有合法性。违反法律、社会公德或损害社会公共利益，以及以侵害他人权利为目的的事实，不能作为条件。例如，甲对乙说："你考试敢作弊我就请你吃饭"，作弊显然不合法，因此，不能作为条件。

**【司法适用】**

人民法院在审查此类案件时：第一，需查明该民事法律行为是否已经成立，成立的要件是否全部满足；第二，条件是否为法律承认的有效条件，不符合法律要件的条件应当排除；第三，附条件的民事法律行为一般出现在合同法领域，还需要在合同法体系内审查条件的真实性、可能性等方面。

**第一百五十九条　附条件的民事法律行为，当事人为自己的利益不正当地阻止条件成就的，视为条件已经成就；不正当地促成条件成就的，视为条件不成就。**

**【条文主旨】**

本条是关于条件成就和不成就的拟制的规定。

**【条文理解】**

本条主要规定了约束性附条件的情况。条件作为意思表示的组成部分，当然地具有意思表示的效力，对于当事人具有约束力。第一，附延缓条件的民事法律行为，在条件成就时，就会使当事人一方取得权利，而他方则负担义务；附解除条件的民事法律行为，在条件成就时，就会使当事人一方丧失权利，而他方则负解除义务或者恢复权利。第二，条件拟制效力。当事人负有必须顺应条件的自然发展而不是加以不正当地干预的义务，亦即不作为义务。如果当事人违背此项义务，恶意促成或者阻止作为条件的事实发生，法律就要干预拟制条件成就或不成就的效力。

**【司法适用】**

在司法实践中，人民法院应依照《合同法》第45条的规定认定当事人对合同的效力可以约定附条件。附生效条件的合同，自条件成就时生效。附解除条件的合同，自条件成就时失效。当事人为自己的利益不正当地阻止条件成就的，视为条件已成就；不正当地促成条件成就的，视为条件不成就。

**第一百六十条　民事法律行为可以附期限，但是根据其性质不得附期限的除外。附生效期限的民事法律行为，自期限届至时生效。附终止期限的民事法律行为，自期限届满时失效。**

**【条文主旨】**

本条是关于民事法律行为附期限的规定。

**【条文理解】**

期限是构成民事法律行为意思表示的组成部分，并且用来决定民事法律行为效力发生或存续的时间。当事人根据交易的实际情况，在设定权利义务关系时，可以在意思表示中设定一定的期日或期间，用该时间来决定权利义务发生或者存续。民事法律行为附期限的要件:第一,须属将来事实,已经发生的事实不能被设定为期限。第二,需属必成事实,即其发生为确定的事实。不可能发生的事实(如千年以后赠与),不能被设定为期限。

# 第七章　代　　理

民事法律行为既可以由本人亲自实施，一般也可以通过代理人实施，对被代理人发生效力。代理制度是调整被代理人、代理人和第三人之间关系的法律制度。[①] 代理是行为主体与责任主体相分离的一种规范。代理是符合社会主义市场经济发展，能提高交易效率并尊重当事人意思自治的一种法律制度。代理通过充分扩展、补充民事主体的民事行为能力，为在市场经济条件下实现社会专业化分工、实现经济的规模效益等创造了条件。在立法理念上，既要使代理服膺民事法律行为制度的利益衡量和价值取向，从而激发代理的最大制度功能，同时还应权衡代理在民事与商事领域的一体化适用，追求立法协调与高效。人们通过代理的方式，超越时空限制，突破自身知识、经验、才能的限制而利用他人的能力进行活动，拓展了民事活动和商事交易的方式。尤其是当前世界经济一体化形势下，代理活动越来越频繁，代理领域越来越广泛，代理内容和方式也越来越复杂。为了保护被代理人、第三人合法权益，规范代理制度中各方主体的权利与义务，维护交易安全，最大限度地发挥代理制度的作用，应当对代理行为予以规范。

据此，"总则编"在现行法律规定的基础上完善了代理规则：一是为了适应商事活动的需要，增加了职务代理；二是增加了代理人不得自己代理和双方代理的内容（"总则编"第 168 条）；三是完善了表见代理制度。"总则编"规定，行为人没有代理权、超越代理权或者代理权终止后以被代理人名义实施民事法律行为，相对人有正当理由相信行为人有代理权的，该代理行为有效。这样规定有利于维护交易安全，保护善意第三人的利益（"总则编"第 172 条）。

---

① 张维炜、王博勋：《让民法典成为民族精神、时代精神的立法表达——访全国人大常委会法工委主任李适时》，载《中国人大杂志》2016 年第 13 期。

## 第一节 一般规定

**第一百六十一条 民事主体可以通过代理人实施民事法律行为。**

**依照法律规定、当事人约定或者民事法律行为的性质，应当由本人亲自实施的民事法律行为，不得代理。**

**【条文主旨】**

本条是关于代理适用范围的规定。

**【条文理解】**

本条由《民法通则》第63条第1款和第3款演变而来，并在此基础上增加了“依照民事法律行为的性质，应当由本人亲自实施的民事法律行为，不得代理”的规定。

代理是民法的一项制度。私法自治要求自己行为自己负责，原则上，任何人不为他人行为承受法律效果。然而，在现代经济社会，从事交易活动，事必躬亲，殆不可得，假手他人，实有必要。① 当民事主体不具备相应的民事行为能力或虽然具备相应的民事行为能力，但囿于时间、地域、精力、专业知识等因素无力或不便亲自实施法律行为时，需借助他人行为而使本人直接取得其法律效果的制度即代理。代理制度弥补了无民事行为能力人和限制民事行为能力人的行为能力，同时，扩张了完全民事行为能力人的行为疆界。

代理之适用，限于主动为意思表示或受领意思表示，在学说上，前者被称为积极代理，后者被称为消极代理；对于准法律行为，可以类推准用，而事实行为，则无代理的适用余地。

在一般情况下，民事主体的民事法律行为都可以通过代理人进行，但部分民事法律行为必须由本人亲自实施的民事法律行为，不得代理。

1. 法律规定应当由本人亲自实施的民事法律行为不得代理。如结婚行为和立遗嘱行为等，要求结婚的男女双方必须亲自到婚姻登记机关进行结婚登记。符合规定的，予以登记，发给结婚证。

2. 当事人约定应当由本人亲自实施的民事法律行为不得代理，此系赋予当事

---

① 王泽鉴：《债法原理》（第1册），中国政法大学出版社2001年版，第270页。

人特别约定的权利。

3. 依照民事法律行为的性质应当由本人亲自实施的民事法律行为不得代理。主要是与个人人身密切联系，必须由本人实施，或者是能够产生或变更人身关系的民事法律行为。本款的规定为除法律规定外的“依照民事法律行为的性质应当由本人亲自实施的民事法律行为”留有司法适用的空间。

**【司法案例】**

### 张登芬诉龙树明、文关琴民间借贷纠纷案①

**诉讼结论：**对张有云收到的10万元现金应视为张登芬收取。

本案中，被告辩称已给付原告委托的追债人张有云、张远强共计14.5万元现金应冲抵借款本金的请求。审理法院认为，张远强收到的4.5万元经原告张登芬确认收取应予以抵扣，张有云收到的10万元现金虽张登芬不认可已收取，但原告当庭出示了对张有云的《委托书》，张有云也手书《收条》表示收到了龙树明归还张登芬的借款10万元，根据《民法通则》第63条的规定：“公民、法人可以通过代理人实施民事法律行为。代理人在代理权限内，以被代理人的名义实施民事法律行为，被代理人对代理人的代理行为，承担民事责任。”因此，对张有云收到的10万元现金应视为张登芬收取，依法在借款本金中予以抵扣，被告龙树明、文关琴应归还原告张登芬借款共计47.5万元。

**第一百六十二条　代理人在代理权限内，以被代理人名义实施的民事法律行为，对被代理人发生效力。**

**【条文主旨】**

本条是关于代理的效力的规定。

**【条文理解】**

本条由《民法通则》第63条第2款演变而来。

代理是指行为人在法定或约定权限内，以他人的名义为民事法律行为，并将结果归于他人的行为。该他人称为被代理人（本人），实施民事法律行为的人称为代理人。代理具有以下特征：

1. 代理关系有三方当事人。代理关系涉及三方当事人即代理人、被代理人

① 四川省泸州市江阳区人民法院（2015）江阳民初字第5744号民事判决书。

(本人)与第三人(法律行为的相对人)。正是因为代理行为涉及三方当事人,才体现了代理是被代理人行为的补充或者延长,从而使代理制度成为一个“桥梁性制度”,实现被代理人与第三人之间权利义务的对接。

2. 法律行为由代理人实施。代理人与第三人为法律行为时独立作出意思表示或者接受意思表示。代理的本质即一个人在他人的授权范围内为意思表示或者接受意思表示,而该他人取得意思表示的归属。

代理人与传达他人的意思表示的传达人(使者)不同:

(1)使者因其任务不同,可分为表示使者、传达使者、受领使者。表示使者仅为表示当事人已决定之意思,传达使者仅在于传达当事人已做成之意思表示,受领使者仅为代当事人接受意思表示并传达给当事人。无论何种使者,其区别于代理的主要特征在于,使者无权决定意思表示的内容。而代理,是由代理人直接作出意思表示,其意思表示的内容是由代理人决定,而不是由被代理人决定;在接受相对人的意思表示时,也是由代理人自己接受并依自己的意思作出决定。[①]

(2)代理与传达在法律适用方面主要存在以下差别:第一,行为形式。法律行为若为要式,在代理情形,代理人的意思表示亦须符合该特定形式,而传达,仅需本人的表示符合形式要求即可。第二,民事行为能力。由于传达人只是转述他人意思表示,并未发出自己的意思表示,故没有民事行为能力要求——无民事行为能力人也可以作为使者,但代理人至少为限制行为能力人。第三,意思表示错误。通过使者传达意思表示,意思表示是否发生错误,应就本人是否发生错误予以认定。而代理人发出的是自己的意思表示,意思表示是否发生错误,应由代理人判断。第四,善意判断。于传达场合,知道或应当知道特定情形之判断应以本人为准;在代理情形,原则上以代理人的判断为准。第五,意思表示解释。若由传达人受领,意思表示以本人理解为准,而在受领代理情形,意思表示的解释则以代理人的理解为准。

3. 代理人从事民事法律行为以被代理人的名义为之。此规定体现的法律思想称“显名原则”,因代理人发出或者向代理人发出的意思表示的法律后果,并非由代理人自己承担,而是由被代理人承担,为保护第三人利益,第三人必须知悉交易对方,以便明了义务向谁履行、权利向谁主张以及与谁发生纠纷。

(1)代理人“以被代理人名义实施民事法律行为”是代理结果归属于被代理人的形式要件,如果代理人不以被代理人的名义为法律行为,将不能分辨哪些行为是被代理人的,哪些行为是代理人的,也正因为这样,法律要求代理一定要有显

---

① 梁慧星:《民法总论》(第4版),法律出版社2011年版,第218页。

著的标志。例如,可以说明自己是代理人,提交有关证明文件,或者从一些行为中推断出来。

(2)显名原则之例外包括两种情形:一是被代理人名义虽未被显示,却依然无妨依代理规则直接承受行为效果即行为归属;二是行为人纵以他人名义行为,该他人亦不必依代理规则承受行为效果即冒名行为。

在行为归属的情况,在第三人不在乎交易相对人是何人,尤其是在日常生活交易并且即时结清情况下,第三人不必受显名原则的特别保护,未显示名义的本人将依代理规则直接承受代理行为的法律效果。

冒名行为是指借用某一特定的他人名义进行法律行为,使人误认为他就是该特定人的情形。与代理不同的是,"冒用他人的姓名"的人并不说明他与被冒用的人是不同的人,而是说他自己就是被冒用的人本人。冒名行为应区分不同情况分别处理:若行为人冒用他人名字,且有意将该行为后果归属被冒用人的,则适用无权代理的规定;若行为人虽然冒用他人名字,却没有将该行为后果归属该他人的意思,应视为冒用人自己的行为,不适用代理的规则。①

(3)直接代理与间接代理。大陆法系民法上所称代理,为直接代理。与之应严格区别者,系英美法系的间接代理。所谓直接代理,指代理人在代理权限内,以被代理人名义所为之意思表示或者所受之意思表示,直接对被代理人发生效力的代理。所谓间接代理,指行为人以自己名义、为被代理人之计算而为民事法律行为,其法律效果先对间接代理人发生,再依内部关系移转于被代理人。②

直接代理与间接代理在法律意义上的区别:①在行为的效果归属方面。直接代理的效果直接归属于本人。在法律关系方面,本人与相对人是法律关系的当事人。但对于间接代理,因法律行为的效果不直接归属于本人,所以,在法律关系方面,本人与相对人根本不成立当事人关系。②因欺诈、胁迫、错误而产生撤销权方面。对于直接代理,法律行为因欺诈、胁迫、错误而产生的撤销权归属于本人。而对于间接代理,法律行为因欺诈、胁迫、错误而产生的撤销权归属于间接代理人。③直接代理是代理人不以自己的名义所为的法律行为,而间接代理是代理人以自己的名义所为的法律行为。④从法律关系上看,直接代理是被代理人与第三人的法律关系,而间接代理是代理人与第三人的法律关系,这种关系约束被代理人仅仅是例外,也就是说,在披露第三人或者被代理人时,或者在订立合同时第三人知

---

① 江平主编:《民法学》(第3版),中国政法大学出版社2015年版,第180页。

② 梁慧星:《民法总则立法的若干理论问题》,载《暨南学报》(哲学社会科学版)2016年第1期。

道被代理人的情况下,才能约束被代理人。[①]

间接代理中,委托人(被代理人)的介入权和第三人的选择权是重要的制度安排。委托人的介入权指的是在受托人与第三人的合同关系中,委托人取代受托人的地位,介入原本是受托人与第三人的合同关系中。委托人行使介入权的条件是:第一,受托人以自己的名义与第三人订立合同,第三人不知道受托人与委托人之间的代理关系,也就是说,受托人与第三人是该合同的当事人,该合同对受托人与第三人具有约束力。第二,当第三人不履行合同义务时,间接影响到委托人的利益,这时受托人应当向委托人披露第三人。第三,因受托人的披露,委托人可以行使介入权。委托人行使介入权的,应当通知受托人与第三人。第三人接到通知后,除第三人与受托人订立合同时如果知道该委托人就不会订立合同的以外,委托人取代受托人的地位,该合同对委托人与第三人具有约束力。第四,因受托人的披露,委托人也可以不行使介入权,仍然由受托人处理因第三人违约而产生的问题。第三人的选择权指的是在受托人与第三人的合同关系中,因委托人的原因造成受托人不履行义务,受托人应当向第三人披露委托人,第三人因此可以选择受托人或者委托人作为相对人主张其权利即第三人可以选择请求委托人承担违约责任,也可以请求仍然由受托人承担违约责任。但第三人只能选择其一,选定后不得变更。

4. 代理行为的结果归属被代理人承担,对被代理人发生效力。

5. 代理权是代理的基础。代理人的行为结果之所以直接归属于被代理人,其中一个非常重要的基础就是被代理人授予代理人代理权。代理权是行为人以他人名义实施法律行为,并且行为效果直接归属于该他人的法律权力。[②] 代理权是代理有效的要件之一,代理人的意思表示的自由决定权及代理后果归属被代理人承担的重要基础就是代理权。因此,代理人必须在代理权限内活动,才发生归属被代理人的法律后果。无代理权或超越代理权,构成无权代理。

**【司法案例】**

### 蓬莱华岳置业有限公司诉董伟等民间借贷纠纷案[③]

**诉讼结论:**蓬莱华岳公司出具授权委托书,委托毕庆伟全权办理蓬莱华岳公司在融资过程中的一切手续,包括但不限于土地抵押、土地担保等。该授权委托

---

① 江平主编:《民法学》(第3版),中国政法大学出版社2015年版,第165页。

② 朱庆育:《民法总论》(第2版),北京大学出版社2016年版,第336页。

③ 最高人民法院(2014)民申字第1787号民事判决书。

书虽然是复印件，但事后得到蓬莱华岳公司法定代表人张君召的追认，应认定合法有效。毕庆伟作为借款人蓬莱华岳公司的授权代表和担保人分别签字，该欠条证明董伟与毕庆伟、蓬莱华岳公司之间存在事实上的借款关系。

**第一百六十三条　代理包括委托代理和法定代理。**

**委托代理人按照被代理人的委托行使代理权。法定代理人依照法律的规定行使代理权。**

**【条文主旨】**

本条是关于代理的类型的规定。

**【条文理解】**

本条由《民法通则》第64条演变而来，并在此基础上删除原代理种类中的指定代理。

由于代理权发生的根据不同，代理可分为委托代理和法定代理。

委托代理是指代理人根据被代理人的授权，在代理人与被代理人之间产生的代理关系。委托代理适用范围极广。基于被代理人授予的代理权，代理人以被代理人的名义与第三人进行民事法律行为，因其行为所产生的法律后果，由被代理人承担。

法定代理是依照法律规定而直接发生的代理关系，也就是说，在当事人不具备与其所实施的民事法律行为相适应的民事行为能力时，由依照法律规定能够代理他们行使权利的人代为行使。法律规定有代理权的人就是法定代理人，法定代理人依照法律的规定行使代理权。原则上，法定代理人有权全面代理本人实施法律行为。自然人唯行为能力欠缺之人才有法定代理人，无民事行为能力人、限制民事行为能力人的监护人是其法定代理人。

**【司法案例】**

**四川熙韵建筑工程有限公司与郑霞、陈刚、陈大君买卖合同纠纷二审案①**

**诉讼结论：**陈大君、陈刚对郑霞出具水泥款欠条系以自己的名义，且两人自述不是四川熙韵公司的员工，也未举证证明其出具欠条系受四川熙韵公司的委托；

---

① 四川省宜宾市中级人民法院（2016）川15民终字第2098号民事判决书。

而出卖人郑霞一审庭审自述，前面付的水泥款系陈刚支付，之前没有与熙韵公司联系，一直都是与陈刚联系，郑霞也未举出水泥运送到四川熙韵公司工地的依据。因此，审理法院认为，陈大君、陈刚出具欠条的行为不符合《民法通则》第64条第2款“委托代理人按照被代理人的委托行使代理权，法定代理人依照法律的规定行使代理权，指定代理人按照人民法院或者指定单位的指定行使代理权”中规定的情况；郑霞出示的证据不能证明陈大君、陈刚系履行四川熙韵公司的职务行为，也不能证明陈大君、陈刚系受四川熙韵公司的委托，也不符合《合同法》第49条规定的表见代理的情况。

**第一百六十四条　代理人不履行或者不完全履行职责，造成被代理人损害的，应当承担民事责任。**

**代理人和相对人恶意串通，损害被代理人合法权益的，代理人和相对人应当承担连带责任。**

**【条文主旨】**

本条是关于代理关系中的代理人责任的规定。

**【条文理解】**

本条由《民法通则》第66条第2款和第3款演变而来，并在此基础上增加“代理人不完全履行职责，造成被代理人损害的，应当承担民事责任”的规定，同时将“代理人和第三人串通，损害被代理人权益”改为“代理人和相对人恶意串通，损害被代理人合法权益”。

代理人应当履行自己的职责，不履行自己的职责而给被代理人造成损害的，代理人应当承担民事责任。被代理人需要代理，目的是通过代理人的活动，实现自己的民事权益，代理人应当本此精神，履行代理职责。

代理人代理民事法律行为，不得与相对人恶意串通，损害被代理人的合法权益，否则代理人和相对人应当承担连带责任。恶意串通即恶意相对人具有损害被代理人之意图，与滥用代理权之代理人合谋实施不利于被代理人之代理行为。关于“代理人和相对人恶意串通，损害被代理人合法权益的行为”的效力，本条虽未加以规定，但依照“总则编”的体系性，认定其是否无效须依据民事法律行为效力规则进行判断。

**【司法案例】**

**湖南省常德市金友文化有限责任公司诉常德市蓝星电脑有限公司商务通销售协议案①**

**诉讼结论：**双方签订的协议为销售代理协议，且协议的内容不违反有关法律的约定。被告违反协议约定，在约定的地域之外、低价销售产品的行为，属违约行为，应赔偿原告经济损失。

## 第二节 委托代理

**第一百六十五条　委托代理授权采用书面形式的，授权委托书应当载明代理人的姓名或者名称、代理事项、权限和期间，并由被代理人签名或者盖章。**

**【条文主旨】**

本条是关于委托代理的授权委托书的规定。

**【条文理解】**

本条由《民法通则》第65条演变而来，因本法第135条已对民事法律行为的形式作出规定，故本条删除了《民法通则》第65条第1款关于委托代理的形式规定和第3款关于委托书授权不明的责任规定。

委托授权作为民事法律行为的一种，可以采用书面形式、口头形式或者其他形式，当事人约定采用特定形式的，应当采用特定形式。故委托授权行为不必以书面形式作出，因而记载代理人、代理事项、权限和期间的授权委托书非属必要。尽管如此，授权委托书仍有其不容忽视的意义。一方面，授权委托书是确定代理权存在的基本依据，由此可能产生善意相对人的信赖保护，可能与表见代理制度相衔接。另一方面，授权委托书是确定代理权限的基本依据，代理行为若是超过授权委托书记载的代理权限，则构成超越代理权之无权代理。实践中授权委托书的广泛运用，亦使得授权委托书之规范举足轻重。

1. 授权行为系单方行为。代理权的授予行为是被代理人授予代理人代理权

---

① 湖南省常德市中级人民法院（2000）常经终字第51号民事判决书。

的单方意思表示。授权行为旨在令代理人取得将法律效果归属于被代理人的权力,不管代理人是否同意,都认定有代理权授予的存在,故授权表示系单方意思表示。同时,授权表示系需受领的意思表示,相对人既可以是被授权人(代理人),也可以是特定的第三人(民事法律行为相对人),前者为内部授权,后者为外部授权。除此之外,实践中还存在通过通知或者公告表明已授权于某人的方式。

2. 授权行为独立于基础法律关系而存在。授权行为往往因基础关系而发生,但授权行为脱离基础关系而独立存在,基础法律关系是确定被代理人和代理人之间权利义务的内部关系,仅具对内效力,不具有对外设立代理权的效力。授权行为则是产生对外设权效力的行为,具有对外效力。基础法律关系往往包括委托合同关系、雇佣关系等。

3. 关于授权委托书所记载的代理权限不明的问题。因"委托书授权不明"仅为纠纷发生之原因,诉至法院时,法官的任务是消除"不明",并适用相应规则。且委托书授权"不明"经法官明确后无非包括有权代理与无权代理两种法律关系,而不存在所谓"不明"的代理关系。

**【司法案例】**

**武汉金银湖国际高尔夫实业发展有限公司与严清军、刘磊、刘莲、梁波、田进秋、田进蓉、华夏银行股份有限公司武汉江汉支行房屋回购合同纠纷再审案①**

**诉讼结论:**协议有效。

关于《委托协议》及《补充协议》的法律效力问题。首先,该协议约定了梁波以500万元银行按揭的方式购买公寓房,高尔夫公司在购房后两年内以每年增加二十个点的价格回购梁波购买的公寓房;梁波作为实际购房人授权严清军等第三人与高尔夫公司签订《购房合同》,但第三人不享有任何实际权利等内容,上述内容并不违反法律的禁止性规定,应当有效。其次,该协议委托方梁波于2006年3月10日签字,田进秋、田进蓉在《委托协议》受托人栏签名,严清军、刘磊、刘莲在《委托协议》受托人栏签名不是本人所签。根据《民法通则》第65条第2款"书面委托代理的授权委托书应当载明代理人的姓名或者名称、代理事项、权限和期间,并由委托人签名或者盖章"的规定,该委托协议委托人梁波已签名,双方基于《委托协议》建立的委托授权行为是一种单方法律行为,即只要被代理人梁波作出授

① 最高人民法院(2013)民提字第25号民事判决书。

权的意思表示,第三人严清军等代理人就享有了代理权。该协议符合法律关于授权委托书形式要件的规定,应为有效。

**第一百六十六条　数人为同一代理事项的代理人的,应当共同行使代理权,但是当事人另有约定的除外。**

**【条文主旨】**

本条是关于共同代理的规定。

**【条文理解】**

《民法通则》对共同代理未予规定,但《民通意见》第79条规定:“数个委托代理人共同行使代理权的,如果其中一人或者数人未与其他委托代理人协商,所实施的行为侵害被代理人权益的,由实施行为的委托代理人承担民事责任。被代理人为数人时,其中一人或者数人未经其他被代理人同意而提出解除代理关系,因此,造成损害的,由提出解除代理关系的被代理人承担。”

在对共同代理权的含义的认识上,学者之间也是各不相同。王利明教授认为,一旦代理人为数人,而且共同接受委托,便构成共同代理。① 马俊驹教授则认为,共同代理是指两个或两个以上的代理人共同行使一个代理权的代理。②

因此,虽代理规则以单独代理权为原型展开,但实践中亦存在代理权属两人以上的代理即共同代理。共同代理必须以几个代理人共同享有一个代理权为前提,在每一个代理人享有的代理权限中,你中有我,我中有你,相互牵连。③

共同代理权的行使,应当由代理人共同行使,共同承担责任。因为共同代理权的功能在于借助代理人之间的相互制约而维持被代理人的利益,若独自一人即可对外实施代理行为,共同代理权的意义将被虚置。

**【司法案例】**

**李永祥与赵文有、王有明等委托合同纠纷案④**

**诉讼结论:**原告李永祥与被告赵文有、王有明、包生宗达成的口头委托协议合

① 王利明:《民法总则研究》,中国人民大学出版社2012年版,第635页。

② 马俊驹、余延满:《民法原论》,法律出版社2007年版,第225页。

③ 最高人民法院《民法通则》培训班编辑组编:《民法通则讲座》,北京市文化局出版社1986年版,第158页。

④ 青海省都兰县人民法院(2018)青2822民初158号民事判决书。

法有效。原告李永祥按约定要给付三被告代理费，被告作为受托人完成委托事务后，应当将取得的货款交付原告。但被告取得藜麦款后未及时向原告支付，原告要求三被告给付10,800元的诉求予以支持。被告王有明、包生宗辩称，青海三江沃土生态农业科技有限公司将全部货款给付了赵文有，应由赵文有向原告支付藜麦款，与其二人无关的理由不成立。代理人应当共同行使代理权，被告赵文有、王有明、包生宗对原告主张的藜麦款10,800元，承担连带责任。

**第一百六十七条　代理人知道或者应当知道代理事项违法仍然实施代理行为，或者被代理人知道或者应当知道代理人的代理行为违法未作反对表示的，被代理人和代理人应当承担连带责任。**

**【条文主旨】**

本条是关于代理中的违法行为及其责任承担问题的规定。

**【条文理解】**

本条由《民法通则》第67条演变而来，并增加了代理人“应当知道代理的事项违法仍然实施代理行为”和被代理人“应当知道代理人的代理行为违法未作反对表示”的情形，完善了“恶意”的认定标准。

民法设代理制度的目的在于，使民事主体可以借助于代理制度实现自己的合法权益，法律不允许利用代理制度去侵害他人利益和社会公益，因此，违法行为不得适用代理。①

违法代理的法律效果，不由当事人意思决定，而是基于法律规定而直接发生。这里说的违法包括两种情形：一种是被委托代理的事项本身违法；另一种是被委托代理的事项不违法，但代理人的代理行为违法。② 在前一种情况下，代理人应当拒绝代理，如果代理人明明知道受托事项是违法的仍然为其代理时，因此而引起的法律后果，由代理人和被代理人负连带责任。在后一种情形下，被代理人应予以制止，或者取消委托，终止他们之间的代理关系。如果被代理人明明知道代理人在履行代理职责时的行为违法，而不表示反对，因此引起的法律后果，由被代理人与代理人负连带责任。

---

① 梁慧星：《民法总论》（第4版），法律出版社2011年版，第232页。

② 穆生秦主编：《民法通则释义》，法律出版社1987年版，第82～83页。

【司法案例】

**郑州市财务开发公司、中国长城资产管理公司郑州办事处与郑州市财政局、郑州市人民政府、中国工商银行河南省分行营业部债券认购款返还纠纷上诉案①**

**诉讼结论：**郑州市财政局作为政府的职能部门，财务开发公司作为受郑州市政府和郑州市财政局委托发行证券的专门机构，均应知道地方政府债券发行受国务院有关规定规范；融资债券的发行受《企业债券管理条例》调整，应获得中国人民银行各分行会同同级计划主管部门审批。但郑州市财政局和财务开发公司没有按照国务院有关规定发行地方政府债券性质的建设债券，财务开发公司没有获得批准发行了融资债券，故财政局和财务开发公司应对建设债券和融资债券的无效发行承担全部过错责任。

**第一百六十八条　代理人不得以被代理人的名义与自己实施民事法律行为，但是被代理人同意或者追认的除外。**

**代理人不得以被代理人的名义与自己同时代理的其他人实施民事法律行为，但是被代理的双方同意或者追认的除外。**

【条文主旨】

本条是关于自己代理和双方代理的规定。

【条文理解】

所谓自己代理，也称自我缔约，指代理人一面代理委托人（本人）、一面以代理人自己的身份共同实施某项法律行为。② 大陆法系国家的法律一般都规定，代理人不得以被代理人的名义与自己从事法律行为，以避免代理人损害被代理人的利益。基于代理关系的本质，代理人应依基本法律关系为本人忠实处理代理事务，维护本人的利益。在自己代理时，本人与代理人间显然发生利益冲突。如允许自己代理，则代理人不免基于自己之权益，而忽略本人之权益，因此易损及本人。③自己代理难以避免同被代理人的利益冲突，有违代理制度设立的初衷。此外，自

① 最高人民法院（2006）民二终字第85号民事判决书。

② ［德］汉斯·布洛克斯、沃尔夫·迪特里希·瓦尔克：《德国民法总论》（第33版），张艳译，杨大可校，中国人民大学出版社2014年版，第244页。

③ 武忆舟：《民法总则》，台北，三民书局1963年版，第368页。

己代理改变了代理行为的构造，将典型代理关系中的三方变为两方，代理人意思表示的发出与受领都由一个人实施和完成，没有任何外部可识别性，缺乏公开性。

所谓双方代理，是广义的自己代理的一种形式。它是指代理人同时以本人及第三人的代理人身份，为双方实施法律行为。这就是日常所说的“一手托两家”。[①] 例如，A 授权甲出卖汽车，而 B 授权甲购买汽车，而甲就同时代理 A 和 B 订立买卖合同。双方代理的禁止理由，与自己代理相同。[②] 同时代理双方为同一民事法律行为，不符合为被代理人利益最大化的代理要求。在双方代理时，代理人以一人而兼任两个当事人，有任意牺牲被代理人的利益，以为自己或者第三人的利益之虞，且被代理人双方的“合意”形成于一人头脑之中，于被代理人利益之维护是存在危险的。

因此，原则上自己代理与双方代理是应当受到限制的，禁止自己代理和双方代理，目的是保护被代理人。当然，不能忽视的是，在有些案件中，自己代理、双方代理并未影响被代理人的利益，尤其是被代理人乐见其成时，禁止就偏离了意思自治，缺乏正当性。因此，把是否承认自己代理、双方代理的权利交给被代理人，由其视个案情况决定接受或者否认自己代理或双方代理的法律后果，效果应比单纯的禁止要好。再者，实施法律行为总会有风险，一个人一旦选择由代理人代其参与法律行为，意味着他自愿承受其中的风险，包括代理人实施自己代理、双方代理所带来的风险。一方面使被代理人享受由代理人代其参与法律行为的好处；另一方面又广泛地否认自己代理、双方代理，消减鼓励交易原则及其功效，有失偏颇，且偏离鼓励交易原则。故本条规定了自己代理和双方代理的例外情形即在自己代理时被代理人同意、追认的，则消灭了上述的禁止理由；在双方代理时被代理的双方同意、追认的，代理行为亦有效。

**【司法案例】**

### 何军与阮俊霖股权转让纠纷案[③]

**诉讼结论：**本案中，2018 年 7 月 20 日被告在原告未到场签名认可的情况下，代原告在《股东会决议》和《股权转让合同》上签名、按捺，后到工商部门将原告持有公司 43% 的股权变更登记至自己名下，构成法律禁止的自己代理行为，该行为损害了原告的股权利益，事后原告亦拒绝追认。原告从更加有利于维护其股权利

---

① 崔建远等：《民法总论》（第 2 版），清华大学出版社 2013 年版，第 238 页。

② 王泽鉴：《民法总则》，北京大学出版社 2010 年版，第 360 ~ 362 页。

③ 广西壮族自治区百色市右江区人民法院（2020）桂 1002 民初 11 号民事判决书。

益考虑,诉请撤销涉案《股权转让合同》不违反法律规定,法院予以支持。

**第一百六十九条　代理人需要转委托第三人代理的,应当取得被代理人的同意或者追认。**

**转委托代理经被代理人同意或者追认的,被代理人可以就代理事务直接指示转委托的第三人,代理人仅就第三人的选任以及对第三人的指示承担责任。**

**转委托代理未经被代理人同意或者追认的,代理人应当对转委托的第三人的行为承担责任;但是,在紧急情况下代理人为了维护被代理人的利益需要转委托第三人代理的除外。**

**【条文主旨】**

本条是关于转委托(复代理)及其承担责任的问题的规定。

**【条文理解】**

被代理人对代理人的人身信任,是发生委托代理关系的前提,因此,代理人应当亲自完成受托的事项,这是代理制度的一项原则。但有时代理人由于自身条件或者客观上的某种原因自己不能或者不便于履行受托事项,为了被代理人的利益则需要转托别人代为进行民事法律行为。"转委托",实际上就是复代理。复代理,又称转代理,指代理人为处理其权限内的全部或者部分事务,而以代理人自己的名义为被代理人选任代理人的行为。由代理人选任的代理人是复代理人。与复代理相对的代理是本代理或者原代理,即由被代理人选任代理人或者依据法律的规定而成立的代理。

1. 复代理的基础——复任权。若代理人再为被代理人选任代理人,必须有复任权。而复任权在意定代理与法定代理中,有较大的不同。(1)意定代理。在意定代理中,除非当事人有特别约定及特别事由,代理人原则上无复任权。(2)法定代理。法定代理人应当具有复任权,理由如下:①被代理人没有同意能力;②法定代理人具有概括性,而因法定代理中的被代理人无民事行为能力或者民事行为能力受到限制,对其代理人不能代理的行为,不能另外选任代理人,将损害被代理人利益。[①]

2. 被代理人、本代理人与复代理人的关系。虽然代理人的任命是多层次的,但复代理人依然是被代理人的代理人,而不是代理人的代理人。因此,复代理权

① 江平主编:《民法学》(第3版),中国政法大学出版社2016年版,第167页。

可以由被代理人及本代理人撤回。

3. 复代理权的范围。本代理人所享有的代理权并不因复代理权而受到影响，复代理权的范围可能等于或小于本代理人所享有的代理权限。[①]

4. 复代理的法律效果归属。虽然本代理人是处于被代理人的地位授权，但复代理人是被代理人的代理人，而不是本代理人的代理人。因此，复代理人的行为结果归属于被代理人。

本条第2款规定被代理人可以就代理事务直接指示转委托的第三人，且代理人仅就第三人的选任及对第三人的指示承担责任。代理人的选任责任即保证次代理人的人品、能力合格。代理人的指示责任即对次代理人的指示错误要向被代理人承担责任。

本条第3款规定代理人转托他人之前，没有取得被代理人的同意，事后告诉被代理人的，未经被代理人追认的，则因其行为产生的法律后果，由代理人承担。但是，代理人在紧急情况下为了维护被代理人的利益需要转委托第三人代理的除外，仍由被代理人承担民事责任。《民通意见》关于本条"紧急情况"的解释为"由于急病、通讯联络中断等特殊原因，委托代理人自己不能办理代理事项，又不能与被代理人及时取得联系，如不及时转托他人代理，会给被代理人的利益造成损失或者扩大损失的"。

**【司法案例】**

## 中国银行重庆市分行诉重庆川粤饮食服务有限公司、重庆市建设投资公司借款合同案[②]

**诉讼结论：**在中国银行总行与中行市分行所签订的总授权书中，总行授予中行市分行转授权的资格，中行市分行可以在被授予的权限范围内，对业务职能部门及下属地市分支行进一步转授权。据此，中行市分行是有复任权的，其与中行江北支行签订转授权书实际上就是在行使其复任权。由以上分析可知，在中行市分行与中行江北支行的关系中，中行市分行是原代理人，中行江北支行是复代理人。中行江北支行有权以中国银行总行的名义实施代理行为，其在中行市分行授权范围内的行为对总行发生法律效力，而中行市分行仍有代理权，并有权对中行江北支行的代理行为进行监督，有权随时撤回对中行江北支行的授权。本案中，中行市分行发布的《关于组建保全业务机构的通知》，明确要求中行江北支行将符

---

① ［德］卡尔·拉伦茨：《德国民法通论》（下），王晓晔等译，法律出版社2003年版，第858页。

② 重庆市高级人民法院（2004）渝高法民终字第48号民事判决书。

合一定条件的不良资产移交分行保全业务处。其实质是,中行市分行撤回了其对中行江北支行的部分授权,由自己行使该部分代理权,其行为符合复代理的法律特征,因而是合法的。

**第一百七十条　执行法人或者非法人组织工作任务的人员,就其职权范围内的事项,以法人或者非法人组织的名义实施的民事法律行为,对法人或者非法人组织发生效力。**

**法人或者非法人组织对执行其工作任务的人员职权范围的限制,不得对抗善意相对人。**

**【条文主旨】**

本条是关于职务代理的规定。

**【条文理解】**

本条关于职务代理的规定应与"总则编"关于法人的法定代表人、非法人组织的代表的规定相对比来看,第61条规定:"依照法律或者法人章程的规定,代表法人从事民事活动的负责人,为法人的法定代表人。法定代表人以法人名义从事的民事活动,其法律后果由法人承受。法人章程或者法人权力机构对法定代表人代表权的限制,不得对抗善意相对人。"第105条规定:"非法人组织可以确定一人或者数人代表该组织从事民事活动。"

法人的法定代表人和非法人组织的代表均系其意思表示机关,代表法人或非法人组织对外进行民事活动。在持续频繁的交易活动中,法人或者非法人组织除通过代表人作为其意思表示机关对外进行民事活动外,还必须通过将与营业相关的某类或者特定事项授权特定人员进行处理,此即职务代理。从本法体系来看,职务代理被置于第七章第二节委托代理之下,作为一种特殊类型的代理,需满足有效代理的要件方可对法人或者非法人组织发生效力:一是职员应有代理权且在代理权限内实施民事法律行为,职员的代理权一般表现为职权;二是职员应以法人或者非法人组织的名义实施民事法律行为;三是代理行为必须是法律允许并可以代理的行为。

然而,职务代理不同于一般的代理,实践中存在大量职员超出职权范围从事民事法律行为的情况,交易相对人一般并不知道也没有义务知道相关人员职权范围的限制。法人或非法人组织的内部规定也不应对合同相对人构成约束力,否则,将不利于保护交易的安全,也不利于保护合同相对人的利益,对合同相对人来说也是不公平的。因此,本条规定,“法人或者非法人组织对执行其工作任务的人员职权范围的限制,不得对抗善意相对人”。

本条第 2 款并未将除相对人知道或者应当知道超越权限的职务代理规定为有效代理,而是衔接本法关于表见代理的规定。在无证据证明第三人(交易相对人)确实知道法人或者非法人组织对执行其工作任务的人员职权范围的限制时,因第三人无义务知道职员的职权范围的限制,而使得法人或非法人组织的内部职权限制不影响表见代理中“相对人有理由相信行为人有代理权”的认定。

需要特别注意的是,在订立合同的过程中,合同的相对人知道职员的行为超越了职权权限,仍与之订立合同,则具有恶意,此时,依据无权代理的相关规定进行处理。

**【司法案例】**

**窦骁与北京新画面影业有限公司演出经纪合同纠纷上诉案**[①]

**诉讼结论:**由于在涉案《合约》中蒲某某作为新画面公司的代表进行了签字确认,并加盖了新画面公司公章,结合《审核报告》中所涉合同或为蒲某某签字确认或为蒲某某参与磋商的情况,同时在与某某公司所签订的合约中明确载明“北京新画面影业/窦骁,全权代表人蒲某某”,应当认为《审核报告》所涉的某某项活动或为蒲某某名义或为新画面公司名义为窦骁进行的安排,系蒲某某接受新画面公司委托所从事的经纪活动,该效力及于新画面公司。

**第一百七十一条　行为人没有代理权、超越代理权或者代理权终止后,仍然实施代理行为,未经被代理人追认的,对被代理人不发生效力。**

**相对人可以催告被代理人自收到通知之日起三十日内予以追认。被代理人未作表示的,视为拒绝追认。行为人实施的行为被追认前,善意相对人有撤销的权利。撤销应当以通知的方式作出。**

**行为人实施的行为未被追认的,善意相对人有权请求行为人履行债务或者就其受到的损害请求行为人赔偿。但是,赔偿的范围不得超过被代理人追认时相对人所能获得的利益。**

**相对人知道或者应当知道行为人无权代理的,相对人和行为人按照各自的过错承担责任。**

---

① 北京市高级人民法院(2013)高民终字第 1164 号民事判决书。

**【条文主旨】**

本条是关于无代理权人签订的合同效力的规定。

**【条文理解】**

所谓无权代理合同,就是无代理权人代理他人从事民事行为所签订的合同。因无权代理而签订的合同有以下三种情形:(1)根本没有代理权而签订的合同,是指签订合同的人根本没有经过被代理人的授权,就以被代理人的名义签订的合同。(2)超越代理权而签订的合同。这是指代理人与被代理人之间有代理关系存在,但是代理人超越了被代理人的授权范围与他人签订了合同。例如,甲委托乙购买电视机 300 台,但是乙擅自与他人签订了购买 500 台电视机的合同,这就是超越代理权而签订的合同。(3)代理关系终止后签订的合同。这是指行为人与被代理人之间原有代理关系,但是由于代理期限届满、代理事务完成或者被代理人取消委托关系等原因,被代理人与代理人之间的代理关系已不复存在,但原代理人仍以被代理人的名义与他人签订的合同。

对于无权代理人以被代理人名义与他人签订的合同,本编规定的是一种效力待定的合同。将无代理权人签订的合同纳入效力待定合同中,是基于以下原因:(1)无权代理人签订的合同并非都对本人不利,有些因无权代理而签订的合同对本人可能是有利的;(2)从本质上讲,无权代理行为也具有某些代理的特性,如无权代理人具有为本人签订合同的意思表示,第三人也有意与本人签订合同,如果本人事后授权也就意味着事后对合同的承认;(3)无权代理合同经过事后的追认,可有利于维护交易秩序的稳定和保护合同相对人的利益。

本条第 1 款规定,行为人没有代理权、超越代理权或者代理权终止后以被代理人名义订立的合同,未经被代理人追认,对被代理人不发生效力。本条的追认,是指被代理人对无权代理行为事后予以承认的一种单方意思表示。被代理人的追认应当以明示的意思表示向相对人作出,如果仅向无代理权人作出意思表示,也必须使相对人知道后才能产生法律效果。一旦被代理人作出追认,因无权代理所订立的合同就从成立时起产生法律效力。追认权是被代理人的一项权利,被代理人既有权作出追认,也可以拒绝追认。如果被代理人明确地表示拒绝追认,那么因无权代理而签订的合同就不能对被代理人产生法律效力,因此而产生的责任就应该由行为人自己承担。

本条第 2 款规定了合同的相对人享有催告权和撤销权。所谓催告权,是指合同的相对人催促被代理人在一定期限内明确答复是否承认无权代理合同。催告权的行使一般具有以下要件:(1)要求被代理人在一定的期限内作出答复,本条第 2 款规定的期限为自收到通知之日起 30 日内。(2)催告应当以明示的方式作出。

(3)催告的意思必须是向被代理人作出。根据本条的规定,如果被代理人在催告后30日内未作表示的,则视为拒绝追认。因无权代理而订立的合同在本人追认之前,处于效力待定状态。为了保护合同相对人的利益,本条还规定,合同的相对人还享有撤销权。这里的撤销权,是指相对人在被代理人未追认合同之前,可撤回其对无权代理人所作的意思表示。被代理人撤销权的行使必须满足以下条件:(1)必须在被代理人作出追认之前作出,如果被代理人已经对合同作出追认了,那么合同产生了效力,合同相对人就不能撤销其意思表示了。(2)相对人在无权代理人签订合同时必须是善意的,也就是说,相对人在订立时,并不知道对方是无权代理人。如果明知对方是无权代理人而仍与对方签订合同,那么相对人就无权撤销其意思表示。(3)撤销应当以通知的方式作出。

本条第3款规定了无权代理未被追认时,无权代理人对善意相对人的责任。本款由《民法通则》第66条规定的"未经(代理人)追认的行为,由行为人承担民事责任"演变而来。也就是说,在无权代理没有获得被代理人追认时,代理人应对相对人承担责任,根据相对人的选择,无权代理人或承担履行合同的责任,或者赔偿因合同不能履行而生的损害。本条第3款关于相对人请求赔偿的范围不得超过代理行为有效时所能获得的利益的规定,系因无权代理人导致相对人合同履行利益的损害,故其赔偿范围以填补损害为主。否则,若要求无权代理人赔偿超过代理行为有效时所能获得的利益,则相对人就可以从代理权的欠缺中获得利益,这有违民法基本原理。①

本条第4款规定了恶意的相对人与无权代理人依其过错承担责任。当相对人知道或者应当知道代理人无权代理即相对人为恶意时,相对人无撤销权,无权代理行为未经被代理人追认则为无效。此时由相对人和代理人按照各自的过错承担责任。

**【司法案例】**

**案例一**

## 中国汽车工业进出口有限公司诉青岛中顺国际物流有限公司海上货物运输合同纠纷案②

**诉讼结论:** IAP公司并非涉案货物买卖合同的当事人,涉案合同系PETERZHAO以IAP公司的名义订立,但并未取得该公司授权。应由行为人

① 江平主编:《民法学》(第3版),中国政法大学出版社2016年版,第184~185页。

② 最高人民法院(2015)民申字第1657号民事判决书。

PETERZHAO承担相应的责任，中汽公司与IAP公司签订的所谓买卖合同因缺乏IAP公司的意思表示，并未有效成立。

**案例二**

### 保定市香江好天地家居广场有限公司与河北燕赵市场建设有限责任公司合同纠纷申请案①

**诉讼结论：**燕赵公司对于河北厚正律师事务所发出的催收函件及附有解除合同内容的律师函，既没有明确表示认可，也未在之后撤回解除合同的意思表示。因此，该律师函的内容虽超越了燕赵公司给其的授权，但因燕赵公司明知且未提出异议，依法应当认定为燕赵公司对河北厚正律师事务所主张解除合同意思表示的追认，该律师函到达对方时合同解除。

**第一百七十二条　行为人没有代理权、超越代理权或者代理权终止后，仍然实施代理行为，相对人有理由相信行为人有代理权的，代理行为有效。**

**【条文主旨】**

本条是关于表见代理的规定。

**【条文理解】**

所谓表见代理，是指行为人没有代理权、超越代理权或者代理权终止后签订了合同，如果相对人有理由相信其有代理权，那么相对人就可以向本人主张该合同的效力，要求本人承担合同中所规定的义务，受合同的约束。本编设立表见代理制度是为了保护合同相对人的利益，并维护交易的安全，依诚实信用原则使怠于履行注意义务的被代理人直接承受行为人没有代理权、超越代理权或者代理权终止后仍为代理行为而签订的合同的责任。

构成表见代理合同要满足以下条件：(1)行为人并没有获得本人的授权就与第三人签订了合同。本条规定了没有代理权、超越代理权或者代理权终止这三种情形。(2)合同的相对人在主观上必须是善意的、无过失的。所谓善意，是指相对人不知道或者不应当知道行为人实际上无权代理。所谓无过失，是指相对人的这种不知道不是因为其大意造成的。如果相对人明知或者理应知道行为人是没有代理权、超越代理权或者代理权已终止，而仍与行为人签订合同，那么就不构成表

① 最高人民法院(2015)民申字第3535号民事判决书。

见代理,合同相对人也就不能受到保护。

在本条的立法过程中,对于是否要求以本人的过错作为表见代理合同的构成要件曾有两种不同的意见。一种意见认为,应当以本人的过错作为表见代理合同的要件,否则对本人是不公平的。另一种意见认为,表见代理最重要的特征就是相对人有正当理由相信行为人有代理权,而不问本人是否有过错。本编基本上是采纳了第二种意见。一般来说,表见代理合同的产生与本人的过错有关。例如,因为本人管理制度的混乱,导致其公章、介绍信被他人借用或者冒用而订立了合同;本人在知道行为人以其名义与第三人订立合同而不作否认表示等。这些都表明本人是有过错的。但是,设立表见代理制度的目的是保护交易的安全性,不至于使没有过失的相对人劳而无获。因此,相对人只要证明自己和无权代理人订立合同时没有过失,至于本人在无权代理人订立合同问题上是否有过失,相对人有时难以证明。故在本条的规定中,对于行为人没有代理权、超越代理权或者代理权终止后仍然以本人名义订立合同的情况下,只要相对人有理由相信行为人有代理权,合同就有效。

**【司法案例】**

**案例一**

**合肥鑫丰建筑安装工程有限公司诉青海华瑞物资有限公司等买卖合同纠纷案①**

**诉讼结论:**对华瑞公司而言,到工商管理部门核实签章的真实性并非签订合同的必要环节。华瑞公司根据"合同、付款协议以及现场勘查",已有理由相信刘建民具有鑫丰公司的授权,华瑞公司已尽到谨慎的审查义务。根据《合同法》第49条的规定,刘建民以鑫丰公司6号楼、7号楼、8号楼项目部的名义签订合同的行为构成表见代理,由此产生的法律后果应由鑫丰公司承担。

**案例二**

**华祥织布厂诉金商公司承揽合同价款纠纷二审案②**

**诉讼结论:**高亮萍任职期间没有获得因质量问题对外赔偿的授权,其离开金商公司之后出具赔偿函的行为,构成无权代理。在金商公司面临破产的情况下,高亮萍将赔偿函日期倒签,故承诺函不具有真实性。华祥织布厂没有理由相信高

---

① 最高人民法院(2015)民申字第1620号民事判决书。

② 江苏省高级人民法院(2009)苏民二终字第0158号民事判决书。

亮萍有代理权,高亮萍出具的赔偿函对金商公司不具有约束力。因高亮萍的行为不构成表见代理,华祥织布厂依据高亮萍个人出具的赔偿函主张抵消其所欠金商公司的加工费的抗辩理由不能成立。

## 第三节 代理终止

**第一百七十三条 有下列情形之一的,委托代理终止:**
**(一)代理期限届满或者代理事务完成;**
**(二)被代理人取消委托或者代理人辞去委托;**
**(三)代理人丧失民事行为能力;**
**(四)代理人或者被代理人死亡;**
**(五)作为代理人或者被代理人的法人、非法人组织终止。**

**【条文主旨】**

本条是关于委托代理终止的规定。

**【条文理解】**

根据本条的规定,如有下列情形之一的,委托代理终止:

1. 代理期限届满或者代理事务完成,委托代理关系自然随之终止。被代理人授予的代理权不可能是无限期的,代理期限届满之后,被代理人没有继续委托授权,委托代理关系终止。所以,期限届满作为一个法律事实,能引起法律关系终止。代理人按照代理权限去完成代理事项,为被代理人设定权利义务之后,被代理人便开始享有权利、承担义务。当代理事项完成,代理关系便得以终止。当然,作为代理人应当将代理事项完成的情况及时通知或报告被代理人。

2. 被代理人取消委托或者代理人辞去委托。委托代理关系是建立在被代理人和代理人相互信赖和自愿基础上的,一旦失去信赖或者一方不愿意,被代理人可以取消委托,代理人也可以辞去委托。被代理人取消委托的,是指被代理人在代理事务进行过程中,取消对代理人的授权。其取消委托时,应收回授权委托书。如果因被代理人在委托事务进行过程中取消委托而使第三人受到损失的,应当由被代理人承担民事责任。再者,代理人辞去委托的,当事人之间的委托代理关系亦终止,此时代理人应当将授权委托书退还给被代理人。如果因代理人在代理事务进行过程中辞去委托而使被代理人或者第三人受到损失的,应当由代理人承担民事责任。总之,取消委托和辞去委托的行为都是单方的民事法律行为,必须通知对方才发生解除委托代理的法律效力。一般而言,取消或辞去委托,应以代理权授予或接受的方式及时通知对方,以保护对方当事人的利益。

3. 代理人丧失民事行为能力。设定委托代理,其目的就是通过代理人实施代理行为,代理人的任务就是代替被代理人为一定的法律行为。因此,代理人一旦丧失民事行为能力,就无法履行代理职责,委托代理关系也应当随之终止。

4. 代理人或被代理人死亡。委托代理关系是具有严格人身属性的法律关系,代理人死亡,就不能行使代理行为,其代理权随其主体资格的消失而消失。同样,基于委托代理关系的人身属性的特征,被代理人死亡,其代理关系原则上也归于终止。

5. 作为代理人或者被代理人的法人、非法人组织终止。法人一旦终止,便失去了作为民事法律关系主体的资格。作为代理人的法人终止,无人代为实施法律行为,代理关系终止;作为被代理人的法人终止,代理关系缺少了主体之一,丧失了委托代理的根据,代理关系也消失。同理,作为代理人或被代理人的非法人组织终止,亦会产生委托代理终止的效果。

**【司法案例】**

### 北京北辰创新高科技发展有限公司等<br>公司决议效力确认纠纷案[①]

张永恒作为北京市大成律师事务所律师,尽管接受了北辰公司的委托代为处理相关事宜且双方之间的授权委托代理关系符合法律规定,但是,法律亦规定被代理人取消委托的,委托代理终止。法律规定委托人或者受托人可以随时解除委托合同以取消委托,而本案所涉授权委托代理关系的委托人是北辰公司,故北辰公司可以依法随时解除与张永恒的委托代理关系,解除的意思表示自到达对方时生效。张永恒作为北京市大成律师事务所的专职律师,北辰公司将解除委托的意思表示送达至其工作单位且标明收件人为张永恒,张永恒现以未实际收到相关文件为由对北辰公司解除与其之间的委托代理关系不予认可,没有事实及法律依据,审理法院不予支持。

---

① 北京市第三中级人民法院(2016)京 03 民终字第 8994 号民事判决书。

**第一百七十四条　被代理人死亡后，有下列情形之一的，委托代理人实施的代理行为有效：**

**（一）代理人不知道且不应当知道被代理人死亡；**

**（二）被代理人的继承人予以承认；**

**（三）授权中明确代理权在代理事务完成时终止；**

**（四）被代理人死亡前已经实施，为了被代理人的继承人的利益继续代理。**

**作为被代理人的法人、非法人组织终止的，参照适用前款规定。**

**【条文主旨】**

本条是关于被代理人死亡后，委托代理人实施的代理行为有效的规定。

**【条文理解】**

虽然被代理人死亡后，由于委托代理关系的人身属性特征，原则上委托代理关系归于终止，但在特定的情形或者约定下，委托代理关系并不是非终止不可。如果其存续具有某种客观状况，或者符合当事人的意思，或者有利于被代理人继承人的利益，那么就不妨使委托代理人实施的代理行为是有效的。

本条第1款列举了如下情形，只要满足一项，则委托代理人实施的委托代理行为有效：(1)代理人不知道且不应当知道被代理人死亡。代理人代被代理人为民事活动，当被代理人死亡，其死亡的消息可能不为代理人所知晓。也就是说，代理人在主观上不知道且不应当知道被代理人已死亡，有合理理由认为委托代理关系仍然存续，那么其实施的代理行为依然有效。(2)被代理人的继承人均予以承认。此时，或是出于对代理人的信任，或是出于维护继承利益的需要，被代理人的全部继承人对委托代理行为予以承认，则其仍为有效。(3)授权中明确代理权在代理事项完成时终止。在委托代理关系中，被代理人授予代理人代其从事相关民事活动的权限时，明确在代理事项完成时代理权方才终止的，则应尊重当事人的意思表示，使得代理人实施的代理行为有效，有助代理事项的完成。(4)在被代理人死亡前已经开始实施代理行为但未完成，此为其一要件；在被代理人死亡后，为了被代理人继承人的利益继续完成代理行为，此为其二要件。两个要件都满足，则代理行为有效。

本条第2款规定，当法人、非法人组织作为被代理人而后终止的，参照适用第1款的规定，满足某一种情形即可：(1)代理人不知道且不应当知道被代理人终止的；(2)继受法人、非法人组织的权利和义务的继受人均予以承认的；(3)授权中明确代理权在代理事项完成时终止的;(4)在被代理人终止前已经实施,在被代理人终止后为了被代理人的权利、义务继受人的利益继续完成的。

【司法案例】

案例一

### 包晓涛与朱某某、郭秀凤确认合同无效纠纷二审案[①]

**诉讼结论:**本案中包连生给被告郭秀凤出具的委托书中明确约定委托期限为自2014年9月1日起12个月,被告郭秀凤的案涉代理行为在包连生的授权范围内,亦发生在约定的委托期限内。而根据一审法院对被告郭秀凤制作的调查笔录,被告郭秀凤陈述与被告朱某某签订案涉房屋买卖合同时并不知道包连生已经死亡,对此原告亦未能举证予以反驳,故依据上述法律规定,郭秀凤的案涉代理行为有效。

案例二

### 李诗宇诉李朝孟等确认合同效力纠纷案[②]

**诉讼结论:**本案中李昌纯出具的委托书中明确约定委托期限至办完委托事宜为止。根据上述法律规定,在委托人李昌纯死亡后,该委托合同仍未终止,受托人向福会根据委托人李昌纯的委托与李朝孟签订的《房屋买卖合同》系双方的真实意思表示,且未违反法律、行政法规的效力性强制性规定,是合法有效的。

案例三

### 史维忠等与余永富等合同纠纷上诉案[③]

**诉讼结论:**从余永富、史家兄弟在申请延续办理采矿许可证的过程中所提交的资料及上述文件的内容中,均体现了葛世元重病辞世的相关内容,上述证据证明余永富、史家兄弟早就已经知道葛世元去世这一事实。而葛氏兄妹对于史家兄弟的上述行为已明确拒绝承认。因此,本案中,随着葛世元的死亡,史家兄弟的代理权自然终止,其无权与余永富、张进合伙,更加无权对矿山的资产等进行处置。故其与余永富、张进签订的《矿山合伙协议》及《委托协议书》属无权代理行为,至今又未取得真正的权利人葛氏兄妹的承认,属无效协议。

---

① 辽宁省大连市中级人民法院(2016)辽02民终字第319号民事判决书。

② 重庆市第五中级人民法院(2015)渝五中法民终字第02392号民事判决书。

③ 贵州省黔南布依族苗族自治州中级人民法院(2014)黔南民商终字第64号民事判决书。

**第一百七十五条　有下列情形之一的，法定代理终止：**

**（一）被代理人取得或者恢复完全民事行为能力；**

**（二）代理人丧失民事行为能力；**

**（三）代理人或者被代理人死亡；**

**（四）法律规定的其他情形。**

**【条文主旨】**

本条是关于法定代理终止的规定。

**【条文理解】**

本条由《民法通则》第70条演变而来，并将“被代理人取得或者恢复民事行为能力”修改为“被代理人取得或者恢复完全民事行为能力”。

法定代理是根据法律的直接规定而产生的代理关系，法定代理的情形发生在被代理人是无民事行为能力人或者限制行为能力人的情况下，代理人往往根据自己和被代理人身份上的关系而获得法定的代理权。根据本条的规定，如有下列情形，法定代理终止：

1. 被代理人取得或者恢复完全民事行为能力，能够独立进行民事活动。例如，未成年人年满十八周岁或者年满十六周岁以自己的劳动收入作为主要生活来源。再者，被代理人恢复完全民事行为能力，如不能辨认自己行为的成年人已经恢复健康，被人民法院宣告为完全民事行为能力人等。在这类情形下，被代理人取得或者恢复完全民事行为能力的，为保护和补充其民事行为能力不足而设立的法定代理也就没有继续存在的必要了。

2. 代理人丧失民事行为能力，如代理人本人罹患精神障碍，被人民法院依法宣告为无民事行为能力人或限制行为能力人等，自然难以代理他人从事民事法律活动，因此法定代理终止。

3. 代理人或者被代理人死亡。代理关系一般涉及三方当事人即代理人、被代理人（本人）与第三人（法律行为的相对人）。正是因为代理行为涉及三方当事人，才体现了代理是被代理人行为的补充或者延长，法定代理也不例外。当代理人死亡，则无法实施代理行为，法定代理关系无法维持；当被代理人死亡，则法定代理关系亦无存在的必要，因此法定代理同样终止。

4. 出现法律规定的其他情形。作为兜底条款，本款一方面预留了接口，以防社会实际生活中出现新的造成法定代理终止的情形而无法条对应，增加了法律条款的灵活性；另一方面又将法定代理终止的事由限定于“法律规定的情形”，除非有法律规定,法定代理不会无故终止,有利于保护被代理人的合法权益。

**【司法案例】**

## 邓钧桀与重庆河东房地产开发有限公司、邓磊、黄晓刚确认合同效力纠纷上诉案[①]

**诉讼结论:**邓钧桀在与河东房地产公司签订《商品房买卖合同》及《退房协议》时尚未满十周岁,属于无民事行为能力人,应由其法定代理人代理其从事民事活动。而邓磊与赵婷婷于2008年10月31日签订的离婚协议约定邓钧桀由邓磊抚养。因此,邓磊作为邓钧桀的监护人,也是其法定代理人,有权代为签订商品房买卖合同,故邓磊以邓钧桀法定代理人身份与河东房地产公司签订的《商品房买卖合同》是合法有效的,双方应按照合同约定各自履行自己的义务。

① 重庆市第一中级人民法院(2016)渝01民终字第3301号民事判决书。

# 第八章 民事责任

所谓民事责任，是指民事主体不履行或者不完全履行民事义务的后果，也可以说是违反法定义务或者约定义务所应当承担的法律后果。作为民法的一种制度，民事责任是保障民事权利实现或者得到救济的重要制度，是确保民法施行的重要措施，本章是《民法典》“总则编”的重要组成部分。民事主体一方民事权利的实现，需要对方及时、适当地履行民事义务，不履行或者不完全履行民事义务者，应当依法承担民事责任，其实质在于对违反民事义务的行为予以否定性评价，让违反合同义务者、侵犯他人民事权利或者社会公共利益者付出代价。可见，民事责任旨在救济性地保障民事义务的履行。

法律的真正生命力在于实施，《民法通则》中民事责任的内容，乃特殊历史背景下，基于司法应用迫切需要之规定。随着现代社会的发展，民事法律关系越来越多样化，具体民事权利越来越丰富，相应地，相关民事责任问题亦越来越复杂，《民法通则》民事责任部分的规定，或滞后于法制健全的步伐，或过于陈旧不敷其用。鉴于此，急需对现行民事各单行立法中民事责任之规定，予以总体化、体系化整理，确立基本原则一以贯之，统一概念术语规范使用、明晰处理规则便于实践，体例结构上祛繁去冗、精简明晰。《民法典》“总则编”第八章之订立，即是对前述工作的完成，以回应立法完善之需、现实操作之需。

需予以说明的是，就民事责任之主题，于立法过程中，最突出的争议为应否设专章的讨论，魏振瀛教授主张保留民事责任专章，杨立新教授认为：因为在《民法典》分则的各个部分都有关于民事责任的规定，因此，《民法典》“总则编”应当对所有民事责任通用的规则，作出一般性规定，这完全符合《民法典》“总则编”用“抽取公因式”的方法。以梁慧星教授①、王利明教授②、徐国栋教授代表的部分学

---

① 梁慧星教授在其《中国民法典草案建议稿（总则编）》的“本编说明”中指出：《民法典》“总则编”，以“人”“物”“行为”为中心，形成“人—物—行为”这样一个三位一体的结构。梁慧星：《中国民法典草案建议稿》，法律出版社 2013 年版，第 1 ~ 2 页。

② 王利明教授在其《中国民法典草案建议稿及其说明》中指出：在考虑总则的内容方面，我们认为应当借鉴德国模式，具体表现来说，在总则中确立主体、行为、客体制度，然后在分则中确立法律关系的内容。王利明：《中国民法典草案建议稿及其说明》，中国法制出版社 2004 年版，第 13 页。

者则指出,《民法通则》规定民事责任一章不当,在以后的民事立法中,不得不将民事责任各归其位,合同责任放在《合同法》中,《侵权责任法》单独规定侵权责任,物权法的责任进入《物权法》中,等等,因而《民法典》“总则编”完全没有必要再规定民事责任一章。

《民法典》“总则编”沿承《民法通则》的体系特点,设民事责任专章,挈领分则各部分的民事责任内容。但与《民法通则》不同的是,《民法典》第一编“总则”第八章“民事责任”不再设各专节,并大量删除原《民法通则》“违反合同的民事责任”及“侵权的民事责任”两节中的内容。

本章共 12 条,主要规定了民事责任的承担、按份责任、连带责任、民事责任方式,不可抗力、正当防卫、紧急避险、见义勇为受损补偿、紧急救助免责、侵害英烈等人格权责任构成、违约责任与侵权责任竞合时的选择权、民事责任优先等。

在司法适用中需要注意的是,本章只是民事责任的一般规定,侵害物权、违反合同、侵害人格等的具体适用还需要结合并优先适用“物权编”“合同编”“人格权编”等的具体规定,其中没有规定的一般侵权问题和类型化的产品责任、交通侵权责任、医疗损害责任、环境污染和生态破坏责任、高度危险责任、饲养动物损害责任、建筑物和物件损害责任,均适用“侵权责任编”的规定;“侵权责任编”没有规定的,适用本编的规定。

**第一百七十六条　民事主体依照法律规定或者按照当事人约定,履行民事义务,承担民事责任。**

**【条文主旨】**

本条是关于履行民事义务和承担民事责任的总体性规定。

**【条文理解】**

当下,我国正大力推进依法治国的战略方针,着力于全面保障人民自由,实现对民事主体“法不禁止即可为”,这就需要民法以基本法的形式作出宣示性规定。私法主体在遵守公序良俗的前提下,为自己创设民事权利,设定民事义务,国家对此应予确认和保护。鉴于此,本条明示了依法或依约履行民事义务的重要性,承接此义,未依照法律规定和当事人约定履行民事义务者,应当承担民事责任。因此,“总则编”第 176 条全面涵摄前述情形,概括性地展现了民事责任之来源。

《民法典》第176条乃一般民事主体承担民事责任的法律基础性条文，本条中的“民事主体”其主体形态包括自然人、法人、其他组织，民事主体间地位平等。“依照法律规定”有两层含义：一是指向民事义务的来源，即民事主体间的权利义务没有达成事前的协议，而由法律对一般性行为后果予以预先规定，当法律规定的情形出现时，自动在当事人间形成特定权利义务关系；二是表明法律责任的依据，即民事主体应按照法律明文规定承担法律责任。“依照当事人的约定”，是指民事主体因实现某种特定的利益予以结合，协商一致，赋予对方以权利，容忍同意对方加诸自己以义务，且承诺履行各自的义务。本条中的“民事义务”，是指基于法律的规定或者当事人的约定，对特定一方当事人权利之限制，民事义务是为保障对方权利而必须尽到的义务，作为法律化了的义务，其有别于道德义务；民事义务的实现，依靠特定义务主体的自觉行为，同时也受到法律的强制性保障。较之《民法通则》第106条①，该条规定的民事责任来源于合同或其他义务，《民法典》条款则修改为民事责任源自法定与约定，涵盖了公平责任与无过错责任的情形，更为周延科学。同时，该条未使用《民法通则》中“公民、法人”的主体概念表达方式，而采用“民事主体”一词。“公民”为宪法用语，“法人”是与“自然人”“非法人组织”并列的称谓，皆为民事主体的细分类型。《民法典》作为行文表述严谨的立法，在概念用语方面应贯彻统一适用性原则，因此，法条承前表达，使用“民事主体”这一概念。

本条明晰了民事义务和民事责任的来源，为民法分则各编中具体法律关系的相关当事人课以责任提供了立法依据，同时，针对某些法律规范中法律责任的空白、缺漏问题，依循此条，亦可作为基本性规制予以适用。

**【司法适用】**

民事责任或归因于民事主体不履行义务之情状，或源自法定的无过错责任之情形，或循公平原则由法官作出自由裁量，在这三个维向上，司法适用需关注如下问题：

第一，要重视对约定民事义务的考察判断。于具体的司法实践中，追究私法主体责任时，如果是以违反法定或约定义务为前提的情形，我们需考衡约定义务的性质和特征，即这种义务必须合法，符合社会一般的价值判断，且具有履行的现实可能性，而不能简单笼统地因为违反义务就在实务操作中让其承担责任。对

① 《民法通则》第106条规定：“公民、法人违反合同或者不履行其他义务的，应当承担民事责任。公民、法人由于过错侵害国家的、集体的财产，侵害他人财产、人身的，应当承担民事责任。没有过错，但法律规定应当承担民事责任的，应当承担民事责任。”

此,司法实践者需开展必要的事实认知和价值判断。

第二,要恪守对无过错责任的严格适用。目前,我国法律规定了如产品缺陷、高度危险作业、环境污染,饲养动物、建筑物倒塌等适用无过错责任的情形。无过错责任之适用,其条件为:有损害事实的客观存在,当事人不存在过错,特殊侵权行为与损害事实之间构成因果关系,侵权行为与免责事由具有法定性。司法实践中,需恪守两个适用关键点:其一,必须有法律明文的特别规定时方得适用;其二,由被告就免责事由予以举证。

第三,要注意对公平责任的审慎适用。公平责任通常适用于非因加害人过错所致的一般侵权行为,其具体适用情形为:针对造成的损害当事人均没有过错,亦不符合法定无过错责任之特别规定,但若不赔偿受害人又显失公平。司法实践中,要审慎适用公平责任,其中需特别注意两点:其一,损害的程度应较为严重,若为轻微损失,受害人自行承担与公平原则不悖;其二,人民法院应依照法律的规定由双方分担损失。法律没有规定的,根据案件具体事实情况、当事人财产状况等因素合理确定公平分担的比例。

**【司法案例】**

**案例一**

### 李万建诉如皋市福欧超市生命权、健康权、身体权纠纷案①

**诉讼结论:**因产品缺陷造成的人身损害,李万建有权要求销售者承担无过错责任,由于李万建对延迟治疗有一定过失,人民法院依法②判决如皋市福欧超市向李万建承担90%的损害赔偿。

本案中,原告李万建与案外人李爱华系朋友关系,李爱华在如皋市福欧超市购买烟花庆生,第三人张志安操作时,烟花出现异常燃放状态,导致旁边观看的李万建等多人受伤。根据相关国家强制标准,该烟花属于缺陷产品,由此导致的产品责任循无过错责任原则,受害人李万建有权要求生产者或销售者承担损害赔偿责任。本案中,李万建选择将如皋市福欧超市作为被告,人民法院即依据法律规定的无过错原则,判决被告承担相应责任。

---

① 江苏省如皋市人民法院(2015)皋开民初字第1416号民事判决书。

② 《侵权责任法》第43条第1款规定:"因产品存在缺陷造成损害的,被侵权人可以向产品的生产者请求赔偿,也可以向产品的销售者请求赔偿。"

**案例二**

## 襄记华、李启珍诉吕春伟财产损害赔偿纠纷案[①]

**诉讼结论：**双方对于损害的发生均无过错，人民法院依法[②]判决吕春伟对原告损失承担40%的责任。

吕春伟的旧屋与原告家相邻，某日旧屋二楼发生火灾，导致原告的房屋及大部分生产、生活物品被烧毁。根据消防大队现场勘查认定，此次火灾起火原因不明，因此无法认定相邻各方对造成的损害存在过错，同时，该案亦不属于法律规定的适用无过错责任之情形。但是，本案中原告因火宅受损严重，无其他可居住房屋，考量到从被告处起火蔓延造成房屋受灾的事实，循公平责任原则，法院判决被告分担原告损失40%的份额。

**第一百七十七条　二人以上依法承担按份责任，能够确定责任大小的，各自承担相应的责任；难以确定责任大小的，平均承担责任。**

**【条文主旨】**

本条是关于按份责任的规定。

**【条文理解】**

《民法典》"总则编"于民事责任一章中，列专条规制按份责任的适用，完善了民事责任的内容。在《民法典》"总则编"民事责任一章里明确按份责任，与之前的司法解释及相关立法可达成对接。再观察我国的司法实践，有对按份责任之约定的裁判，也有在侵权案件中的认定，比如除共同侵权行为应承担连带责任外，在"多因一果"数人侵权的案件中，其他数人的侵权行为应承担按份责任，这种处理方式亦得到了学界较为一致的认可。因此，在民事基本立法中，按份责任应有自己独立的单列式条文，《民法典》第177条的规定，即是对司法实践及学术通识的回应。

"按份责任"亦称为"分割责任"，其对称概念为"连带责任"。"按份责任"，指两个或两个以上的民事主体依法各自承担一定份额的民事责任，责任人按自己的份额向债权人承担清偿责任，责任人间不存在连带关系。就同一债务，每个按份

---

① 云南省晋宁县人民法院(2015)晋法民初字第595号民事判决书。

② 《民法通则》第132条规定："当事人对造成损害都没有过错的，可以根据实际情况，由当事人分担民事责任。"

责任人只承担规定或约定的特定份额,对其他责任人的份额不负责;相应地,权利人只能针对该责任人的责任份额请求执行。

这里,对某个按份责任人产生效力的免责事由具有特定指向性,并不当然地对其他责任人发生效力;某个按份责任人完成履行后,这一特定的责任份额即消灭,不影响其他责任人份额的存续。按份责任人应负的责任比例,在缺乏法律明文规定和当事人约定的情况下,应依据行为人的过错程度以及行为之原因力,同时考量行为人的经济状况等因素来确定,能分清各自责任大小的,按份责任人分别承担对应的责任。难以按照前述标准判定责任比例的,依循公平原则,按份责任人平均承担。

**【司法适用】**

在司法适用中,要注意以下问题及争议点:

第一,按份责任存在的领域问题。按份责任,可来自合同领域,即为合同约定的内容,如共同保证的保证人与债权人约定保证份额;亦可出现在侵权的领域,如按照《人身损害赔偿解释》,间接结合的侵权行为由行为人承担按份责任①。由于存在明确的约定,前者的认定较为清晰,相形之下,侵权案件的处理则相对复杂一些,需就侵害行为结合的直接性或间接性予以判识,以区分按份责任与连带责任。

第二,按份责任判决可否连带执行的问题。在我国的司法判决中,出现过在民事判决书中明确划分了共同侵权人的责任份额,同时就执行问题又判决共同侵权人负连带赔偿责任的案例。对此,有不同的认知。一派意见指出:判决书已经确定了各被执行人各自应当承担的赔偿数额,法院应该严格执行,不能因为某个被执行人不履行份额而连带执行已经履行按份义务的被执行人,否则既显失公平,又缺乏可操作性。另一派意见则坚持:按份执行与连带执行并不矛盾,按份执行先行,当某个被执行人不履行按份责任时,可以对其他被执行人连带执行。此问题该如何认知,尚需司法解释进一步的明确。

第三,按份责任内部是否具有求偿权的问题。此问题建立在肯认按份责任判决可连带执行的基础上,就此主题,长期存在争议。一派意见主张:循民法的基本

① 《人身损害赔偿解释》第3条规定:"二人以上共同故意或者共同过失致人损害,或者虽无共同故意、共同过失,但其侵害行为直接结合发生同一损害后果的,构成共同侵权,应当依照民法通则第一百三十条规定承担连带责任。二人以上没有共同故意或者共同过失,但其分别实施的数个行为间接结合发生同一损害后果的,应当根据过失大小或者原因力比例各自承担相应的赔偿责任。"

原理以及《民法通则》第 87 条[①]内容,立法仅明确了连带责任一方履行全部义务后,享有向另一方追偿的权利,而未规定按份责任一方履行全部义务后的此项追偿权。另一派意见则提出:在处理民事纠纷时,法律有明确规定的,按照规定处理,在法律规定不具体或者无规定时,则应依公平原则做出,针对按份责任的内部求偿权,尽管法律法规及相关司法解释并未明确,但在案件中,如果部分侵权人已先行垫付全额赔偿费用,向法院起诉要求其他侵权人分担赔偿责任时,依照《民法通则》第 4 条民事活动遵循公平原则的规定,应确认内部追偿权,如此裁决,方能兼顾和平衡各方当事人的利益。

**【司法案例】**

**案例一**

**李开棣诉中建四局第三建筑工程有限公司、王贵华、赤水市交通运输局机动车交通事故责任纠纷案[②]**

**诉讼结论:**中建四局第三建筑工程有限公司(以下简称中建四局)、王贵华向李开棣承担按份赔偿责任。

本案中,王贵华未佩戴头盔驾驶摩托车,意外撞上中建四局堆放于公路上的石粉,导致乘车人李开棣重型颅脑损伤。交警部门确认了王贵华未戴安全头盔,中建四局未在石粉堆附近设置警示标志的事实。由此,人民法院判定王贵华、中建四局均违反了《道路交通安全法》的相关规定,对事故的发生皆有过错,就李开棣的人身伤害,二者分别承担 60% 和 40% 的按份赔偿责任,赤水市交通运输局并非施工方也无过错,因此不承担责任。

**案例二**

**安徽创新物流有限公司诉梁先文、杜忠良追偿权纠纷案[③]**

**诉讼结论:**判决杜忠良与梁先文承担连带赔偿责任,但当事人达成执行和解协议,杜忠良与梁先文承担按份责任。

本案中,事故货车实际车主为梁先文,杜忠良系梁先文雇用的驾驶员,该车登记在原告创新物流公司舒城分公司(以下简称创新公司)名下从事营运。杜忠良

---

① 《民法通则》第 87 条规定:"负有连带义务的每个债权人,都负有清偿全部债务的义务,履行了义务的人,有权要求其他负有连带义务的偿付应当承担的份额。"

② 贵州省遵义市中级人民法院(2016)黔 03 民终字 1015 号民事判决书。

③ 安徽省合肥市中级人民法院(2015)合民一终字第 02422 号民事判决书。

酒后驾驶货车与康申宏驾驶的车辆发生碰撞，造成康申宏受伤，经公安交警部门责任认定，杜忠良负事故全责。事故发生后，创新公司承担了相关赔偿责任，并起诉向杜忠良与梁先文追偿。在执行过程中，康申宏分别与梁先文和创新公司达成《和解协议》约定“将连带责任以按份责任承担”。本案各方当事人自愿协商，将判决中的连带责任变更为按份责任，从利于定分止争的角度，此意思自治的内容并无不妥。可见，不仅按份责任中份额的分担可循当事人合意（或依事前约定，或在事后协商），民事责任的承担方式亦可按意思自治原则予以变更。

**第一百七十八条　二人以上依法承担连带责任的，权利人有权请求部分或者全部连带责任人承担责任。**

**连带责任人的责任份额根据各自责任大小确定；难以确定责任大小的，平均承担责任。实际承担责任超过自己责任份额的连带责任人，有权向其他连带责任人追偿。**

**连带责任，由法律规定或者当事人约定。**

**【条文主旨】**

本条是关于连带责任的规定。

**【条文理解】**

条文中的“连带责任”指两个或两个以上的民事主体按照法律规定或合同的约定，对其共同债务予以全部承担或部分承担，责任人间存在连带关系，并能由此引起其内部债务关系的民事责任。鉴于连带责任人与权利人之间存在不可分之债，因此，权利人有权请求其中部分或全部连带责任人承担责任。面对权利人的要求，连带责任人就此共同债务必须不分份额地履行清偿义务。权利人请求的连带责任人完成一次性全部给付后，连带责任人与权利人间的债务关系归于消灭。

连带责任人间的内部关系一般依按份责任的原则处理，即连带责任人各自应负的责任比例，在无法定和约定的情形下，应依据行为人的过错程度以及行为之原因力，同时考量行为人的经济状况等因素来确定。能分清各自责任大小的，连带责任人分别承担对应的责任，无法判定的，责任人平均承担。连带责任人向权利人履行义务后，承担的责任超出自己的应负比例时，连带责任人有追偿权，可向其他连带责任人要求偿还超过的部分；未超过自己应分担部分的，不能主张追偿权。

**【司法适用】**

在司法适用中，必须注意以下要点：

第一，法官的自由裁量问题。连带责任的类型涵括主体关联型、主观关联型、不可分责任型、政策或价值目标型连带责任，立法对各种具体情形予以细化，如共同侵权行为、共同危险行为、董事和公司、产品责任、名人代言、挂靠关系、保证、合伙、代理的连带责任等。然而，较之现实，立法无法穷尽，此时，法官能否运用自由裁量权进行推定？就此问题，虽法未言明，但学界通说主张，作为一种严格责任，连带责任之适用应基于谨慎态度，法官不可持自由裁量权任意推定。但需指出的是，在具体司法适用时，法官可结合自身的价值与判断认定事实问题；另外，类型化的连带责任规定比较概括时，自由裁量的限制亦可以适度松动。[①]

第二，提高诉讼效率的问题。在诉讼形式上，针对因连带债务引起的诉讼，我国司法实践多将其列入必要的共同诉讼，即当事人都必须作为共同的原告和共同的被告进入诉讼，否则，人民法院依据《民事诉讼法》及相关规定通知其参加诉讼。就同时参诉的各责任人，法院应作出统一的判决，或为胜诉或为败诉，同时，明晰各责任人的责任份额。采用这种司法判案模式，不仅能克服多余之诉的讼累困境，且大幅度提高诉讼效率，促使全体诉讼参与人尽快退出诉讼，避免产生相互矛盾的判决。

第三，放弃行为效力的问题。连带责任关系中，权利人对全体责任人表示免除全部债务时，其债之关系归于消灭。若权利人放弃对部分连带责任人的执行，其行为的影响效果是什么呢？根据关于共同侵权的司法解释(《人身损害赔偿解释》)，赔偿权利人在诉讼中可以放弃对部分共同侵权人的诉讼请求，就被放弃诉讼请求的被告应当承担的赔偿份额，其他共同侵权人不承担连带责任。对此，学界的解析为：该放弃行为的效力不能成为加大其他连带责任人执行负担的原因，否则会造成权利人与部分连带责任人恶意串通损害其他连带责任人的情况。[②]

---

① 如在之前的司法实践中，针对共同侵权连带责任，由于《民法通则》《侵权责任法》和司法解释等规定都较为简单抽象，为定分止争，在部分案件中，法官有限度地行使了自由裁量权。

② 权利人因为放弃对部分连带责任人的执行所产生出的执行负担不能分摊到其他的连带责任人身上，换言之，权利人放弃对某一责任人的执行请求权产生对该责任人责任免除的法律后果。彭熙海：《论民事连带责任案件的执行》，载《湘潭大学学报》(哲学社会科学版)2013 年第 3 期。

**【司法案例】**

**案例一**

## 朱小玲诉朱卫华、朱声高等提供劳务者受害责任纠纷案[①]

**诉讼结论：**结合各侵权人的过错程度、行为后果和获利情况，人民法院依法[②]判定朱小玲、黄龙兵、朱卫华、朱声高承担责任的比例为2∶2∶3.5∶2.5，黄龙兵、朱卫华、朱声高对朱小玲承担连带赔偿责任。

本案中，黄龙兵将用于自居的房屋建设发包给无建筑资质的朱卫华，朱卫华违法承揽后，将墙体工程分包给无砖匠资质的朱声高，朱声高雇请朱小玲做小工，施工中朱小玲被翻斗车里的砖砸伤。黄龙兵承担选人不当的过错责任，且其作为受益人的房主，应对朱小玲进行相应赔偿。朱小玲与朱声高之间为雇佣关系，雇员在从事雇佣活动中遭受人身损害的，雇主应当承担赔偿责任。朱卫华、朱声高在承揽建房时具有相应的利益，两人未对朱小玲等人进行安全教育，也未对其提供相应的安全防护用品，上述过错是造成本次事故的主要原因，应承担连带赔偿责任。朱小玲做工时安全意识不强，自身存在一定过错，应适当减轻三被告的赔偿责任。

**案例二**

## 汇通信诚租赁有限公司诉邵永福、邵翔伟合同纠纷案[③]

**诉讼结论：**邵永福向汇通信诚租赁有限公司（以下简称汇通公司）支付融资款及滞纳金，邵翔伟对此承担连带清偿责任。

本案中汇通公司向邵永福提供融资款用于购买汽车，双方签订了《汽车租赁合同》和《抵押合同》。邵永福以所购买车辆作为该融资款的抵押物，对租赁合同项下的全部债务提供担保，双方办理了抵押登记手续。邵翔伟作为保证人在《汽车租赁合同》上签名，为该笔款项承担连带保证责任。后邵永福逾期未支付融资款，应承担违约责任，邵翔伟作为保证人，对此承担连带清偿责任。

---

① 安徽省太湖县人民法院(2015)太民一初字第00132号民事判决书。

② 《侵权责任法》第6条规定："行为人因过错侵害他人民事权益，应当承担侵权责任。根据法律规定推定行为人有过错，行为人不能证明自己没有过错的，应当承担侵权责任。"《侵权责任法》第26条规定："被侵权人对损害的发生也有过错的，可以减轻侵权人的责任。"

③ 宁夏回族自治区贺兰县人民法院(2016)宁0122民初字1473号民事判决书。

**第一百七十九条　承担民事责任的方式主要有：**

**（一）停止侵害；**

**（二）排除妨碍；**

**（三）消除危险；**

**（四）返还财产；**

**（五）恢复原状；**

**（六）修理、重作、更换；**

**（七）继续履行；**

**（八）赔偿损失；**

**（九）支付违约金；**

**（十）消除影响、恢复名誉；**

**（十一）赔礼道歉。**

**法律规定惩罚性赔偿的，依照其规定。**

**本条规定的承担民事责任的方式，可以单独适用，也可以合并适用。**

**【条文主旨】**

本条是关于承担民事责任的方式的规定。

**【条文理解】**

本条具体列举的十一种方式为民事责任的主要承担方式，除此之外，还有其他担责方式可适用，比如《民法典》第七编侵权责任中自甘风险的规定。[①] 实践中，根据具体情况，各种承担民事责任的方式，可以单选其一独立适用，亦可几种方式集中一起运用。

具体而言，条文中表明的十一种方式之含义如下：

（1）“停止侵害”，是指针对加害人正予实施的侵害他人之行为，为保护财产或人身的合法权益，受害人有权要求其停止这种侵害行为。

（2）“排除妨碍”，是指针对妨碍他人行使民事权利或者享有民事权益的行为，被侵权人可依法请求侵权人排除这种妨害、障碍性行为。

（3）“消除危险”，是指针对他人的人身、财产安全，行为人之行为形成了潜在

---

① 《民法典》第1176条规定，自愿参加具有一定风险的文体活动，因其他参加者的行为受到损害的，受害人不得请求其他参加者承担侵权责任；但是，其他参加者对损害的发生有故意或者重大过失的除外。活动组织者的责任适用《民法典》第1198～1201条的规定。

的威胁，对此，权利人可请求其采用有效措施来消除危险。

(4)"返还财产"，是指就非法侵占他人财产的行为，被侵权人得依法请求侵权人予以返还。

(5)"恢复原状"有广义与狭义两解，广义层面指恢复到权利被侵害前的原有状态，狭义层面乃指修复损害的财产。鉴于本条将"恢复原状"与"修理、重作、更换""消除影响、恢复名誉"等方式并列，此处的"恢复原状"应指修理、消除影响、恢复名誉之外其他复归原有状态之方式。

(6)"修理、重作、更换"，是指针对不动产或者动产的毁损情况，被侵权人可依法请求侵权人予以修理、重作、更换。

(7)"继续履行"，是指当对方违约不履行合同时，由法院强制违约方继续实际履行合同债务。

(8)"赔偿损失"，是指针对不履行合同义务或不依约履行合同的行为、侵权行为及其他一些民事违法行为，给对方造成财产损失时，受损失方有权主张由违约方(或侵权人)以财产进行赔偿。

(9)"支付违约金"，是指当出现完全不履行或不适当履行债务的情形时，必须依照约定给付对方一定数额的金钱，或给予金钱以外的其他财产。

(10)"消除影响、恢复名誉"，是指在不法行为人给他人造成损害的影响范围内，运用补救手段，为受害人消除不良后果、恢复被损名誉。

(11)"赔礼道歉"，是指针对民事主体受损的人身权(如姓名权、肖像权、名誉权、荣誉权等)，以及受侵害的财产权，请求实施加害的自然人以礼节或者行动赔罪，征得对方的理解和原谅。

要特别指明的是，《民法典》"总则编"第八章在此条处增加了惩罚性赔偿的责任方式，对接了《消费者权益保护法》《侵权责任法》《食品安全法》《药品管理法》等其他法律中已有的惩罚性赔偿规定，贴合了时代的发展。惩罚性赔偿又称为报复性赔偿或示范性赔偿，是指赔偿数额超出实际损害数额的加重赔偿。惩罚性赔偿旨在实现"填补损失 + 惩罚侵权 + 抚慰受害"三重功能，于实际损失弥补之外重罚侵权人，加大救济力度。

回顾立法进程，当年在制定《民法总则》时，关于民事责任方式的条文，曾出现以下主要的争议问题：

第一，针对是否增加"修复生态环境"为担责方式的争论，部分学者认为该方式与“恢复原状”有别，应予增设[①]，鉴于此，《民法总则》草案一审稿和二审稿将其与“恢复原状”并列于一起，[②]然异议声颇大，后《民法总则》草案三审稿又将此内容删除。2019年《最高人民法院关于审理生态环境损害赔偿案件的若干规定(试行)》出台，首次明确规定“修复生态环境”为生态环境损害赔偿方式。但在《民法典》中，我们并未见到“生态修复责任”被单列出来，仍将其视作恢复原状责任在生态环境保护领域的民事责任承担之特别规定。

第二，针对把“停止侵害、排除妨碍、消除危险、返还财产”作为担责方式是否合理的争议。[③] 实际上，这并不是一个新兴议题，在《物权法》与《侵权责任法》起草过程中，前述方式应列为侵权责任承担方式，还是归入绝对权请求权范畴，学界已有激争，[④]但最后两法皆采这四种担责救济方式。《民法总则》制定时，此主题的争论再起，2017年通过的《民法总则》在民事责任章亦规定了以上四种方式，旨在对接、回应《物权法》和《侵权责任法》之行文，前述内容最终亦展现于《民法典》“总则编”中。

**【司法适用】**

在司法适用中，要注意以下适用要点：

第一，关于法官运用释明权的问题。司法适用中，民事责任形式的多种性，使得待救济者的选择亦多样化，侵权或违约行为出现后，侵权方或违约方应担何责，应由受害方或守约方择定。但是，依其利益取向及个案实情作选择时，不得随意要求兼采数种民事责任形式，否则会失之公平。然而，与此同时，亦会出现受救济者理解偏差或认知有限的不智之选，此种情形下，为保证诉讼权利均衡，提升司法效率，法官可向其适度行使释明权，就诉请予以合理规制。比如，合同可得继续履

---

① 这种并列行文方式，旨在将“恢复生态环境”与“恢复原状”相区别，根据环境司法审判经验，“恢复生态环境”具有以下特点：第一，无法恢复原有情状；第二，可以使用替代方案；第三，通常低于原有使用价值和价值。比如砍伐森林导致某特有鸟类灭绝，重植林木后可以代之以其他鸟类，以恢复生态平衡。此派意见的代表学说参见刘士国：《论民法总则之民事责任规定》，载《法学家》2016年第5期。

② 《民法总则》(草案)一审稿及二审稿中的第160条规定：“……(五)恢复原状、修复生态环境。”

③ 部分学者认为《民法总则》集中规定涵括前述方式在内的担责任形式，具有合理性，另一部分学者则持反对意见。比如崔建远指出，《民法总则》将这些皆作为承担民事责任的方式，违反了民事责任的质的规定性，有些与过错责任原则不匹配，可取的方案是将其作为民事权利救济的方式。崔建远：《民法总则应如何设计民事责任制度》，载《法学杂志》2016年第11期。

④ 主要观点参见王利明：《我国侵权责任法的体系构建——以救济法为中心思考》，载《中国法学》2008年第4期；魏振瀛：《民法通则规定的民事责任——从物权法到民法典规定》，载《现代法学》2006年第3期；崔建远：《论物权救济模式的选择及其依据》，载《清华大学学报》(哲学社会科学版)2007年第3期，等等。

行时,守约方却选择了其他违约责任承担方式,此时,从更利于合同目的实现角度,法官应向当事人进行释明,以减轻当事人讼累,节约司法资源。

第二,关于合并运用担责方式的问题。[①] 其中所谓"也可以合并适用"不等于必须合并,因为有些承担民事责任的方式是不能合并运用的,在司法实践中应注意把握。因此,需要厘清一些责任运用的界限:(1)物权保障维度的排除妨碍、物权与知识产权保护维度的消除危险这两种责任形式,无法与支付违约金合并运用;(2)积极侵害已然发生时,或物权行使受障碍时,停止侵害与排除妨碍同时运用的情形亦鲜见;(3)某项民事权利正处于危险状态时,因只有实际侵害之虞,因此,"消除危险"与"停止侵害、排除妨碍、返还财产、恢复原状、消除影响、恢复名誉、赔礼道歉"等形式无法兼用;(4)消除影响、恢复名誉、赔礼道歉的责任形式只适用于姓名权、肖像权、名誉权、荣誉权等人身权遭受侵害的场合,不适用于物权受侵害之情景,因此,这三种责任形式不可能与排除妨碍、消除危险兼用。就此,学者们建议对于民事责任方式的合并适用,《民法典》宜明文设置限制条件,以避免在司法实践中引起的争议。[②]

**【司法案例】**

**案例一**

## 张一诉郑中伟、中国联合网络通信有限公司武汉市分公司建筑物区分所有权纠纷案[③]

**诉讼结论:**张一作为邻居对案涉房屋用途具有利害关系,对是否改变房屋用途具有决定权,郑中伟、中国联合网络通信有限公司武汉市分公司(以下简称联合公司)未经同意擅自将住宅房屋改为经营用途,人民法院依法[④]判决撤销一审判决,郑中伟、联合公司应当恢复房屋住宅用途。

本案中联合公司租赁郑中伟的住宅从事有线光纤传输宽带网络经营服务,依

---

① 《民法总则》第179条第3款规定:"本条规定的承担民事责任的方式,可以单独适用,也可以合并适用。"

② 崔建远:《〈民法总则〉应如何设计民事责任制度》,载《法学杂志》2016年第11期。

③ 湖北省武汉市中级人民法院(2013)鄂武汉中民终字第01019号民事判决书。

④ 《物权法》第77条规定:"业主不得违反法律、法规以及管理规约,将住宅改变为经营性用房。业主将住宅改变为经营性用房的,除遵守法律、法规以及管理规约外,应当经有利害关系的业主同意。"《最高人民法院关于审理建筑物区分所有权纠纷案件具体应用法律若干问题的解释》第10条第1款规定:"业主将住宅改变为经营性用房,未按照物权法第七十七条的规定经有利害关系的业主同意,有利害关系的业主请求排除妨害、消除危险、恢复原状或者赔偿损失的,人民法院应予支持。"

据《物权法》之规定，张一是郑中伟的邻居，属于具有利害关系的业主，两当事人未经张一同意将住宅用房屋改为经营性用途，侵犯了其合法权利，因此，张一有权要求恢复房屋的居住用途，人民法院认定其请求合理合法予以支持。

**案例二**

### 张永红诉长春富春置业有限公司占有物返还纠纷案①

**诉讼结论：**张永红合法购得车库的使用权，其权利应得到法律的保护，人民法院依法②判决驳回长春富春置业有限公司（以下简称富春置业）的上诉，维持原判。

本案中案外人许某某通过公开司法拍卖竞买到该车库，然后将该车库出售给张永红并完成交付，张永红获得车库的占有、使用和收益权。后车库被富春置业以其购买的“经济适用房项目”包含该车库为由占用，但富春置业未能证明经济适用房项目的合法存在。故富春置业的行为构成了对张永红合法权利的侵犯，其理应承担停止侵害、排除妨碍的责任，将车库返还张永红。

**第一百八十条　因不可抗力不能履行民事义务的，不承担民事责任。法律另有规定的，依照其规定。**

**不可抗力是指不能预见、不能避免且不能克服的客观情况。**

**【条文主旨】**

本条是关于不可抗力的规定。

**【条文理解】**

该条意在为因社会生活发展变化而呈现的不可抗力之现象，留出可予认定的立法弹性空间，使法律与时俱进，增强其实用性。同时，针对《民法通则》的结构问题，即在第九章附则第153条对不可抗力予以界定③，关键词的厘定远隔相关条文，有机联系的内容被分置在不同章节板块中，这种立法结构在适用上不够便捷，对此，《民法典》将对不可抗力的科学界定内容归入民事责任章不可抗力的条款

① 吉林省长春市中级人民法院（2016）吉01民终字675号民事判决书。

② 《民法通则》第5条规定：“公民、法人的合法的民事权益受法律保护，任何组织和个人不得侵犯。”《民法通则》第117条规定：“侵占国家的、集体的财产或者他人财产的，应当返还财产，不能返还财产的，应当折价赔偿……”

③ 《民法通则》第153条规定：“本法所称的‘不可抗力’，是指不能预见、不能避免并不能克服的客观情况。”

中,清晰明了,应用方便。

从文义理解层面解析该条,需要注意:

民事主体因为不可抗力而不能履行民事义务的,不承担民事责任,即不可抗力作为法定的免责事由。法律另有规定的,优先适用该规定。不可抗力是独立于当事人意志和行为以外的客观情况,主要涵盖以下现象:一是自然现象,如地震、火灾、水灾、旱灾、风灾、雪灾、山体塌陷等;二是社会现象,如战争、罢工、暴动等。属于不可抗力的客观情况具有的特点为:不能预见、不能避免并不能克服。判断能否预见,可同时或单独运用两种标准:一种乃客观标准,指于具体情形下,一般理智的正常人能否预判,若需具备一定的专业知识,则指拥有此专知禀赋者在正常智识水平下能否预见;另一种乃主观标准,即依据民事主体的年龄发育、智商水平、知识能力、教育状况等主观条件,科学判定其预见性。不可避免,是指针对可能出现的意外情形,虽然民事主体已经给予高度注意,实施必要手段,但客观上却无法阻止其发生。不能克服,是指就某种现象或意外事件造成的损害和损失,尽管民事主体采取了及时、合理的措施,亦无法通过自身力量予以消释或弥补。

在不可抗力的范围界定问题上,就政府行为是否构成不可抗力,学界看法不一。肯定说认为,作为不可抗力的政府行为是指当事人在订立合同以后,由于政府当局颁发新的政策、法律和行政措施而导致合同不能履行。① 否定意见认为:第一,政府行为出现率频繁,涉及面广,易导致对不可抗力的滥用,严重影响经济秩序、腐蚀契约精神;②第二,部分政府行为可以预见,如国务院及其各部委、地方政府颁布行政法规及其他规范性文件时,必然通过媒体公布、宣传,当事人应有时间通过各种途径获知;第三,部分政府行为可以克服,如错误的法令可提请原行政立法机关重新审议而修改或撤销,错误的处罚决定可通过行政复议程序或行政诉讼程序予以解决③。

而针对不可抗力的内容可否自行约定之问题,目前主要有两派观点迥异的见解。第一派为"强制适用说",其意见为:"由于法定不可抗力具有适用的强制性,

---

① 王利明:《违约责任论》,中国政法大学出版社 2003 年版,第 315 页。

② 政府行为不同于立法和司法行为,其内容极为庞杂,其范围涉及国家政治管理、社会管理、经济管理、文化和科学技术管理等各个领域,其形式表现为行政法规、行政规章及其他规范性文件,加之其部门种类繁多,事实上政府行为已经渗透到合同当事人的订约与履约行为中,当事人自协商订立合同之日起,就无时无刻不受到政府行为的管理与调控,合同各方是在必须承受政府行为的基础上缔约、履约的,如果以政府行为作为不可抗力请求免责,显然太过泛滥。

③ 刘凯湘:《权利的期盼 · 论不可抗力》,法律出版社 2003 年版,第 56 页。

当事人是否在合同中做出约定不影响其适用,当事人更不能在合同中约定排除法定不可抗力的适用。"第二派为“需予约定说”,其中又分为任意约定论与具化约定论,前者主张:“法律对于不可抗力的规定不属于强制性规定,本着民法意思自治的原则,当事人可以在合同中任意约定相互的权利义务,其可以通过设定担保条款的方式来规定不可抗力所造成的损害由债务人承担”;后者表明:“各国《合同法》均将不可抗力规定为合同之免责事由,但难以具体规定不可抗力之内容和适用范围,由此要求当事人于合同之中约定不可抗力条款,并详细列举不可抗力的具体事由和范围”。①

**【司法适用】**

首先,在个案中,要结合不可抗力的三个特征(不能预见、不能避免和不能克服),准确认定是否属于不可抗力的情形。在我国,不可抗力的判定方法之争早已有之,以史尚宽为代表的学者采客观标准论,主张对不可抗力的判定应依据事件的客观情况,该派观点指出:不可抗力是偶然发生的,在当事人的意识行为之外,与其主观意志无关②。以谢郑宇、李静堂为代表的学者持主观标准论,该派意见认为,当事人已尽最大注意,且使用了当时的一切手段,但仍不能防止事件之发生,即构成不可抗力③。以佟柔为代表的学者取折中论,指出:一方面,要重视不可抗力的客观性,即不受当事人意志的控制;另一方面,又要考虑当事人主观上是否尽到了应有的注意义务,来判断是否可以适用不可抗力免责④。

在司法适用中,需把握不可抗力的以下性质来进行判定:第一,客观性。不可抗力之出现,无法预先知晓,超出现有的认知能力范围,即与人的主观行为无关。第二,外在性。不可抗力中的事件,乃当事人行为之外的事件,其造成的损害,不以当事人的意志为转移。第三,关联性。不可抗力作为一种客观情况,应发生在需履行民事义务的期间内,导致了民事义务无法履行。

其次,要厘清不可抗力与情势变更的关系。⑤ 在我国,情势变更原则曾面对了学界长时间的理论纷争,经过司法实践探索,2009 年的司法解释出台了成文规定

---

① 两者不同之处在于,前者从根本上否认不可抗力为强制规定的性质,给予当事人任意自由约定的权利,而后者是在法定免责事由的基本框架内进行细化。

② 史尚宽:《债法总论》,中国政法大学出版社 2000 年版,第 53 页。

③ 谢郑宇、李静堂:《民事责任》,中国法制出版社 2001 年版,第 128 ~ 129 页。

④ 佟柔:《中国民法》,法律出版社 1990 年版,第 257 页。

⑤ 沈德咏主编:《关于合同法司法解释(二)理解与适用》,人民法院出版社 2009 年版,第 202 页。

予以明确。[①]《民法典》"合同编"第533条规定:"合同成立后,合同的基础条件发生了当事人在订立合同时无法预见的、不属于商业风险的重大变化,继续履行合同对于当事人一方明显不公平的,受不利影响的当事人可以与对方重新协商;在合理期限内协商不成的,当事人可以请求人民法院或者仲裁机构变更或者解除合同。人民法院或者仲裁机构应当结合案件的实际情况,根据公平原则变更或者解除合同。"由此得见,《民法典》吸纳了《合同法解释(二)》的相关内容。然而,王利明教授认为,从比较法上来看,确实有一些大陆法系国家的法律区分了情势变更与不可抗力,但在实践中作出这种区分是非常困难的。[②] 譬如王轶教授主张不可抗力规则与情势变更制度不是一个维度上的问题。[③] 即不可抗力为因,情势变更制度为果,"因"与"果"的比较,当然无法进行。但在司法实践中,不可抗力与情势变更的界限模糊,有时容易混淆,甚至有的学者因为"区分是非常困难的"而知难而退或者试图逃避。在对不可抗力与情势变更划清界限的问题上,就不可抗力之认定,既适用于合同案件[④],又适用于侵权案件[⑤],但就情势变更之考量,只能适用于合同案件,因此,界分二者的考察角度,应在合同领域。

具体处理合同纠纷时,我们要注意二者间的以下区别:第一,适用情形不同。不可抗力条款适用于合同不能履行的情形,而情势变更原则适用于合同仍能够履行的情形,但履行后抑或显失公平、抑或无法实现合同目的。第二,法律功能不同。遭遇不可抗力后,当事人承担及时通知对方并证明事实发生的责任,同时需履行防止损害扩大的义务,此时,基于不可抗力乃法定免责事由的性质,即可免除或减轻违约责任。但情势变更原则并非法定免责事由,其功能在于使当事人享有提请人民法院变更或者解除合同的请求权,若法院驳回诉请,则该当事人仍应继

---

① 2009年,最高人民法院在《合同法解释(二)》第26条中明示:"合同成立以后客观情况发生了当事人在订立合同时无法预见的、非不可抗力造成的不属于商业风险的重大变化,继续履行合同对于一方当事人明显不公平或者不能实现合同目的,当事人请求人民法院变更或者解除合同的,人民法院应当根据公平原则,并结合案件的实际情况确定是否变更或者解除。"

② 王利明:《情事变更制度若干问题探讨——兼评〈民法典合同编(草案)〉(二审稿)第323条》,载《法商研究》2019年第3期。

③ 王轶:《新冠肺炎疫情、不可抗力与情势变更》,载《法学》2020年第3期。

④ 《合同法》第94条规定:"有下列情形之一的,当事人可以解除合同:(一)因不可抗力致使不能实现合同目的……"《合同法》第117条规定:"因不可抗力不能履行合同的,根据不可抗力的影响,部分或者全部免除责任,但法律另有规定的除外。当事人迟延履行后发生不可抗力的,不能免除责任。本法所称不可抗力,是指不能预见、不能避免并不能克服的客观情况。"

⑤ 《侵权责任法》第29条规定:"因不可抗力造成他人损害的,不承担责任。法律另有规定的,依照其规定。"

续履行合同义务。

**【司法案例】**

**案例一**

### 付浪、蒋萍、张应鸿、贵州盛世煤炭销售有限公司、何吉权诉张洪毅与姜伟合同纠纷案①

**诉讼结论**:政府调整产业政策不属于不可抗力免责的事由,而属于理性民事主体足以预见到的风险情形,人民法院依法②判决张应鸿等应承担违约责任并支付违约金。

本案中杨梅龙泰煤矿的投资人代表张应鸿等与姜伟达成合作投资协议,约定由姜伟先行向张应鸿等支付5000万元,用于清偿煤矿债务等,该约定合法有效,对双方均产生法律约束力。后双方终止合作并约定:互不承担法律责任,张应鸿方应无息返还已支付的5000万元款项。张应鸿等未能按约返还,并以煤矿行业政策调整属于不可抗力为由拒绝承担违约责任。实际上,作为长期从事商业活动的投资人,国家对煤矿行业的政策调整显然没有超出其预见能力,故煤矿行业政策不属于不可抗力。

**案例二**

### 王玉海诉文登中盛房地产开发有限公司商品房预售合同纠纷案③

**诉讼结论**:文登中盛房地产开发有限公司(以下简称文登中盛公司)以下雪天气主张延期交付房屋并据此主张免除或减轻违约责任,理由不当,人民法院依法④判决驳回上诉,维持原判。

本案中文登中盛公司和王玉海在双方签订的《商品房买卖合同》中约定,除不可抗力外,文登中盛公司应按时交付商品房,后文登中盛公司未按时交房。上诉

① 最高人民法院(2015)民一终字第181号民事判决书。

② 《合同法》第117条规定:"因不可抗力不能履行合同的,根据不可抗力的影响,部分或者全部免除责任,但法律另有规定的除外。当事人迟延履行后发生不可抗力的,不能免除责任。本法所称不可抗力,是指不能预见、不能避免并不能克服的客观情况。"

③ 山东省威海市中级人民法院(2015)威民一终字第1159号民事判决书。

④ 《民法通则》第153条规定:"本法所称的'不可抗力',是指不能预见、不能避免并不能克服的客观情况。"《合同法》第117条规定:"因不可抗力不能履行合同的,根据不可抗力的影响,部分或者全部免除责任,但法律另有规定的除外。当事人迟延履行后发生不可抗力的,不能免除责任。"

人以下雪等天气原因和有关部门要求停工属于“不可抗力”为由，请求人民法院酌情调低违约金。法院认为，虽然天气因素对施工进度的确会造成影响，但该因素是建筑行业内施工时间长短之必然考量，北方冬季下雪亦属正常天气现象，并非不能预见。文登中盛公司作为专业的房地产开发商，其在合理预计工期时，未能事先扣除天气因素可能影响的工期，因此，该公司主张不可抗力缺乏必要依据。

**第一百八十一条　因正当防卫造成损害的，不承担民事责任。**

**正当防卫超过必要的限度，造成不应有的损害的，正当防卫人应当承担适当的民事责任。**

**【条文主旨】**

本条是关于正当防卫的规定。

**【条文理解】**

《民法典》的此条规定与《民法通则》第128条[①]内容相同，仅在行文中增加文字，强调了正当防卫超过必要限度造成不应有的损害时，应当承担适当民事责任的主体为“正当防卫人”。应该说，此法条是对《民法通则》同一主题内容的肯定与重申。

回溯历史进程，随着正当防卫的认知界定从简单的私人报复演变为受法律保护的行为，我们观察到：民事立法对遭遇危险时实施自我抗击保护的认可，契合了民法以人为本位、关怀人文的伦理基础。考察当年《民法通则》此条的立法背景，我们也清晰地看到：正当防卫是人们在面对生命、财产等危险时的本能抗御性反应，由于公力救济无法及时提供保护，遭遇困境的危机情势下，公民运用自身力量进行还击，避免生命、财产受到侵害，就此情形，民法必须予以保护，这凸显了民法保障人之自由和尊严的核心精神。

而此次《民法典》未改动《民法通则》的行文内容，再次以基本法的姿态表明：通过对正当防卫致害行为的不法性之排除，对正当防卫行为予以保护，是民法以人的独立、自由、平等为价值追求之私法秩序的需要。允许民事主体在必要的合理限度内使用自我保护手段，有利于民事纠纷的快速处理，免去了事后解决方式的成本耗费，维护了社会的和谐稳定。

---

① 《民法通则》第128条规定：“因正当防卫造成损害的，不承担民事责任。正当防卫超过必要的限度，造成不应有的损害的，应当承担适当的民事责任。”

从文义理解层面，需要注意：本条与《民法通则》第128条规定基本相同；其中关于正当防卫的认定适当参考《刑法》第20条关于正当防卫的规定。“正当防卫”，是指当本人或他人合法利益、公共利益、国家利益正遭受不法侵害时，民事主体所实施的本能性防御保护措施。法律赋予民事主体自卫权利，肯认支持其依靠自身力量抵抗不法侵害，即《民法典》“总则编”通过明确正当防卫造成损害者不承担民事责任，为自我保护的民事主体提供法律保障。

正当防卫的行为是有适度边界的，这种“必要的限度”是指：第一，在程度上，防卫行为正好足以制止不法侵害；第二，在时间上，须以不法侵害行为存在且在进行中为条件；第三，在必要性上，防卫方式没有替代办法，且来不及采用其他合法手段；第四，在对象上，必须针对不法侵害人或其财产。正当防卫不能超越必要的限度范围，对不法侵害人造成不应有的危害。若越界导致本不应发生的损害时，正当防卫人应承担适当的民事责任。

**【司法适用】**

第一，防卫起因的认知问题。正当防卫人所面对的民事侵害行为，应为客观之现实存在，否则为假想性防卫。同时，侵害行为应具有一定程度的“侵害紧迫性”。刑法领域的正当防卫，旨在鼓励公民与违法犯罪斗争，其视一般的暴力性及破坏性行为具有“侵害紧迫性”；但在民法领域，认定的是平等主体间的正当防卫，因此侵害紧迫性标准应更加严格。司法实践中，要从侵权行为的紧急突发性和难以补救性两个角度来衡量紧迫性程度，而针对稳定、持续的行为实施的防卫，不能成立正当防卫。

第二，防卫时间的认定问题。事前防卫与事后防卫都应排除在外，前者指防卫行为实施于民事侵害行为发生前，后者则存在于侵害结束后。这两个时间阶段对侵害人造成的人身及财产损害，所谓的“防卫人”均应对其承当侵权责任。侵害人对其自身损害有过错的，应循“过失相抵”的原则担责。

第三，损害程度的判识问题。法条中指出，正当防卫不能导致不应有的损害，在司法实践的界定中，不应有的损害指扩大的损害，乃超出一般人想象的损害，是加大的损害。即防卫人在保护自己的财产和人身利益基础上，对侵害人采取过度抗御措施，造成侵害人自力救济不能行使。如侵害人已经放弃了伤害行为，侵害目的无法实施时，防卫人仍采取过激的行为保护自己造成的损害。

第四，适当担责的处理问题。正当防卫超过必要的限度，造成不应有的损害的，正当防卫人应当承担适当的民事责任。此处的适当责任要根据具体情况分析，可以是全部赔偿责任，可以是部分补偿责任。当民事侵害行为人力度过猛，导致防卫人无法预料自己防卫方式之强度，从而致过度损害时，应承担部分补偿责任;而当防卫人将防卫行为转变成主观恶意较大的过错行为时,应该承担赔偿责任。

**【司法案例】**

**案例一**

## 夏秀芬诉肖坤许健康权纠纷案[①]

**诉讼结论:**夏秀芬使用木棍击打他人存在过错,肖坤许的伤害行为不构成正当防卫,人民法院依法[②]判决夏秀芬承担10%的损害责任,肖坤许承担90%的侵权责任。

本案中夏秀芬听闻其丈夫在茶馆被肖坤许殴打后匆忙赶到现场,其参与打斗过程中,身体多处受到肖坤许殴打致伤。肖坤许实施的殴打行为与夏秀芬受伤具有因果关系,侵害了夏秀芬的健康权,应当依法赔偿夏秀芬的医疗费、护理费、交通费等为治疗和康复支出的合理费用以及因误工减少的收入。因夏秀芬在丈夫被他人殴打时帮助丈夫属人之常情,且考虑到正当防卫的起因条件和限度条件,故肖坤许的伤害行为明显不构成正当防卫,其应当承担相应的侵权责任。

**案例二**

## 罗远相诉黄新生命权、健康权、身体权纠纷案[③]

**诉讼结论:**由于黄新的行为发生在罗远相殴打行为结束之后,人民法院依法[④]判决黄新不构成正当防卫,其应当赔偿罗远相各项损失。

本案中罗远相在与黄新之妻潘小妹就门店装修事宜协商无果时不够冷静,先行动手殴打潘小妹,引起矛盾激化,黄新一怒之下用砖头将罗远相砸伤。综合双方当事人的过错程度,罗远相遭受的损害应由黄新承担主要责任。因为就正当防卫的时间要素来看,黄新赶到现场时,罗远相殴打黄新妻子的侵害行为已经结束,所以不符合正当防卫之构成要件。但必须指出,罗远相因口角首先动手殴打他人,故对侵害的发生存在过错,依法应减轻黄新的赔偿责任。

---

① 四川省蓬溪县人民法院(2014)蓬溪民初字第1752号民事判决书。

② 《民法通则》第128条规定:"因正当防卫造成损害的,不承担民事责任。正当防卫超过必要的限度,造成不应有的损害的,应当承担适当的民事责任。"

③ 湖北省大悟县人民法院(2015)鄂大悟民初字第00257号民事判决书。

④ 《侵权责任法》第6条规定:"行为人因过错侵害他人民事权益,应当承担侵权责任。根据法律规定推定行为人有过错,行为人不能证明自己没有过错的,应当承担侵权责任。"《侵权责任法》第26条规定:"被侵权人对损害的发生也有过错的,可以减轻侵权人的责任。"

**第一百八十二条　因紧急避险造成损害的，由引起险情发生的人承担民事责任。**

**危险由自然原因引起的，紧急避险人不承担民事责任，可以给予适当补偿。**

**紧急避险采取措施不当或者超过必要的限度，造成不应有的损害的，紧急避险人应当承担适当的民事责任。**

**【条文主旨】**

本条是关于紧急避险的规定。

**【条文理解】**

此条是对《民法通则》同一内容的重申与完善。紧急避险是指为了公共利益、本人或者他人的人身、财产或者其他合法利益避免因正在发生的危险而可能遭受的损害，不得已采取的必要避让危险的措施的行为。紧急避险的根本特征为：遭遇正在发生的急迫危险时，为一利益而被迫损害另一利益。针对人为造成的紧迫险情，采取紧急避险措施导致损害时，紧急避险人无须担责，这里，致损的责任承担人为引起险情发生的人，即引发险情者为真正的侵权行为人，如车祸事故责任方、火灾纵火者等。若危险源于自然原因，紧急避险造成损害的，紧急避险人也不用承担民事责任，但可按照公平分担之原则，由紧急避险人对因避险引致的损失予以合理的经济补偿。

紧急避险应有行为边界，不能运用不当措施或超过必要的限度，通常情况下，紧急避险人应牺牲较小的法益来保全较大的法益，即注意采取适当的手段，发生尽可能小的损害。若超越合理的行为边界，紧急避险过当导致本不应发生的损害，紧急避险人应承担适当的民事责任。

在该条文的制定过程中，出现的主要争议点为——避险人与受益人不一致时责任的承担问题。就此，部分学者指出：避险人为了使他人（包括国家、集体）的民事权益免遭正在发生的、实际存在的危险而实施紧急避险行为，此种危险因自然原因引起，避险人又不存在避险不当的情形，避险行为给他人或者避险人自身造成了损害，由谁分担损害后果不无疑问。如果此时受益人不给予适当补偿，显然对避险人有失公允。① 在此问题上，有观点认为：如果受益人是第三人，对危险的发生和避险行为都没有过错，就需要适用无因管理制度来确定受益人、避险人和

① 张新宝、宋志红：《论侵权责任法中的补偿》，载《暨南学报》2010 年第 3 期。

受害人之间的关系。[①] 对此,立法过程中学界还有如下建议:由自然原因引起紧急避险造成损害的,受益人应当全额补偿受害人的损失;如果避险行为人不及时报警并提供真实情况的,负少量的连带补偿责任;当然,受益人确实无法全额补偿的,法官可以多加调解措施。

**【司法适用】**

在司法实践中,要注意以下适用要点与争议问题:

第一,权益的冲突与取舍问题。紧急避险之正义合理性,根源于两种合法权益不能同时兼顾的情形下,牺牲较小者以保全较大者。司法实践中,衡定取舍的一般原则为:高度重视生命健康与人格尊严;优先关照社会公共利益;公序良俗、公共道德作辅助判断标准。[②] 具体运用时,财产与人身权益之冲突,取后者;财产权益之冲突,可采比较经济价值高低等法;但若涉及人身权益的冲突,则难以进行比对,甚至会面临道德危机,需要法院根据个案实际情况,公正判断紧急避险中权益取舍的合理性。

第二,险情的存在状态问题。紧急避险中险情之判定,应以普通人的认知能力和一般价值判断为基本标准。就险情出现和演变的承接时间与逻辑顺序观之,合法权益面临的紧急危险,既包括已经发生并造成具体险情结果的情景,也包括随时可以转化为现实的危险。例如,公共交通运输工具自身故障(如刹车失灵)引起险情时,乘客以普通人的一般认知能力,判断非常有可能发生撞车事故,因此实施避险行为,即使最终撞车险情没有实际发生或者刹车故障被有效排除,营运人依然应对乘客紧急避险导致的损害承担赔偿责任。

第三,受损对象的范围问题。紧急避险行为一般造成对第三人的损害,但特殊情况下,避险人自己遭受损害时,是否属于紧急避险?对此,部分学者认为紧急避险应仅限于给他人造成损害,而不包括给自身造成损害;[③]而另外一些学者则认为依据"因紧急避险造成损害的"的表述,并未对受损对象做出限定,不应将避险人排除在外。[④] 实际上,此争议问题并不实质影响司法实践之处理,避险人自己受损有以下情形:紧急避险同时造成第三人与避险人损害,或紧急避险仅导致避险

---

① 徐英倩、乔乐天、钱金玉:《浅议紧急避险中抗辩事由、合理限度与责任承担》,载《中国检察官》2015年3月(上)。

② 蒋晓明:《紧急避险不以险情实际发生为判断标准》,载《人民司法》2016年8月。

③ 程啸:《侵权行为法总论》,中国人民大学出版社2008年版,第321页。

④ 张新宝、宋志红:《论侵权责任法中的补偿》,载《暨南学报》2010年第3期。王利明:《侵权责任法研究》(上卷),中国人民大学出版社2010年版,第451页。王利明认为,因加害人的不法行为,被害人为摆脱面临的极大危险,不得已而采取某种避险措施,而使自己遭受损害,也属于紧急避险。

人损害。无论哪种情形,若险情由自然原因引起,避险人损害应自负,若存在引起险情发生的人,此人应对避险人之损害负侵权责任。

**【司法案例】**

**案例一**

### 施忠兰诉张加猛、王光辉紧急避险损害责任纠纷案[①]

**诉讼结论:**张加猛的不当行为引起火灾并危及施忠兰的财产,而王光辉并无过错,人民法院依法判决张加猛对施忠兰承担赔偿责任,由于施忠兰本身存在过失,张加猛的赔偿责任予以适当减轻。

本案中施忠兰为民间演艺人员,张加猛的母亲去世,王光辉雇其前往追悼会演出吊孝。张加猛家在燃放烟花过程中,引燃了演出车旁的草堆,施忠兰为抢搬演出设备造成自身手指骨折。法院认为,施忠兰的行为构成紧急避险,但其在紧急避险时采取措施不当,就此可减轻对方的赔偿责任,王光辉对施忠兰的受伤不存在过错,故不应承担赔偿责任,对于险情发生无过错的人,应被排除在责任承担的范围之外。

**案例二**

### 覃旭忠诉覃寿勇紧急避险损害责任纠纷案[②]

**诉讼结论:**人民法院依法[③]判决覃寿勇应赔偿覃旭忠经济损失3000元,第三人象州县水晶乡马旦村民委料村村民小组应赔偿原告覃旭忠经济损失2000元;由原告自行排除淤泥恢复水田原状。

本案中原告覃旭忠承包有一块水田,位于六哦塘(地名)塘坝下方,第三人料村村民小组将六哦塘水库发包给覃中兴经营,覃中兴承包后转包给覃炳彦,覃炳彦将该水库转包给覃寿勇,覃寿勇对塘坝进行了未经专业设计的加高改造,预留排洪道太高,第三人对层层转包和改造均知情但未提出异议。某日大雨引发山洪,被告覃寿勇将情况汇报村委领导、乡政府后进行掘坝排洪,导致大水连同淤泥

---

① 湖北省随州市曾都区人民法院(2015)鄂曾都民初字第02252号民事判决书。

② 广西壮族自治区象州县人民法院(2016)桂1322民初字255号民事判决书。

③ 《民法通则》第129条规定:"因紧急避险造成损害的,由引起险情发生的人承担民事责任。如果危险是由自然原因引起的,紧急避险人不承担民事责任或者承担适当的民事责任。因紧急避险采取措施不当或者超过必要的限度,造成不应有的损害的,紧急避险人应当承担适当的民事责任。"《民通意见》第156条规定:"因紧急避险造成他人损失的,如果险情是由自然原因引起,行为人采取的措施又无不当,则行为人不承担民事责任。受害人要求补偿的,可以责令受益人适当补偿。"

一起冲进原告的水田。该案中险情主要由自然因素导致，但被告对水库的不合理改造和第三人的监管缺失是引发险情的人为原因，因此，法院判决被告和第三人均承担民事责任。

**第一百八十三条　因保护他人民事权益使自己受到损害的，由侵权人承担民事责任，受益人可以给予适当补偿。没有侵权人、侵权人逃逸或者无力承担民事责任，受害人请求补偿的，受益人应当给予适当补偿。**

**【条文主旨】**

本条是关于因保护他人民事权益受损时的责任承担与补偿办法的规定。

**【条文理解】**

当出现因保护他人民事权益导致自己受损的情形时，需要合理解决侵权人、受益人、受害人间的责任承担及适当补偿问题，《民法典》第183条对此问题作出了回答。实际上，关于见义勇为的损害救济，一直以来，在适用法律上就存在不同的见解。有意见主张适用《民法通则》第109条规定，由侵害人承担赔偿责任，受益人给予适当补偿；①有观点则表示应适用《民法通则》关于无因管理的规定。司法实践中，不同法院对法律的适用认知亦不统一。同时，就见义勇为的损害救济是否应以单列条文明示之问题，一直以来，亦存在不小的争议：有学者认为见义勇为的损害救济仅需通过完善《民法通则》和相关司法解释就可以实现，以避免法律规定的重叠及赘述，节约法律资源；有学者则提出，见义勇为并不等同于一般的无因管理和侵权行为，有其自身的复杂性和特殊性，有必要将其从《民法通则》中分离出来，适用特殊规范加以调整，《民法典》作出的本条规定有利于解决这些问题。

针对前述争议问题，《民法典》第183条并未明确提出见义勇为的概念，但"保护他人民事权益"之行文表达，却凸显了见义勇为行为的核心实义。在无法定或者约定的义务（职责）要求的情况下积极保护他人民事权益，彰显的就是见义勇为之精神，乃中华民族之传统美德，也是中国特色社会主义核心价值观的重要体现。为破解保护他人民事权益者自身受损后难以得到救济的困境，《民法典》第183条不仅保留了《民法通则》第109条的主要内容，还对多处行文加以完善，同时增设了后文的第184条，解决见义勇为造成受助人损害的难题，意在倡扬高尚道德行

① 《民法通则》第109条规定："因防止、制止国家的、集体的财产或者他人的财产、人身遭受侵害而使自己受到损害的，由侵害人承担赔偿责任，受益人也可以给予适当的补偿。"

为,弘扬社会正能量。

从文义解析层面来看,理解本法条"因保护他人民事权益"之规定,需把握以下要点:第一,民事主体实施了维护他人人身、财产权益的行为,旨在使其利益免受危害或减少损害;第二,该保护行为不是基于法定或者约定的义务(职责);第三,行为方式体现为积极的作为,消极的不作为不在其列。

因保护他人民事权益而造成自己的人身或财产损害的,当存在侵权人时,由侵权人承担民事责任,此种情况下,受益人出于自愿,可向见义勇为者做出适当补偿,对此,任何组织(包括法院等司法机关)和个人皆不能强制受益人给予补偿。没有侵权人或侵权人的存在状态有瑕疵之情形如下:第一,意外、事故等的发生为自然原因,不存在侵权人;第二,侵权人逃逸,寻找未果;第三,侵权人没有赔偿能力、无法担责。此时,基于受害人的请求,受益人应当给予一定的经济或物质补偿,即受益人应在受益范围内适当分担损害,旨在鼓励和抚慰见义勇为者。

**【司法适用】**

在司法适用中,要注意以下适用要点与争议问题:

第一,补偿数额的确定问题。就受益人的补偿问题,在司法实践中,应以受益范围内进行适当补偿为基本准则,合理确定受益人的补偿数额,这样才能更好地协调各方的利益,促进社会稳定。因此,需赋予法官一定的自由裁量权,由其根据具体案情,结合双方当事人的经济状况、受害人遭受损害的程度、受益人受益的大小等各方面的因素,综合决定具体的补偿数额。

第二,受益人的认定问题。一直以来,相关立法中并没有明确规定受益人的具体范围,对此,理论界将受益人作不同角度的分类:其一,依据客观实际受益情况,区分为直接受益人和间接受益人;其二,根据是否已经获得现实性利益,分为实际受益人和可能受益人;其三,站在实施保护行为人的主观角度,还可将评价受益人的标准区分为客观评价标准和主观的评价标准。不同的见解导引出的受益人范围宽窄不同,影响司法适用,对此,还需《民法典》实行后的配套性立法文件予以明确。

第三,多个受益人间的关系问题。在理论界,关于多个受益人应该承担连带责任还是按份责任存在较大的争议。而在规范层面,对于多个受益人之间如何承担赔偿义务,一直以来,《民法通则》等法律亦没有明确规定,由此导致了司法实践的困难。《民法典》颁行后,需就此难点问题以司法解释等方式予以明晰,减少因受益人补偿问题产生的二次纠纷。

【司法案例】

案例一

### 孙宝昌诉柴佑等见义勇为人受害责任纠纷案①

**诉讼结论：**一审人民法院判决支持孙宝昌的部分赔偿请求，孙宝昌以经济补偿费过低有悖于公平原则为由提起上诉，二审人民法院判决由两被上诉人连带承担孙宝昌主张的各项损失。

本案中孙宝昌之子孙某某等在水中游玩时，听到柴佑家人的哭喊声以及柴佑和柴佑父亲柴某甲的救命呼声，便游去救助，柴佑和柴佑父亲柴某甲被成功救出，但孙某某却不幸溺水死亡。本案属于见义勇为引发的案件，就对见义勇为者的损害赔偿责任及受益人的赔偿数额问题，二审法院在不违反社会公序良俗及受益人的合理承受的范围内确定赔偿，是对见义勇为者的慰藉，更是对传统美德的宣扬。

案例二

### 王某某诉刘某某等见义勇为人受害责任纠纷案②

**诉讼结论：**人民法院依法判决刘某某的法定监护人刘保轩向原告王某某承担补偿责任。

本案中王某某和同学等看到朱某某、王某等人殴打刘某某时，即上前劝架，朱某某、王某等人非但不听，反而用刀砍伤王某某左手并导致其七级伤残。作为受益人的刘某某及其法定监护人对原告的伤情未给予任何帮助。此案中，王某某的正当劝阻行为有效地保护了刘某某的人身安全，却致使自己身体伤残，由于朱某某、王某等侵权人经济困难，经法院主持调解，原告的损失未能获得足额赔偿。就此，结合原告的实际受损和损失受偿程度不足的情况，被告刘某某作为受益人，理应在受益范围内结合自己经济情况，给予见义勇为者适当的补偿。从弘扬社会正气、维护见义勇为人权益的意旨出发，法院结合原告伤残的严重程度及后续的手术及康复等费用标准，判决受益人承担补偿责任。

**第一百八十四条　因自愿实施紧急救助行为造成受助人损害的，救助人不承担民事责任。**

---

① 云南省曲靖市人民法院(2014)曲少民终字第8号民事判决书。

② 河南省南阳市西峡县人民法院(2014)西民初字第82号民事判决书。本案为未成年人案件，原告王某某和被告刘某某在诉讼时均为未成年人，故该判决书对外公开时采取了匿名方式。

**【条文主旨】**

本条是关于自愿实施紧急救助行为不承担民事责任的规定。

**【条文理解】**

紧急救助,是指在发生突发事件或出现自然灾害、战争等情况下,为保护他人利益而实施的紧急行为,是行为人帮助他人抵御危机、承担风险采取的防范或降低损失的方法。比如,救援自然灾害的受灾群众、救助交通事故中的伤者、救护突发疾病的患者等。实施紧急救助行为致使受助人损害的,救助人不用承担民事责任。这里,受助人的损害是指人身或财产的损害,紧急救助人对于受助人的任何损害,皆不承担责任。

紧急救助行为属于典型的见义勇为之举,《民法典》紧急救助的免责条款,是时代发展的要求,也是立法补漏的急需。实施紧急救助时,可能造成救助者的损害,也可能发生受助人的损害;就救助者自身的损害,之前的《民法通则》于第109条明确了救济的方法,然而,紧急救助时导致受助人损害的情况如何处理,《民法通则》却未予规定。现实中,好人难做,出于善心救助帮扶别人,导致受助者受损时反被追责的结局,使很多"雷锋"们陷入尴尬甚至艰难的境地。

褒扬见义勇为、匡正社会风气不能停留于道德褒赞与舆论颂扬层面,完善立法才能凸显充分的保障,鉴于此,《民法典》借鉴域外国家的"撒玛利亚好人法",给予救助者最切实的法律保障,规定免除紧急状态下自愿救助者给受助者造成损害的赔偿责任,支持和保护见义勇为行为。《民法典》此条规定,给予积极帮助他人的救助者以"定心丸",让越来越多的人在紧急危难时乐于助人,不惧怕救助后可能遭遇的麻烦,有利于建立真正的和谐社会。

立法中的争议问题为:救助人因重大过失导致受助人重大损害时,是否需要承担民事责任?这里,"重大过失"指行为人已经预见到危险的发生,但出于侥幸心理轻信能够避免,或本应预见到但由于疏忽大意没能预见,继续实施行为,造成他人人身或财产严重损害的情形。部分学者认为此情形下救助人应承担适当的民事责任,然而,若如此规定的话,在实践中可能引发实施困难。救助人在实施紧急救助行为时,面对的环境和情况是复杂而急迫的,要求其在紧张的施救过程中充分考量救助手段的适当性,理性分析救助行为的结果,显然超出紧急状况下普通人认知和判断的能力范围,甚至会使救助人对可能承担的不利后果产生恐惧心理,从而阻却其积极施救之意愿,最终导致无人救助的局面,由此产生更大的损失,这与立法倡扬乐于助人行为之目的相悖,亦与法律对见义勇为者的人文关怀精神背道而驰。不仅如此,在司法实践中判定"重大过失"和"重大损失"时,需要综合考量事实、法律和技术等多种因素,由此拓展了法官自由裁量的空间,增大了司法认定的不确定性和非统一性，同时，也需要受助人就此举证，增多了法律的实施成本。鉴于此，《民法典》第 184 条最终并未规定救助人因重大过失导致受助人重大损害时需要适当承担民事责任之内容。

**【司法适用】**

在司法适用中，要注意以下要点问题：

第一，紧急救助行为的范围认定。对于“紧急救助行为”应作广义理解，既包括救助在自然灾害中受灾者的行为，也包括救助正遭遇不法侵害的受害者之行为，还包括医疗事故和交通事故等情形下的救助行为。综言之，凡在紧急情况下自愿对受助人实施了救助，并在主观上希望避免或者客观上实际避免了侵害后果发生的，都应认定为紧急救助行为。由于《民法典》仅对紧急救助的免责事由作出原则性的规定，故在司法实践中具体界定紧急救助行为时，还必须借助于医疗卫生行政法及其他法律法规予以明确。

第二，紧急救助行为的主观状态。这里，紧急救助行为是救助人自愿实施的行为，它不是法定、约定义务（职务）情形下的救助，也非受到强迫、干预情景下的救助。司法实践认定中，以下救助行为不能认定为第 184 条所指的自愿救助：其一，受助人强迫、威胁之下实施的行为；其二，受单位指派的职务行为；其三，合同约定的劳务工作内容（如保镖的紧急救援行为）；其四，国家机关以命令形式强制的行为，等等。

第三，紧急救助中的故意致害行为。关于重大过失情形下对受助人造成重大损失的处理问题，最后《民法典》没有将此种情状下救助人适当担责的内容写入第 184 条。但随之出现的另一个问题则相当尖锐，即救助人故意给受助人造成的损害怎么处理？理论上，这种故意行为具有恶意，产生了社会危害性，应承担责任。但在司法实践中，自愿实施紧急救助者在行为过程中突发恶意损害受助人的情况，实属罕见，但一旦发生，亦不能放纵，至于此种情形下的证明责任分配、主观判断认定等关键问题，需司法实践进一步细化探索。

**第一百八十五条　侵害英雄烈士等的姓名、肖像、名誉、荣誉，损害社会公共利益的，应当承担民事责任。**

**【条文主旨】**

本条是关于侵害英雄烈士等的姓名、肖像、名誉、荣誉的民事责任的规定。

**【条文理解】**

《民法典》"总则编"保护英雄烈士等的人格利益之法条，是对近年来频频出现的诋毁英雄烈士等不良社会现象之回应，对于促进社会尊崇英烈，扬善惩恶，弘扬社会主义核心价值观具有重大意义。英雄烈士等为社会和国家作出了巨大牺牲和贡献，其姓名、肖像、名誉、荣誉应得到社会的尊重和法律的保护。但现实中，出于哗众取宠、利益驱使等不正当目的，调侃烈士、丑化英雄、造谣中伤、混淆是非的言论层出不穷。然而，从之前的司法实践来看，《民法通则》的条文不敷其用，存在人格利益保护范围有限、侵权行为认定困难等问题，就此，《民法典》专列条文，对英雄烈士等的人格利益保护作出特别规定。

这里，条文中的"英雄烈士等"应分别作广义理解。英雄，是指为保护中华民族整体利益、社会公共利益、国家利益，或为社会主义建设作出巨大成就、贡献的人员，他们的突出表现，值得褒赞。烈士，指在革命斗争、保卫祖国、现代化建设事业中，为争取大多数人的合法正当利益而壮烈牺牲的人员，他们为了民族、国家、正义舍生取义，应受到人民的尊敬。此外，该条款的适用对象并不局限于英雄和烈士。

法条中的侵害姓名、肖像、名誉、荣誉，是指通过歪曲事实、故意诽谤、恶意毁损等手段，侵害英雄烈士等的姓名、肖像、名誉、荣誉等人格利益，导致英雄烈士等被污名化的不良后果，造成恶劣的社会影响。

"损害社会公共利益"，是指因英雄烈士等对国家和社会作出了特殊贡献，其姓名、肖像、名誉、荣誉的社会价值被人们普遍肯认，从而形成特定的社会公共价值，若对英雄烈士等的人格权予以侵害，则实质等于损害了人民普遍认可的这类社会公共利益。

**【司法适用】**

在司法适用中，要注意以下适用要点与争议问题：

第一，侵权责任人的确定问题。本法条仅明确了侵害行为指向的对象及责任后果，并未具体解析侵权责任人的认定，容易引发司法适用中的不完整问题。因此，在司法实践中确定责任主体时，应考虑现实侵害情形的多样性，结合行为人在侵害英雄烈士等人格利益过程中原因力的大小综合判定。

第二，损害社会公共利益的判断问题。侵害英雄烈士等的人格利益情形轻微时，并不能必然推定社会公共利益受损。再者，社会公共利益的内涵具有高度的抽象性，究竟何种侵害行为、侵害后果达到何种程度才能认定为损害社会公共利益，存在主观价值判断的问题。因此，司法实践中，可根据侵害行为在社会上引起负面效应的范围、持续时间及对社会风气的破坏程度等因素，综合判定其是否侵害社会公共利益。

第三,侵权诉讼救济的细节问题。《民法典》"总则编"对侵害英雄烈士等的人格利益问题仅作出了原则性救济规定,司法实践中该类侵权之诉的细节问题,应在相关配套立法中予以进一步明确。这些问题涵括:英雄烈士等主张权利的适格当事人问题(比如部分英雄烈士已经过世,应由何人代其向侵害人主张权利)、社会公共利益的适格原告问题、诉讼程序的具体适用问题等。

第四,民事责任的承担方式问题。第185条仅列出英雄烈士等人格利益的抽象概念,侵害行为的对象并未具化,导致民事责任的承担方式未能明晰,以致带来若干疑问:如民事责任范围是否仅包含赔礼道歉等形式?能否向侵害人合理主张物质赔偿?英雄烈士等的亲属能否获得精神赔偿?司法实践中,应根据侵害行为所引起的客观后果,对前述问题作出清晰回答。

**【司法案例】**

### 宋福保诉洪振快名誉权、荣誉权纠纷案①

**诉讼结论:**狼牙山五壮士英勇抗敌的基本事实和舍生取义的伟大精神是中华民族的崇高名誉,这一事实不容扭曲、贬损和丑化,人民法院依法②判决驳回洪振快的上诉,维持原判。

本案中洪振快发表的《小学课本〈狼牙山五壮士〉有多处不实》《"狼牙山五壮士"的细节分歧》两篇文章,全然不考虑历史变迁、各个材料所形成的时代背景以及各个材料的语境,在没有充分证据的情况下,对狼牙山五壮士作出似是而非的推测、质疑乃至评价。其文章在互联网的广泛传播,不仅损害了宋福保父亲宋学义(狼牙山五壮士之一)的名誉、荣誉权益,还带来了严重的负面社会影响,损害了社会公共利益。洪振快有能力而未及时采取措施控制文章产生的损害后果,在主观上显然具有过错,理应承担立即停止侵权行为、公开发布赔礼道歉公告、向宋福保赔礼道歉、消除不良影响的责任。

**第一百八十六条　因当事人一方的违约行为,损害对方人身权益、财产权益的,受损害方有权选择请求其承担违约责任或者侵权责任。**

---

① 北京市第二中级人民法院(2016)京02民终字6271号民事判决书。

② 《侵权责任法》第15条规定:"承担侵权责任的方式主要有:(一)停止侵害;(二)排除妨碍;(三)消除危险;(四)返还财产;(五)恢复原状;(六)赔偿损失;(七)赔礼道歉;(八)消除影响、恢复名誉。以上承担侵权责任的方式,可以单独适用,也可以合并适用。"

**【条文主旨】**

本条是关于责任竞合的规定。

**【条文理解】**

针对违约行为同时致损引发的违约责任与侵权责任之竞合问题，颁行较早的《民法通则》没有予以解答，而此主题的研究，随着《合同法》与《侵权责任法》的双向扩张发展，成为民法学界的研论焦点之一。1989 年 6 月最高人民法院印发的《全国沿海地区涉外、涉港澳台经济审判工作座谈会纪要》中规定了诉因竞合[①]，即被告的行为同时构成破坏合同和民事侵害，原告可以选择两者之中有利于自己的一种诉因提起诉讼。1999 年 10 月施行的《合同法》于第 122 条[②]进一步明确：受损害方可于违约责任与侵权责任中任选其一，行使请求权。《合同法》该法条意在充分尊重受害方意见，体现了强烈的受害人中心主义思想。

应和现代立法的发展趋势，《民法典》"总则编"观察到：违约责任对绝对权的保护与侵权责任对利益的保护渐趋普遍，两者的中间领域和竞合范围亦不断扩大。[③] 鉴于此，《民法典》吸纳了《合同法》关于违约责任与侵权责任竞合问题的规定，且在行文表达上基本未作改动，这不仅是对《合同法》该内容的重申肯认，更是契合民法"权利之法"的特质，赋权受损害方追究民事责任的选择权，凸显了民法对民事主体权利的重视与保护。

从文义理解层面需注意：这里，民事主体间的基础性法律关系为合同关系，即在发生违约情形时，当事人之间亦因违约行为出现了损害人身、财产权益的侵权结果。可见，第 186 条中违约责任与侵权责任之竞合，由同一不法行为所致，作为责任竞合构成的前提条件，该不法行为指违约行为。具体而言，此处，一方的违约行为既违反"合同编"就特定人注意义务之要求，亦违反"侵权责任编"对一般人注意义务的要求，该违约行为同时符合违约责任与侵权责任的构成要件，导致两个民事责任在同一不法行为上并存。必须强调，导致违约责任和侵权责任并存的同一不法行为，是由同一个民事主体即违约者实施的，基于此，这里的竞合责任承

---

① 《全国沿海地区涉外、涉港澳台经济审判工作座谈会纪要》："……（二）案件受理问题 1. 两个诉因并存的案件的受理问题。一个法律事实或法律行为有时可以同时产生两个法律关系，最常见的是债权关系与物权关系并存，或者被告的行为同时构成破坏合同和民事侵害。原告可以选择两者之中有利于自己的一种诉因提起诉讼，有管辖权的受诉法院不应以存在其他诉因为由拒绝受理。但当事人不得就同一法律事实或法律行为，分别以不同的诉因提起两个诉讼。"

② 《合同法》第 122 条规定："因当事人一方的违约行为，侵害对方人身、财产权益的，受损害方有权选择依照本法要求其承担违约责任或者依照其他法律要求其承担侵权责任。"

③ 谢鸿飞：《违约责任与侵权责任竞合理论的再构成》，载《环球法律评论》2014 年第 6 期。

担者也为同一人(违约者)。

《民法典》第 186 条指明,受损害方享有选择违约责任或侵权责任的自由请求权。由于两种法律责任的承担相互冲突,受损害方仅能获得一次给付满足,所以,其可从最有利于自己的角度出发,或提出违约之诉,或提出侵权之诉,但不能同时行使双重请求权获多次满足,否则对责任人而言有失公平。[①]

**【司法适用】**

在司法适用中,要注意以下适用要点与争议问题:

第一,可予支持的最大利益范围问题。就此,学界指出,在司法实践中,针对竞合案件,受害人只可以提出一个请求,但在这个请求中可以提出基于两个请求权基础的主张。法官应根据案件具体所属的竞合类型,判断受害人受损失的利益范围,来决定应当支持受害人的哪些主张。

违约责任与侵权责任发生竞合时,存在两种利益范围,即履行利益和固有利益。两种利益范围交叉影响的情况可以分为四种,即完全重合、互相独立、包含与相交之情形。在完全重合情况下,法官不能同时支持受害人的两个主张,否则会造成双重赔偿。在互相独立的情况下,由于受害人的两种利益都分别受到了损害,因此法官应以两种利益的总和为最大支持范围。在包含的情况下,法官应根据受害人具体提出的主张,尽量于较大范围内保护受害人利益,但应注意剔除重合的部分。在相交的情况下,法官应首先认定重合部分的利益范围,将其与独立部分的利益相加即是可以支持的最大范围。

第二,法官能否主动扩大赔偿范围的问题。司法实践中,就违约责任与侵权责任各自的赔偿利益大小,受损害方不一定具备足够的认知水平加以判识,很可能出现原告的选择并不利于其自身之情形,此时,鉴于司法权的消极性、被动性,法官通常不能主动提出扩大受主张赔偿利益的范围。针对这种情况,学者早就提出了建议,从立法上作出规定,在某些情况下限制受害人的主张。例如,不法行为造成受害人人身伤亡和精神损害的,应当规定法院必须把受害人提出的主张按侵权处理,以便保护受害人的权益。[②] 这些学界观点可在司法应用中予以进一步的实践摸索,以求更好地保障受害人的利益。

---

① 参见樊志军:《合同法与侵权责任法关系的反思与重构》,法律出版社 2016 年版。

② 王利明:《违约责任论》,中国政法大学出版社 2000 年版,第 356 页。

**【司法案例】**

**案例一**

## 白小龙诉莒县施华洛婚纱摄影店一般人格权纠纷案[①]

**诉讼结论：**白小龙有权要求莒县施华洛婚纱摄影店（以下简称摄影店）承担侵权责任，但数额应合理认定，二审人民法院依法[②]判决变更摄影店向白小龙的支付精神损害抚慰金为3000元，维持原审其他判决结果。

本案中白小龙与摄影店签订拍摄婚纱照的预约单，双方缔结合同关系。后摄影店由于疏忽导致录像光盘丢失，产生违约行为，由此给白小龙带来精神上的伤害，侵害了白小龙的合法权益，同时构成侵权行为。就此，白小龙可选择提起违约之诉或侵权之诉。本案中白小龙要求摄影店返还庆典服务费并赔偿精神抚慰金，表明其选择了侵权之诉，故案件应定性为一般人格权的侵权纠纷，原审认定为庆典服务合同纠纷的定性不当。

**案例二**

## 张玉瑛诉庄河市交通公共汽车有限公司<br>机动车交通事故责任纠纷案[③]

**诉讼结论：**公民的生命健康权依法受法律保护，张玉瑛选择提起侵权之诉，人民法院依法[④]判决庄河市交通公共汽车有限公司（以下简称公共汽车公司）向张玉瑛赔偿经济损失。

本案中，张玉瑛出行时乘坐公共汽车公司合法经营的客车，双方成立合同关系，因此，公共汽车公司负有保证张玉瑛在乘车期间的人身安全之合同义务。但驾驶员李庆福在行驶过程中，发生行车事故导致车上乘客张玉瑛受伤，既违反乘车合同之安全保障义务，又侵害其人身健康权。对此，张玉瑛选择提起侵权之诉，

---

① 山东省日照市中级人民法院（2016）鲁11民终字546号民事判决书。

② 《合同法》第122条规定："因当事人一方的违约行为，侵害对方人身、财产权益的，受损害方有权选择依照本法要求其承担违约责任或者依照其他法律要求其承担侵权责任。"《精神损害赔偿解释》第4条规定："具有人格象征意义的特定纪念物品，因侵权行为而永久性灭失或者毁损，物品所有人以侵权为由，向人民法院起诉请求赔偿精神损害的，人民法院应当依法予以受理。"

③ 辽宁省庄河市人民法院（2015）庄民初字第7557号民事判决书。

④ 《合同法》第122条规定："因当事人一方的违约行为，侵害对方人身、财产权益的，受损害方有权选择依照本法要求其承担违约责任或者依照其他法律要求其承担侵权责任。"《侵权责任法》第34条规定："用人单位的工作人员因执行工作任务造成他人损害的，由用人单位承担侵权责任。"《侵权责任法》第48条规定："机动车发生交通事故造成损害的，依照道路交通安全法的有关规定承担赔偿责任。"

要求被告承担赔偿责任。该案中，李庆福系在执行工作任务中发生本次事故，结合公安机关的事故证明，法院确定由公共汽车公司承担全部赔偿责任。

**第一百八十七条　民事主体因同一行为应当承担民事责任、行政责任和刑事责任的，承担行政责任或者刑事责任不影响承担民事责任；民事主体的财产不足以支付的，优先用于承担民事责任。**

**【条文主旨】**

本条是关于民事责任优先承担的规定。

**【条文理解】**

本条旨在明确同时承担民事责任、行政责任、刑事责任的问题，并确立了民事主体财产不足时法律责任的承担序位。

观之《民法通则》，虽然对民事责任、行政责任、刑事责任相互间关系作了规定，但缺乏《民法典》“总则编”本条最后民事责任优先的规定。

在现代社会里，三种法律责任共同承载着维系国家秩序、实践社会正义的重任，但三者的本位观念与价值目标有所差异，所以，于性质定位、承担方式以及实现程序等方面皆有显著区别。因此，需要在基本立法中厘清民事责任、行政责任、刑事责任三者的关系，解答若干关键性问题，比如承担行政责任或者刑事责任是否影响承担民事责任？比如同时存在的几种法律责任均有财产形式，但民事主体的财产不足以全部支付的，先行承担何种责任？

从文义理解层面解析第187条，需要注意：

民事责任是民事主体依照民事法律规定和当事人约定承担的法律责任，《民法典》第179条列举了民事主体承担民事责任的主要方式。行政责任是因为违反行政法或因行政法规定而应承担的法律责任，行政责任包括行政处分和行政处罚，刑事责任是犯罪人因实施犯罪行为依照刑法规定应被追究的法律责任，刑罚种类包括主刑和附加刑。

民事主体的某一行为可能同时引发民事责任、行政责任或刑事责任，此种情形下，行政责任或刑事责任的承担，并不排除、阻碍民事责任的承担，亦不能替代民事责任的承担。行政机关基于一般统治权对违反行政法上的义务之个人或法人所科处的制裁或者惩罚、国家司法机关依照刑事法律对其犯罪行为及本人做出的否定性评价和谴责，都不能排斥、妨碍根据民法其必须承担的对其不利的民事法律后果或承担的相应责任。

三种法律责任形式都涉及财产支付的情况下，若民事主体的财产无法满足全部法律责任要求时，先承担民事责任，行政责任或刑事责任置于其后。这里的财产指民事主体合法持有的财产，不包括违法所得和持有的非法财物。民事责任优先的规定虽然此前在《民事诉讼法》等法律中亦有规定，但在《民法典》中规定，更具有普遍的实践意义。

**【司法适用】**

在司法适用中，要注意以下适用要点：

第一，正确排列财产支付的序位问题。实践中，存在行为人（民事主体）实施的某一行为（民事行为）违反了民事法律，同时又违反了行政法律或刑法，并且恰恰在这一行为所引起的法律后果中，所应承担的民事责任有赔偿损失或支付违约金，所应承担的行政责任有支付罚款或所应承担的刑事责任有支付罚金或者被没收财产，如若行为人的财产不足以同时负担时，应让行为人先行承担民事财产责任。因为与获得罚款、罚金的国家主体相比，获得民事赔偿的民事主体非常弱小，其抗击风险的能力也很低，因此，民事赔偿对民事主体极为重要，这体现了国家立法对私权利的优先保护。

第二，科学认知责任优先与竞合的问题。第 187 条规定了不同法律领域的责任竞合问题，此维度的责任竞合，是某一事实符合两种或两种以上法律规范，这些法律规范都可适用的情形。如某一伤害他人人身权益的行为，符合刑法规范，行为人应承担故意伤害罪的刑事责任，因该人又是公职人员，违反行政法行为规范，应承担被开除公职的行政责任，同时，该行为致受害人人身损害，还应承担损害赔偿的民事责任。这种发生在不同法律领域的竞合，互不影响，均应承担，法律责任的同时适用是公平的。但涉及财产责任时，如依刑法应没收，依行政法应罚款，依民法应赔偿，而担责主体的财产总额不足以全部承担时，发生的这种财产责任竞合，《民法典》规定民事责任优先，责任优先与责任竞合的概念关系于此情景中呈现出来，当然，民事责任优先并不限于不同责任竞合，但却包含了不同责任竞合的情况。[①]

第三，纠正法律责任错误替代的问题。《民法典》第 187 条指出承担行政责任或者刑事责任不影响承担民事责任，其文义亦明示了法律责任之间不能随意替代。在过往的司法应用中，我们有过不公正追究法律责任的情形，比如，在环境侵权责任案件的实践中，曾形成了这样错误的规则：一是用行政罚款替代刑事责任，使得环境侵权的肇事主体逃避刑事制裁；二是用刑事责任替代侵权责任，使得遭

① 刘士国：《论〈民法总则〉之民事责任规定》，载《法学家》2016 年第 5 期。

受侵害的主体得不到合理救济，环境损害难以得到恢复。这一规则的存在，曾使得环境侵权法律责任疲软，法律的救济、预防和惩罚功能大打折扣。在今天强化保护环境促进社会可持续发展的时代背景下，有必要全面纠正法律责任错误代替的规则，在加大对破坏环境者的行政处罚和刑事打击力度的同时，保证对被侵权人的民事保护。

**【司法案例】**

**案例一**

### 吴海诉谢明成财产损害赔偿纠纷案①

**诉讼结论：**该案中，民事责任人谢明成已承担刑事责任，民事权利人吴海在民事诉讼中要求谢明成履行相关民事责任，于法有据，因此，人民法院依法②判决谢明成偿还吴海租金。

本案中，谢明成以诈骗为目的，声称自己的公司向部队承租了一块土地，并出具《军队房地产租赁合同》，吴海信以为真便与之协商改建厂房。谢明成以云南仁美贸易有限公司的名义与吴海签订《土地有偿有期租赁合同》，后吴海向谢明成汇款 170,000 元，后者出具了收条。因该厂房一直未能动工，吴海起疑并报案，谢明成后被判构成合同诈骗罪，并处罚金 15 万元。就吴海因谢明成诈骗行为而遭受的租金损失，吴海另行提起民事诉讼，民事案件审理的法官支持了原告要求返还的诉讼请求，可见，被告应同时承担民事责任与刑事责任，两者并不排斥。本案例中，如果谢明成的财产不足以同时支付刑事案件罚金与民事案件的租金时，其财产应优先用于承担民事责任。

**案例二**

### 苏某甲故意伤害他人案③

**诉讼结论：**侵权人承担刑事责任后，并不影响其承担相应的民事责任，人民法院依法④判决苏某甲承担刑事责任，同时判决其应向民事诉讼人苏某乙、彭某某承

---

① 云南省昆明市官渡区人民法院（2015）官民一初字第 5847 号民事判决书。

② 《侵权责任法》第 4 条第 1 款规定："侵权人因同一行为应当承担行政责任或者刑事责任的，不影响依法承担侵权责任。"

③ 广东省新兴县人民法院（2016）粤 5321 刑初字第 35 号刑事附带民事判决书。本案公布的裁判文书对案件当事人进行了匿名。

④ 《侵权责任法》第 4 条第 1 款规定："侵权人因同一行为应当承担行政责任或者刑事责任的，不影响依法承担侵权责任。"

担损害赔偿责任。

本案中苏某甲与苏某乙、彭某某是邻居,双方在案发前曾因生活琐事等问题发生口角。本案中,苏某甲与苏某乙因琐事发生争吵,苏某甲回家拿出手扶锯将苏某乙身体多处砍伤,彭某某出来阻拦亦被砍伤,苏某乙、彭某某的损伤程度被评定为轻伤一级。苏某甲采取不当方法处理相邻纠纷,直接使用手扶锯致苏某乙、彭某某受伤,对此,苏某甲除应承担刑事责任外,依法应同时对苏某乙、彭某某承担相应的民事赔偿责任。

# 第九章　诉 讼 时 效

本章是关于诉讼时效的规定。《民法典》第 188 条为一般性规定。第 189 条是关于同一债务分期履行情形下诉讼时效起算点的规定。第 190 条为无民事行为能力人或者限制民事行为能力人与其法定代理人之间请求权的诉讼时效期间起算点的规定。第 191 条是关于未成年人遭受性侵害的损害赔偿请求权的诉讼时效期间的规定。第 192 条是关于诉讼时效届满后会产生何种法律后果的规定。第 193 条是关于法院不得主动适用诉讼时效的规定。第 194 条是关于诉讼时效中止的规定。第 195 条是关于诉讼时效中断的规定。第 196 条是关于不适用诉讼时效的请求权的规定。第 197 条是关于诉讼时效强制性的规定。第 198 条是关于仲裁时效的规定。第 199 条是关于除斥期间的规定。

《民法通则》第 135 条到第 141 条对诉讼时效作了规定，但较为简略。《物权法》《合同法》《民事诉讼法》等法律也均有涉及诉讼时效的规定。2008 年《诉讼时效解释》则以司法解释的方式，对审判实践中涉及的诉讼时效适用问题作了详尽的规定。《民法总则》系在吸收上述法律规定及司法解释规定的成果上予以制定，既有总括性，又突出了实践中普遍出现的问题，更具有科学性。本编延续了《民法总则》的规定。

具体而言，一般诉讼时效延长为三年时间。明确了诉讼时效届满后的法律后果，认为诉讼时效届满的直接效力是当事人获得抗辩权。基于此，法院不得主动适用诉讼时效。同时，诉讼时效具有强行性，当事人不得就诉讼时效的延长、缩短等自行约定，也不得事先抛弃时效利益。以抽象和列举式规定明确了诉讼时效中止和中断的各种事由。在本编这样的总则规定中明确规定了仲裁时效，也以立法方式明确了哪些请求权不适用诉讼时效，以及诉讼时效与除斥期间的区别。针对实践中常出现的同一债务分期履行情形作了专门规定。突出了对无民事行为能力人或者限制民事行为能力人的保护以及未成年人遭受性侵害的保护。

本章规定未涉及涉外民事关系。涉外民事关系中的诉讼时效问题，依照《涉外民事关系法律适用法》第 7 条的规定，诉讼时效应适用相关涉外民事关系应当适用的法律。

所谓涉外民事关系，是指民事关系具有下列情形之一的：(1)当事人一方或双方是外国公民、外国法人或者其他组织、无国籍人；(2)当事人一方或双方的经常居所地在中华人民共和国领域外；(3)标的物在中华人民共和国领域外；(4)产生、变更或者消灭民事关系的法律事实发生在中华人民共和国领域外；(5)可以认定为涉外民事关系的其他情形。

《涉外民事关系法律适用法》与其他法律对同一涉外民事关系法律适用规定不一致的，适用《涉外民事关系法律适用法》的规定，但《票据法》《海商法》《民用航空法》等商事领域法律的特别规定以及知识产权领域法律的特别规定除外。《涉外民事关系法律适用法》对涉外民事关系的法律适用没有规定而其他法律有规定的，适用其他法律的规定。

**第一百八十八条　向人民法院请求保护民事权利的诉讼时效期间为三年。法律另有规定的，依照其规定。**

**诉讼时效期间自权利人知道或者应当知道权利受到损害以及义务人之日起计算。法律另有规定的，依照其规定。但是，自权利受到损害之日起超过二十年的，人民法院不予保护，有特殊情况的，人民法院可以根据权利人的申请决定延长。**

**【条文主旨】**

本条是关于普通诉讼时效、最长权利保护期间的规定。

**【条文理解】**

诉讼时效是权利人在法定期间内不行使权利，待该期间届满后，则权利不受保护的法律制度。该制度有利于促使权利人及时行使权利，维护交易秩序和安全。

诉讼时效的法律后果主要表现为：

1. 诉讼时效期间届满，义务人对于权利人会产生抗辩权。

2. 诉讼时效期间届满，权利人的权利转化为没有法律强有力保护的自然权利，但同时权利人的实体权利也不会消灭。

3. 对于债权而言，诉讼时效期间届满，债权人的债权将失去法律的保护，基于债权而产生的从权利由于其自身的从属性，其从权利也无法得到法律的保护。

经过三十多年的改革，我国社会主义市场经济体制已经确立，中国已经成为世界第二大经济体，国内市场已经与国际市场有机连接，中国已经成为世界制造大国和投资大国,中国政府和金融机构向各国提供贷款、中国企业到世界各国投资设厂,承建如高速公路、高速铁路等基础建设,中国和中国企业在国际经济贸易关系中通常居于债权人地位,规定诉讼时效制度,不应只着力于国内民事主体合法权益之保障,而更应当着力于在国际范围内、国际经贸关系中,如何更好地保障中国和中方债权人的合法权益。本编规定 3 年期间也有利于对中国和中方债权人合法权益的保护。[①] 关于 2 年诉讼时效和 3 年诉讼时效的衔接问题,按照最高人民法院司法解释应处理如下:《民法总则》施行后诉讼时效期间开始计算的,应当适用《民法总则》第 188 条关于 3 年诉讼时效期间的规定。当事人主张适用原《民法通则》关于 2 年或者 1 年诉讼时效期间规定的,人民法院不予支持。《民法总则》施行之日,诉讼时效期间尚未满《民法通则》规定的 2 年或者 1 年,当事人主张适用《民法总则》关于 3 年诉讼时效期间规定的,人民法院应予支持。《民法总则》施行前,《民法通则》规定的 2 年或者 1 年诉讼时效期间已经届满,当事人主张适用民法总则关于 3 年诉讼时效期间规定的,人民法院不予支持。

**【司法适用】**

普通诉讼时效也称一般诉讼时效,是指由民法典规定的统一时效期间的诉讼时效。本条规定普通诉讼时效为 3 年。其中,“法律另有规定的,依照其规定”是关于特殊诉讼时效的规定。特殊诉讼时效指由民事基本法或者特别法就某特别民事法律关系规定的短于或者长于普通诉讼时效期间的时效。

诉讼时效期间自权利人知道或者应当知道权利受到损害以及义务人之日起计算,即承袭主观主义的起算方法。

“法律另有规定的,依照其规定”是指其他法律对诉讼时效期间作出特别规定的,不适用 3 年时效期间。例如,《海商法》第十三章对相关海事请求权诉讼时效期间及其起算、中止、中断作出了特殊的系统性的规定,这些规定应按照特别法优先于一般法的法律适用原则而优先使用。如相关法律仅是对特定请求权诉讼时效期间及其起算点等个别问题进行规定的,除这些个别问题适用该特别法外,其余问题应按新法优于旧法的法律适用原则,适用《民法典》的规定。

20 年的最长诉讼时效期间的规定,是针对那些不知道或者不应当知道其权利被侵害的权利人作出的。因为他们既然不知道或者也不应当知道其权利被侵害的事实,其诉讼时效便不可能按照“从知道或者应当知道权利被侵害时起计算”,只能从其权利被侵害时起计算。这样就需要规定较长的时效期间,才能达到保护

---

① 梁慧星:《中华人民共和国民法总则(草案):解读、评论和修改建议》,载《华东政法大学学报》2016 年第 5 期。

当事人合法权益的目的。

最长诉讼时效的特点是:第一,期间的固定性。其设立宗旨就是要对民事权利设立一个最长的固定期限,权利超过这个期限不行使的,则对该民事权利不再予以法律保护。因此,它不适用诉讼时效期间中止、中断的规定。第二,期间起算点的确定性。即从权利发生之日起计算,而不是从知道或者应当知道权利受到侵害之时起计算。

**【司法案例】**

**黄×诉北京铁路局铁路运输人身损害责任纠纷案**①

**诉讼结论:**黄×于1995年9月6日受伤,直至2016年1月26日才向人民法院起诉北京铁路局赔偿其因受伤致残所产生的各项损失,此时距离其受伤时间已经超过了法律规定的20年的最长诉讼时效期间。人民法院依法不予支持。

本案中,1995年9月6日23时40分,黄×在北京铁路局所属唐山南站交大道口,与运行至此的作业车相刮撞,黄×因此受伤。黄×受伤后被送至唐山市铁路中心医院救治,其自1995年9月7日至1997年4月18日在该院共住院589天。本案原告、被告均认可本案所涉事故发生于1995年9月6日。故本案诉讼时效应从1995年9月6日开始起算,原告黄×在法院立案的时间为2016年1月26日,其陈述第一次来法院申请立案的日期为2015年11月,上述日期均已超过20年最长诉讼时效期间,且该期间不适用中止、中断的规定。原告主张其曾入狱8年,且身体残疾,应属于由于客观的障碍在法定诉讼时效期间不能行使请求权的,法院认为,原告尽管在监狱服刑8年,但其已于2011年5月29日出狱,其可在出狱后向人民法院主张其权利,但其未举证证明其截至2015年9月5日前就本案所涉事故曾向人民法院进行起诉。认为其上述主张不属于延长本案最长保护期间的情形。因此,原告黄×的诉讼请求已经超过了法律规定的诉讼时效,故不予保护。

**第一百八十九条　当事人约定同一债务分期履行的,诉讼时效期间自最后一期履行期限届满之日起计算。**

**【条文主旨】**

本条是关于同一债务分期履行情形下诉讼时效的起算。

---

① 北京市第四中级人民法院(2016)京04民终79号民事判决书。

**【条文理解】**

分期履行的债务,依照债务的发生时间,可分两类:一类是定期给付债务,主要是继续性合同在合同履行中持续定期发生的债务,如租赁合同租金的定期支付、劳动合同中报酬的定期给付等;另一类是同一笔债权分期履行即某一债务发生后,当事人依照约定的时间分期履行,如借款合同约定债务人分期还款,买卖合同约定买方分期付款等。

定期给付债务与分期给付债务的主要区别在于,产生定期给付债务的合同在履行过程中具有双务性,该债务在合同履行过程中不断产生,因而各期债务清偿期届满后,均为独立债务。如租赁合同,承租人所支付的每一期租金都与在该期限内使用租赁物的权利相对应,作为这段时间使用租赁物的对价,在使用租赁物之前,租金债务并未发生,时间因素在其中有重要的作用。由于各期债权的独立性,时效也应分别起算。

分期履行债务则是一个债权分作数期给付,债权的内容在合同订立时就已确定,时间因素对合同内容和范围不再起作用,债权并非在合同履行过程中产生。分期给付仅是债权人给予债务人债务履行的宽限期,各期债务均为总债务的组成部分。如某一笔贷款分期偿还,每期还款款项均为贷款债权的组成部分。由于该债权实质为一个整体,因此,诉讼时效也应一并起算。只有在最后清偿期届满后,债权人才能对全部债权主张权利,故诉讼时效应从最后的履行期限届满时开始计算。况且,合同分期履行,一般是由于债务人无法一次性全部履行合同,债权人基于对债务人的信任而约定分期履行。如果分期起算诉讼时效,往往需要查清每次所支付的款项相对应的债务,引起哪一笔债务诉讼时效中断,徒增时效计算的复杂性。而且,分期履行合同双方当事人一般是长期合作关系,债务人某一期债务没有履行,债权人没有及时追索和主张主要是基于维护双方的友好合作关系及对债务人的信任和谅解,并非怠于行使权利,如以每一期债务分别计算诉讼时效,不但不利于债权的保护,还将导致债权人因担心其债权超过诉讼时效而频繁地积极主张权利,引起双方关系的紧张,这与诉讼时效制度所追求的效率价值也背道而驰。

《诉讼时效解释》第 5 条规定:当事人约定同一债务分期履行的,诉讼时效期间从最后一期履行期限届满之日起计算。该条司法解释起草过程中,争议很大,是按最后一笔债务到期起算诉讼时效,还是分别计算诉讼时效?该条规定确定了从最后一笔债权到期计算诉讼时效有利于对债权人权益的保护。本编第 189 条则沿袭了该司法解释第 5 条的规定。

**【司法适用】**

《诉讼时效解释》第 5 条作出规定:“当事人约定同一债务分期履行的,诉讼时效期间从最后一期履行期限届满之日起计算。”首次以司法解释对“同一债务”分期履行债务诉讼时效起算点予以明确。从文义解释上看，第5条仅明确了“同一债务分期履行”的诉讼时效起算方式，对于“定期给付之债”未有明确解释。2008年出版的《最高人民法院关于民事案件诉讼时效司法解释理解与适用》对此作了解释。“定期给付之债”问题争议较大，在讨论中未形成倾向性意见，故司法解释对该问题并没有规定。但书中区分了“定期给付之债”及“分期给付之债”的问题。

本条规定与上述司法解释第5条一致，因此，本条应解释为：第一，系对同一合同项下的同一笔债务分期履行，每一笔债务债权请求权诉讼时效期间起算点的规定。所谓同一笔债务，是指该债务在合同订立之时即已经确定，债权的内容和范围不随着时间的经过而变化，受到时间因素影响的只是履行的方式。该类债务的典型表现形式为约定分期还款、分期交货的借款之债、买卖之债等。第二，其适用的情形是当事人约定同一笔债务分期履行。

本条规定不涉及定期给付之债，该债务系不同笔债务，如租赁债务。对此，实践中，各级法院的做法不尽一致。

2004年4月6日，《最高人民法院关于分期履行的合同中诉讼时效应如何计算问题的答复》（法函〔2004〕23号）认为，对分期履行合同的每一期债务发生争议的，诉讼时效期间自该期债务履行期届满之日的次日起算。

2013年12月19日，《北京市高级人民法院关于审理房屋租赁合同纠纷案件若干疑难问题的解答》（京高法发〔2013〕462号）中认为，房屋租赁合同约定分期支付租金，承租人未按期支付的，诉讼时效期间应从最后一期租金约定支付期间届满的次日起计算，适用一年的诉讼时效。

上海法院的普遍做法为分期支付租金的诉讼时效应当从最后一期约定支付期间届满的次日起计算。例如，上海市第一中级人民法院在上海欧灏实业有限公司诉上海东南郊环高速公路投资发展有限公司租赁合同纠纷一案二审民事判决书[（2015）沪一中民四（商）终字第2702号]中认为，租金系属一定期给付之债，该种定期给付之债如为同一合同项下基于同一原因产生的债务，则其虽在履行过程中可能分期履行，但整体而言仍系一完整债务，各分期履行部分并未被分割为各自独立之债，而系同一债务项下的不同组成部分，其诉讼时效应自完整债务的最后履行期限起算。依照本案系争合同约定，本案系争债务即系该种以同一合同约定的定期给付之债，故应依最高人民法院相关解释，自合同约定的最后一期履行期限届满之日起计算相应诉讼时效。

最高人民法院在（2011）民提字第304号“秦皇岛华侨大酒店与秦皇岛市海港

区工商行政管理局租赁合同纠纷案”中认为，如果租赁合同双方当事人约定分期支付租金的，那么各期租金的支付具备一定的独立性，但该独立性不足以否认租金债务的整体性。如果诉讼时效从每一期租金债务履行期限届满之日分别计算，将会割裂同一租赁合同的整体性，还将导致债权人频繁地主张权利，动摇双方之间的互信。因此，为充分保护债权人，维护双方之间的互信，存在长期房屋租赁合同关系的双方当事人因租金支付发生纠纷的，诉讼时效应从最后一期租金履行期限届满之日起开始计算。

**【司法案例】**

### 张卫党与卓小周合伙协议纠纷案[①]

**诉讼结论：**本案诉讼时效，应从最后一期履行期限届满之日即2014年4月15日计算，而且债权人曾于2015年4月11日通过手机短信就还款、卖车一事向债务人主张权利，诉讼时效发生中断，本案诉讼时效应从2015年4月11日起重新计算，本案并不存在超诉讼时效问题。

本案中，2010年5月张卫党与卓小周各出资10万元共同购买柳汽拖挂车一辆，剩余车款用车辆抵押贷款付清。在车辆经营过程中，双方产生矛盾，后达成口头协议，此车辆归卓小周一人所有，张卫党退出合伙，卓小周一次性支付张卫党车辆出资款10万元，两人终止合伙。因卓小周无法一次性付清，2011年3月28日其向张卫党出具借条承诺归还10万元并支付2万元利息。借条中约定2011年4月15日之前卓小周归还张卫党1万元，其余11万元卓小周于2014年4月15日前还清。此后，卓小周分文未还。2014年11月4日张卫党将卓小周车辆从停车场开走。法院认为，本案借款条的内容实质为合伙人对另一合伙人投资款及利息返还承诺，应视为双方的退伙协议，且意思表示真实，应为有效。因在借款条中卓小周承诺对投资款进行分期归还。本案被上诉人债权的诉讼时效，应从最后一期履行期限届满之日即2014年4月15日计算，而且张卫党于2015年4月11日通过手机短信就还款、卖车一事向卓小周主张权利，诉讼时效发生中断，本案诉讼时效应从2015年4月11日起重新计算，张卫党在2016年4月向法院提起诉讼在法律规定的诉讼时效的两年期间内，因此本案并不存在超诉讼时效问题。

---

① 陕西省咸阳市中级人民法院(2016)陕04民终字2112号民事判决书。

**第一百九十条　无民事行为能力人或者限制民事行为能力人对其法定代理人的请求权的诉讼时效期间，自该法定代理终止之日起计算。**

**【条文主旨】**

本条是关于无民事行为能力人或者限制民事行为能力人与其法定代理人之间的请求权的诉讼时效期间起算点的规定。

**【条文理解】**

法定代理关系一般是基于近亲属或其他亲密关系而产生，如果在他们之间发生请求权（如监护人侵害被监护人利益），为免于破坏这种亲密关系，故而请求权的诉讼时效并不起算，直至法定代理关系终止之日才开始起算。

法定代理人与被代理人之间发生的请求权，可能在代理关系产生之前或之后。如果在法定代理关系建立以后产生请求权，通过阻止诉讼时效期间起算，可以达到上述规范目的；但如果是在法定代理关系建立以前双方已发生届期的请求权，则如何处置呢？因为该请求权的诉讼时效已经开始起算，从逻辑上说，不可能再“自该法定代理关系终止之日起开始计算”。

根据本编第 194 条第 1 款第 4 项的规定，权利人被义务人或者其他人控制构成诉讼时效中止的事由。义务人与权利人之间存在监护与被监护的关系可以构成权利人的意志被义务人控制而无法主张权利的，可适用诉讼时效中止的规定，因此，上述情况下，可以认为监护关系构成诉讼时效进行的中止障碍。

**【司法适用】**

本条体现了立法者对法定代理关系双方当事人之间诉讼关系的特殊考虑：一方面尊重人情伦理，法定代理关系存续期间双方发生诉讼的可能性很低，不计算诉讼时效符合社会认识；另一方面也注重当事人权益，避免因法定代理关系存续而使时效利益流失。这一点在司法适用中要尤其着重把握。

**【司法案例】**

**胡克朝与王怀宣确认合同无效纠纷案①**

**诉讼结论：**诉讼时效适用于债权请求权，确认合同效力不适用诉讼时效规定，故本案不适用诉讼时效制度。

本案中，双方当事人对 1993 年 4 月 5 日签订《协议》的事实无异议，争议的焦

① 四川省泸州市中级人民法院（2016）川 05 民终字 1175 号民事判决书。

点为双方当事人于1993年4月5日签订的《协议》是否合法有效。法院认为，双方在签订协议时均属于成年人，具有完全民事行为能力，虽然胡克朝经四川医科大学司法鉴定中心进行鉴定和一审法院判决，属于限制民事行为能力，但只能确定鉴定时胡克朝属于限制民事行为能力，并不足以认定其在1993年4月5日签订《协议》时属于限制民事行为能力人。即使胡克朝在1993年4月5日签订《协议》时属于限制民事行为能力人，作为胡克朝的法定代理人王怀珍并没有表示反对，从修建房屋至本案诉讼已经过去二十多年，在此期间双方从未因案涉土地发生过纠纷，应视为胡克朝的法定代理人王怀珍对其1993年4月5日签订《协议》的追认。据此法院认定案涉协议有效。

**第一百九十一条　未成年人遭受性侵害的损害赔偿请求权的诉讼时效期间，自受害人年满十八周岁之日起计算。**

**【条文主旨】**

本条是关于未成年人遭受性侵害的损害赔偿请求权的诉讼时效期间的特殊规定。

**【条文理解】**

预防和惩戒性侵未成年人犯罪是当今世界各国共同面对的重大课题。鉴于对未成年人的性侵害行为的特殊性，受害人自己属于限制行为能力人或者无行为能力人，不可能自己寻求法律保护。如监护人疏于履行监护职责甚至监护人自己就是加害人的情形，受害人往往得不到法律保护。受害人成年之后自己寻求法律保护，却可能面临因诉讼时效期间超过被法院拒绝受理或者予以驳回的情形。

需要明确的是，未成年人遭受性侵后，随时有权提起诉讼，并非一定要等到满十八周岁，满十八周岁是时效起点，并非受害人寻求司法保护的起点。

**【司法适用】**

近年来未成年人遭受性侵害的实例都是根据刑事审判统计而来。有学者认为，从立法的总括性、一般性和指导性，未成年性侵诉讼时效特别条款放入《民法典》"总则编"缺乏司法实践考量。另外，未成年人遭受性侵害赔偿请求应当属于一种混合的损害赔偿请求权，身体损害赔偿与精神损害赔偿两者竞合情况下放到人格权下保护可能较为妥当，本条放入《民法典》"侵权责任编"更为合适。笔者则认为，民事立法应具有前瞻性，并非绝对拘泥于现有实践，在本编规定未成年人受性侵损害赔偿请求权诉讼时效期间起算的特别规则既是借鉴国外先进国家的立法实践,又是高度彰显对未成年人权益的保护,有其创新及值得赞扬之处。

**第一百九十二条　诉讼时效期间届满的,义务人可以提出不履行义务的抗辩。**

**诉讼时效期间届满后,义务人同意履行的,不得以诉讼时效期间届满为由抗辩;义务人已经自愿履行的,不得请求返还。**

**【条文主旨】**

本条是关于诉讼时效届满的法律后果的规定。

**【条文理解】**

关于诉讼时效届满后会产生何种法律后果,原先《民法通则》并未明确,《诉讼时效解释》第1条第1款则规定"当事人可以对债权请求权提出诉讼时效抗辩",即认为诉讼时效届满的直接效力是当事人获得抗辩权。本条对此予以明确。

诉讼时效期间届满的法律后果,本条规定采用抗辩权发生主义,体现了私法自治的精神,时效届满的直接后果和援引时效条款所产生的后果明确,且有利于诉讼时效届满后,义务人自愿履行债务。

诉讼时效已过,债权人的实体权利仍存在,因此,在诉讼时效已过而债务人自愿履行债务的情形下,债权人并没有构成不当得利。在此情形下,如果任由债务人反悔、履行给付之后仍可以请求返还,则诉讼时效制度维护安全的宗旨难以达成。因此,本条规定,诉讼时效期间届满后,义务人自愿履行的,不得请求返还。

若该给付行为是无行为能力人所为,那么能否主张返还呢?应认为,此情形下,该给付行为因给付人无民事行为能力而归于无效,故可主张返还。

若债务人在不知诉讼时效已过的情形下而为的给付,是否有权主张返还呢?一般而言,在诉讼时效已过而债务人自愿履行债务行为的情形下,法律推断债务人已放弃时效利益,因为基于债务人履行的单方行为,债权人产生其愿意负担义务的合理信赖,且为了督促权利人行使权利、避免其"睡"在权利上,法律规定权利人未在诉讼时效期间内起诉义务人即享有诉讼时效抗辩权,而无论权利人是否知道诉讼时效制度的存在,那么,基于利益平衡原则,法律规定义务人未依法行使诉讼时效抗辩权即应丧失该权利,即使其不知道诉讼时效已过而履行。

**【司法适用】**

1. 自愿履行部分自然债务,对余款仍享有时效抗辩权。

最高人民法院审理的"某银行与某汽车公司借款合同纠纷申请再审案"中,法院认为,债务人自愿履行诉讼时效期间已过的债务,该履行行为有效,但该自愿履行行为不等于债务人放弃剩余债务的诉讼时效抗辩权。

2. 超过诉讼时效的自然债务,可作为行使抵消权标的。

《合同法》第99条规定的可用于抵消的“债务”应指合法成立且尚未消灭的债务,只要满足标的物种类、品质相同、已届清偿期,且不属于依法律规定或按合同性质不得抵消的债务,均可列入允许行使抵消权的债务范围,包括超过诉讼时效的自然债务。

福建省福州市中级人民法院审理的(2007)榕民初字第575号“某银行与某食品公司借款纠纷案”中,法院即认为,食品公司未取得银行授权或征得其同意,私自将诉争设备变卖他人,侵害了银行对该设备享有的所有权,构成侵权,食品公司应按诉争设备变现参考价格赔偿银行经济损失。另外,诉争设备自食品公司取得厂房所有权直至被食品公司处置前一直占用该厂房,食品公司有权获得相当于厂房租金的场地占用费的补偿。因食品公司针对厂房占用费提起的反诉超过诉讼时效,故对该诉请应不予支持。但鉴于本诉中食品公司对银行负有侵权损害赔偿之债,食品公司可以行使抵消权。抵消之后,判决食品公司赔偿银行损失32万余元。

3. 债权人向他人转让债权时,该债权虽已超诉讼时效期间,但债务人以书面等形式向债权受让人承诺继续履行该债务的,应视为债务人对该债务的重新确认。

最高人民法院在(2005)民二终字第137号“某资产公司与某电子公司等借款担保合同纠纷案”的判决中认为:银行于1999年12月31日向器材厂发出《逾期贷款催收通知单》前,无证据表明其催收过该笔借款。因上述合同载明还款日期是1997年12月17日,故该笔借款已超过诉讼时效期间。但在2000年7月的《债权转让协议》中,器材厂承诺向资产公司清偿包括该笔借款在内的全部债务本息,可视为器材厂对该笔债务的重新确认。资产公司承接该项债权后,于2002年4月在省级报纸上发布债权催收公告,就上述债权向器材厂主张权利,再次形成诉讼时效中断。故器材厂仍应对该笔债务承担还款责任。

**【司法案例】**

### 周某某、刘某诉刘某某民间借贷纠纷[①]

**诉讼结论:**本案中,刘某某在诉讼时效期间届满后,自愿履行了部分还款义

① 北京市第一中级人民法院(2012)一中民终字第5722号民事判决书。

务，现周某某、刘某又以诉讼时效期间届满为由进行抗辩，法院不予支持。

本案中，周某某、刘某在二审庭审中确认刘某某分别于2010年8月10日还款3万元、2010年12月3日还款3万元、2011年2月12日还款4万元。法院认为，依据《诉讼时效解释》第22条的规定，诉讼时效期间届满，当事人一方向对方当事人作出同意履行义务的意思表示或者自愿履行义务后，又以诉讼时效期间届满为由进行抗辩的，人民法院不予支持。

## 第一百九十三条　人民法院不得主动适用诉讼时效的规定。

**【条文主旨】**

本条是关于诉讼时效援用的规定。

**【条文理解】**

诉讼时效是一种抗辩权，诉讼时效抗辩属于颠覆性抗辩。详言之，诉讼时效期间届满，义务人提出抗辩的，权利人的权利就不能得到法院保护；未提出抗辩的，则可以得到法院保护。人民法院不应主动介入而使权利人与义务人之间的利益严重失衡，否则有损正义。

从司法实践角度分析，我国的民事诉讼模式不再是基于法院职权主义的法官纠问模式，而是转向基于当事人主义的抗辩模式，法院作为国家的审判机关处于居中裁判的中立地位，而不应主动介入当事人之间的权利对抗法律关系中。

《诉讼时效解释》第3条规定：当事人未提出诉讼时效抗辩，人民法院不应对诉讼时效问题进行释明及主动适用诉讼时效的规定进行裁判。本条规定系沿袭上述第3条规定，但更为简约，未明确提及人民法院释明的问题，但依照行使释明权所应遵循的法院中立原则，法院不得对诉讼时效主动释明也是应有之义。

**【司法适用】**

在适用本条规定时应注意本条有两层含义：

第一，法院不应主动援用诉讼时效的规定进行审理和裁判。在义务人未提出诉讼时效抗辩的情形下，法院不应主动适用诉讼时效的规定进行裁判。

第二，法院不应主动查明诉讼时效事实。在司法实务中存在这样的情形，即根据法院不应主动援引诉讼时效的规定进行裁判的规定，一审法官在当事人未提出诉讼时效抗辩的情形下，不适用诉讼时效的规定进行裁判。但由于担心其未查明诉讼时效期间是否已过的事实，在二审审理过程中，当事人提出诉讼时效抗辩的，二审法院以诉讼时效事实不清而发回重审，故其虽不主动适用诉讼时效的规定进行裁判，但对诉讼时效事实主动进行查明并在裁判文书中进行表述。这种做法与法院不应主动援用诉讼时效的规定进行审理和裁判的原则是相悖的。[①]

**【司法案例】**

**上诉人淮南市金世纪置业有限公司与被上诉人淮南市皖韵体育场馆管理有限公司房屋租赁合同纠纷案[②]**

**诉讼结论：**金世纪公司未在一审期间提出诉讼时效抗辩，在二审中，金世纪公司又未基于新的证据能够证明皖韵公司的请求权已过诉讼时效期间，故对金世纪公司在二审中提出的诉讼时效抗辩不予支持。

本案中，双方当事人于2011年12月26日签订房屋租赁合同，皖韵公司于2016年6月15日才诉至法院。一审期间，金世纪公司未提出诉讼时效抗辩，在二审中才提出这一抗辩。根据《诉讼时效解释》第4条第1款规定："当事人在一审期间未提出诉讼时效抗辩，在二审期间提出的，人民法院不予支持，但其基于新的证据能够证明对方当事人的请求权已过诉讼时效期间的情形除外。"

**法院认为：**金世纪公司未在一审期间提出诉讼时效抗辩，二审中又未基于新的证据证明皖韵公司的请求权已过诉讼时效期间，故对诉讼时效抗辩不予支持。

**第一百九十四条　在诉讼时效期间的最后六个月内，因下列障碍，不能行使请求权的，诉讼时效中止：**

**（一）不可抗力；**

**（二）无民事行为能力人或者限制民事行为能力人没有法定代理人，或者法定代理人死亡、丧失民事行为能力、丧失代理权；**

**（三）继承开始后未确定继承人或者遗产管理人；**

**（四）权利人被义务人或者其他人控制；**

**（五）其他导致权利人不能行使请求权的障碍。**

**自中止时效的原因消除之日起满六个月，诉讼时效期间届满。**

**【条文主旨】**

本条是关于诉讼时效中止的规定。

---

① 最高人民法院民事审判第二庭：《最高人民法院关于民事案件诉讼时效司法解释理解与适用》，人民法院出版社2008年版，第99页。

② 安徽省淮南市中级人民法院（2016）皖04民终字1423号民事判决书。

**【条文理解】**

诉讼时效中止,是指因特定事由发生,诉讼时效期间在特定期间停止进行。诉讼时效中止使诉讼时效期间的计算处于暂停状态,故学理上又称为诉讼时效的停止或暂停。

《诉讼时效解释》第20条规定,有下列情形之一的,应当认定为《民法通则》第139条规定的"其他障碍",诉讼时效中止:(1)权利被侵害的无民事行为能力人、限制民事行为能力人没有法定代理人,或者法定代理人死亡、丧失代理权、丧失行为能力;(2)继承开始后未确定继承人或者遗产管理人;(3)权利人被义务人或者其他人控制无法主张权利;(4)其他导致权利人不能主张权利的客观情形。

本条规定即采用了上述司法解释的规定模式。另外,根据最高院司法解释的规定,《民法总则》施行之日,中止时效的原因尚未消除的,应当适用《民法总则》关于诉讼时效中止的规定。

**【司法适用】**

诉讼时效期间的起算是以权利人可以行使权利而不行使为前提的,如果在诉讼时效进行中的某一时间内,出现了权利人主张权利的客观障碍,法律规定诉讼时效期间继续进行,那么,就会导致权利人因时效经过而受损,产生不公平的结果。因此,对于权利人在诉讼时效期间内出现行使权利的客观障碍的,诉讼时效应中止。

1. 不可抗力为不能预见、不能避免和不能克服的客观情况,包括自然灾害(如地震、洪水、台风等)和人的活动(如战争、罢工等)。发生不可抗力时,即使权利人主观上要求主张或行使权利(不只是行使权利),但由于司法机关无法正常运转,义务人下落不明等原因,权利人客观上无法或不便在诉讼时效期间行使请求权,法律将此作为诉讼时效中止的事由。不可抗力的事由既可能发生在义务人身上,也可能发生在权利人身上。应当注意的是,如果虽有不可抗力事由发生,但该事由并不影响权利人行使权利的,即未造成权利人不能主张权利或者提起诉讼的,则不属于诉讼时效中止的法定事由。还需要特别说明的是,这里的行使权利是指行使请求权,亦即权利主张,而不是权利实现。

2. 无民事行为能力人或者限制民事行为能力人没有法定代理人,或者法定代理人死亡、丧失代理权或者丧失民事行为能力。根据法律规定,无行为能力人由其法定代理人代理进行民事活动,限制行为能力人可进行与其年龄或智力水平相适应的法律行为,除此之外应由其法定代理人代理进行或者经法定代理人许可后方可进行。在权利人为无民事行为能力人或限制民事行为能力人的情形下,要求他们自己行使权利或者为中断时效行为(向义务人主张权利或提起诉讼)是相当困难的，甚至不可能。因此，在法定代理人确定之前，应当使诉讼时效中止计算。在法定代理人死亡、法定代理人丧失代理权或者丧失行为能力，无民事行为能力人和限制民事行为能力人回复至无法定代理人的状态下，亦然。将无民事行为能力人、限制民事行为能力人没有法定代理人的情形设定为阻碍诉讼时效期间进行的客观障碍，能够更好地保护无民事行为能力人和限制民事行为能力人的合法权益。需要说明的是，限制行为能力人如果具备与其智力发展水平相适应的行为能力，能够向义务人主张权利或者提起诉讼，没有法定代理人的情形则不应当成为诉讼时效中止的事由。

3. 继承开始后未确定继承人或者遗产管理人。根据法律规定，继承开始，即意味着被继承人死亡。当继承人或遗产管理人尚未确定时，被继承人生前的权利无法行使，被继承人的债权人亦因无请求或起诉的相对人，或者不知道相对人为谁，而无法主张权利或提起诉讼导致诉讼时效中断。该情形属于客观上难以行使权利的事由，应当构成诉讼时效中止的事由。如果此时诉讼时效期间持续计算，显然有违设立诉讼时效和诉讼时效障碍制度的立法目的，为此将此作为诉讼时效中止的法定事由。

4. 权利人被义务人或者其他人控制。权利人被义务人或者其他人控制，无法向义务人主张权利或提起诉讼，多见于权利人与义务人之间存在某种特殊的关系的场合。此种情形下，如果诉讼时效期间继续计算，会对权利人产生不公平的结果。审判实践中主要包括以下情形：

（1）义务人与权利人之间存在代表与被代表的关系，即义务人是权利人的法定代表人。在该情形下，义务人为权利人的意思表示机关，权利人的意思被义务人控制，权利人主张权利的意思表示必须由义务人或义务人授权方能进行，在义务人不代表权利人也不授权他人代理权利人作出行使权利或主张权利等意思表示时，权利人在客观上无法行使权利。从另一角度讲，义务人与权利人之间不存在平等关系，法定代表人集义务人与权利人于一身，不可能让自己向自己主张权利或者自己起诉自己的情形发生。需要强调的是，该情形只应存在于法定代表人在任期间，其控制权利人的意志，导致诉讼时效中止。

（2）权利人系义务人的控股子公司。公司虽然根据法律的规定为独立的民事主体，但根据公司法的规则，公司的控股股东可以控制公司的经营行为。如果义务人为公司的控股股东，即可以控制权利人的经营管理和意志，在其不同意权利人为主张权利的行为时，权利人客观上无法主张权利。

（3）义务人与权利人之间存在监护与被监护关系。监护是对未成年人和精神病人的人身、财产及其他合法权益进行监督和保护的民事法律制度。由于被监护人的年龄和智力水平所限，其民事权利由监护人代为行使，当监护人与被监护人之间存在权利义务关系时，要求被监护人对监护人行使权利是不可能的，或者说要求监护人代表被监护人利益对自己主张权利，也是不现实的。因此，在监护关系存续期间，权利人的意志被义务人控制不能主张权利，应属于诉讼时效中止的事由。

(4)权利人被义务人或者其他人限制人身自由。权利人被义务人或他人非法控制，丧失人身自由，是无法主张或委托他人主张权利或提起诉讼的，此种情形应属于诉讼时效中止的事由。但在刑事诉讼程序过程中，一般而言，尽管权利人被采取刑事强制措施等，仍可依法委托代理人主张权利，此种情况不应属于诉讼时效中止的事由。

5. 基于社会生活的复杂性和文字的有限性，司法实务中应中止诉讼时效计算的复杂情形难以全部列举，本条第 5 款对此设置了兜底条款，规定“其他导致权利人不能行使请求权的障碍”也属于诉讼时效中止的事由，这种列举加概括的规定有利于司法实践中对于这一制度的适用尺度统一，也避免了单纯列举式的挂一漏万。但是，在具体认定作为诉讼时效中止事由“其他障碍”的情形，必须具备以下要件：

第一，发生了客观障碍事由，该事由可能发生在权利人身上，也可能发生在义务人身上；

第二，客观上阻止权利人主张权利即并非权利人主观上不想、不愿主张权利，而是客观上无法或不能主张权利；

第三，主体指权利人而言，义务人发生了客观事由，并不必然导致权利人不能主张权利；

第四，是主张权利不能，而不是实现权利不能。

当然，客观事由还要发生在诉讼时效期间届满前六个月内。

6. 新冠肺炎疫情的暴发对经济活动造成了严重影响，也造成不少合同当事人无法主张自身的权利。依照《最高人民法院关于依法妥善审理涉新冠肺炎疫情民事案件若干问题的指导意见(一)》第 6 条的规定，在诉讼时效期间的最后六个月内，因疫情或者疫情防控措施不能行使请求权，权利人依据《民法总则》第 194 条第 1 款第 1 项规定主张诉讼时效中止的，人民法院应予支持。

【司法案例】

## 李某某与梁某某民间借贷纠纷案[①]

**诉讼结论：**被告因购买房屋向原告借款70,000元未还，其后，原、被告登记结婚，在诉讼时效期间的最后六个月内，原、被告处于婚姻关系存续期间。在原、被告婚姻关系存续期间应认定原告是属于因其他障碍不能行使请求权，诉讼时效中止。

本案中，被告因购买房屋向原告借款70,000元未还，对此原、被告均没有异议。本案的争议焦点是原告的起诉是否已超过诉讼时效。原告于2001年9月22日借款给被告，被告出具的《借据》中约定还款期限为一年，借款期限于2002年9月22日届满，诉讼时效开始起算。原告于2011年6月17日向法院提起诉讼，按照法律规定已超过法定的诉讼时效。原、被告于2003年7月30日登记结婚，即在诉讼时效期间的最后六个月内，原、被告处于婚姻关系存续期间，按照有关法律规定，婚姻关系存续期间所得的收益属于夫妻共同财产，基于双方的特殊关系，此时原告难以向被告主张债权。结合本案的实际情况，被告向原告借款用于婚前购买房屋，婚姻关系存续期间该屋共同使用，在离婚时经法院判决该屋属于被告的婚前个人财产，不作夫妻共有财产分配，被告在离婚后实际取得该屋的所有权，如认定原告因在婚姻关系存续期间没有主张债权而导致超过诉讼时效，显然对原告不公平。故在原、被告婚姻关系存续期间应认定原告是属于因其他障碍不能行使请求权，诉讼时效中止。

**第一百九十五条　有下列情形之一的，诉讼时效中断，从中断、有关程序终结时起，诉讼时效期间重新计算：**

**（一）权利人向义务人提出履行请求；**

**（二）义务人同意履行义务；**

**（三）权利人提起诉讼或者申请仲裁；**

**（四）与提起诉讼或者申请仲裁具有同等效力的其他情形。**

【条文主旨】

本条是关于诉讼时效中断的规定。

---

① 广州市海珠区人民法院（2011）穗海法民二初字第930号民事判决书。

【条文理解】

诉讼时效中断，是指在诉讼时效进行中，因一定事由的发生阻碍时效的进行，致使以前经过的时效期间统归无效，从中断时起，其诉讼时效期间重新起算。建立中断时效制度是因为中断时效事由的发生打破了不行使权利的事实状态的持续，使原来的权利、义务关系又一次明确，其诉讼时效期间便应当重新起算，与诉讼时效中止设立的目的一样，都是为了保护权利人的利益。

本条规定采取明确列举方式，将中断事由明确为：权利人向义务人提出履行请求的、义务人同意履行义务的、权利人提起诉讼或者申请仲裁的、与提起诉讼或者申请仲裁具有同等效力的其他情形。增加了提起仲裁以及“与提起诉讼或者申请仲裁具有同等效力的其他情形”这一概括规定，更为全面。

【司法适用】

1. 权利人向义务人提出履行请求

权利人向义务人提出履行请求是指权利人通过一定的方式（口头的或书面的）向义务人提出请求履行义务的意思表示。权利人一方向义务人提出履行义务要求的行为改变了权利人不行使权利的事实状态，是引起诉讼时效中断的一项法定事由。

实践中，以下情况应认定为权利人向义务人提出履行请求，产生诉讼时效中断的效力：

（1）当事人一方直接向对方当事人送交主张权利文书，对方当事人在文书上签字、盖章或者虽未签字、盖章但能够以其他方式证明该文书到达对方当事人的。对方当事人为法人或者其他组织的，签收人可以是其法定代表人、主要负责人、负责收发信件的部门或者被授权主体；对方当事人为自然人的，签收人可以是自然人本人、同住的具有完全行为能力的亲属或者被授权主体。

（2）当事人一方以发送信件或者数据电文方式主张权利，信件或者数据电文到达或者应当到达对方当事人的。

（3）当事人一方为金融机构，依照法律规定或者当事人约定从对方当事人账户中扣收欠款本息的。

（4）当事人一方下落不明，对方当事人在国家级或者下落不明的当事人一方住所地的省级有影响的媒体上刊登具有主张权利内容的公告的，但法律和司法解释另有特别规定的，适用其规定。

（5）权利人向人民调解委员会以及其他依法有权解决相关民事纠纷的国家机关、事业单位、社会团体等社会组织提出保护相应民事权利的请求，诉讼时效从提出请求之日起中断。

(6)权利人向公安机关、人民检察院、人民法院报案或者控告,请求保护其民事权利的,诉讼时效从其报案或者控告之日起中断。上述机关决定不立案、撤销案件、不起诉的,诉讼时效期间从权利人知道或者应当知道不立案、撤销案件或者不起诉之日起重新计算;刑事案件进入审理阶段,诉讼时效期间从刑事裁判文书生效之日起重新计算。

2."义务人同意履行义务"的理解

义务人同意履行义务是指义务人通过一定方式(口头的或书面的)向权利人作出愿意履行义务的意思表示。义务人同意履行义务,承认权利人权利的存在,这时双方的权利义务关系也已处于确定状态,原来已经进行的诉讼时效期间,自无再维持的必要,因此,诉讼时效中断。只要义务人向权利人或其代理人进行承认或同意履行义务的意思表示,即可发生中断时效的法律后果。

3."权利人提起诉讼或者申请仲裁"的理解

当事人一方向人民法院提交起诉状或者口头起诉的,诉讼时效从提交起诉状或者口头起诉之日起中断。在此之前,学界和实务界有关因提起诉讼而引起诉讼时效中断的时间节点颇有争议,主要有从当事人一方向法院提交起诉材料或者口头起诉之日起中断、从法院受理之日起中断和从起诉状副本送达给对方当事人之日起中断三种观点。我们认为该时间节点为当事人一方向人民法院提交诉状或者口头起诉之日。同样,在申请仲裁的情况下,当事人一方向有关仲裁机构或是按照相关临时仲裁程序提交仲裁申请材料的,诉讼时效从提交之日起中断。

至于受诉法院是否符合受理标准,法律并没有限制当事人必须向有管辖权的法院起诉才能引起诉讼时效中断,原告即使诉错了法院,但只要原告提起的"诉"已经具备了《民事诉讼法》规定的起诉要件,其向法院请求保护民事权益的意思表示明确,也应引起诉讼时效的中断。同样,在申请仲裁的情况下,当事人即使向错误的仲裁机构提交了仲裁申请材料,也足以引起诉讼时效的中断。

对于当事人一方撤回起诉是否具有诉讼时效中断的效力的问题有两种争议观点。第一种观点认为,根据撤回起诉视为未起诉的法理,对于权利人撤诉的,亦应视为没有提起诉讼或主张,不发生中断诉讼时效的效力。但若主张权利的意思表示已经到达义务人的,应认定构成"权利人向义务人提出履行请求的",故发生中断诉讼时效的效力。第二种观点认为,撤回起诉不应视为未起诉,其发生的诉讼时效中断效力也同样不应撤销。对于权利人撤回主张或申请的情形也如此。但应予明确的是,权利人撤诉的,若主张权利的意思表示已经到达义务人的,例如起诉后,起诉状已送达给相对人后权利人撤诉的,或者是已经过庭审的,权利人已将自己主张权利的意思表示向义务人表达,应认定构成"权利人向义务人提出履行请求”,故发生中断诉讼时效的效力。但在不构成“当事人一方提出要求”的情形下,能否具有诉讼时效中断的效力,尚存争议。

4. 与提起诉讼或者申请仲裁具有同等效力的其他情形

本条为概括式规定,根据司法实践,主要包括以下几类:

(1)申请支付令;

(2)申请破产、申报破产债权;

(3)为主张权利而申请宣告义务人失踪或死亡;

(4)申请诉前财产保全、诉前临时禁令等诉前措施;

(5)申请强制执行;

(6)申请追加当事人或者被通知参加诉讼;

(7)在诉讼中主张抵消;

(8)其他提起诉讼或者申请仲裁具有同等诉讼时效中断效力的事项。

5. 诉讼时效中止、中断、延长的区别

诉讼时效中止、中断、延长均可引起诉讼时效变更的法律效果,但三者仍有较大差别。

第一,发生的时间不同。诉讼时效的中止必须发生在诉讼时效期间届满前六个月,否则不发生诉讼中止的法律效果;而诉讼时效的中断可以发生于诉讼时效期间的任何阶段;诉讼时效的延长则发生于诉讼时效届满后。

第二,发生的事由不同。诉讼时效的中止因不可抗力等各种导致权利人不能行使请求权的障碍发生;诉讼时效的中断则依权利人主张权利或者义务人同意履行义务,权利人提起诉讼或仲裁等而发生;诉讼时效的延长是因其他客观障碍导致权利人在诉讼时效期间内不能行使请求权而发生。

第三,法律效果不同。诉讼时效中止后,以前发生过的诉讼时效仍然有效,只是诉讼时效事由发生至消除之日的时间不计算诉讼时效;而诉讼时效中断则导致中断前经过的诉讼时效归于无效,自中断之日起重新计算诉讼时效;诉讼时效的延长则是指诉讼时效期间经过后,法院根据法律规定及案件的具体情况给予权利人行使权利的合理期限。

**【司法案例】**

## 北京世纪泽润国际广告有限公司与伊金霍洛旗双龙煤炭有限责任公司借款合同纠纷案①

**诉讼结论:**双龙煤炭公司向世纪泽润公司发送往来询证函,世纪泽润公司于

① 北京市第二中级人民法院(2016)京02民终字9867号民事判决书。

2014 年 2 月 20 日在该往来询证函上加盖公章的行为，构成诉讼时效中断，从 2014 年 2 月 20 日起，诉讼时效重新起算。

本案中，双龙煤炭公司在 2014 年 2 月 20 日前委托会计师事务所向世纪泽润公司发出了往来询证函，系在 2015 年 1 月 31 日前的两年诉讼时效期间内，且世纪泽润公司在该往来询证函上加盖公章确认欠款事实，可以表明该往来询证函既有双龙煤炭公司向世纪泽润公司追索已超过还款期限的欠款的意思表示，又体现了债务人世纪泽润公司对所欠债务的确认，虽然在该往来询证函上，有"本函仅为复核账目之用，并非催款结算"的内容，但因该往来询证函是在借款协议诉讼时效期间内发出的，不需要世纪泽润公司重新作出同意还款的意思表示，双龙煤炭公司向世纪泽润公司发送往来询证函的行为，应视为"当事人一方提出要求"的规定，故双龙煤炭公司向世纪泽润公司发送往来询证函，世纪泽润公司于 2014 年 2 月 20 日在该往来询证函上加盖公章的行为，构成诉讼时效中断，自 2014 年 2 月 20 日起，诉讼时效重新起算。

**第一百九十六条　下列请求权不适用诉讼时效的规定：**

**（一）请求停止侵害、排除妨碍、消除危险；**

**（二）不动产物权和登记的动产物权的权利人请求返还财产；**

**（三）请求支付抚养费、赡养费或者扶养费；**

**（四）依法不适用诉讼时效的其他请求权。**

**【条文主旨】**

本条是关于不适用诉讼时效的情形的规定。

**【条文理解】**

一般认为，适用诉讼时效的请求权为债权请求权。基于物权、知识产权、人身权的请求权以及基于亲属关系请求支付赡养费、抚养费或者扶养费等不适用诉讼时效。债权请求权应适用诉讼时效的规定，是学界普遍接受的观点。这些请求权主要包括：因合同所产生的请求权、因无因管理而产生的请求权、因侵权行为而产生的损害赔偿请求权、因不当得利而产生的利益返还请求权、因缔约过失而产生的损失赔偿请求权等。但是，基于对某些特殊关系的保护，某些债权性请求权不适用诉讼时效，如请求支付赡养费、抚养费或者扶养费。此外，基于物权、知识产权、人身权的某些请求权也不适用诉讼时效的规定。

## 【司法适用】

1.请求停止侵害、排除妨碍、消除危险不适用诉讼时效的规定

(1)基于物权被侵害产生的请求停止侵害、排除妨碍、消除危险不适用诉讼时效的规定

物权请求权是指物权在遭受侵害或者可能遭受侵害时,物权人有权要求恢复物权的圆满状态或者防止侵害的权利。其与作为债权请求权的侵权请求权并不相同。一般而言,两者的区别表现在:

第一,两者的功能、目的、保护的侧重点不同。物权请求权的目的在于排除侵害或者侵害之虞,以回复物权圆满状态。而侵权请求权的目的在于填补物权人无法通过行使物权请求权恢复的损失,是以货币状态恢复被损害物的价值状态。因此,物权请求权侧重于恢复物权的圆满状态,而侵权请求权侧重于弥补权利人的损失。

第二,两者对物权保护的效力不同。物权请求权系基于物权为支配权性质产生的物权权能;债权请求权来源于债权,故基于物权优先于债权的特性,物权请求权也优先于侵权请求权。一般而言,在物权受到侵害后,首先适用物权请求权进行保护,在物权请求权保护不能、不充分的情形下,适用侵权请求权予以保护。而且,侵权请求权适用于一切侵权行为,而物权请求权仅适用侵害物权的行为,因此,物权请求权较之债权请求权具有特殊性。

第三,两者的构成要件不同。除承担公平责任的侵权行为、特别侵权行为外,根据侵权法的一般原理,一般侵权责任的构成适用过错责任原则,换言之,侵权请求权的构成以侵权人具有过错为要件。而且,侵权责任构成的要件之一为因侵权行为造成损害,故侵权请求权的构成也以存在损害为要件。而物权请求权的构成不以侵害人有过错或者有损害结果的发生为要件,只要有侵害物权或者侵害物权之虞,无论侵害人是否有过错、是否存在损失,权利人均可主张物权请求权。

物权请求权的作用在于保障物权回复圆满状态。物权请求权是物权效力的具体体现,是包含在物权权能之中的,只要物权存在,物权请求权就应该存在。物权为支配权,不适用诉讼时效的规定,作为物权一部分的物权请求权,也不应当因时效届满而消灭。而且,在我国《物权法》未规定取得时效制度的情形下,如规定物权请求权适用诉讼时效制度,则将出现物权人虽享有物权但在物权被侵害时,无法行使物权请求权、使其物权恢复圆满状态、导致物权成为空洞权利的问题。即使在法律同时承认取得时效和诉讼时效的情形下由于取得时效和诉讼时效的起算点、期间并不相同,所以规定物的返还请求权适用诉讼时效,仍可能存在一段物权人空有物权之名而无物权之实、物权成为空洞权利的状态。目前我国大多数

观点认为,物权请求权不应适用诉讼时效的规定。停止侵害请求权、排除妨害请求权、消除危险请求权均不适用诉讼时效制度。①

(2)基于人格权被侵害产生的停止侵害、恢复名誉、赔礼道歉、消除影响请求权不适用诉讼时效的规定

各国立法例关于人格权的保护方法一般均规定了排除妨碍、消除危险、赔礼道歉、恢复名誉、赔偿损失等具有财产利益内容的请求权和不具有财产利益内容的请求权。其中,对不具有财产利益内容的请求权为人格权请求权并不持异议。其权利来源为作为绝对权的人格权,其设定目的、功能、构成要件均与物权请求权相同,均系保护绝对权恢复圆满状态的手段性的权利,而非债权请求权。不具有财产利益内容的请求权并非债权请求权,而系绝对权请求权,由于其与绝对权的存在密切相关,关系到作为民事主体的人的人格存续、生存利益以及伦理道德问题,故不应适用诉讼时效的规定。不具有财产利益内容的人格权请求权主要有:停止侵害、恢复名誉、赔礼道歉、消除影响请求权等。

对于具有财产利益内容的请求权是否为人格权请求权则存在争议。首先应明确,人格权请求权和侵权请求权是共同保护人格权的方法,因此,两者不应是互相包含关系,而应是相互独立关系。如果从人格权请求权与侵权请求权不同的功能和目的角度进行分析,则认定赔偿损失请求权为侵权请求权更为适宜。因为人格权请求权的目的和功能是恢复人格权的圆满状态,而侵权请求权的目的和功能是以货币方式弥补损失。即使认为人格权请求权包括赔偿损失请求权带有财产利益内容的请求权,但由于该请求权的目的在于弥补损失,并不影响人格权行使的圆满状态,故认定其适用诉讼时效的规定应无不可。

(3)基于知识产权被侵害产生的停止侵害、消除影响、赔礼道歉请求权不适用诉讼时效的规定

知识产权包括著作权、专利权及商标权,具有人身权和财产权的双重属性。知识产权具有支配性、排他性,为防止知识产权长久存在而阻碍科技进步,法律规定了知识产权的有效期对其予以限制,但该有效期并非诉讼时效期间。知识产权请求权是指权利人在其知识产权的圆满状态受到侵害时,得请求加害人为一定行为或者不为一定行为,以回复知识产权圆满状态的权利。下列知识产权请求权不适用诉讼时效的规定:停止侵害、消除影响、赔礼道歉请求权。

---

① 最高人民法院民事审判第二庭:《最高人民法院关于民事案件诉讼时效司法解释理解与适用》,人民法院出版社 2008 年版。

2. 登记的物权人请求返还财产

物权请求权中的返还原物请求权是否应适用诉讼时效，则因是否登记而异。请求返还登记的不动产和动产，如适用诉讼时效，既与登记制度的功能相悖，也与现实不符；而未登记的不动产和动产则可适用诉讼时效。

3. 请求支付赡养费、抚养费或者扶养费

请求支付赡养费、抚养费或者扶养费虽然牵涉一定的财产利益，但主要基于身份利益，权利义务关系基于血亲关系，被赡养、抚养或者扶养是一种持续性权利，因赡养、抚养或者扶养义务的持续性，赡养费、抚养费或者扶养费请求权不应适用诉讼时效的规定。

4. 依法不适用诉讼时效的其他请求权

从司法实务的角度来看，以下几类请求权不适用诉讼时效：

（1）办证请求权不适用诉讼时效的问题

办证请求权与一般之债权请求权不同，该项请求权具有极强的物权性倾向或物权属性，不应适用诉讼时效。

（2）股东知情权不适用诉讼时效

股东的查阅权可以追溯到公司成立之日，并且明确了股东的知情权具有身份性质，不受本编关于诉讼时效的规定的限制。

（3）缴纳出资请求权不适用诉讼时效

根据资本维持原则，为维护公司资本充实，并基于股东出资义务的特殊性，缴纳出资请求权不适用诉讼时效。

（4）专项维修资金不适用诉讼时效

专项维修资金是专门用于物业共用部位、共用设施设备保修期满后的维修和更新、改造的资金，属于全体业主共有。缴纳专项维修资金是业主为维护建筑物的长期安全使用而应承担的一项法定义务。业主拒绝缴纳专项维修资金，并以诉讼时效提出抗辩的，人民法院不予支持。

**【司法案例】**

### 北京世诚金达信息咨询有限公司与黑龙江省甘南县兴十四镇兴十四村民委员会物权保护纠纷案[①]

**诉讼结论：**本案案由为物权保护纠纷，故兴十四村主张物权请求权不适用诉讼时效规定。世诚金达公司以兴十四村起诉时已超过诉讼时效期间，不予支持。

---

① 黑龙江省高级人民法院（2016）黑民终字601号民事判决书。

本案中，双方因另案生效调解书负有权利和义务。其后，该调解书因故无法完全履行。兴十四村村集体作为争议土地的所有权人其土地因被林木占用而无法实现土地流转价值，世诚金达公司所有的林木的价值却逐年增长，侵害了兴十四村权利。世诚金达公司抗辩称兴十四村诉讼主张已超过诉讼时效。

**法院认为：**根据兴十四村诉讼请求其享有林地用益物权、排除世诚金达公司长期占用林地的主张，本案案由为物权保护纠纷，故兴十四村主张物权请求权不适用诉讼时效规定。世诚金达公司以兴十四村起诉时已超过诉讼时效期间，法院不予支持。

**第一百九十七条　诉讼时效的期间、计算方法以及中止、中断的事由由法律规定，当事人约定无效。**

**当事人对诉讼时效利益的预先放弃无效。**

**【条文主旨】**

本条是关于诉讼时效法定、时效利益预先放弃无效的规定。

**【条文理解】**

通常理解，法律有关诉讼时效的规定属于强制性规范，当事人不得就诉讼时效的延长、缩短等自行约定，也不得事先抛弃时效利益。时效利益抛弃的前提是义务人能够获得时效利益，而获得时效利益只有在时效期间届满以后才有可能。因为对债务人而言，时效期间届满后，才获得拒绝履行义务的抗辩权；在诉讼时效期间开始计算后、时效期间届满前，债务人并无时效利益。时效利益的抛弃只能是一种事后处分行为。有的认为，在当事人双方地位平等、意思表示真实的情况下，约定时效是对时效利益的自由处分而不是预先抛弃，应为合法有效。但这种理解既与时效制度具有强制性规定的通常理解不符，也与本编规定诉讼时效制度的目的相悖，会使诉讼时效制度形同虚设。①

《诉讼时效解释》第 2 条规定，当事人违反法律规定，约定延长或者缩短诉讼时效期间、预先放弃诉讼时效利益的，人民法院不予认可。

本条规定更为明确，规定凡是诉讼时效的期间、计算方法以及中止、中断的事由均由法律规定，当事人约定无效。当事人对诉讼时效利益的预先放弃无效。

---

① 汪治平：《当事人有关不适用诉讼时效的约定及相关问题的探讨——重庆益嘉物业管理有限公司与重庆渝庆旧城改造有限公司欠款纠纷申请再审案》，载苏泽林主编，最高人民法院立案庭编：《立案工作指导》2009 年第 2 辑（总第 21 辑），人民法院出版社 2009 年版，第 110～111 页。

**【司法适用】**

1. 当事人能否约定排除诉讼时效制度的适用

诉讼制度的立法目的为维护社会公共利益,具有强行性,必须适用,因此,该制度不允许当事人约定排除适用。而且,既然当事人约定缩短或者延长诉讼时效期间的约定尚且被认定无效,那么,排除其适用的约定也当然应被认定无效。

2. 诉讼时效利益可否事后放弃

当事人不能预先抛弃诉讼时效利益,并非意味着时效利益不能事后放弃。

3. 当事人关于应在一定期间起诉的约定是否有效

应在一定期间起诉的约定实质是对起诉期间的约定,而非诉讼时效期间的约定。由于民事诉权为当事人的法定权利,不允许当事人自主约定排除或者限制,除非法律有特殊规定,因此,上述约定无效。

4. 当事人关于诉讼时效中断、中止事由的约定是否有效

诉讼时效中断、中止制度均属法定的诉讼时效障碍制度,法律规定了法定的诉讼时效中断、中止事由。因此,如果当事人约定的诉讼时效中断、中止事由符合法律的规定,则应认定有效;不符合法律规定,则不能认定有效。由于立法不能穷尽司法实务中的情形,故应限定当事人不能约定的诉讼时效中止及中断的事由为立法未规定的,且与立法目的不符的事由较为适宜。此外,当事人约定排除诉讼时效中断、中止事由适用的,也属违反法定性的行为,应认定无效。

**第一百九十八条　法律对仲裁时效有规定的,依照其规定;没有规定的,适用诉讼时效的规定。**

**【条文主旨】**

本条是关于仲裁时效的规定。

**【条文理解】**

《仲裁法》第74条规定,“法律对仲裁时效有规定的,适用该规定。法律对仲裁时效没有规定的,适用诉讼时效的规定”。本条沿袭了该条规定,但范围更广,包括此前未能涵盖的劳动争议仲裁以及农村土地承包经营纠纷调解仲裁。

(一)仲裁时效的概念、特征和意义

1. 仲裁时效的概念

通过仲裁程序保护民事权利,是有效、可靠、最终的保护手段,然而仲裁保护民事权利是有一定时间条件限制的,权利人只有在法律规定的一定期间内请求仲

裁机构保护,仲裁机构才依仲裁程序予以保护。超过了仲裁时效期间,仲裁机构则不再保护。权利人向仲裁机构请求保护其民事权利的法定期间,就是仲裁时效期间。

2. 仲裁时效的特征

仲裁时效具有以下特征:(1)以权利人不行使其权利的事实状态为前提;(2)需连续地经过一定的法定期间;(3)仲裁时效的效力是当事人获得抗辩权。

3. 仲裁时效的意义

我国在法律上规定仲裁时效制度,具有重要意义。其意义主要是:

第一,有利于保护当事人的财产权益。规定仲裁时效制度,就是要在行使仲裁权利的时间上,促使权利人行使自己的权利,从而保护仲裁当事人的财产权益。

第二,有利于及时了结各种财产权利义务关系。规定仲裁时效是为了督促仲裁权利人及时地行使仲裁权利,以带动义务人及时地履行义务,从而及时地了结各种应予了结的财产权利义务关系,进而稳定社会经济秩序,保证社会经济活动的正常进行。

第三,有利于促使当事人及时地行使仲裁权利。规定仲裁时效主要目的就是促使仲裁权利人及时地行使仲裁权利和依法提起仲裁申请,以便于及时地收集证据,依法仲裁案件,从而正确处理合同纠纷和其他财产权益纠纷。①

(二)仲裁时效的种类

仲裁时效,根据其期间的长短和适用的不同范围,可分为一般仲裁时效和特殊仲裁时效两大类。

1. 一般仲裁时效

一般仲裁时效,是指法律规定的普遍适用于一般民事法律关系的仲裁时效。一般仲裁时效的适用范围十分广泛,又称为普通仲裁时效。它适用于除某些单行法另有规定以外的各种民事法律关系。根据本编第 188 条的规定,向人民法院请求保护民事权利的诉讼时效期间为 3 年。法律另有规定的,依照其规定。因此,我国的一般仲裁时效期间均为 3 年,法律另有规定的除外。

2. 特殊仲裁时效

特别仲裁时效,又称特殊仲裁时效,是指法律规定仅适用于某些特定民事法律关系的仲裁时效。这种时效的期间短于或长于普通仲裁时效,按此又分为短期仲裁时效和长期仲裁时效。它在适用效力上优于普通仲裁时效,即对于某一法律关系,有特别时效规定的应适用该特别时效,没有特别规定时才适用普通时效。

---

① 唐德华、孙秀君主编:《仲裁法及配套规定新释新解》,人民法院出版社 2003 年版。

这是特别法优于普通法的原则在时效制度上的体现。

根据法律对仲裁时效期间长短不同的规定，特殊仲裁时效又可以分为以下三种：

（1）短期仲裁时效

这是指时效期间短于普通仲裁时效的一种特别仲裁时效。由于某些民事法律关系依性质必须尽快了结，如违约损害赔偿关系和给付报酬的关系等，对这些关系规定了较短的仲裁时效，以促使人们尽快行使权利，并促进仲裁机关及早正确地处理案件。

（2）长期仲裁时效

所谓长期仲裁时效，是指时效期间超过3年又不满20年的仲裁时效。长期仲裁时效的期间，比一般仲裁时效长（超过3年，不含3年），又比最长仲裁时效短（不满20年，不含20年）。例如，《民法典》第594条明确规定因国际货物买卖合同和技术进出口合同争议提起诉讼或者申请仲裁的期限为4年。

（3）最长仲裁时效

所谓最长仲裁时效，是指仲裁时效中最长的、期间为20年的仲裁时效。本编第188条规定，自权利受到损害之日起超过20年的，人民法院不予保护；有特殊情况的，人民法院可以根据权利人的申请决定延长。

根据这一规定，最长仲裁时效与一般仲裁时效、短期仲裁时效、长期仲裁时效也有着明显的区别。其主要区别是：

（1）一般仲裁时效、短期仲裁时效、长期仲裁时效都是从知道或者应当知道权利被侵害时开始计算，这三种仲裁时效都是以当事人的主观认识因素为依据的，而最长仲裁时效则从权利被侵害时开始计算，它是以权利被侵害的客观时间因素为依据的，与当事人的主观认识因素没有关系，即使当事人不知其权利被侵害，最长仲裁时效也开始计算。

（2）一般仲裁时效、短期仲裁时效、长期仲裁时效的期间最长都不满20年，而最长仲裁时效所保护的权利是从权利被侵害之日起最长不超过20年，当然，如果有特殊情况的，也可以依法延长仲裁时效期间。从以上区别可以看出，一般仲裁时效、短期仲裁时效和长期仲裁时效由于都从知道或者应当知道权利被侵害时开始计算，所以法律规定的时间期限较短，但实际期限又可能会长。这显然很不利于搜集证据和正确解决纠纷，也会给当事人带来很多困难。为此，我国法律规定了最长诉讼时效，当然也适用于最长仲裁时效。因此，规定最长仲裁时效为20年，同样适用于一般仲裁时效和特殊仲裁时效，适用于一切民事纠纷。也就是说，权利人的权利从权利被侵害时起超过20年的，法律则不予保护。

（三）其他法律对仲裁时效的规定

目前，规定仲裁时效的我国现行的有效的法律主要有：

1.《民法典》第594条规定，因国际货物买卖合同和技术进出口合同争议提起诉讼或者申请仲裁的时效期间为4年。

2.《产品质量法》第45条规定，因产品存在缺陷造成损害要求赔偿的诉讼时效期间为2年，从当事人知道或者应当知道其权益受到损害时起计算。

3.《海商法》第257条至第265条规定了不同情况下的时效期限，从1年到3年不等。

4.《劳动争议调解仲裁法》第27条规定，劳动争议申请仲裁的时效期间为1年。仲裁时效期间从当事人知道或者应当知道其权利被侵害之日起计算。

5.《农村土地承包经营纠纷调解仲裁法》第18条规定，农村土地承包经营纠纷申请仲裁的时效期间为2年，自当事人知道或者应当知道其权利被侵害之日起计算。

**【司法案例】**

### 翟进升与郑州密丰纸业有限责任公司劳动争议案[①]

**诉讼结论：**本案诉讼时效的起算点暨劳动争议发生之日应当为解除或者终止劳动关系之日，即翟进升一审起诉已经超过诉讼时效。

本案中，2015年12月19日翟进升向新密市劳动人事争议仲裁委员会提出劳动争议仲裁申请，仲裁委员会于当日以原告的申请超过了仲裁申请时效为由作出新劳人仲案字（2015）142号不予受理通知书，决定不予受理。法院认为翟进升主张2005年其与用人单位密丰纸业协商一致解除了劳动关系，如果翟进升认为密丰纸业应当向其支付解除劳动关系经济补偿金而未支付，此时即应当知道其权利受到侵害，应当在法定申请仲裁的期限内申请仲裁。翟进升于2015年12月19日向新密市劳动人事争议仲裁委员会申请仲裁，该仲裁委员会以翟进升的仲裁申请超过仲裁申请时效为由，作出不予受理通知书。翟进升也未向一审、二审法院提供证据证明存在本案仲裁时效中断或者中止的法定情形，故翟进升的诉讼请求已超过仲裁和诉讼时效，应予以驳回。

---

① 河南省郑州市中级人民法院（2016）豫01民终14668号民事判决书。

**第一百九十九条　法律规定或者当事人约定的撤销权、解除权等权利的存续期间，除法律另有规定外，自权利人知道或者应当知道权利产生之日起计算，不适用有关诉讼时效中止、中断和延长的规定。存续期间届满，撤销权、解除权等权利消灭。**

**【条文主旨】**

本条是关于除斥期间的规定。

**【条文理解】**

除斥期间不同于诉讼时效，又称预定期间，是指因时间经过，权利人的权利当然消灭的期间。除斥期间是权利的存续期间，在该期限内权利才能存在。法律设立除斥期间的价值就在于，督促权利人尽快行使权利，如撤销权的存续期间为1年，可以督促权利人及时行使该权利，超过该期限权利将会丧失。除斥期间的适用对象主要为形成权。形成权将会根据一方的意志而发生使法律关系发生、变更和消灭的效果，期限的限制对他人的权利和社会公共利益都有一定的关联，因此，法律一般以除斥期间对之加以限制，从而在较短的时间内消灭该形成权。

诉讼时效适用具有一般性，所以各国民法典一般都在民法总则中专章规定诉讼时效（消灭时效）；对除斥期间都没有一般性规定，而是分散规定在少量有关法律条文中。从立法例看，有的在有关法律条文中直接使用除斥期间这一概念；有的法律条文规定的是除斥期间，但并不一定直接使用除斥期间概念，而是规定期间届满后，“不予保护”；有的规定权利“因不行使而消灭”；有的规定“只能在1年的期间内撤销”等。本条未直接使用除斥期间概念，但明确规定，存续期间届满，撤销权、解除权等权利消灭。

**【司法适用】**

除斥期间不同于诉讼时效。除斥期间，是指因时间经过，权利人的权利当然消灭的期间。两者的不同在于：

第一，两者立法目的不同。除斥期间制度的立法目的是维持已经存在的法律关系，如规定行使撤销权的除斥期间为一年，一年期满，撤销权消灭，已存在的法律关系得到法律保护。诉讼时效制度的立法目的是维护与原法律关系相对立的新的法律关系，如诉讼时效期间届满，义务人提出诉讼时效抗辩的，权利人的权利不能得到法院的强制力保护，义务人得以不必被强制履行义务。

第二，两者的适用范围不同。除斥期间的客体为形成权；而诉讼时效的客体为请求权。

第三,期间是否具有可变性不同。除斥期间属不变期间,不适用中止、中断和延长的规定;而诉讼时效为可变期间,可以适用中止、中断和延长的规定。

第四,两者可否由当事人自由约定不同。除斥期间可依法由当事人自由约定。例如,合同解除权的行使期间为除斥期间,依据我国《民法典》第564条的规定,该期间可由当事人依法约定。诉讼时效制度具有法定性,基于稳定社会交易秩序的目的,各国立法大多规定诉讼时效期间不允许当事人自由约定延长或者缩短。

第五,两者法律效力不同。除斥期间届满,发生的效力是实体权利消灭;而诉讼时效期间届满,发生的效力是义务人进行诉讼时效抗辩的,权利人的权利不能得到法院的强制力保护,但实体权利仍然存在。

**【司法案例】**

### 陈伯林诉陈伯华、陈伯东与公司有关的纠纷案[①]

**诉讼结论:**原告以存在重大误解为由,要求行使撤销权,法院认为其申请行使撤销权亦已超过法律规定的一年除斥期间,不予支持。

本案中,陈伯林与陈伯华、陈伯东系兄弟关系。2014年1月6日,三人共同签订一份《资产分配》协议,协议中三人确定对签订本协议以前的全部经营活动和账务没有异议,一致同意达成分家协议,陈伯林、陈伯华、陈伯东三人分别在《资产分配》协议上签字。其后,陈伯林主张对《资产分配》协议存在重大误解的情形,理由是该协议仅为框架协议,具体内容尚未约定。例如,其中第2条约定陈伯林同意放弃多家公司的股权,并不意味着陈伯林是无偿转让,而需要另行协商股权对价。法院认为,陈伯林以对《资产分配》协议存在重大误解为由提起撤销权诉讼,但其为此提供的证据不足以证明其对《资产分配》协议存在重大误解的事实。即便陈伯林对《资产分配》协议存在重大误解,其行使撤销权亦已超过法律规定的一年除斥期间。

---

① 上海市第二中级人民法院(2016)沪02民终7941号民事判决书。

# 第十章 期间计算

在社会生活中,期间是民事法律活动正常进行的一个重要因素,依据期间,民事法律关系得以明确和稳定,并最终实现当事人的民事需求。明确法律期间计算方法规则的意义,在于保证法律期间的确定性。法律期间的确定性,无论是对秩序安全而言,还是对行为效益而言,都是必不可缺的因素之一。

本章是对期间计算的规定。本章从第 200 条至第 204 条,以五个条文对期间的计算方法进行了详细的规定。这五个条文明确法律期间计算的规则,既包括计算单位、期间的起点和终点的时间计算问题,又包括末日的延期计算问题;同时明确《民法典》"总则编"所规定的期间计算方法,如法律另有规定或者当事人另有约定的,按另有规定或约定办理。

**第二百条　民法所称的期间按照公历年、月、日、小时计算。**

**【条文主旨】**

本条是关于期间计算单位的规定。

**【条文理解】**

期间是民事法律关系产生、变更和终止的时间维度。民事权利义务的得失变更均须发生于一定期日或期间,任何人都无法排除时间对民事法律的作用。"期间",是指从起始的时间到终止时间所经过的时之区间。"期日",是指不可分或视为不可分的特定时间,例如某年、某月、某日。期间的特征是表示时间长度中的某一点到另一点的区间。与期日所表示的时间之"点"不同,它表示时间之"线"。在性质上,期日或期间属于事件,纳入法律事实范畴。

民法所称的期间的计算单位包括"按照公历年、月、日、小时计算"四种。按日历连续计算的,一个月以三十天计算,不论月大月小;一年均以三百六十五天计算,不论平年闰年;规定按日,月或者年计算期间的,开始的当天不予以计算,而从次日零时开始计算;规定按小时计算期间的,从规定的小时即时开始计算,例如从 10 月 1 日上午 10 时到 10 月 2 日上午 10 时。

**第二百零一条 按照年、月、日计算期间的，开始的当日不计入，自下一日开始计算。**

**按照小时计算期间的，自法律规定或者当事人约定的时间开始计算。**

**【条文主旨】**

本条是关于期间起算的规定。

**【条文理解】**

法律期间中年、月、日、时应以人们的通常理解为基础，赋予其法律意义。有的采取小时计算的方式，有的采用法律规定的计算方式，如《民事诉讼法》第101条规定，“利害关系人因情况紧急，不立即申请保全将会使其合法权益受到难以弥补的损害的，可以在提起诉讼或者申请仲裁前向被保全财产所在地、被申请人住所地或者对案件有管辖权的人民法院申请采取保全措施。申请人应当提供担保，不提供担保的，裁定驳回申请。人民法院接受申请后，必须在四十八小时内作出裁定；裁定采取保全措施的，应当立即开始执行”；此外，采取小时计算的方式，也有采用当事人约定的方式，如双方约定自上午6时起5小时内交货的约定。

**【司法案例】**

### 浙江舒乐梦厨具有限公司诉中国农业银行股份有限公司绍兴柯桥支行等金融借款合同纠纷案①

本案中原被告双方签订的《最高额保证合同》约定，被告自愿向原告提供保证担保，担保的主债权为“自2014年8月26日起至2015年8月24日期间在人民币900万元的最高余额内，原告与易真金公司签订的人民币/外币贷款合同所形成的债权”。案涉主债务发生在2014年8月26日，对于该笔债务是否应纳入最高额担保范围之内，原被告均各执一词。

被告抗辩认为：根据《民法通则》第154条第2款之规定，“规定按照日、月、年计算期间的，开始的当天不算入，从下一天开始计算”，且案涉主债务发生在2014年8月26日，故原审原告不应承担担保责任；原审原告认为，被告的辩解不能成立，《民法通则》及《民通意见》所规定的期间，系对法律条文中涉及期间的规定，当事人约定的期间不能适用该期间的规定。

终审法院裁决支持了原告的诉讼请求，判决认为：“自2014年8月26日起至

---

① 浙江省绍兴市中级人民法院（2016）浙06民终字第00085号民事判决书。

2015 年 8 月 24 日期间”的约定，依据《担保法》第 14 条的规定，保证人与债权人可以协议在最高债权额限度内就一定期间连续发生的借款合同订立一个保证合同。原审原被告等签订是一个双方当事人约定的明确时间段，其并非按日、月、年为单位计算的期间（如某日起 15 日内，或某日起二年内，这个某日不计入 15 日或二年内的期间），且约定是“自 2014 年 8 月 26 日起”，这个约定的期间应包含起始日 2014 年 8 月 26 日。

**第二百零二条　按照年、月计算期间的，到期月的对应日为期间的最后一日；没有对应日的，月末日为期间的最后一日。**

**【条文主旨】**

本条是关于期间结束的规定。

**【条文理解】**

期间以月计算，不分大月、小月；以年计算的，不分平年、闰年。以月计算的，期间届满的日期，应当是届满那个月对应于开始月份的那一天；没有对应于开始月份的那一天的，应当为届满那个月的最后一天。例如，在一起宣告失踪的案件中，人民法院于 2007 年 2 月 28 日公告寻找下落不明人，公告期间为三个月，公告期届满日期在 2007 年 5 月 28 日。在该日期下落不明人还未出现的，人民法院就可以判决宣告下落不明人失踪。

**第二百零三条　期间的最后一日是法定休假日的，以法定休假日结束的次日为期间的最后一日。**

**期间的最后一日的截止时间为二十四时；有业务时间的，停止业务活动的时间为截止时间。**

**【条文主旨】**

本条是关于期间结束日顺延和末日结束点的规定。

**【条文理解】**

期间届满的最后一日是法定休假日，既包括节假日，又扩张到星期六、星期日。《全国年节及纪念日放假办法》制定了统一的全国年节及纪念日的假期。如果节假日在期间中间，则不应扣除。

《全国年节及纪念日放假办法》第 2 条规定了全体公民放假的节日包括：

（一）新年，放假1天（1月1日）；

（二）春节，放假3天（农历正月初一、初二、初三）；

（三）清明节，放假1天（农历清明当日）；

（四）劳动节，放假1天（5月1日）；

（五）端午节，放假1天（农历端午当日）；

（六）中秋节，放假1天（农历中秋当日）；

（七）国庆节，放假3天（10月1日、2日、3日）。

凡属于有业务活动时间的，如办公时间、营业时间等，则应以规定停止业务或者营业的时间为期间终止日，而无业务活动时间的，则应以期间最后一日的24时为终止点。

**【司法案例】**

**案例一**

### 王建夫诉凯奔公司等借款保证合同纠纷案①

**诉讼结论：**连带责任保证的保证期间最后一日为法定节假日，不能延长保证期间。

**法院认为：**根据《担保法》第26条的规定，连带责任保证的保证人与债权人未约定保证期间的，债权人有权自主债务履行期届满之日起六个月内要求保证人承担保证责任。债权人与保证人未作约定的情况下，连带责任保证的保证期间为自主债务履行期届满之日起六个月。连带责任保证的保证期间属于一种除斥期间。除斥期间是指法律规定某种权利预定存续的期间，债权人在此期间不行使权利，预定期间届满，便可发生该权利消灭的法律后果。除斥期间不同于诉讼时效，属于不可变期间，不因任何事由发生中止、中断、延长的法律后果。连带责任保证的保证期间最后一日为法定节假日，并不能改变其除斥期间的性质。因此，债权人不能以此为理由要求延长保证期间。

**案例二**

### 吴绍忠等与浙江义乌国伟担保有限公司等追偿权纠纷案②

**诉讼结论：**期间最后一日有业务时间的，以停止业务活动时间为截止时间。保证人的保证界限应为2014年7月8日开始起算承担保证责任，2014年7月7日

---

① 宁波市中级人民法院（2012）浙甬商终字第978号民事判决书。

② 金华市中级人民法院（2015）浙金商终字第812号民事判决书。

晚上8时06分,保证人的法人账户转账给借款人202万元,上诉人认为,这笔款的性质上是属于民间借贷行为,此时担保期限并没有起算,保证人并不需要承担责任。被上诉人主张,2014年7月7日晚上8时06分转账代偿是由于贷款人产生了逾期,按照《民法通则》第154条的规定,期限最后一天有业务时间的,到停止业务时间截止。银行是有业务时间的,到下班时期间就已截止。二审法院支持了该观点。

**第二百零四条　期间的计算方法依照本法的规定,但是法律另有规定或者当事人另有约定的除外。**

**【条文主旨】**

本条是关于期间计算方法的规定。

**【条文理解】**

本条吸收了《民通意见》第199条的规定,是对《民法通则》期间内容的补充新增条款,对期间的计算方式如何适用的规定。"总则编"规定的期间计算方法,如法律另有规定或者当事人另有约定的,按另有规定或约定办理。

我国多部法律都对期间予以了规定。例如,《民法通则》中规定了期间的计算、民法上的宣告失踪、宣告死亡的期间、撤销权的除斥期间、《公司法》中股东大会召集的期间、《担保法》上的保证期间、抵押期间、质押期间、《票据法》上付款到期日等。正常的期间计算的方法,法律有明确的规定。

**【司法案例】**

### 深圳新丽鑫混凝土实业有限公司与深圳市建工集团股份有限公司买卖合同纠纷申请再审案①

**诉讼结论:**当事人约定付款日为法定节假日的,以法定节假日的次日为付款日期。

**法院认为:**按照日、月、年计算期间,当事人对起算时间有约定的,按约定办。由上述规定可以知道当事人对于"期间"的起算及终止日是可以约定的,在当事人没有特别约定的情形下,则应当按照《民法通则》及其司法解释的规定来确定"期间"的起算及终止点。在本案中,当事人约定的付款时间为2005年10月30日前,

① 广东省高级人民法院(2012)粤高法民二再申字第2号民事裁定书。

该约定应该是对付款“期间”的约定。但双方对于“期间”的最后一天(10 月 30 日)是星期日或休假日是否应当付款没有约定,而 2005 年 10 月 30 日当日是星期日,因此,二审再审判决依据《民法通则》第 154 条的规定,以 2005 年 10 月 31 日为付款的最后时间,认定被申请人于 2005 年 10 月 31 日付款,不构成违约,适用法律并无不当。

# 附录一

## 关于《中华人民共和国民法典（草案）》的说明

——2020年5月22日在第十三届全国人民代表大会第三次会议上

全国人民代表大会常务委员会副委员长　王　晨

各位代表：

我受全国人大常委会委托，作关于《中华人民共和国民法典（草案）》的说明。

**一、编纂民法典的重大意义**

编纂民法典是党的十八届四中全会确定的一项重大政治任务和立法任务，是以习近平同志为核心的党中央作出的重大法治建设部署。编纂民法典，就是通过对我国现行的民事法律制度规范进行系统整合、编订纂修，形成一部适应新时代中国特色社会主义发展要求，符合我国国情和实际，体例科学、结构严谨、规范合理、内容完整并协调一致的法典。这是一项系统的、重大的立法工程。

编纂一部真正属于中国人民的民法典，是新中国几代人的夙愿。党和国家曾于1954年、1962年、1979年和2001年先后四次启动民法制定工作。第一次和第二次，由于多种原因而未能取得实际成果。1979年第三次启动，由于刚刚进入改革开放新时期，制定一部完整民法典的条件尚不具备。因此，当时领导全国人大法制委员会立法工作的彭真、习仲勋等同志深入研究后，在20世纪80年代初决定按照“成熟一个通过一个”的工作思路，确定先制定民事单行法律。现行的继承法、民法通则、担保法、合同法就是在这种工作思路下先后制定的。2001年，九届全国人大常委会组织起草《中华人民共和国民法（草案）》，并于2002年12月进行了一次审议。经讨论和研究，仍确定继续采取分别制定单行法的办法推进我国民事法律制度建设。2003年十届全国人大以来，又陆续制定了物权法、侵权责任法、涉外民事关系法律适用法等。总的看，经过多年来努力，我国民事立法是富有成效的，逐步形成了比较完备的民事法律规范体系，民事司法实践积累了丰富经验，民事法律服务取得显著进步,民法理论研究也达到较高水平,全社会民事法治观念普遍增强,为编纂民法典奠定了较好的制度基础、实践基础、理论基础和社会基础。随着我国社会主义现代化事业不断发展和全面依法治国深入推进,人民群众和社会各方面对编纂和出台民法典寄予很大的期盼。

党的十八大以来,以习近平同志为核心的党中央把全面依法治国摆在突出位置,推动党和国家事业发生历史性变革、取得历史性成就,中国特色社会主义已经进入新时代。在坚持和完善中国特色社会主义制度、推进国家治理体系和治理能力现代化的新征程中,编纂民法典具有重大而深远的意义。

(一)编纂民法典是坚持和完善中国特色社会主义制度的现实需要

回顾人类文明史,编纂法典是具有重要标志意义的法治建设工程,是一个国家、一个民族走向繁荣强盛的象征和标志。新中国成立70多年特别是改革开放40多年来,中国共产党团结带领中国人民不懈奋斗,成功开辟了中国特色社会主义道路,取得了举世瞩目的发展成就,中国特色社会主义制度展现出强大生命力和显著优越性。我国民事法律制度正是伴随着新时期改革开放和社会主义现代化建设的历史进程而形成并不断发展完善的,是中国特色社会主义法律制度的重要组成部分。在系统总结制度建设成果和实践经验的基础上,编纂一部具有中国特色、体现时代特点、反映人民意愿的民法典,不仅能充分彰显中国特色社会主义法律制度成果和制度自信,促进和保障中国特色社会主义事业不断发展,也能为人类法治文明的发展进步贡献中国智慧和中国方案。

(二)编纂民法典是推进全面依法治国、推进国家治理体系和治理能力现代化的重大举措

民法是中国特色社会主义法律体系的重要组成部分,是民事领域的基础性、综合性法律,它规范各类民事主体的各种人身关系和财产关系,涉及社会和经济生活的方方面面,被称为"社会生活的百科全书"。建立健全完备的法律规范体系,以良法保障善治,是全面依法治国的前提和基础。民法通过确立民事主体、民事权利、民事法律行为、民事责任等民事总则制度,确立物权、合同、人格权、婚姻家庭、继承、侵权责任等民事分则制度,来调整各类民事关系。民法与国家其他领域法律规范一起,支撑着国家制度和国家治理体系,是保证国家制度和国家治理体系正常有效运行的基础性法律规范。编纂民法典,就是全面总结我国的民事立法和司法的实践经验,对现行民事单行法律进行系统编订纂修,将相关民事法律规范编纂成一部综合性法典,不断健全完善中国特色社会主义法律体系。这对于以法治方式推进国家治理体系和治理能力现代化,更好地发挥法治固根本、稳预期、利长远的保障作用,具有重要意义。

（三）编纂民法典是坚持和完善社会主义基本经济制度、推动经济高质量发展的客观要求

公有制为主体、多种所有制经济共同发展，按劳分配为主体、多种分配方式并存，社会主义市场经济体制等社会主义基本经济制度，是以法治为基础、在法治轨道上运行、受法治规则调整的经济制度，社会主义市场经济本质上是法治经济。我国民事主体制度中的法人制度，规范民事活动的民事法律行为制度、代理制度，调整各类财产关系的物权制度，调整各类交易关系的合同制度，保护和救济民事权益的侵权责任制度，都是坚持和完善社会主义基本经济制度不可或缺的法律制度规范和行为规则。同时，我国民事法律制度建设一直秉持"民商合一"的传统，把许多商事法律规范纳入民法之中。编纂民法典，进一步完善我国民商事领域基本法律制度和行为规则，为各类民商事活动提供基本遵循，有利于充分调动民事主体的积极性和创造性、维护交易安全、维护市场秩序，有利于营造各种所有制主体依法平等使用资源要素、公开公平公正参与竞争、同等受到法律保护的市场环境，推动经济高质量发展。

（四）编纂民法典是增进人民福祉、维护最广大人民根本利益的必然要求

中国特色社会主义法治建设的根本目的是保障人民权益。改革开放以来，我国民事法律制度逐步得到完善和发展，公民的民事权利也得到越来越充分的保护。中国特色社会主义进入新时代，随着我国社会主要矛盾的变化，随着经济发展和国民财富的不断积累，随着信息化和大数据时代的到来，人民群众在民主、法治、公平、正义、安全、环境等方面的要求日益增长，希望对权利的保护更加充分、更加有效。党的十九大明确提出，要保护人民人身权、财产权、人格权。而现行民事立法中的有些规范已经滞后，难以适应人民日益增长的美好生活需要。编纂民法典，健全和充实民事权利种类，形成更加完备的民事权利体系，完善权利保护和救济规则，形成规范有效的权利保护机制，对于更好地维护人民权益，不断增加人民群众获得感、幸福感和安全感，促进人的全面发展，具有十分重要的意义。

**二、编纂民法典的总体要求和基本原则**

民法典是新中国第一部以法典命名的法律，开创了我国法典编纂立法的先河，具有里程碑意义。以习近平同志为核心的党中央高度重视民法典编纂工作，将编纂民法典列入党中央重要工作议程，并对编纂民法典工作任务作出总体部署、提出明确要求。十二届、十三届全国人大常委会都高度重视这一立法工作，将编纂民法典纳入全国人大常委会立法规划和年度立法工作计划，确定为全国人大常委会的立法工作重点项目，积极持续推进。为做好民法典编纂工作，全国人大常委会党组先后多次向党中央请示和报告，就民法典编纂工作的总体考虑、工作

步骤、体例结构等重大问题进行汇报。2016 年 6 月、2018 年 8 月、2019 年 12 月,习近平总书记三次主持中央政治局常委会会议,听取并原则同意全国人大常委会党组就民法典编纂工作所作的请示汇报,对民法典编纂工作作出重要指示,为民法典编纂工作提供了重要指导和基本遵循。

编纂民法典的指导思想是:高举中国特色社会主义伟大旗帜,以马克思列宁主义、毛泽东思想、邓小平理论、"三个代表"重要思想、科学发展观、习近平新时代中国特色社会主义思想为指导,增强"四个意识",坚定"四个自信",做到"两个维护",全面贯彻党的十八大、十九大和有关中央全会精神,坚持党的领导、人民当家作主、依法治国有机统一,紧紧围绕统筹推进"五位一体"总体布局和协调推进"四个全面"战略布局,紧紧围绕建设中国特色社会主义法治体系、建设社会主义法治国家,总结实践经验,适应时代要求,对我国现行的、制定于不同时期的民法通则、物权法、合同法、担保法、婚姻法、收养法、继承法、侵权责任法和人格权方面的民事法律规范进行全面系统的编订纂修,形成一部具有中国特色、体现时代特点、反映人民意愿的民法典,为新时代坚持和完善中国特色社会主义制度、实现"两个一百年"奋斗目标、实现中华民族伟大复兴中国梦提供完备的民事法治保障。

贯彻上述指导思想,切实做好民法典编纂工作,必须遵循和体现以下基本原则:一是坚持正确政治方向,全面贯彻习近平总书记全面依法治国新理念新思想新战略,坚决贯彻党中央的决策部署,坚持服务党和国家工作大局,充分发挥民法典在坚持和完善中国特色社会主义制度、推进国家治理体系和治理能力现代化中的重要作用。二是坚持以人民为中心,以保护民事权利为出发点和落脚点,切实回应人民的法治需求,更好地满足人民日益增长的美好生活需要,充分实现好、维护好、发展好最广大人民的根本利益,使民法典成为新时代保护人民民事权利的好法典。三是坚持立足国情和实际,全面总结我国改革开放 40 多年来民事立法和实践经验,以法典化方式巩固、确认和发展民事法治建设成果,以实践需求指引立法方向,提高民事法律制度的针对性、有效性、适应性,发挥法治的引领、规范、保障作用。四是坚持依法治国与以德治国相结合,注重将社会主义核心价值观融入民事法律规范,大力弘扬传统美德和社会公德,强化规则意识,倡导契约精神,维护公序良俗。五是坚持科学立法、民主立法、依法立法,不断增强民事法律规范的系统性、完整性,既保持民事法律制度的连续性、稳定性,又保持适度的前瞻性、开放性,同时处理好、衔接好法典化民事法律制度下各类规范之间的关系。

**三、民法典编纂工作情况**

根据党中央的工作部署,编纂民法典的起草工作由全国人大常委会法制工作委员会牵头,最高人民法院、最高人民检察院、司法部、中国社会科学院、中国法学会为参加单位。为做好民法典编纂工作,全国人大常委会法制工作委员会与五家参加单位成立了民法典编纂工作协调小组,并成立了民法典编纂工作专班。

编纂民法典不是制定全新的民事法律,也不是简单的法律汇编,而是对现行的民事法律规范进行编订纂修,对已经不适应现实情况的规定进行修改完善,对经济社会生活中出现的新情况、新问题作出有针对性的新规定。编纂民法典采取“两步走”的工作思路进行:第一步,制定民法总则,作为民法典的总则编;第二步,编纂民法典各分编,经全国人大常委会审议和修改完善后,再与民法总则合并为一部完整的民法典草案。

2015 年 3 月,全国人大常委会法制工作委员会启动民法典编纂工作,着手第一步的民法总则制定工作,以 1986 年制定的民法通则为基础,系统梳理总结有关民事法律的实践经验,提炼民事法律制度中具有普遍适用性和引领性的规则,形成民法总则草案,2016 年由十二届全国人大常委会进行了三次审议,2017 年 3 月由第十二届全国人民代表大会第五次会议审议通过。制定民法总则,完成了民法典编纂工作的第一步,为民法典编纂奠定了坚实基础。

民法总则通过后,十二届、十三届全国人大常委会接续努力、抓紧开展作为民法典编纂第二步的各分编编纂工作。法制工作委员会与民法典编纂工作各参加单位全力推进民法典各分编编纂工作,系统梳理、研究历年来有关方面提出的意见,开展立法调研,广泛听取意见建议,以现行物权法、合同法、担保法、婚姻法、收养法、继承法、侵权责任法等为基础,结合我国经济社会发展对民事法律提出的新需求,形成了包括物权、合同、人格权、婚姻家庭、继承、侵权责任等 6 个分编在内的民法典各分编草案,提请 2018 年 8 月召开的第十三届全国人大常委会第五次会议审议。其后,2018 年 12 月、2019 年 4 月、6 月、8 月、10 月,第十三届全国人大常委会第七次、第十次、第十一次、第十二次、第十四次会议对民法典各分编草案进行了拆分审议,对全部 6 个分编草案进行了二审,对各方面比较关注的人格权、婚姻家庭、侵权责任 3 个分编草案进行了三审。在此基础上,将民法总则与经过常委会审议和修改完善的民法典各分编草案合并,形成《中华人民共和国民法典(草案)》,提请 2019 年 12 月召开的第十三届全国人大常委会第十五次会议审议。经审议,全国人大常委会作出决定,将民法典草案提请本次大会审议。

民法典草案经全国人大常委会审议后,全国人大常委会办公厅将草案印发十三届全国人大代表、部署组织全国人大代表研读讨论民法典草案工作,征求代表意见。同时,法制工作委员会还将草案印发地方人大、基层立法联系点、中央有关部门征求意见,并在中国人大网公布征求社会公众意见。法制工作委员会还在北京召开多个座谈会,听取有关部门、专家的意见。各方面普遍认为,编纂民法典,对于完善中国特色社会主义法律体系,以法治方式推进国家治理体系和治理能力现代化,切实维护最广大人民的根本利益,促进社会公平正义具有重要意义。

新冠肺炎疫情发生以来,全国人大常委会高度关注,栗战书委员长多次就贯彻落实习近平总书记对疫情防控工作的重要讲话精神和党中央决策部署,为疫情防控工作提供法治保障提出明确的工作要求。我们认真学习贯彻习近平总书记重要讲话精神和党中央决策部署,结合民法典编纂工作,对与疫情相关的民事法律制度进行梳理研究,对草案作了有针对性的修改完善。

2020 年 4 月 20 日、21 日,全国人大宪法和法律委员会召开会议,根据全国人大常委会的审议意见、代表研读讨论中提出的意见和各方面的意见,对民法典草案作了进一步修改完善;认为经过全国人大常委会多次审议和广泛征求意见,草案充分吸收各方面的意见建议,已经比较成熟,形成了提请本次会议审议的《中华人民共和国民法典(草案)》。

为进一步做好会议审议民法典草案的准备工作,更充分听取全国人大代表的意见,4 月 29 日,法制工作委员会将修改后的民法典草案再次发送给各省、自治区、直辖市人大常委会,请各地方以适当方式组织有关全国人大代表研读讨论,听取意见。

**四、民法典草案的主要内容**

《中华人民共和国民法典(草案)》共 7 编、1260 条,各编依次为总则、物权、合同、人格权、婚姻家庭、继承、侵权责任,以及附则。

(一)总则编

第一编“总则”规定民事活动必须遵循的基本原则和一般性规则,统领民法典各分编。第一编基本保持现行民法总则的结构和内容不变,根据法典编纂体系化要求对个别条款作了文字修改,并将“附则”部分移到民法典草案的最后。第一编共 10 章、204 条,主要内容有:

1. 关于基本规定。第一编第一章规定了民法典的立法目的和依据。其中,将“弘扬社会主义核心价值观”作为一项重要的立法目的,体现坚持依法治国与以德治国相结合的鲜明中国特色(草案第一条)。同时,规定了民事权利及其他合法权益受法律保护,确立了平等、自愿、公平、诚信、守法和公序良俗等民法基本原则(草案第四条至第八条)。为贯彻习近平生态文明思想,将绿色原则确立为民法的基本原则,规定民事主体从事民事活动,应当有利于节约资源、保护生态环境(草案第九条)。

2. 关于民事主体。民事主体是民事关系的参与者、民事权利的享有者、民事义务的履行者和民事责任的承担者,具体包括三类:一是自然人。自然人是最基本的民事主体。草案规定了自然人的民事权利能力和民事行为能力制度、监护制度、宣告失踪和宣告死亡制度,并对个体工商户和农村承包经营户作了规定(草案第一编第二章)。结合此次疫情防控工作,对监护制度作了进一步完善,规定因发生突发事件等紧急情况,监护人暂时无法履行监护职责,被监护人的生活处于无人照料状态的,被监护人住所地的居民委员会、村民委员会或者民政部门应当为被监护人安排必要的临时生活照料措施(草案第三十四条第四款)。二是法人。法人是依法成立的,具有民事权利能力和民事行为能力,依法独立享有民事权利和承担民事义务的组织。草案规定了法人的定义、成立原则和条件、住所等一般规定,并对营利法人、非营利法人、特别法人三类法人分别作了具体规定(草案第一编第三章)。三是非法人组织。非法人组织是不具有法人资格,但是能够依法以自己的名义从事民事活动的组织。草案对非法人组织的设立、责任承担、解散、清算等作了规定(草案第一编第四章)。

3. 关于民事权利。保护民事权利是民事立法的重要任务。第一编第五章规定了民事权利制度,包括各种人身权利和财产权利。为建设创新型国家,草案对知识产权作了概括性规定,以统领各个单行的知识产权法律(草案第一百二十三条)。同时,对数据、网络虚拟财产的保护作了原则性规定(草案第一百二十七条)。此外,还规定了民事权利的取得和行使规则等内容(草案第一百二十九条至第一百三十二条)。

4. 关于民事法律行为和代理。民事法律行为是民事主体通过意思表示设立、变更、终止民事法律关系的行为,代理是民事主体通过代理人实施民事法律行为的制度。第一编第六章、第七章规定了民事法律行为制度、代理制度:一是规定民事法律行为的定义、成立、形式和生效时间等(草案第一编第六章第一节)。二是对意思表示的生效、方式、撤回和解释等作了规定(草案第一编第六章第二节)。三是规定民事法律行为的效力制度(草案第一编第六章第三节)。四是规定了代理的适用范围、效力、类型等代理制度的内容(草案第一编第七章)。

5. 关于民事责任、诉讼时效和期间计算。民事责任是民事主体违反民事义务的法律后果,是保障和维护民事权利的重要制度。诉讼时效是权利人在法定期间内不行使权利,权利不受保护的法律制度,其功能主要是促使权利人及时行使权利、维护交易安全、稳定法律秩序。第一编第八章、第九章、第十章规定了民事责任、诉讼时效和期间计算制度:一是规定了民事责任的承担方式,并对不可抗力、正当防卫、紧急避险、自愿实施紧急救助等特殊的民事责任承担问题作了规定(草案第一编第八章)。二是规定了诉讼时效的期间及其起算、法律效果,诉讼时效的中止、中断等内容（草案第一编第九章）。三是规定了期间的计算单位、起算、结束和顺延等（草案第一编第十章）。

（二）物权编

物权是民事主体依法享有的重要财产权。物权法律制度调整因物的归属和利用而产生的民事关系，是最重要的民事基本制度之一。2007 年第十届全国人民代表大会第五次会议通过了物权法。草案第二编“物权”在现行物权法的基础上，按照党中央提出的完善产权保护制度，健全归属清晰、权责明确、保护严格、流转顺畅的现代产权制度的要求，结合现实需要，进一步完善了物权法律制度。第二编共 5 个分编、20 章、258 条，主要内容有：

1. 关于通则。第一分编为通则，规定了物权制度基础性规范，包括平等保护等物权基本原则，物权变动的具体规则，以及物权保护制度。党的十九届四中全会通过的《中共中央关于坚持和完善中国特色社会主义制度推进国家治理体系和治理能力现代化若干重大问题的决定》对社会主义基本经济制度有了新的表述，为贯彻会议精神，草案将有关基本经济制度的规定修改为：“国家坚持和完善公有制为主体、多种所有制经济共同发展，按劳分配为主体、多种分配方式并存，社会主义市场经济体制等社会主义基本经济制度。”（草案第二百零六条第一款）

2. 关于所有权。所有权是物权的基础，是所有人对自己的不动产或者动产依法享有占有、使用、收益和处分的权利。第二分编规定了所有权制度，包括所有权人的权利，征收和征用规则，国家、集体和私人的所有权，相邻关系、共有等所有权基本制度。针对近年来群众普遍反映业主大会成立难、公共维修资金使用难等问题，并结合此次新冠肺炎疫情防控工作，在现行物权法规定的基础上，进一步完善了业主的建筑物区分所有权制度：一是明确地方政府有关部门、居民委员会应当对设立业主大会和选举业主委员会给予指导和协助（草案第二百七十七条第二款）。二是适当降低业主共同决定事项，特别是使用建筑物及其附属设施维修资金的表决门槛，并增加规定紧急情况下使用维修资金的特别程序（草案第二百七十八条、第二百八十一条第二款）。三是结合疫情防控工作，在征用组织、个人的不动产或者动产的事由中增加“疫情防控”；明确物业服务企业和业主的相关责任和义务，增加规定物业服务企业或者其他管理人应当执行政府依法实施的应急处置措施和其他管理措施，积极配合开展相关工作，业主应当依法予以配合（草案第二百四十五条、第二百八十五条第二款、第二百八十六条第一款）。

3. 关于用益物权。用益物权是指权利人依法对他人的物享有占有、使用和收益的权利。第三分编规定了用益物权制度，明确了用益物权人的基本权利和义务，以及建设用地使用权、宅基地使用权、地役权等用益物权。草案还在现行物权法规定的基础上，作了进一步完善：一是落实党中央关于完善产权保护制度依法保护产权的要求，明确住宅建设用地使用权期限届满的，自动续期；续期费用的缴纳或者减免，依照法律、行政法规的规定办理（草案第三百五十九条第一款）。二是完善农村集体产权相关制度，落实农村承包地“三权分置”改革的要求，对土地承包经营权的相关规定作了完善，增加土地经营权的规定，并删除耕地使用权不得抵押的规定，以适应“三权分置”后土地经营权入市的需要（草案第二编第十一章、第三百九十九条）。考虑到农村集体建设用地和宅基地制度改革正在推进过程中，草案与土地管理法等作了衔接性规定（草案第三百六十一条、第三百六十三条）。三是为贯彻党的十九大提出的加快建立多主体供给、多渠道保障住房制度的要求，增加规定“居住权”这一新型用益物权，明确居住权原则上无偿设立，居住权人有权按照合同约定或者遗嘱，经登记占有、使用他人的住宅，以满足其稳定的生活居住需要（草案第二编第十四章）。

4. 关于担保物权。担保物权是指为了确保债务履行而设立的物权，包括抵押权、质权和留置权。第四分编对担保物权作了规定，明确了担保物权的含义、适用范围、担保范围等共同规则，以及抵押权、质权和留置权的具体规则。草案在现行物权法规定的基础上，进一步完善了担保物权制度，为优化营商环境提供法治保障：一是扩大担保合同的范围，明确融资租赁、保理、所有权保留等非典型担保合同的担保功能，增加规定担保合同包括抵押合同、质押合同和其他具有担保功能的合同（草案第三百八十八条第一款）。二是删除有关担保物权具体登记机构的规定，为建立统一的动产抵押和权利质押登记制度留下空间。三是简化抵押合同和质押合同的一般条款（草案第四百条第二款、第四百二十七条第二款）。四是明确实现担保物权的统一受偿规则（草案第四百一十四条）。

5. 关于占有。占有是指对不动产或者动产事实上的控制与支配。第五分编对占有的调整范围、无权占有情形下的损害赔偿责任、原物及孳息的返还以及占有保护等作了规定。（草案第二编第二十章）

（三）合同编

合同制度是市场经济的基本法律制度。1999 年第九届全国人民代表大会第二次会议通过了合同法。草案第三编“合同”在现行合同法的基础上，贯彻全面深化改革的精神，坚持维护契约、平等交换、公平竞争，促进商品和要素自由流动，完善合同制度。第三编共 3 个分编、29 章、526 条，主要内容有：

1. 关于通则。第一分编为通则，规定了合同的订立、效力、履行、保全、转让、终止、违约责任等一般性规则，并在现行合同法的基础上，完善了合同总则制度：一是通过规定非合同之债的法律适用规则、多数人之债的履行规则等完善债法的一般性规则(草案第四百六十八条、第五百一十七条至第五百二十一条)。二是完善了电子合同订立规则,增加了预约合同的具体规定,完善了格式条款制度等合同订立制度(草案第四百九十一条、第四百九十五条至第四百九十八条)。三是结合新冠肺炎疫情防控工作,完善国家订货合同制度,规定国家根据抢险救灾、疫情防控或者其他需要下达国家订货任务、指令性计划的,有关民事主体之间应当依照有关法律、行政法规规定的权利和义务订立合同(草案第四百九十四条第一款)。四是针对实践中一方当事人违反义务不办理报批手续影响合同生效的问题,草案明确了当事人违反报批义务的法律后果,健全合同效力制度(草案第五百零二条第二款)。五是完善合同履行制度,落实绿色原则,规定当事人在履行合同过程中应当避免浪费资源、污染环境和破坏生态(草案第五百零九条第三款)。同时,在总结司法实践经验的基础上增加规定了情势变更制度(草案第五百三十三条)。六是完善代位权、撤销权等合同保全制度,进一步强化对债权人的保护,细化了债权转让、债务移转制度,增加了债务清偿抵充规则、完善了合同解除等合同终止制度(草案第三编第五章、第五百四十五条至第五百五十六条、第五百六十条、第五百六十三条至第五百六十六条)。七是通过吸收现行担保法有关定金规则的规定,完善违约责任制度(草案第五百八十六条至第五百八十八条)。

2. 关于典型合同。典型合同在市场经济活动和社会生活中应用普遍。为适应现实需要,在现行合同法规定的买卖合同、赠与合同、借款合同、租赁合同等 15 种典型合同的基础上,第二分编增加了 4 种新的典型合同:一是吸收了担保法中关于保证的内容,增加了保证合同(草案第三编第十三章)。二是适应我国保理行业发展和优化营商环境的需要,增加了保理合同(草案第三编第十六章)。三是针对物业服务领域的突出问题,增加规定了物业服务合同(草案第三编第二十四章)。四是增加规定合伙合同,将民法通则中有关个人合伙的规定纳入其中(草案第三编第二十七章)。

第三编还在总结现行合同法实践经验的基础上,完善了其他典型合同:一是通过完善检验期限的规定和所有权保留规则等完善买卖合同(草案第六百二十二条、第六百二十三条、第六百四十一条至第六百四十三条)。二是为维护正常的金融秩序,明确规定禁止高利放贷,借款的利率不得违反国家有关规定(草案第六百八十条第一款)。三是落实党中央提出的建立租购同权住房制度的要求,保护承租人利益,增加规定房屋承租人的优先承租权(草案第七百三十四条第二款)。四是针对近年来客运合同领域出现的旅客霸座、不配合承运人采取安全运输措施等严重干扰运输秩序和危害运输安全的问题,维护正常的运输秩序,草案细化了客运合同当事人的权利义务(草案第八百一十五条第一款、第八百一十九条、第八百二十条)。五是根据经济社会发展需要,修改完善了赠与合同、融资租赁合同、建设工程合同、技术合同等典型合同(草案第三编第十一章、第十五章、第十八章、第二十章)。

3. 关于准合同。无因管理和不当得利既与合同规则同属债法性质的内容,又与合同规则有所区别,第三分编"准合同"分别对无因管理和不当得利的一般性规则作了规定。(草案第三编第二十八章、第二十九章)

(四)人格权编

人格权是民事主体对其特定的人格利益享有的权利,关系到每个人的人格尊严,是民事主体最基本的权利。草案第四编"人格权"在现行有关法律法规和司法解释的基础上,从民事法律规范的角度规定自然人和其他民事主体人格权的内容、边界和保护方式,不涉及公民政治、社会等方面权利。第四编共6章、51条,主要内容有:

1. 关于一般规定。第四编第一章规定了人格权的一般性规则:一是明确人格权的定义(草案第九百九十条)。二是规定民事主体的人格权受法律保护,人格权不得放弃、转让或者继承(草案第九百九十一条、第九百九十二条)。三是规定了对死者人格利益的保护(草案第九百九十四条)。四是明确规定人格权受到侵害后的救济方式(草案第九百九十五条至第一千条)。

2. 关于生命权、身体权和健康权。第四编第二章规定了生命权、身体权和健康权的具体内容,并对实践中社会比较关注的有关问题作了有针对性的规定:一是为促进医疗卫生事业的发展,鼓励遗体捐献的善行义举,草案吸收行政法规的相关规定,确立器官捐献的基本规则(草案第一千零六条)。二是为规范与人体基因、人体胚胎等有关的医学和科研活动,明确从事此类活动应遵守的规则(草案第一千零九条)。三是近年来,性骚扰问题引起社会较大关注,草案在总结既有立法和司法实践经验的基础上,规定了性骚扰的认定标准,以及机关、企业、学校等单位防止和制止性骚扰的义务(草案第一千零一十条)。

3. 关于姓名权和名称权。第四编第三章规定了姓名权、名称权的具体内容,并对民事主体尊重保护他人姓名权、名称权的基本义务作了规定:一是对自然人选取姓氏的规则作了规定(草案第一千零一十五条)。二是明确对具有一定社会知名度,被他人使用足以造成公众混淆的笔名、艺名、网名等,参照适用姓名权和名称权保护的有关规定(草案第一千零一十七条)。

4. 关于肖像权。第四编第四章规定了肖像权的权利内容及许可使用肖像的规则,明确禁止侵害他人的肖像权:一是针对利用信息技术手段"深度伪造"他人的肖像、声音,侵害他人人格权益,甚至危害社会公共利益等问题,规定禁止任何组织或者个人利用信息技术手段伪造等方式侵害他人的肖像权。并明确对自然人声音的保护,参照适用肖像权保护的有关规定(草案第一千零一十九条第一款、第一千零二十三条第二款)。二是为了合理平衡保护肖像权与维护公共利益之间的关系,草案结合司法实践,规定肖像权的合理使用规则(草案第一千零二十条)。三是从有利于保护肖像权人利益的角度,对肖像许可使用合同的解释、解除等作了规定(草案第一千零二十一条、第一千零二十二条)。

5. 关于名誉权和荣誉权。第四编第五章规定了名誉权和荣誉权的内容:一是为了平衡个人名誉权保护与新闻报道、舆论监督之间的关系,草案对行为人实施新闻报道、舆论监督等行为涉及的民事责任承担,以及行为人是否尽到合理核实义务的认定等作了规定(草案第一千零二十五条、第一千零二十六条)。二是规定民事主体有证据证明报刊、网络等媒体报道的内容失实,侵害其名誉权的,有权请求更正或者删除(草案第一千零二十八条)。

6. 关于隐私权和个人信息保护。第四编第六章在现行有关法律规定的基础上,进一步强化对隐私权和个人信息的保护,并为下一步制定个人信息保护法留下空间:一是规定了隐私的定义,列明禁止侵害他人隐私权的具体行为(草案第一千零三十二条、第一千零三十三条)。二是界定了个人信息的定义,明确了处理个人信息应遵循的原则和条件(草案第一千零三十四条、第一千零三十五条)。三是构建自然人与信息处理者之间的基本权利义务框架,明确处理个人信息不承担责任的特定情形,合理平衡保护个人信息与维护公共利益之间的关系(草案第一千零三十六条至第一千零三十八条)。四是规定国家机关及其工作人员负有保护自然人的隐私和个人信息的义务(草案第一千零三十九条)。

(五)婚姻家庭编

婚姻家庭制度是规范夫妻关系和家庭关系的基本准则。1980 年第五届全国人民代表大会第三次会议通过了新的婚姻法,2001 年进行了修改。1991 年第七届全国人大常委会第二十三次会议通过了收养法,1998 年作了修改。草案第五编“婚姻家庭”以现行婚姻法、收养法为基础,在坚持婚姻自由、一夫一妻等基本原则的前提下,结合社会发展需要,修改完善了部分规定,并增加了新的规定。第五编共 5 章、79 条,主要内容有:

1. 关于一般规定。第五编第一章在现行婚姻法规定的基础上,重申了婚姻自由、一夫一妻、男女平等等婚姻家庭领域的基本原则和规则,并在现行婚姻法的基础上,作了进一步完善:一是为贯彻落实习近平总书记有关加强家庭文明建设的重要讲话精神,更好地弘扬家庭美德,规定家庭应当树立优良家风,弘扬家庭美德,重视家庭文明建设(草案第一千零四十三条第一款)。二是为了更好地维护被收养的未成年人的合法权益，将联合国《儿童权利公约》关于儿童利益最大化的原则落实到收养工作中，增加规定了最有利于被收养人的原则（草案第一千零四十四条第一款）。三是界定了亲属、近亲属、家庭成员的范围（草案第一千零四十五条）。

2. 关于结婚。第五编第二章规定了结婚制度，并在现行婚姻法的基础上，对有关规定作了完善：一是将受胁迫一方请求撤销婚姻的期间起算点由“自结婚登记之日起”修改为“自胁迫行为终止之日起”（草案第一千零五十二条第二款）。二是不再将“患有医学上认为不应当结婚的疾病”作为禁止结婚的情形，并相应增加规定一方隐瞒重大疾病的，另一方可以向人民法院请求撤销婚姻（草案第一千零五十三条）。三是增加规定婚姻无效或者被撤销的，无过错方有权请求损害赔偿（草案第一千零五十四条第二款）。

3. 关于家庭关系。第五编第三章规定了夫妻关系、父母子女关系和其他近亲属关系，并根据社会发展需要，在现行婚姻法的基础上，完善了有关内容：一是明确了夫妻共同债务的范围。现行婚姻法没有对夫妻共同债务的范围作出规定。2003 年最高人民法院出台司法解释，对夫妻共同债务的认定作出规定，近年来成为社会关注的热点问题。2018 年 1 月，最高人民法院出台新的司法解释，修改了此前关于夫妻共同债务认定的规定。从新司法解释施行效果看，总体上能够有效平衡各方利益，各方面总体上赞同。因此，草案吸收新司法解释的规定，明确了夫妻共同债务的范围（草案第一千零六十四条）。二是规范亲子关系确认和否认之诉。亲子关系问题涉及家庭稳定和未成年人的保护，作为民事基本法律，草案对此类诉讼进行了规范（草案第一千零七十三条）。

4. 关于离婚。第五编第四章对离婚制度作出了规定，并在现行婚姻法的基础上，作了进一步完善：一是增加离婚冷静期制度。实践中，轻率离婚的现象增多，不利于婚姻家庭的稳定。为此，草案规定了提交离婚登记申请后三十日的离婚冷静期，在此期间，任何一方可以向登记机关撤回离婚申请（草案第一千零七十七条）。二是针对离婚诉讼中出现的“久调不判”问题，增加规定，经人民法院判决不准离婚后，双方又分居满一年，一方再次提起离婚诉讼的，应当准予离婚（草案第一千零七十九条第五款）。三是关于离婚后子女的抚养，将现行婚姻法规定的“哺乳期内的子女，以随哺乳的母亲抚养为原则”修改为“不满两周岁的子女，以由母亲直接抚养为原则”，以增强可操作性（草案第一千零八十四条第三款）。四是将夫妻采用法定共同财产制的，纳入适用离婚经济补偿的范围，以加强对家庭负担较多义务一方权益的保护（草案第一千零八十八条）。五是将“有其他重大过错”增加规定为离婚损害赔偿的适用情形（草案第一千零九十一条第五项）。

5. 关于收养。第五编第五章对收养关系的成立、收养的效力、收养关系的解除作了规定,并在现行收养法的基础上,进一步完善了有关制度:一是扩大被收养人的范围,删除被收养的未成年人仅限于不满十四周岁的限制,修改为符合条件的未成年人均可被收养(草案第一千零九十三条)。二是与国家计划生育政策的调整相协调,将收养人须无子女的要求修改为收养人无子女或者只有一名子女(草案第一千零九十八条第一项)。三是为进一步强化对被收养人利益的保护,在收养人的条件中增加规定"无不利于被收养人健康成长的违法犯罪记录",并增加规定民政部门应当依法进行收养评估(草案第一千零九十八条第四项、第一千一百零五条第五款)。

(六)继承编

继承制度是关于自然人死亡后财富传承的基本制度。1985 年第六届全国人民代表大会第三次会议通过了继承法。随着人民群众生活水平的不断提高,个人和家庭拥有的财产日益增多,因继承引发的纠纷也越来越多。根据我国社会家庭结构、继承观念等方面的发展变化,草案第六编"继承"在现行继承法的基础上,修改完善了继承制度,以满足人民群众处理遗产的现实需要。第六编共 4 章、45 条,主要内容有:

1. 关于一般规定。第六编第一章规定了继承制度的基本规则,重申了国家保护自然人的继承权,规定了继承的基本制度。并在现行继承法的基础上,作了进一步完善:一是增加规定相互有继承关系的数人在同一事件中死亡,且难以确定死亡时间的继承规则(草案第一千一百二十一条第二款)。二是增加规定对继承人的宽恕制度,对继承权法定丧失制度予以完善(草案第一千一百二十五条第二款)。

2. 关于法定继承。法定继承是在被继承人没有对其遗产的处理立有遗嘱的情况下,继承人的范围、继承顺序等均按照法律规定确定的继承方式。第六编第二章规定了法定继承制度,明确了继承权男女平等原则,规定了法定继承人的顺序和范围,以及遗产分配的基本制度。同时,在现行继承法的基础上,完善代位继承制度,增加规定被继承人的兄弟姐妹先于被继承人死亡的,由被继承人的兄弟姐妹的子女代位继承(草案第一千一百二十八条第二款)。

3. 关于遗嘱继承和遗赠。遗嘱继承是根据被继承人生前所立遗嘱处理遗产的继承方式。第六编第三章规定了遗嘱继承和遗赠制度,并在现行继承法的基础上,进一步修改完善了遗嘱继承制度:一是增加了打印、录像等新的遗嘱形式(草案第一千一百三十六条、第一千一百三十七条)。二是修改了遗嘱效力规则,删除了现行继承法关于公证遗嘱效力优先的规定,切实尊重遗嘱人的真实意愿。

4. 关于遗产的处理。第六编第四章规定了遗产处理的程序和规则,并在现行继承法的基础上,进一步完善了有关遗产处理的制度:一是增加遗产管理人制度。为确保遗产得到妥善管理、顺利分割,更好地维护继承人、债权人利益,草案增加规定了遗产管理人制度,明确了遗产管理人的产生方式、职责和权利等内容(草案第一千一百四十五条至第一千一百四十九条)。二是完善遗赠扶养协议制度,适当扩大扶养人的范围,明确继承人以外的组织或者个人均可以成为扶养人,以满足养老形式多样化需求(草案第一千一百五十八条)。三是完善无人继承遗产的归属制度,明确归国家所有的无人继承遗产应当用于公益事业(草案第一千一百六十条)。

(七)侵权责任编

侵权责任是民事主体侵害他人权益应当承担的法律后果。2009 年第十一届全国人大常委会第十二次会议通过了侵权责任法。侵权责任法实施以来,在保护民事主体的合法权益、预防和制裁侵权行为方面发挥了重要作用。草案第七编"侵权责任"在总结实践经验的基础上,针对侵权领域出现的新情况,吸收借鉴司法解释的有关规定,对侵权责任制度作了必要的补充和完善。第七编共 10 章、95 条,主要内容有:

1. 关于一般规定。第七编第一章规定了侵权责任的归责原则、多数人侵权的责任承担、侵权责任的减轻或者免除等一般规则。并在现行侵权责任法的基础上作了进一步的完善:一是确立"自甘风险"规则,规定自愿参加具有一定风险的文体活动,因其他参加者的行为受到损害的,受害人不得请求没有故意或者重大过失的其他参加者承担侵权责任(草案第一千一百七十六条第一款)。二是规定"自助行为"制度,明确合法权益受到侵害,情况紧迫且不能及时获得国家机关保护,不立即采取措施将使其合法权益受到难以弥补的损害的,受害人可以在保护自己合法权益的必要范围内采取扣留侵权人的财物等合理措施,但是应当立即请求有关国家机关处理。受害人采取的措施不当造成他人损害的,应当承担侵权责任(草案第一千一百七十七条)。

2. 关于损害赔偿。第七编第二章规定了侵害人身权益和财产权益的赔偿规则、精神损害赔偿规则等。同时,在现行侵权责任法的基础上,对有关规定作了进一步完善:一是完善精神损害赔偿制度,规定因故意或者重大过失侵害自然人具有人身意义的特定物造成严重精神损害的,被侵权人有权请求精神损害赔偿(草案第一千一百八十三条第二款)。二是为加强对知识产权的保护,提高侵权违法成本,草案增加规定,故意侵害他人知识产权,情节严重的,被侵权人有权请求相应的惩罚性赔偿(草案第一千一百八十五条)。

3. 关于责任主体的特殊规定。第七编第三章规定了无民事行为能力人、限制民事行为能力人及其监护人的侵权责任，用人单位的侵权责任，网络侵权责任，以及公共场所的安全保障义务等。同时，草案在现行侵权责任法的基础上作了进一步完善：一是增加规定委托监护的侵权责任（草案第一千一百八十九条）。二是完善网络侵权责任制度。为了更好地保护权利人的利益，平衡好网络用户和网络服务提供者之间的利益，草案细化了网络侵权责任的具体规定，完善了权利人通知规则和网络服务提供者的转通知规则（草案第一千一百九十五条、第一千一百九十六条）。

4. 关于各种具体侵权责任。第七编的其他各章分别对产品生产销售、机动车交通事故、医疗、环境污染和生态破坏、高度危险、饲养动物、建筑物和物件等领域的侵权责任规则作出了具体规定。并在现行侵权责任法的基础上，对有关内容作了进一步完善：一是完善生产者、销售者召回缺陷产品的责任，增加规定，依照相关规定采取召回措施的，生产者、销售者应当负担被侵权人因此支出的必要费用（草案第一千二百零六条第二款）。二是明确交通事故损害赔偿的顺序，即先由机动车强制保险理赔，不足部分由机动车商业保险理赔，仍不足的由侵权人赔偿（草案第一千二百一十三条）。三是进一步保障患者的知情同意权，明确医务人员的相关说明义务，加强医疗机构及其医务人员对患者隐私和个人信息的保护（草案第一千二百一十九条、第一千二百二十六条）。四是贯彻落实习近平生态文明思想，增加规定生态环境损害的惩罚性赔偿制度，并明确规定了生态环境损害的修复和赔偿规则（草案第一千二百三十二条、第一千二百三十四条、第一千二百三十五条）。五是加强生物安全管理，完善高度危险责任，明确占有或者使用高致病性危险物造成他人损害的，应当承担侵权责任（草案第一千二百三十九条）。六是完善高空抛物坠物治理规则。为保障好人民群众的生命财产安全，草案对高空抛物坠物治理规则作了进一步的完善，规定禁止从建筑物中抛掷物品，同时针对此类事件处理的主要困难是行为人难以确定的问题，强调有关机关应当依法及时调查，查清责任人，并规定物业服务企业等建筑物管理人应当采取必要的安全保障措施防止此类行为的发生（草案第一千二百五十四条）。

（八）附则

草案最后部分"附则"明确了民法典与婚姻法、继承法、民法通则、收养法、担保法、合同法、物权法、侵权责任法、民法总则的关系。民法典施行后，上述民事单行法律将被替代。因此，草案规定在民法典施行之时，同步废止上述民事单行法律（草案第一千二百六十条）。需要说明的是，2014 年第十二届全国人大常委会第十一次会议通过的《全国人民代表大会常务委员会关于〈中华人民共和国民法通则〉第九十九条第一款、〈中华人民共和国婚姻法〉第二十二条的解释》，作为与民法通则、婚姻法相关的法律解释，也同步废止。

《中华人民共和国民法典（草案）》和以上说明，请审议。

# 附录二

# 《民法通则》等相关法律与《民法典》“总则编”对照表*

| 相关内容 | 《民法典》 |
| --- | --- |
| | 注 由于本编对《民法总则》几乎没有实质改动，且《民法总则》实施时间较短，故本编不再与《民法总则》比较。 |
| | **第一章 基 本 规 定** |
| **《民法通则》第一条** 为了保障公民、法人的合法的民事权益，~~正确~~调整民事关系，适*应社会主义现代化建设事业发展的需要*，根据宪法~~和我国实际情况，总结民事活动的实践经验~~，制定本法。 | **第一条** 为了*保护民事主体*的合法权益，调整民事关系，**维护社会和经济秩序**，适*应中国特色社会主义发展要求*，**弘扬社会主义核心价值观**，根据宪法，制定本法。 |
| **《民法通则》第二条** 中华人民共和国民法调整平等主体的公民~~之间~~、法人~~之间、公民和法人~~之间的财产关系和人身关系。 | **第二条** 民法调整平等主体的*自然人*、法人和**非法人组织**之间的人身关系和财产关系。 |
| **《民法通则》第五条** 公民、法人的合法的民事权益受法律保护，任何组织和个人不得侵犯。 | **第三条** *民事主体*的**人身权利、财产权利以及其他**合法权益受法律保护，任何组织*或者*个人不得侵犯。 |
| **《民法通则》第三条** 当事人在民事活动中的地位平等。 | **第四条** *民事主体*在民事活动中的**法律**地位一律平等。 |
| **《民法通则》第四条** 民事活动应当遵循自愿、公平、~~等价有偿、~~诚实信用的原则。 | **第五条 民事主体从事**民事活动，应当遵循自愿原则，**按照自己的意思设立、变更、终止民事法律关系**。<br>**第六条 民事主体从事**民事活动，应当遵循公平原则，合理确定各方的权利和义务。<br>**第七条 民事主体从事**民事活动，应当遵循诚信原则，**秉持诚实，恪守承诺**。 |

* 本表参考杜月秋、孙政编：《民法典条文对照与重点解读》，法律出版社 2020 年版。本表中，对《民法典》新增的主要内容，用“**黑体**”格式体现；对变动的主要内容，用“*斜体*”格式体现；对删除的主要内容，用“~~删除线~~”表示。——编者注

续表

| 相关内容 | 《民法典》 |
|---|---|
| 《民法通则》第七条　民事活动应当尊重社会公德,不得损害社会公共利益,~~扰乱社会经济秩序~~。 | **第八条　民事主体从事**民事活动,不得违反法律,不得违背公序良俗。 |
| | **第九条　民事主体从事民事活动,应当有利于节约资源、保护生态环境。** |
| 《民法通则》第六条　民事活动必须遵守法律,法律没有规定的,应当遵守国家政策。 | **第十条　处理民事纠纷,**应当依照法律;法律没有规定的,可以适用习惯,但是不得违背公序良俗。 |
| | **第十一条　其他法律对民事关系有特别规定的,依照其规定。** |
| 《民法通则》第八条　在中华人民共和国领域内的民事活动,适用中华人民共和国法律,法律另有规定的除外。<br>~~本法关于公民的规定,适用于在中华人民共和国领域内的外国人、无国籍人,法律另有规定的除外~~。 | **第十二条**　中华人民共和国领域内的民事活动,适用中华人民共和国法律。法律另有规定的,依照其规定。 |
| | **第二章　自　然　人** |
| | 第一节　民事权利能力和民事行为能力 |
| 《民法通则》第九条　公民从出生时起到死亡时止,具有民事权利能力,依法享有民事权利,承担民事义务。 | **第十三条**　自然人从出生时起到死亡时止,具有民事权利能力,依法享有民事权利,承担民事义务。 |
| 《民法通则》第十条　公民的民事权利能力一律平等。 | **第十四条**　自然人的民事权利能力一律平等。 |
| | **第十五条　自然人的出生时间和死亡时间,以出生证明、死亡证明记载的时间为准;没有出生证明、死亡证明的,以户籍登记或者其他有效身份登记记载的时间为准。有其他证据足以推翻以上记载时间的,以该证据证明的时间为准。** |
| 《继承法》第二十八条　遗产分割时,应当保留胎儿的继承份额。胎儿出生时是死体的,保留的份额按照法定继承办理。 | **第十六条　涉及遗产继承、接受赠与等胎儿利益保护的,胎儿视为具有民事权利能力。但是,胎儿娩出时为死体的,其民事权利能力自始不存在。** |

续表

| 相关内容 | 《民法典》 |
| --- | --- |
| **《民法通则》第十一条**　十八周岁以上的公民是成年人，具有完全民事行为能力，可以独立*进行民事活动*，~~是完全民事行为能力人~~。<br>十六周岁以上*不满十八周岁*的公民，以自己的劳动收入为主要生活来源的，视为完全民事行为能力人。 | **第十七条**　十八周岁以上的*自然人*为成年人。**不满十八周岁的自然人为未成年人。**<br>**第十八条**　成年人为完全民事行为能力人，可以独立*实施民事法律行为*。<br>十六周岁以上*的未成年人*，以自己的劳动收入为主要生活来源的，视为完全民事行为能力人。 |
| **《民法通则》第十二条**　*十周岁*以上的未成年人是限制民事行为能力人，*可以进行*与他的年龄、智力相适应的*民事活动*；*其他民事活动*由他的法定代理人代理，或者征得他的法定代理人的同意。<br>不满*十周岁*的未成年人是无民事行为能力人，由他的法定代理人代理*民事活动*。 | **第十九条**　*八周岁*以上的未成年人为限制民事行为能力人，*实施民事法律行为*由其法定代理人代理或者经其法定代理人同意、**追认**；但是，*可以独立实施***纯获利益的民事法律行为**或者与其年龄、智力相适应的*民事法律行为*。<br>**第二十条**　不满*八周岁*的未成年人为无民事行为能力人，由其法定代理人代理*实施民事法律行为*。 |
| **《民法通则》第十三条**　不能辨认自己行为的*精神病人*是无民事行为能力人，由他的法定代理人代理*民事活动*。<br>不能完全辨认自己行为的*精神病人*是限制民事行为能力人，*可以进行*与他的精神健康状况相适应的*民事活动*；*其他*民事活动由他的法定代理人代理，或者征得他的法定代理人的同意。 | **第二十一条**　不能辨认自己行为的*成年人*为无民事行为能力人，由其法定代理人代理*实施民事法律行为*。<br>**八周岁以上的未成年人不能辨认自己行为的，适用前款规定。**<br>**第二十二条**　不能完全辨认自己行为的*成年人*为限制民事行为能力人，*实施民事法律行为*由其法定代理人代理或者经其法定代理人同意、**追认；但是，可以独立实施纯获利益的民事法律行为或者与其智力**、精神健康状况相适应的民事法律行为。 |
| **《民法通则》第十四条**　无民事行为能力人、限制民事行为能力人的监护人是他的法定代理人。 | **第二十三条**　无民事行为能力人、限制民事行为能力人的监护人是其法定代理人。 |
| **《民法通则》第十九条**　*精神病人*的利害关系人，可以向人民法院申请宣告*精神病人*为无民事行为能力人或者限制民事行为能力人。<br>被人民法院宣告为无民事行为能力人 | **第二十四条**　*不能辨认或者不能完全辨认自己行为的成年人*，其利害关系人或者**有关组织**，可以向人民法院申请认定该成年人为无民事行为能力人或者限制民事行为能力人。 |

续表

| 相关内容 | 《民法典》 |
|---|---|
| 或者限制民事行为能力人的，根据他健康恢复的状况，经本人或者利害关系人申请，人民法院可以宣告他为限制民事行为能力人或者完全民事行为能力人。 | 被人民法院认定为无民事行为能力人或者限制民事行为能力人的，经本人、利害关系人或者**有关组织**申请，人民法院可以**根据其智力、精神**健康恢复的状况，**认定该成年人恢复**为限制民事行为能力人或者完全民事行为能力人。<br>**本条规定的有关组织包括：居民委员会、村民委员会、学校、医疗机构、妇女联合会、残疾人联合会、依法设立的老年人组织、民政部门等。** |
| **《民法通则》第十五条**　公民以他的*户籍所在地的居住地*为住所，经常*居住地*与住所不一致的，经常*居住地*视为住所。 | **第二十五条**　*自然人*以*户籍登记*或者**其他有效身份登记**记载的*居所*为住所；经常*居所*与住所不一致的，经常*居所*视为住所。 |
|  | 第二节　监　　护 |
| **《婚姻法》第二十一条第一款**　父母对子女有抚养教育的义务；子女对父母有赡养扶助的义务。 | **第二十六条**　父母对**未成年**子女负有抚养、教育和**保护**的义务。<br>**成年**子女对父母负有赡养、扶助和**保护**的义务。 |
| **《民法通则》第十六条第一款、第二款**<br>~~未成年人~~的父母是未成年人的监护人。<br>未成年人的父母已经死亡或者没有监护能力的，由下列人员中有监护能力的人担任监护人：<br>（一）祖父母、外祖父母；<br>（二）兄、姐；<br>（三）*关系密切的其他亲属、朋友愿意承担监护责任*，~~经未成年人的父、母的所在单位或者~~未成年人住所地的居民委员会、村民委员会同意的。 | **第二十七条**　父母是未成年子女的监护人。<br>未成年人的父母已经死亡或者没有监护能力的，由下列有监护能力的人**按顺序**担任监护人：<br>（一）祖父母、外祖父母；<br>（二）兄、姐；<br>（三）*其他愿意担任监护人的个人或者组织*，但是须经未成年人住所地的居民委员会、村民委员会或者**民政部门**同意。 |
| **《民法通则》第十七条第一款**　无民事行为能力或者限制民事行为能力的*精神病人*，由下列人员担任监护人：<br>（一）配偶；<br>（二）父母；<br>（三）~~成年~~子女；<br>（四）其他近亲属； | **第二十八条**　无民事行为能力或者限制民事行为能力的成年人，由下列**有监护能力**的人**按顺序**担任监护人：<br>（一）配偶；<br>（二）父母、子女；<br>（三）其他近亲属；<br>（四）*其他愿意担任监护人的个人或者* |

续表

| 相关内容 | 《民法典》 |
| --- | --- |
| (五)*关系密切的其他亲属、朋友愿意承担监护责任*,经~~精神病人的所在单位或~~者住所地的居民委员会、村民委员会同意的。 | 组织,但是须经被监护人住所地的居民委员会、村民委员会或者**民政部门**同意。 |
| | **第二十九条　被监护人的父母担任监护人的,可以通过遗嘱指定监护人。** |
| | **第三十条　依法具有监护资格的人之间可以协议确定监护人。协议确定监护人应当尊重被监护人的真实意愿。** |
| **《民法通则》第十六条第三款**　对*担任*监护人有争议的,由~~未成年人的父、母的所在单位或者~~未成年人住所地的居民委员会、村民委员会~~在近亲属中~~指定。*对指定不服提起诉讼的,由人民法院裁决*。<br>**第十七条第二款**　对*担任*监护人有争议的,由~~精神病人的所在单位~~或者住所地的居民委员会、村民委员会在~~近亲属~~中指定。*对指定不服提起诉讼的,由人民法院裁决*。 | **第三十一条**　对监护人*的确定*有争议的,由被监护人住所地的居民委员会、村民委员会或者**民政部门**指定监护人,有关当事人对指定不服的,*可以向人民法院申请指定监护人*;**有关当事人也可以直接向人民法院申请指定监护人。**<br>**居民委员会、村民委员会、民政部门或者人民法院应当尊重被监护人的真实意愿,按照最有利于被监护人的原则在依法具有监护资格的人中指定监护人。**<br>**依据本条第一款规定指定监护人前,被监护人的人身权利、财产权利以及其他合法权益处于无人保护状态的,由被监护人住所地的居民委员会、村民委员会、法律规定的有关组织或者民政部门担任临时监护人。**<br>**监护人被指定后,不得擅自变更;擅自变更的,不免除被指定的监护人的责任。** |
| **《民法通则》第十六条第四款**　没有第一款、第二款规定的监护人的,由~~未成年人的父、母的所在单位或者~~未成年人住所地的居民委员会、村民委员会或者民政部门担任监护人。<br>**第十七条第三款**　没有第一款规定的监护人的,由精神病人的~~所在单位~~或者住所地的居民委员会、村民委员会或者民政部门担任监护人。 | **第三十二条**　没有依法具有监护资格的人的,监护人由民政部门担任,*也可以由具备履行监护职责条件的被监护人住所地的居民委员会、村民委员会担任*。 |

续表

| 相关内容 | 《民法典》 |
|---|---|
| 《老年人权益保障法》第二十六条第一款　具备完全民事行为能力的**老年人**，可以在近亲属或者其他与自己关系密切、愿意承担监护责任的个人、组织中协商确定自己的监护人。监护人在老年人丧失或者部分丧失民事行为能力时，依法承担监护责任。 | **第三十三条　具有完全民事行为能力的成年人，可以与其近亲属、其他愿意担任监护人的个人或者组织事先协商，以书面形式确定自己的监护人，在自己丧失或者部分丧失民事行为能力时，由该监护人履行监护职责。** |
| 《民法通则》第十八条　监护人~~应当履行监护职责~~，保护被监护人的人身、财产及其他合法权益~~，除为被监护人的利益外，不得处理被监护人的财产~~。<br>监护人依法履行监护的权利，受法律保护。<br>监护人不履行监护职责或者侵害被监护人的合法权益的，应当承担责任~~；给被监护人造成财产损失的，应当赔偿损失。人民法院可以根据有关人员或者有关单位的申请，撤销监护人的资格。~~ | **第三十四条**　监护人的职责是**代理被监护人实施民事法律行为**，保护被监护人的人身权利、财产权利以及其他合法权益等。<br>监护人依法履行监护**职责产生**的权利，受法律保护。<br>监护人不履行监护职责或者侵害被监护人合法权益的，应当承担**法律**责任。<br>**因发生突发事件等紧急情况，监护人暂时无法履行监护职责，被监护人的生活处于无人照料状态的，被监护人住所地的居民委员会、村民委员会或者民政部门应当为被监护人安排必要的临时生活照料措施。** |
| 《民法通则》第十八条第一款　……除为被监护人的利益外，不得处理被监护人的财产。 | **第三十五条　监护人应当按照最有利于被监护人的原则履行监护职责。**监护人除为维护被监护人利益外，不得处分被监护人的财产。<br>**未成年人的监护人履行监护职责，在作出与被监护人利益有关的决定时，应当根据被监护人的年龄和智力状况，尊重被监护人的真实意愿。**<br>**成年人的监护人履行监护职责，应当最大程度地尊重被监护人的真实意愿，保障并协助被监护人实施与其智力、精神健康状况相适应的民事法律行为。对被监护人有能力独立处理的事务，监护人不得干涉。** |
| 《民法通则》第十八条第三款　监护人*不履行监护职责或者侵害被监护人的合法权益的，应当承担责任；给被监护人造成财产损失的，应当赔偿损失。*人民法院可以根据*有关人员或者有关单位的*申请，撤销监护人 | **第三十六条**　监护人有下列情形之一的，人民法院根据*有关个人或者组织*的申请，撤销其监护人资格，**安排必要的临时监护措施，并按照最有利于被监护人的原则依法指定监护人：** |

续表

| 相关内容 | 《民法典》 |
| --- | --- |
| 的资格。 | （一）实施严重损害被监护人身心健康的行为；<br>（二）怠于履行监护职责，或者无法履行监护职责且拒绝将监护职责部分或者全部委托给他人，导致被监护人处于危困状态；<br>（三）实施严重侵害被监护人合法权益的其他行为。<br>本条规定的有关个人、组织包括：其他依法具有监护资格的人，居民委员会、村民委员会、学校、医疗机构、妇女联合会、残疾人联合会、未成年人保护组织、依法设立的老年人组织、民政部门等。<br>前款规定的个人和民政部门以外的组织未及时向人民法院申请撤销监护人资格的，民政部门应当向人民法院申请。 |
| | 第三十七条　依法负担被监护人抚养费、赡养费、扶养费的父母、子女、配偶等，被人民法院撤销监护人资格后，应当继续履行负担的义务。 |
| | 第三十八条　被监护人的父母或者子女被人民法院撤销监护人资格后，除对被监护人实施故意犯罪的外，确有悔改表现的，经其申请，人民法院可以在尊重被监护人真实意愿的前提下，视情况恢复其监护人资格，人民法院指定的监护人与被监护人的监护关系同时终止。 |
| | 第三十九条　有下列情形之一的，监护关系终止：<br>（一）被监护人取得或者恢复完全民事行为能力；<br>（二）监护人丧失监护能力；<br>（三）被监护人或者监护人死亡；<br>（四）人民法院认定监护关系终止的其他情形。<br>监护关系终止后，被监护人仍然需要监护的，应当依法另行确定监护人。 |

续表

| 相关内容 | 《民法典》 |
|---|---|
| | 第三节　宣告失踪和宣告死亡 |
| **《民法通则》第二十条第一款**　公民下落不明满二年的，利害关系人可以向人民法院申请宣告*他*为失踪人。 | **第四十条**　*自然人*下落不明满二年的，利害关系人可以向人民法院申请宣告*该自然人*为失踪人。 |
| **《民法通则》第二十条第二款**　战争期间下落不明的，下落不明的时间从战争结束之日起计算。 | **第四十一条　自然人下落不明的时间自其失去音讯之日起计算。**战争期间下落不明的，下落不明的时间自战争结束之日或者**有关机关确定的下落不明之日**起计算。 |
| **《民法通则》第二十一条第一款**　失踪人的财产由他的配偶、父母、成年子女或者关*系密切的其他亲属、朋友*代管。代管有争议的，没有以上规定的人或者以上规定的人无能力代管的，由人民法院指定的人代管。 | **第四十二条**　失踪人的财产由其配偶、成年子女、父母或者*其他愿意担任财产代管人的人*代管。<br>代管有争议，没有前款规定的人，或者前款规定的人无代管能力的，由人民法院指定的人代管。 |
| **《民法通则》第二十一条第二款**　失踪人所欠税款、债务和应付的其他费用，由代管人从失踪人的财产中支付。 | **第四十三条　财产代管人应当妥善管理失踪人的财产，维护其财产权益。**<br>失踪人所欠税款、债务和应付的其他费用，由财产代管人从失踪人的财产中支付。<br>**财产代管人因故意或者重大过失造成失踪人财产损失的，应当承担赔偿责任。** |
| | **第四十四条　财产代管人不履行代管职责、侵害失踪人财产权益或者丧失代管能力的，失踪人的利害关系人可以向人民法院申请变更财产代管人。**<br>**财产代管人有正当理由的，可以向人民法院申请变更财产代管人。**<br>**人民法院变更财产代管人的，变更后的财产代管人有权请求原财产代管人及时移交有关财产并报告财产代管情况。** |
| **《民法通则》第二十二条**　~~被宣告~~失踪的人重新出现~~或者确知他的下落~~，经本人或者利害关系人申请，人民法院应当撤销对他的失踪宣告。 | **第四十五条**　失踪人重新出现，经本人或者利害关系人申请，人民法院应当撤销失踪宣告。<br>**失踪人重新出现，有权请求财产代管人及时移交有关财产并报告财产代管情况。** |

续表

| 相关内容 | 《民法典》 |
| --- | --- |
| **《民法通则》第二十三条** 公民有下列情形之一的，利害关系人可以向人民法院申请宣告*他*死亡：<br>（一）下落不明满四年的；<br>（二）因意外事故下*落不明，从事故发生之日起满二年的*。<br>~~战争期间下落不明的，下落不明的时间从战争结束之日起计算。~~ | **第四十六条** *自然人*有下列情形之一的，利害关系人可以向人民法院申请宣告*该自然人*死亡：<br>（一）下落不明满四年；<br>（二）因意外事件，*下落不明满二年*。<br>**因意外事件下落不明，经有关机关证明该自然人不可能生存的，申请宣告死亡不受二年时间的限制。** |
| | **第四十七条 对同一自然人，有的利害关系人申请宣告死亡，有的利害关系人申请宣告失踪，符合本法规定的宣告死亡条件的，人民法院应当宣告死亡。** |
| | **第四十八条 被宣告死亡的人，人民法院宣告死亡的判决作出之日视为其死亡的日期；因意外事件下落不明宣告死亡的，意外事件发生之日视为其死亡的日期。** |
| **《民法通则》第二十四条第二款** *有民事行为能力人在被宣告死亡期间实施的民事法律行为有效*。 | **第四十九条** *自然人被宣告死亡但是并未死亡的，不影响该自然人在被宣告死亡期间实施的民事法律行为的效力*。 |
| **《民法通则》第二十四条第一款** 被宣告死亡的人重新出现~~或者确知他没有死亡~~，经本人或者利害关系人申请，人民法院应当撤销~~对他的~~死亡宣告。 | **第五十条** 被宣告死亡的人重新出现，经本人或者利害关系人申请，人民法院应当撤销死亡宣告。 |
| | **第五十一条 被宣告死亡的人的婚姻关系，自死亡宣告之日起消除。死亡宣告被撤销的，婚姻关系自撤销死亡宣告之日起自行恢复。但是，其配偶再婚或者向婚姻登记机关书面声明不愿意恢复的除外。** |
| | **第五十二条 被宣告死亡的人在被宣告死亡期间，其子女被他人依法收养的，在死亡宣告被撤销后，不得以未经本人同意为由主张收养行为无效。** |
| **《民法通则》第二十五条** 被撤销死亡宣告的人有权请求返还财产。*依照继承法取* | **第五十三条** 被撤销死亡宣告的人有权请求**依照本法第六编取得其财产的民事主体** |

续表

| 相关内容 | 《民法典》 |
| --- | --- |
| *得他的财产的公民或者组织，应当返还原物；原物不存在的，给予适当补偿。* | 返还财产；*无法返还的，应当给予适当补偿。*<br>利害关系人隐瞒真实情况，致使他人被宣告死亡而取得其财产的，除应当返还财产外，还应当对由此造成的损失承担赔偿责任。 |
| | 第四节　个体工商户和农村承包经营户 |
| **《民法通则》第二十六条**　公民~~在法律允许的范围内~~，依法经核准登记，从事工商业经营的，为个体工商户。个体工商户可以起字号。 | **第五十四条**　*自然人*从事工商业经营，经依法登记，为个体工商户。个体工商户可以起字号。 |
| **《民法通则》第二十七条**　农村集体经济组织的成员，*在法律允许的范围内，按照承包合同规定从事商品经营的*，为农村承包经营户。 | **第五十五条**　农村集体经济组织的成员，*依法取得农村土地承包经营权，从事家庭承包经营的*，为农村承包经营户。 |
| **《民法通则》第二十九条**　个体工商户~~、农村承包经营户~~的债务，个人经营的，以个人财产承担；家庭经营的，以家庭财产承担。 | **第五十六条**　个体工商户的债务，个人经营的，以个人财产承担；家庭经营的，以家庭财产承担；**无法区分的，以家庭财产承担。**<br>**农村承包经营户的债务，以从事农村土地承包经营的农户财产承担；事实上由农户部分成员经营的，以该部分成员的财产承担。** |
| | **第三章　法　　人** |
| | 第一节　一 般 规 定 |
| **《民法通则》第三十六条第一款**　法人是具有民事权利能力和民事行为能力，依法独立享有民事权利和承担民事义务的组织。 | **第五十七条**　法人是具有民事权利能力和民事行为能力，依法独立享有民事权利和承担民事义务的组织。 |
| **《民法通则》第三十七条**　法人应当具备下列条件：<br>（一）依法成立；<br>（二）有~~必要~~的财产或者经费；<br>（三）有自己的名称、组织机构和场所；<br>~~（四）能够独立承担民事责任。~~ | **第五十八条**　法人应当依法成立。<br>法人应当有自己的名称、组织机构、*住所*、财产或者经费。**法人成立的具体条件和程序，依照法律、行政法规的规定。**<br>**设立法人，法律、行政法规规定须经有关机关批准的，依照其规定。** |

续表

| 相关内容 | 《民法典》 |
| --- | --- |
| **《民法通则》第三十六条第二款** 法人的民事权利能力和民事行为能力,从法人成立时产生,到法人终止时消灭。 | **第五十九条** 法人的民事权利能力和民事行为能力,从法人成立时产生,到法人终止时消灭。 |
| **《民法通则》第三十七条** ……(四)能够独立承担民事责任。 | **第六十条 法人以其全部财产**独立承担民事责任。 |
| **《民法通则》第三十八条** 依照法律或者法人组织章程规定,代表法人*行使职权*的负责人,是法人的法定代表人。<br>**第四十三条** 企业法人对它的法定代表人和其他工作人员的经营活动,承担民事责任。<br>**《合同法》第五十条** 法人或者其他组织的法定代表人、负责人超越权限订立的合同,除相对人知道或者应当知道其超越权限的以外,该代表行为有效。 | **第六十一条** 依照法律或者法人章程的规定,代表法人*从事民事活动*的负责人,为法人的法定代表人。<br>**法定代表人以法人名义从事的民事活动,其法律后果由法人承受。**<br>**法人章程或者法人权力机构对法定代表人代表权的限制,不得对抗善意相对人。** |
| **《民法通则》第四十三条** 企业法人对它的法定代表人和其他工作人员的*经营活动*,承担民事责任。 | **第六十二条** 法定代表人*因执行职务造成他人损害的*,由法人承担民事责任。<br>**法人承担民事责任后,依照法律或者法人章程的规定,可以向有过错的法定代表人追偿。** |
| **《民法通则》第三十九条** 法人以它的主要办事机构所在地为住所。 | **第六十三条** 法人以其主要办事机构所在地为住所。**依法需要办理法人登记的,应当将主要办事机构所在地登记为住所。** |
| **《民法通则》第四十四条第一款** ~~企业~~*法人分立、合并或者有其他重要事项变更,应当向登记机关办理登记并公告。* | **第六十四条** *法人存续期间登记事项发生变化的,应当依法向登记机关申请变更登记。* |
| | **第六十五条 法人的实际情况与登记的事项不一致的,不得对抗善意相对人。** |
| **《民法通则》第四十四条第一款** ~~企业~~法人分立、合并或者有其他重要事项变更,应当向登记机关办理登记并公告。 | **第六十六条 登记机关应当依法及时公示法人登记的有关信息。** |
| **《民法通则》第四十四条第二款** ~~企业~~*法人分立、合并,它的权利和义务由变更后的法人享有和承担。*<br>**《公司法》第一百七十四条** 公司合并 | **第六十七条** *法人合并的*,其权利和义务由合并后的法人享有和承担。<br>*法人分立的*,其权利和义务由分立后的*法人享有连带债权,承担连带债务*,**但是债权** |

续表

| 相关内容 | 《民法典》 |
| --- | --- |
| 时,合并各方的债权、债务,应当由合并后存续的公司或者新设的公司承继。<br>**第一百七十六条** 公司分立前的债务由分立后的公司承担连带责任。但是,公司在分立前与债权人就债务清偿达成的书面协议另有约定的除外。 | **人和债务人另有约定的除外。** |
| **《民法通则》第四十条** 法人终止,应当依法进行清算,~~停止清算范围外的活动~~。<br>**第四十五条** 企业法人由于下列原因之一终止:<br>(一)~~依法被撤销~~;<br>(二)解散;<br>(三)依法宣告破产;<br>(四)其他原因。<br>**第四十六条** 企业法人终止,应当向登记机关办理注销登记并公告。 | **第六十八条** 有下列原因之一并依法完成清算、**注销登记的**,法人终止:<br>(一)法人解散;<br>(二)法人被宣告破产;<br>(三)法律规定的其他原因。<br>**法人终止,法律、行政法规规定须经有关机关批准的,依照其规定。** |
| **《公司法》第一百八十条** 公司因下列原因解散:<br>(一)公司章程规定的营业期限届满或者公司章程规定的其他解散事由出现;<br>(二)股东会或者股东大会决议解散;<br>(三)因公司合并或者分立需要解散;<br>(四)依法被吊销营业执照、责令关闭或者被撤销;<br>(五)人民法院依照本法第一百八十二条的规定予以解散。 | **第六十九条** 有下列情形之一的,法人解散:<br>(一)法人章程规定的存续期间届满或者法人章程规定的其他解散事由出现;<br>(二)法人的权力机构决议解散;<br>(三)因法人合并或者分立需要解散;<br>(四)法人依法被吊销营业执照、登记证书,被责令关闭或者被撤销;<br>(五)法律规定的其他情形。 |
| **《民法通则》第四十七条** ~~企业~~法人解散,应当成立清算组织,进行清算。~~企业~~法人被撤销、被宣告破产的,应当由主管机关或者人民法院组织有关机关和有关人员成立清算组织,进行清算。<br>**《公司法》第一百八十三条** 公司因本法第一百八十条第(一)项、第(二)项、第(四)项、第(五)项规定而解散的,应当在解散事由出现之日起十五日内成立清算组,开始清算。有限责任公司的清算组由股东组 | **第七十条** 法人解散的,**除合并或者分立的情形外**,清算义务人应当**及时**组成清算组进行清算。<br>**法人的董事、理事等执行机构或者决策机构的成员为清算义务人。法律、行政法规另有规定的,依照其规定。**<br>**清算义务人未及时履行清算义务,造成损害的,应当承担民事责任;主管机关或者利害关系人可以申请人民法院指定有关人员组成清算组进行清算。** |

续表

| 相关内容 | 《民法典》 |
| --- | --- |
| 成，股份有限公司的清算组由董事或者股东大会确定的人员组成。逾期不成立清算组进行清算的，债权人可以申请人民法院指定有关人员组成清算组进行清算。人民法院应当受理该申请，并及时组织清算组进行清算。<br>**第一百八十九条** 清算组成员应当忠于职守，依法履行清算义务。<br>清算组成员不得利用职权收受贿赂或者其他非法收入，不得侵占公司财产。<br>清算组成员因故意或者重大过失给公司或者债权人造成损失的，应当承担赔偿责任。 | |
| **《公司法》第一百八十四条** 清算组在清算期间行使下列职权：<br>（一）清理公司财产，分别编制资产负债表和财产清单；<br>（二）通知、公告债权人；<br>（三）处理与清算有关的公司未了结的业务；<br>（四）清缴所欠税款以及清算过程中产生的税款；<br>（五）清理债权、债务；<br>（六）处理公司清偿债务后的剩余财产；<br>（七）代表公司参与民事诉讼活动。<br>**第一百八十五条** 清算组应当自成立之日起十日内通知债权人，并于六十日内在报纸上公告。债权人应当自接到通知书之日起三十日内，未接到通知书的自公告之日起四十五日内，向清算组申报其债权。<br>债权人申报债权，应当说明债权的有关事项，并提供证明材料。清算组应当对债权进行登记。<br>在申报债权期间，清算组不得对债权人进行清偿。<br>**第一百八十六条第一款** 清算组在清理公司财产、编制资产负债表和财产清单后，应当制定清算方案，并报股东会、股东大会或者人民法院确认。 | **第七十一条 法人的清算程序和清算组职权，依照有关法律的规定；没有规定的，参照适用公司法律的有关规定。** |

续表

| 相关内容 | 《民法典》 |
| --- | --- |
| **第一百八十七条**　清算组在清理公司财产、编制资产负债表和财产清单后,发现公司财产不足清偿债务的,应当依法向人民法院申请宣告破产。<br>公司经人民法院裁定宣告破产后,清算组应当将清算事务移交给人民法院。<br>**第一百八十九条**　清算组成员应当忠于职守,依法履行清算义务。<br>清算组成员不得利用职权收受贿赂或者其他非法收入,不得侵占公司财产。<br>清算组成员因故意或者重大过失给公司或者债权人造成损失的,应当承担赔偿责任。 | |
| **《民法通则》第四十条**　*法人终止,应当依法进行清算,停止清算范围外的活动。*<br>**第四十六条**　*企业法人终止,应当向登记机关办理注销登记并公告。*<br>**《公司法》第一百八十六条第二款、第三款**　公司财产在分别支付清算费用、职工的工资、社会保险费用和法定补偿金,缴纳所欠税款,清偿公司债务后的剩余财产,有限责任公司按照股东的出资比例分配,股份有限公司按照股东持有的股份比例分配。<br>清算期间,公司存续,但不得开展与清算无关的经营活动。公司财产在未依照前款规定清偿前,不得分配给股东。 | **第七十二条**　*清算期间法人存续,但是不得从事与清算无关的活动。*<br>**法人清算后的剩余财产,按照法人章程的规定或者法人权力机构的决议处理。法律另有规定的,依照其规定。**<br>*清算结束并完成法人注销登记时,法人终止;***依法不需要办理法人登记的,清算结束时,法人终止。** |
| **《企业破产法》第二条**　企业法人不能清偿到期债务,并且资产不足以清偿全部债务或者明显缺乏清偿能力的,依照本法规定清理债务。<br>企业法人有前款规定情形,或者有明显丧失清偿能力可能的,可以依照本法规定进行重整。<br>**《公司法》第一百九十条**　公司被依法宣告破产的,依照有关企业破产的法律实施破产清算。 | **第七十三条**　法人被宣告破产的,依法进行破产清算并完成法人注销登记时,法人终止。 |

续表

| 相关内容 | 《民法典》 |
| --- | --- |
| **《公司法》第十四条** 公司可以设立分公司。设立分公司,应当向公司登记机关申请登记,领取营业执照。分公司不具有法人资格,其民事责任由公司承担。<br>公司可以设立子公司,子公司具有法人资格,依法独立承担民事责任。 | **第七十四条** 法人可以依法设立分支机构。法律、行政法规规定分支机构应当登记的,依照其规定。<br>**分支机构以自己的名义从事民事活动,产生的民事责任由法人承担;也可以先以该分支机构管理的财产承担,不足以承担的,由法人承担。** |
| | **第七十五条 设立人为设立法人从事的民事活动,其法律后果由法人承受;法人未成立的,其法律后果由设立人承受,设立人为二人以上的,享有连带债权,承担连带债务。<br>设立人为设立法人以自己的名义从事民事活动产生的民事责任,第三人有权选择请求法人或者设立人承担。** |
| | 第二节 营利法人 |
| | 注本节规定与《公司法》及相关司法解释规定联系较多,由于《公司法》并不在《民法典》之内,属于特别法,故本书仅将《公司法》的相关内容详细列出,但不再进行详细比较。 |
| | **第七十六条 以取得利润并分配给股东等出资人为目的成立的法人,为营利法人。<br>营利法人包括有限责任公司、股份有限公司和其他企业法人等。** |
| **《民法通则》第四十一条** 全民所有制企业、集体所有制企业有符合国家规定的资金数额,*有组织章程、组织机构和场所,能够独立承担民事责任,经主管机关核准登记,取得法人资格。*<br>在中华人民共和国领域内设立的中外合资经营企业、中外合作经营企业和外资企业,具备法人条件的,依法经工商行政管理机关核准登记,取得中国法人资格。<br>**《公司法》第六条** 设立公司,应当依法向公司登记机关申请设立登记。符合本法规定的设立条件的,由公司登记机关分别登记 | **第七十七条 营利法人经依法登记成立。** |

续表

| 相关内容 | 《民法典》 |
| --- | --- |
| 为有限责任公司或者股份有限公司；不符合本法规定的设立条件的，不得登记为有限责任公司或者股份有限公司。<br>法律、行政法规规定设立公司必须报经批准的，应当在公司登记前依法办理批准手续。<br>公众可以向公司登记机关申请查询公司登记事项，公司登记机关应当提供查询服务。 | |
| **《民法通则》第四十二条** 企业法人应当在核准登记的经营范围内从事经营。<br>**《公司法》第七条** 依法设立的公司，由公司登记机关发给公司营业执照。公司营业执照签发日期为公司成立日期。<br>公司营业执照应当载明公司的名称、住所、注册资本、经营范围、法定代表人姓名等事项。<br>公司营业执照记载的事项发生变更的，公司应当依法办理变更登记，由公司登记机关换发营业执照。 | **第七十八条 依法设立的营利法人，由登记机关发给营利法人营业执照。营业执照签发日期为营利法人的成立日期。** |
| **《公司法》第十一条** 设立公司必须依法制定公司章程。公司章程对公司、股东、董事、监事、高级管理人员具有约束力。 | **第七十九条 设立营利法人应当依法制定法人章程。** |
| **《公司法》第三十六条** 有限责任公司股东会由全体股东组成。股东会是公司的权力机构，依照本法行使职权。<br>**第三十七条** 股东会行使下列职权：<br>（一）决定公司的经营方针和投资计划；<br>（二）选举和更换非由职工代表担任的董事、监事，决定有关董事、监事的报酬事项；<br>（三）审议批准董事会的报告；<br>（四）审议批准监事会或者监事的报告；<br>（五）审议批准公司的年度财务预算方案、决算方案；<br>（六）审议批准公司的利润分配方案和弥补亏损方案；<br>（七）对公司增加或者减少注册资本作 | **第八十条 营利法人应当设权力机构。**<br>**权力机构行使修改法人章程，选举或者更换执行机构、监督机构成员，以及法人章程规定的其他职权。** |

续表

| 相关内容 | 《民法典》 |
| --- | --- |
| 出决议；<br>（八）对发行公司债券作出决议；<br>（九）对公司合并、分立、解散、清算或者变更公司形式作出决议；<br>（十）修改公司章程；<br>（十一）公司章程规定的其他职权。<br>对前款所列事项股东以书面形式一致表示同意的，可以不召开股东会会议，直接作出决定，并由全体股东在决定文件上签名、盖章。<br>**第九十八条**　股份有限公司股东大会由全体股东组成。股东大会是公司的权力机构，依照本法行使职权。<br>**第九十九条**　本法第三十七条第一款关于有限责任公司股东会职权的规定，适用于股份有限公司股东大会。 | |
| **《公司法》第十三条**　公司法定代表人依照公司章程的规定，由董事长、执行董事或者经理担任，并依法登记。公司法定代表人变更，应当办理变更登记。<br>**第四十四条**　有限责任公司设董事会，其成员为三人至十三人；但是，本法第五十条另有规定的除外。<br>两个以上的国有企业或者两个以上的其他国有投资主体投资设立的有限责任公司，其董事会成员中应当有公司职工代表；其他有限责任公司董事会成员中可以有公司职工代表。董事会中的职工代表由公司职工通过职工代表大会、职工大会或者其他形式民主选举产生。<br>董事会设董事长一人，可以设副董事长。董事长、副董事长的产生办法由公司章程规定。<br>**第四十六条**　董事会对股东会负责，行使下列职权：<br>（一）召集股东会会议，并向股东会报告工作； | **第八十一条　营利法人应当设执行机构。<br>执行机构行使召集权力机构会议，决定法人的经营计划和投资方案，决定法人内部管理机构的设置，以及法人章程规定的其他职权。<br>执行机构为董事会或者执行董事的，董事长、执行董事或者经理按照法人章程的规定担任法定代表人；未设董事会或者执行董事的，法人章程规定的主要负责人为其执行机构和法定代表人。** |

续表

| 相关内容 | 《民法典》 |
| --- | --- |
| （二）执行股东会的决议；<br>（三）决定公司的经营计划和投资方案；<br>（四）制订公司的年度财务预算方案、决算方案；<br>（五）制订公司的利润分配方案和弥补亏损方案；<br>（六）制订公司增加或者减少注册资本以及发行公司债券的方案；<br>（七）制订公司合并、分立、解散或者变更公司形式的方案；<br>（八）决定公司内部管理机构的设置；<br>（九）决定聘任或者解聘公司经理及其报酬事项，并根据经理的提名决定聘任或者解聘公司副经理、财务负责人及其报酬事项；<br>（十）制定公司的基本管理制度；<br>（十一）公司章程规定的其他职权。<br>**第一百零八条**　股份有限公司设董事会，其成员为五人至十九人。<br>董事会成员中可以有公司职工代表。董事会中的职工代表由公司职工通过职工代表大会、职工大会或者其他形式民主选举产生。<br>本法第四十五条关于有限责任公司董事任期的规定，适用于股份有限公司董事。<br>本法第四十六条关于有限责任公司董事会职权的规定，适用于股份有限公司董事会。 | |
| **《公司法》第五十一条**　有限责任公司设监事会，其成员不得少于三人。股东人数较少或者规模较小的有限责任公司，可以设一至二名监事，不设监事会。<br>监事会应当包括股东代表和适当比例的公司职工代表，其中职工代表的比例不得低于三分之一，具体比例由公司章程规定。监事会中的职工代表由公司职工通过职工代表大会、职工大会或者其他形式民主选举产生。<br>监事会设主席一人，由全体监事过半数选举产生。监事会主席召集和主持监事会会 | **第八十二条　营利法人设监事会或者监事等监督机构的，监督机构依法行使检查法人财务，监督执行机构成员、高级管理人员执行法人职务的行为，以及法人章程规定的其他职权。** |

续表

| 相关内容 | 《民法典》 |
| --- | --- |
| 议;监事会主席不能履行职务或者不履行职务的,由半数以上监事共同推举一名监事召集和主持监事会会议。<br>董事、高级管理人员不得兼任监事。<br>**第五十三条** 监事会、不设监事会的公司的监事行使下列职权:<br>(一)检查公司财务;<br>(二)对董事、高级管理人员执行公司职务的行为进行监督,对违反法律、行政法规、公司章程或者股东会决议的董事、高级管理人员提出罢免的建议;<br>(三)当董事、高级管理人员的行为损害公司的利益时,要求董事、高级管理人员予以纠正;<br>(四)提议召开临时股东会会议,在董事会不履行本法规定的召集和主持股东会会议职责时召集和主持股东会会议;<br>(五)向股东会会议提出提案;<br>(六)依照本法第一百五十一条的规定,对董事、高级管理人员提起诉讼;<br>(七)公司章程规定的其他职权。 | |
| **《公司法》第二十条** 公司股东应当遵守法律、行政法规和公司章程,依法行使股东权利,不得滥用股东权利损害公司或者其他股东的利益;不得滥用公司法人独立地位和股东有限责任损害公司债权人的利益。<br>公司股东滥用股东权利给公司或者其他股东造成损失的,应当依法承担赔偿责任。<br>公司股东滥用公司法人独立地位和股东有限责任,逃避债务,严重损害公司债权人利益的,应当对公司债务承担连带责任。 | **第八十三条 营利法人的出资人不得滥用出资人权利损害法人或者其他出资人的利益;滥用出资人权利造成法人或者其他出资人损失的,应当依法承担民事责任。**<br>**营利法人的出资人不得滥用法人独立地位和出资人有限责任损害法人债权人的利益;滥用法人独立地位和出资人有限责任,逃避债务,严重损害法人债权人的利益的,应当对法人债务承担连带责任。** |
| **《公司法》第二十一条** 公司的控股股东、实际控制人、董事、监事、高级管理人员不得利用其关联关系损害公司利益。<br>违反前款规定,给公司造成损失的,应当承担赔偿责任。 | **第八十四条 营利法人的控股出资人、实际控制人、董事、监事、高级管理人员不得利用其关联关系损害法人的利益;利用关联关系造成法人损失的,应当承担赔偿责任。** |

续表

| 相关内容 | 《民法典》 |
|---|---|
| **第二百一十六条**　本法下列用语的含义：<br>（一）高级管理人员，是指公司的经理、副经理、财务负责人，上市公司董事会秘书和公司章程规定的其他人员。<br>（二）控股股东，是指其出资额占有限责任公司资本总额百分之五十以上或者其持有的股份占股份有限公司股本总额百分之五十以上的股东；出资额或者持有股份的比例虽然不足百分之五十，但依其出资额或者持有的股份所享有的表决权已足以对股东会、股东大会的决议产生重大影响的股东。<br>（三）实际控制人，是指虽不是公司的股东，但通过投资关系、协议或者其他安排，能够实际支配公司行为的人。<br>（四）关联关系，是指公司控股股东、实际控制人、董事、监事、高级管理人员与其直接或者间接控制的企业之间的关系，以及可能导致公司利益转移的其他关系。但是，国家控股的企业之间不仅因为同受国家控股而具有关联关系。 | |
| **《公司法》第二十二条**　公司股东会或者股东大会、董事会的决议内容违反法律、行政法规的无效。<br>股东会或者股东大会、董事会的会议召集程序、表决方式违反法律、行政法规或者公司章程，或者决议内容违反公司章程的，股东可以自决议作出之日起六十日内，请求人民法院撤销。<br>股东依照前款规定提起诉讼的，人民法院可以应公司的请求，要求股东提供相应担保。<br>公司根据股东会或者股东大会、董事会决议已办理变更登记的，人民法院宣告该决议无效或者撤销该决议后，公司应当向公司登记机关申请撤销变更登记。 | **第八十五条　营利法人的权力机构、执行机构作出决议的会议召集程序、表决方式违反法律、行政法规、法人章程，或者决议内容违反法人章程的，营利法人的出资人可以请求人民法院撤销该决议。但是，营利法人依据该决议与善意相对人形成的民事法律关系不受影响。** |

续表

| 相关内容 | 《民法典》 |
| --- | --- |
| 《公司法》第五条　公司从事经营活动，必须遵守法律、行政法规，遵守社会公德、商业道德，诚实守信，接受政府和社会公众的监督，承担社会责任。<br>公司的合法权益受法律保护，不受侵犯。 | **第八十六条　营利法人从事经营活动，应当遵守商业道德，维护交易安全，接受政府和社会的监督，承担社会责任。** |
|  | 第三节　非营利法人 |
|  | **第八十七条　为公益目的或者其他非营利目的成立，不向出资人、设立人或者会员分配所取得利润的法人，为非营利法人。**<br>**非营利法人包括事业单位、社会团体、基金会、社会服务机构等。** |
| **《民法通则》第五十条第二款**　*具备法人条件的事业单位、社会团体，依法不需要办理法人登记的，从成立之日起，具有法人资格；依法需要办理法人登记的，经核准登记，取得法人资格。* | **第八十八条**　*具备法人条件，为适应经济社会发展需要，提供公益服务设立的事业单位，经依法登记成立，取得事业单位法人资格；依法不需要办理法人登记的，从成立之日起，具有事业单位法人资格。* |
|  | **第八十九条　事业单位法人设理事会的，除法律另有规定外，理事会为其决策机构。事业单位法人的法定代表人依照法律、行政法规或者法人章程的规定产生。** |
| **《民法通则》第五十条第二款**　*具备法人条件的事业单位、社会团体，依法不需要办理法人登记的，从成立之日起，具有法人资格；依法需要办理法人登记的，经核准登记，取得法人资格。* | **第九十条**　*具备法人条件，基于会员共同意愿，为公益目的或者会员共同利益等非营利目的设立的社会团体，经依法登记成立，取得社会团体法人资格；依法不需要办理法人登记的，从成立之日起，具有社会团体法人资格。* |
|  | **第九十一条　设立社会团体法人应当依法制定法人章程。**<br>**社会团体法人应当设会员大会或者会员代表大会等权力机构。**<br>**社会团体法人应当设理事会等执行机构。理事长或者会长等负责人按照法人章程的规定担任法定代表人。** |

续表

| 相关内容 | 《民法典》 |
| --- | --- |
|  | 第九十二条　具备法人条件，为公益目的以捐助财产设立的基金会、社会服务机构等，经依法登记成立，取得捐助法人资格。<br>依法设立的宗教活动场所，具备法人条件的，可以申请法人登记，取得捐助法人资格。法律、行政法规对宗教活动场所有规定的，依照其规定。 |
|  | 第九十三条　设立捐助法人应当依法制定法人章程。<br>捐助法人应当设理事会、民主管理组织等决策机构，并设执行机构。理事长等负责人按照法人章程的规定担任法定代表人。<br>捐助法人应当设监事会等监督机构。 |
|  | 第九十四条　捐助人有权向捐助法人查询捐助财产的使用、管理情况，并提出意见和建议，捐助法人应当及时、如实答复。<br>捐助法人的决策机构、执行机构或者法定代表人作出决定的程序违反法律、行政法规、法人章程，或者决定内容违反法人章程的，捐助人等利害关系人或者主管机关可以请求人民法院撤销该决定。但是，捐助法人依据该决定与善意相对人形成的民事法律关系不受影响。 |
|  | 第九十五条　为公益目的成立的非营利法人终止时，不得向出资人、设立人或者会员分配剩余财产。剩余财产应当按照法人章程的规定或者权力机构的决议用于公益目的；无法按照法人章程的规定或者权力机构的决议处理的，由主管机关主持转给宗旨相同或者相近的法人，并向社会公告。 |
|  | 第四节　特别法人 |
|  | 第九十六条　本节规定的机关法人、农村集体经济组织法人、城镇农村的合作经济组织法人、基层群众性自治组织法人，为特别法人。 |

续表

| 相关内容 | 《民法典》 |
| --- | --- |
| 《民法通则》第五十条第一款　有独立经费的机关从成立之日起，具有法人资格。 | **第九十七条**　有独立经费的机关**和承担行政职能的法定机构**从成立之日起，具有**机关**法人资格，**可以从事为履行职能所需要的民事活动**。 |
|  | **第九十八条　机关法人被撤销的，法人终止，其民事权利和义务由继任的机关法人享有和承担；没有继任的机关法人的，由作出撤销决定的机关法人享有和承担。** |
|  | **第九十九条　农村集体经济组织依法取得法人资格。**<br>**法律、行政法规对农村集体经济组织有规定的，依照其规定。** |
| 《农民专业合作社法》第五条　农民专业合作社依照本法登记，取得法人资格。<br>农民专业合作社对由成员出资、公积金、国家财政直接补助、他人捐赠以及合法取得的其他资产所形成的财产，享有占有、使用和处分的权利，并以上述财产对债务承担责任。 | **第一百条　城镇农村的合作经济组织依法取得法人资格。**<br>**法律、行政法规对城镇农村的合作经济组织有规定的，依照其规定。** |
|  | **第一百零一条　居民委员会、村民委员会具有基层群众性自治组织法人资格，可以从事为履行职能所需要的民事活动。**<br>**未设立村集体经济组织的，村民委员会可以依法代行村集体经济组织的职能。** |
|  | **第四章　非法人组织**<br>注 相较于《民法通则》，本章内容亦几乎为新增。 |
|  | **第一百零二条　非法人组织是不具有法人资格，但是能够依法以自己的名义从事民事活动的组织。**<br>**非法人组织包括个人独资企业、合伙企业、不具有法人资格的专业服务机构等。** |
|  | **第一百零三条　非法人组织应当依照法律的规定登记。**<br>**设立非法人组织，法律、行政法规规定须经有关机关批准的，依照其规定。** |

续表

| 相关内容 | 《民法典》 |
| --- | --- |
| | 第一百零四条　非法人组织的财产不足以清偿债务的，其出资人或者设立人承担无限责任。法律另有规定的，依照其规定。 |
| | 第一百零五条　非法人组织可以确定一人或者数人代表该组织从事民事活动。 |
| | 第一百零六条　有下列情形之一的，非法人组织解散：<br>（一）章程规定的存续期间届满或者章程规定的其他解散事由出现；<br>（二）出资人或者设立人决定解散；<br>（三）法律规定的其他情形。 |
| | 第一百零七条　非法人组织解散的，应当依法进行清算。 |
| | 第一百零八条　非法人组织除适用本章规定外，参照适用本编第三章第一节的有关规定。 |
| | 第五章　民 事 权 利 |
| | 第一百零九条　自然人的人身自由、人格尊严受法律保护。 |
| 《侵权责任法》第二条　*侵害民事权益，应当依照本法承担侵权责任。*<br>*本法所称民事权益，包括生命权、健康权、姓名权、名誉权、荣誉权、肖像权、隐私权、婚姻自主权、监护权、所有权、用益物权、担保物权、著作权、专利权、商标专用权、发现权、股权、继承权等人身、财产权益。* | 第一百一十条　*自然人享有生命权、身体权、健康权、姓名权、肖像权、名誉权、荣誉权、隐私权、婚姻自主权等权利。*<br>*法人、非法人组织享有名称权、名誉权和荣誉权。* |
| | 第一百一十一条　自然人的个人信息受法律保护。任何组织或者个人需要获取他人个人信息的，应当依法取得并确保信息安全，不得非法收集、使用、加工、传输他人个人信息，不得非法买卖、提供或者公开他人个人信息。 |

续表

| 相关内容 | 《民法典》 |
| --- | --- |
| | **第一百一十二条　自然人因婚姻家庭关系等产生的人身权利受法律保护。** |
| | **第一百一十三条　民事主体的财产权利受法律平等保护。** |
| **《物权法》第二条第三款**　本法所称物权，是指权利人依法对特定的物享有直接支配和排他的权利，包括所有权、用益物权和担保物权。 | **第一百一十四条　民事主体依法享有物权。**<br>物权是权利人依法对特定的物享有直接支配和排他的权利，包括所有权、用益物权和担保物权。 |
| **《物权法》第二条第二款**　本法所称物，包括不动产和动产。法律规定权利作为物权客体的，依照其规定。 | **第一百一十五条**　物包括不动产和动产。法律规定权利作为物权客体的，依照其规定。 |
| **《物权法》第五条**　物权的种类和内容，由法律规定。 | **第一百一十六条**　物权的种类和内容，由法律规定。 |
| | **第一百一十七条　为了公共利益的需要，依照法律规定的权限和程序征收、征用不动产或者动产的，应当给予公平、合理的补偿。** |
| **《民法通则》第八十四条**　*债是按照合同的约定或者依照法律的规定，在当事人之间产生的特定的权利和义务关系，享有权利的人是债权人，负有义务的人是债务人。*<br>*债权人有权要求债务人按照合同的约定或者依照法律的规定履行义务。* | **第一百一十八条**　*民事主体依法享有债权。*<br>*债权是因***合同、侵权行为、无因管理、不当得利***以及法律的其他规定，权利人请求特定义务人为或者不为一定行为的权利。* |
| **《民法通则》第八十五条**　合同是当事人之间设立、变更、终止民事关系的协议。依法成立的合同，受法律保护。<br>**《合同法》第四十四条**　依法成立的合同，自成立时生效。<br>法律、行政法规规定应当办理批准、登记等手续生效的，依照其规定。 | **第一百一十九条**　依法成立的合同，*对当事人具有法律约束力。* |
| | **第一百二十条　民事权益受到侵害的，被侵权人有权请求侵权人承担侵权责任。** |

续表

| 相关内容 | 《民法典》 |
|---|---|
| **《民法通则》第九十三条** 没有法定的或者约定的义务，为避免他人利益受损失进行管理~~或者服务~~的，有权要求受益人偿付由此而支付的必要费用。 | **第一百二十一条** 没有法定的或者约定的义务，为避免他人利益受损失而进行管理**的人**，有权请求受益人偿还由此支出的必要费用。 |
| **《民法通则》第九十二条** *没有合法根*据，取得不当利益，*造成他人损失的，应当将取得的不当利益返还受损失的人*。 | **第一百二十二条** *因他人没有法律根*据，取得不当利益，*受损失的人有权请求其返还不当利益*。 |
| **《民法通则》第九十四条** 公民、法人享有著作权（版权），依法有署名、发表、出版、获得报酬等权利。<br>**第九十五条** 公民、法人依法取得的专利权受法律保护。<br>**第九十六条** 法人、个体工商户、个人合伙依法取得的商标专用权受法律保护。<br>**第九十七条** 公民对自己的发现享有发现权。发现人有权申请领取发现证书、奖金或者其他奖励。<br>公民对自己的发明或者其他科技成果，有权申请领取荣誉证书、奖金或者其他奖励。 | **第一百二十三条** 民事主体依法享有知识产权。<br>知识产权是权利人依法就下列客体享有的专有的权利：<br>（一）作品；<br>（二）发明、实用新型、外观设计；<br>（三）商标；<br>（四）地理标志；<br>（五）商业秘密；<br>（六）集成电路布图设计；<br>（七）植物新品种；<br>（八）法律规定的其他客体。 |
| **《民法通则》第七十六条** 公民依法享有~~财产~~继承权。 | **第一百二十四条** *自然人*依法享有继承权。<br>**自然人合法的私有财产，可以依法继承。** |
|  | **第一百二十五条 民事主体依法享有股权和其他投资性权利。** |
|  | **第一百二十六条 民事主体享有法律规定的其他民事权利和利益。** |
|  | **第一百二十七条 法律对数据、网络虚拟财产的保护有规定的，依照其规定。** |
| **《民法通则》第一百零四条** *婚姻*、*家*庭、*老人*、*母亲和儿童受法律保护*。<br>*残疾人的合法权益受法律保护*。 | **第一百二十八条** *法律对未成年人、老年人、残疾人、妇女、消费者等的民事权利保护有特别规定的，依照其规定*。 |
|  | **第一百二十九条 民事权利可以依据民事法律行为、事实行为、法律规定的事件或者法律规定的其他方式取得。** |

续表

| 相关内容 | 《民法典》 |
|---|---|
| | **第一百三十条　民事主体按照自己的意愿依法行使民事权利，不受干涉。** |
| | **第一百三十一条　民事主体行使权利时，应当履行法律规定的和当事人约定的义务。** |
| | **第一百三十二条　民事主体不得滥用民事权利损害国家利益、社会公共利益或者他人合法权益。** |
| | **第六章　民事法律行为** |
| | 第一节　一般规定 |
| **《民法通则》第五十四条**　民事法律行为是公民或者法人设立、变更、终止*民事权利和民事义务*的合法行为。 | **第一百三十三条**　民事法律行为是**民事主体通过意思表示**设立、变更、终止民事*法律关系*的行为。 |
| | **第一百三十四条　民事法律行为可以基于双方或者多方的意思表示一致成立，也可以基于单方的意思表示成立。**<br>**法人、非法人组织依照法律或者章程规定的议事方式和表决程序作出决议的，该决议行为成立。** |
| **《民法通则》第五十六条**　民事法律行为可以采取书面形式、口头形式或者其他形式。法律规定用特定形式的，应当依照法律规定。<br>**《合同法》第十条**　当事人订立合同，有书面形式、口头形式和其他形式。<br>法律、行政法规规定采用书面形式的，应当采用书面形式。当事人约定采用书面形式的，应当采用书面形式。 | **第一百三十五条**　民事法律行为可以采用书面形式、口头形式或者其他形式；法律、**行政法规**规定或者**当事人约定**采用特定形式的，应当采用特定形式。 |
| **《民法通则》第五十七条**　民事法律行为从成立*时起具有法律约束力*。行为人非依法律规定或者取得对方同意，不得擅自变更或者解除。<br>**《合同法》第四十四条**　依法成立的合同，自成立时生效。<br>法律、行政法规规定应当办理批准、登记等手续生效的，依照其规定。 | **第一百三十六条**　民事法律行为自成立时生效，**但是法律另有规定或者当事人另有约定的除外。**<br>行为人非依法律规定或者未经对方同意，不得擅自变更或者解除**民事法律行为**。 |

续表

| 相关内容 | 《民法典》 |
| --- | --- |
|  | 第二节 意思表示 |
| 《合同法》第十六条 要约到达受要约人时生效。<br>采用数据电文形式订立合同,收件人指定特定系统接收数据电文的,该数据电文进入该特定系统的时间,视为到达时间;未指定特定系统的,*该数据电文进入收件人的任何系统的首次时间,视为到达时间*。<br>第二十六条 承诺通知到达要约人时生效。承诺不需要通知的,根据交易习惯或者要约的要求作出承诺的行为时生效。<br>采用数据电文形式订立合同的,承诺到达的时间适用本法第十六条第二款的规定。 | **第一百三十七条 以对话方式作出的意思表示,相对人知道其内容时生效。**<br>**以非对话方式作出的意思表示,**到达相对人时生效。以非对话方式作出的采用数据电文形式的意思表示,相对人指定特定系统接收数据电文的,该数据电文进入该特定系统时生效;未指定特定系统的,*相对人知道或者应当知道该数据电文进入其系统时生效*。**当事人对采用数据电文形式的意思表示的生效时间另有约定的,按照其约定。** |
|  | **第一百三十八条 无相对人的意思表示,表示完成时生效。法律另有规定的,依照其规定。** |
|  | **第一百三十九条 以公告方式作出的意思表示,公告发布时生效。** |
| 《合同法》第二十二条 承诺应当以通知的方式作出,但根据交易习惯或者要约表明可以通过行为作出承诺的除外。 | **第一百四十条 行为人可以明示或者默示作出意思表示。**<br>**沉默只有在有法律规定、当事人约定或者符合当事人之间的交易习惯时,才可以视为意思表示。** |
| 《合同法》第十七条 *要约*可以撤回。撤回*要约*的通知应当在*要约*到达*受要约人*之前或者与*要约*同时到达*受要约人*。<br>第二十七条 *承诺*可以撤回。撤回*承诺*的通知应当在*承诺*通知到达*要约人*之前或者与*承诺*通知同时到达*要约人*。 | 第一百四十一条 行为人可以撤回*意思表示*。撤回*意思表示*的通知应当在*意思表示*到达*相对人*前或者与*意思表示*同时到达*相对人*。 |
| 《合同法》第一百二十五条 *当事人对合同条款的理解有争议的*,应当按照合同所使用的词句、*合同的有关条款*、*合同的目的*、交易习惯以及诚实信用原则,*确定该条款的真实意思*。<br>合同文本采用两种以上文字订立并约定 | 第一百四十二条 *有相对人的意思表示的解释*,应当按照所使用的词句,结合相关条款、*行为的性质和目的*、习惯以及诚信原则,*确定意思表示的含义*。<br>**无相对人的意思表示的解释,不能完全拘泥于所使用的词句,而应当结合相关条款、** |

续表

| 相关内容 | 《民法典》 |
| --- | --- |
| 具有同等效力的，对各文本使用的词句推定具有相同含义。各文本使用的词句不一致的，应当根据合同的目的予以解释。 | **行为的性质和目的、习惯以及诚信原则，确定行为人的真实意思。** |
|  | 第三节　民事法律行为的效力 |
| **《民法通则》第五十五条**　民事法律行为应当具备下列条件：<br>（一）行为人具有相应的民事行为能力；<br>（二）意思表示真实；<br>（三）不违反法律~~或者社会公共利益~~。 | **第一百四十三条**　具备下列条件的民事法律行为有效：<br>（一）行为人具有相应的民事行为能力；<br>（二）意思表示真实；<br>（三）不违反法律、**行政法规的强制性规定，不违背公序良俗**。 |
| **《民法通则》第五十八条**　下列民事行为无效：<br>（一）无民事行为能力人实施的…… | **第一百四十四条**　无民事行为能力人实施的民事法律行为无效。 |
| **《民法通则》第五十八条**　下列民事行为无效：<br>……<br>（二）限制民事行为能力人依法不能独立实施的；<br>……<br>**《合同法》第四十七条**　*限制民事行为能力人订立的合同，经法定代理人追认后，该合同有效，但纯获利益的合同或者与其年龄、智力、精神健康状况相适应而订立的合同，不必经法定代理人追认。*<br>相对人可以催告法定代理人在一个月内予以追认。法定代理人未作表示的，视为拒绝追认。合同被追认之前，善意相对人有撤销的权利。撤销应当以通知的方式作出。 | **第一百四十五条**　限制民事行为能力人*实施的纯获利益的民事法律行为或者与其年龄、智力、精神健康状况相适应的民事法律行为有效；实施的其他民事法律行为经法定代理人同意或者追认后有效。*<br>相对人可以催告法定代理人自收到通知之日起三十日内予以追认。法定代理人未作表示的，视为拒绝追认。民事法律行为被追认前，善意相对人有撤销的权利。撤销应当以通知的方式作出。 |
| **《合同法》第五十二条**　*有下列情形之一的，合同无效：*<br>……<br>*（二）恶意串通，损害国家、集体或者第三人利益；*<br>*（三）以合法形式掩盖非法目的；*<br>…… | **第一百四十六条**　*行为人与相对人以虚假的意思表示实施的民事法律行为无效。*<br>*以虚假的意思表示隐藏的民事法律行为的效力，依照有关法律规定处理。* |

续表

| 相关内容 | 《民法典》 |
|---|---|
| **《民法通则》第五十九条** 下列民事行为，一方有权请求人民法院或者仲裁机关予以变更或者撤销：<br>（一）行为人对行为内容有重大误解的；<br>（二）显失公平的。<br>被撤销的民事行为从行为开始起无效。 | **第一百四十七条** 基于重大误解实施的民事法律行为，行为人有权请求人民法院或者仲裁机构予以撤销。 |
| **《民法通则》第五十八条** 下列民事行为无效：<br>……<br>（三）一方以欺诈、胁迫的手段或者乘人之危，使对方在违背真实意思的情况下所为的；<br>…… | **第一百四十八条** 一方以欺诈手段，使对方在违背真实意思的情况下实施的民事法律行为，受欺诈方有权请求人民法院或者仲裁机构予以*撤销*。 |
|  | **第一百四十九条 第三人实施欺诈行为，使一方在违背真实意思的情况下实施的民事法律行为，对方知道或者应当知道该欺诈行为的，受欺诈方有权请求人民法院或者仲裁机构予以撤销。** |
| **《民法通则》第五十八条** 下列民事行为无效：<br>……<br>（三）一方以欺诈、胁迫的手段或者乘人之危，使对方在违背真实意思的情况下所为的；<br>……<br>**《合同法》第五十二条** 有下列情形之一的，合同无效：<br>（一）一方以欺诈、胁迫的手段订立合同，损害国家利益；<br>……<br>**第五十四条第二款** 一方以欺诈、胁迫的手段或者乘人之危，使对方在违背真实意思的情况下订立的合同，受损害方有权请求人民法院或者仲裁机构变更或者撤销。 | **第一百五十条** 一方或者**第三人**以胁迫手段，使对方在违背真实意思的情况下实施的民事法律行为，*受胁迫方有权请求人民法院或者仲裁机构予以撤销*。 |

续表

| 相关内容 | 《民法典》 |
| --- | --- |
| **《民法通则》第五十九条第一款** 下列民事行为,一方有权请求人民法院或者仲裁机关予以变更或者撤销:<br>……<br>(二)显失公平的。<br>**《合同法》第五十四条** 下列合同,当事人一方有权请求人民法院或者仲裁机构变更或者撤销:<br>……<br>(二)在订立合同时显失公平的。 | **第一百五十一条 一方利用对方处于危困状态、缺乏判断能力等情形,致使民事法律行为成立时显失公平的**,受损害方有权请求人民法院或者仲裁机构予以撤销。 |
| **《合同法》第五十五条** 有下列情形之一的,撤销权消灭:<br>(一)具有撤销权的当事人自知道或者应当知道撤销事由之日起一年内没有行使撤销权;<br>(二)具有撤销权的当事人知道撤销事由后明确表示或者以自己的行为放弃撤销权。<br>**第七十五条** 撤销权自债权人知道或者应当知道撤销事由之日起一年内行使。*自债务人的行为发生之日*起五年内没有行使撤销权的,该撤销权消灭。 | **第一百五十二条** 有下列情形之一的,撤销权消灭:<br>(一)当事人自知道或者应当知道撤销事由之日起一年内、**重大误解的当事人自知道或者应当知道撤销事由之日起九十日内**没有行使撤销权;<br>**(二)当事人受胁迫,自胁迫行为终止之日起一年内没有行使撤销权;**<br>(三)当事人知道撤销事由后明确表示或者以自己的行为表明放弃撤销权。<br>*当事人自民事法律行为发生之日*起五年内没有行使撤销权的,撤销权消灭。 |
| **《合同法》第五十二条** 有下列情形之一的,合同无效:<br>……<br>(五)违反法律、行政法规的强制性规定。 | **第一百五十三条** 违反法律、行政法规的强制性规定的民事法律行为无效。**但是,该强制性规定不导致该民事法律行为无效的除外。**<br>**违背公序良俗的民事法律行为无效。** |
| **《民法通则》第五十八条** 下列民事行为无效:<br>……<br>(四)恶意串通,*损害国家、集体或者第三人利益的*;<br>……<br>**《合同法》第五十二条** 有下列情形之一的,合同无效:<br>…… | **第一百五十四条** 行为人与相对人恶意串通,损害*他人合法权益*的民事法律行为无效。 |

续表

| 相关内容 | 《民法典》 |
|---|---|
| （二）恶意串通，*损害国家、集体或者第三人利益*；<br>…… | |
| **《民法通则》第五十八条第二款**　无效的民事行为，从*行为开始起就没有法律约束力*。<br>**第五十九条第二款**　*被撤销的民事行为从行为开始起无效*。 | **第一百五十五条**　无效的或者被撤销的民事法律行为*自始没有法律约束力*。 |
| **《民法通则》第六十条**　民事行为部分无效，不影响其他部分的效力的，其他部分仍然有效。 | **第一百五十六条**　民事法律行为部分无效，不影响其他部分效力的，其他部分仍然有效。 |
| **《民法通则》第六十一条**　民事行为被确认为无效或者被撤销后，当事人因该行为取得的财产，*应当返还给受损失的一方*。有过错的一方应当赔偿对方因此所受的损失，双方都有过错的，应当各自承担相应的责任。<br>~~双方恶意串通，实施民事行为损害国家的、集体的或者第三人的利益的，应当追缴双方取得的财产，收归国家、集体所有或者返还第三人。~~<br>**《合同法》第五十八条**　合同无效或者被撤销后，因该合同取得的财产，应当予以返还；不能返还或者没有必要返还的，应当折价补偿。有过错的一方应当赔偿对方因此所受到的损失，双方都有过错的，应当各自承担相应的责任。<br>**第五十九条**　当事人恶意串通，损害国家、集体或者第三人利益的，因此取得的财产收归国家所有或者返还集体、第三人。 | **第一百五十七条**　民事法律行为无效、被撤销或者**确定不发生效力**后，行为人因该行为取得的财产，*应当予以返还；不能返还或者没有必要返还的，应当折价补偿*。有过错的一方应当赔偿对方由此所受到的损失；各方都有过错的，应当各自承担相应的责任。**法律另有规定的，依照其规定。** |
| | 第四节　民事法律行为的附条件和附期限 |
| **《民法通则》第六十二条**　民事法律行为可以附条件，附条件的民事法律行为*在符合所附条件*时生效。<br>**《合同法》第四十五条第一款**　当事人对合同的效力可以约定附条件。附生效条件 | **第一百五十八条**　民事法律行为可以附条件，**但是根据其性质不得附条件的除外**。附生效条件的民事法律行为，*自条件成就*时生效。附解除条件的民事法律行为，自条件成就时失效。 |

续表

| 相关内容 | 《民法典》 |
|---|---|
| 的*合同*,自条件成就时生效。附解除条件的*合同*,自条件成就时失效。 | |
| **《合同法》第四十五条第二款** 当事人为自己的利益不正当地阻止条件成就的,视为条件已成就;不正当地促成条件成就的,视为条件不成就。 | **第一百五十九条 附条件的民事法律行为,**当事人为自己的利益不正当地阻止条件成就的,视为条件已经成就;不正当地促成条件成就的,视为条件不成就。 |
| **《合同法》第四十六条** 当事人对*合同的效力*可以约定附期限。附生效期限的*合同*,自期限届至时生效。附终止期限的*合同*,自期限届满时失效。 | **第一百六十条** *民事法律行为*可以附期限,**但是根据其性质不得附期限的除外**。附生效期限的*民事法律行为*,自期限届至时生效。附终止期限的*民事法律行为*,自期限届满时失效。 |
| | **第七章 代 理** |
| | 第一节 一 般 规 定 |
| **《民法通则》第六十三条第一款、第三款** *公民、法人*可以通过代理人实施民事法律行为。<br>依照法律规定或者按照双方当事人约定,应当由本人实施的民事法律行为,不得代理。 | **第一百六十一条** *民事主体*可以通过代理人实施民事法律行为。<br>依照法律规定、当事人约定或者**民事法律行为的性质**,应当由本人亲自实施的民事法律行为,不得代理。 |
| **《民法通则》第六十三条第二款** 代理人在代理权限内,以被代理人的名义实施民事法律行为。*被代理人对代理人的代理行为,承担民事责任*。 | **第一百六十二条** 代理人在代理权限内,以被代理人名义实施的民事法律行为,*对被代理人发生效力*。 |
| **《民法通则》第六十四条** 代理包括委托代理、法定代理~~和指定代理~~。<br>委托代理人按照被代理人的委托行使代理权,法定代理人依照法律的规定行使代理权~~,指定代理人按照人民法院或者指定单位的指定行使代理权~~。 | **第一百六十三条** 代理包括委托代理和法定代理。<br>委托代理人按照被代理人的委托行使代理权。法定代理人依照法律的规定行使代理权。 |
| **《民法通则》第六十六条第二款、第三款** 代理人不履行职责而给被代理人造成损害的,应当承担民事责任。<br>代理人和*第三人*串通,损害被代理人的利益的,由代理人和*第三人*负连带责任。 | **第一百六十四条** 代理人不履行**或者不完全履行**职责,造成被代理人损害的,应当承担民事责任。<br>代理人和*相对人*恶意串通,损害被代理人合法权益的,代理人和*相对人*应当承担连带责任。 |

续表

| 相关内容 | 《民法典》 |
| --- | --- |
| | 第二节　委托代理 |
| **《民法通则》第六十五条**　民事法律行为的委托代理,可以用书面形式,也可以用口头形式。法律规定用书面形式的,应当用书面形式。<br>书面委托代理的授权委托书应当载明代理人的姓名或者名称、代理事项、权限和期间,并由委托人签名或者盖章。<br>委托书授权不明的,被代理人应当向第三人承担民事责任,代理人负连带责任。 | **第一百六十五条**　委托代理授权采用书面形式的,授权委托书应当载明代理人的姓名或者名称、代理事项、权限和期限,并由被代理人签名或者盖章。 |
| | **第一百六十六条　数人为同一代理事项的代理人的,应当共同行使代理权,但是当事人另有约定的除外。** |
| **《民法通则》第六十七条**　代理人知道被委托代理的事项违法仍然进行代理活动的,或者被代理人知道代理人的代理行为违法不表示反对的,由被代理人和代理人负连带责任。 | **第一百六十七条**　代理人知道或者应当知道代理事项违法仍然实施代理行为,或者被代理人知道或者应当知道代理人的代理行为违法未作反对表示的,被代理人和代理人应当承担连带责任。 |
| | **第一百六十八条　代理人不得以被代理人的名义与自己实施民事法律行为,但是被代理人同意或者追认的除外。**<br>**代理人不得以被代理人的名义与自己同时代理的其他人实施民事法律行为,但是被代理的双方同意或者追认的除外。** |
| **《民法通则》第六十八条**　委托代理人为被代理人的利益需要转托他人代理的,应当事先取得被代理人的同意。事先没有取得被代理人同意的,应当在事后及时告诉被代理人,如果被代理人不同意,由代理人对自己所转托的人的行为负民事责任,但在紧急情况下,为了保护被代理人的利益而转托他人代理的除外。 | **第一百六十九条**　代理人需要转委托第三人代理的,应当取得被代理人的同意或者追认。<br>**转委托代理经被代理人同意或者追认的,被代理人可以就代理事务直接指示转委托的第三人,代理人仅就第三人的选任以及对第三人的指示承担责任。**<br>转委托代理未经被代理人同意或者追认的,代理人应当对转委托的第三人的行为承担责任;但是,在紧急情况下代理人为了维护被代理人的利益需要转委托第三人代理的除外。 |

续表

| 相关内容 | 《民法典》 |
| --- | --- |
| **《民法通则》第四十三条** 企业法人对它的法定代表人和其他工作人员的经营活动,承担民事责任。 | **第一百七十条 执行法人或者非法人组织工作任务的人员,就其职权范围内的事项,以法人或者非法人组织的名义实施的民事法律行为,对法人或者非法人组织发生效力。**<br>法人或者非法人组织对执行其工作任务的人员职权范围的限制,不得对抗善意相对人。 |
| **《民法通则》第六十六条第一款、第四款** 没有代理权、超越代理权或者代理权终止后的行为,*只有经过被代理人的追认,被代理人才承担民事责任*。未经追认的行为,*由行为人承担民事责任*。本人知道他人以本人名义实施民事行为而不作否认表示的,视为同意。<br>*第三人知道行为人没有代理权、超越代理权或者代理权已终止还与行为人实施民事行为给他人造成损害的,由第三人和行为人负连带责任。*<br>**《合同法》第四十八条** 行为人没有代理权、超越代理权或者代理权终止后以被代理人名义*订立的合同*,未经被代理人追认,对被代理人不发生效力,由行为人承担责任。<br>相对人可以催告被代理人在一个月内予以追认。被代理人未作表示的,视为拒绝追认。合同被追认之前,善意相对人有撤销的权利。撤销应当以通知的方式作出。 | **第一百七十一条** 行为人没有代理权、超越代理权或者代理权终止后,仍然实施代理行为,未经被代理人追认的,对被代理人不发生效力。<br>相对人可以催告被代理人自收到通知之日起三十日内予以追认。被代理人未作表示的,视为拒绝追认。行为人实施的行为被追认前,善意相对人有撤销的权利。撤销应当以通知的方式作出。<br>行为人实施的行为未被追认的,**善意相对人有权请求行为人履行债务或者就其受到的损害请求行为人赔偿。但是,赔偿的范围不得超过被代理人追认时相对人所能获得的利益。**<br>*相对人知道或者应当知道行为人无权代理的,相对人和行为人按照各自的过错承担责任。* |
| **《合同法》第四十九条** 行为人没有代理权、超越代理权或者代理权终止后*以被代理人名义订立合同*,相对人有理由相信行为人有代理权的,该代理行为有效。 | **第一百七十二条** 行为人没有代理权、超越代理权或者代理权终止后,*仍然实施代理行为*,相对人有理由相信行为人有代理权的,代理行为有效。 |
| | 第三节 代理终止 |
| **《民法通则》第六十九条** 有下列情形之一的,委托代理终止:<br>(一)代理*期间*届满或者代理事务完成; | **第一百七十三条** 有下列情形之一的,委托代理终止:<br>(一)代理*期限*届满或者代理事务完成; |

续表

| 相关内容 | 《民法典》 |
| --- | --- |
| （二）被代理人取消委托或者代理人辞去委托；<br>（三）代理人死亡；<br>（四）代理人丧失民事行为能力；<br>（五）作为被代理人或者代理人的法人终止。 | （二）被代理人取消委托或者代理人辞去委托；<br>（三）代理人丧失民事行为能力；<br>（四）代理人或者**被代理人**死亡；<br>（五）作为代理人或者被代理人的法人、**非法人组织**终止。 |
| | **第一百七十四条　被代理人死亡后，有下列情形之一的，委托代理人实施的代理行为有效：**<br>**（一）代理人不知道且不应当知道被代理人死亡；**<br>**（二）被代理人的继承人予以承认；**<br>**（三）授权中明确代理权在代理事务完成时终止；**<br>**（四）被代理人死亡前已经实施，为了被代理人的继承人的利益继续代理。**<br>**作为被代理人的法人、非法人组织终止的，参照适用前款规定。** |
| **《民法通则》第七十条**　有下列情形之一的，法定代理~~或者指定代理~~终止：<br>（一）被代理人取得或者恢复民事行为能力；<br>（二）被代理人或者代理人死亡；<br>（三）代理人丧失民事行为能力；<br>~~（四）指定代理的人民法院或者指定单位取消指定~~；<br>（五）*由其他原因引起的被代理人和代理人之间的监护关系消灭*。 | **第一百七十五条**　有下列情形之一的，法定代理终止：<br>（一）被代理人取得或者恢复完全民事行为能力；<br>（二）代理人丧失民事行为能力；<br>（三）代理人或者被代理人死亡；<br>（四）*法律规定的其他情形*。 |
| | **第八章　民 事 责 任** |
| **《民法通则》第一百零六条第一款**　*公民、法人违反合同或者不履行其他义务的*，应当承担民事责任。<br>**《合同法》第六十条第一款**　当事人应当按照约定全面履行自己的义务。 | **第一百七十六条**　*民事主体依照法律规定或者按照当事人约定，履行民事义务*，承担民事责任。 |

续表

| 相关内容 | 《民法典》 |
| --- | --- |
| **《民法通则》第八十六条** 债权人为二人以上的，按照确定的份额分享权利。债务人为二人以上的，按照确定的份额分担义务。<br>**《侵权责任法》第十二条** 二人以上分别实施侵权行为造成同一损害，能够确定责任大小的，各自承担相应的责任；难以确定责任大小的，平均承担赔偿责任。 | **第一百七十七条** 二人以上依法承担按份责任，能够确定责任大小的，各自承担相应的责任；难以确定责任大小的，平均承担责任。 |
| **《民法通则》第八十七条** 债权人或者债务人一方人数为二人以上的，依照法律的规定或者当事人的约定，享有连带权利的每个债权人，都有权要求债务人履行义务；负有连带义务的每个债务人，都负有清偿全部债务的义务，履行了义务的人，有权要求其他负有连带义务的人偿付他应当承担的份额。<br>**《侵权责任法》第十三条** 法律规定承担连带责任的，被侵权人有权请求部分或者全部连带责任人承担责任。<br>**第十四条** 连带责任人根据各自责任大小确定相应的赔偿数额；难以确定责任大小的，平均承担赔偿责任。<br>支付超出自己赔偿数额的连带责任人，有权向其他连带责任人追偿。 | **第一百七十八条** 二人以上依法承担连带责任的，*权利人*有权请求部分或者全部连带责任人承担责任。<br>连带责任人的责任份额根据各自责任大小确定；难以确定责任大小的，平均承担责任。实际承担责任超过自己责任份额的连带责任人，有权向其他连带责任人追偿。<br>**连带责任，由法律规定或者当事人约定。** |
| **《民法通则》第一百三十四条** 承担民事责任的方式主要有：<br>（一）停止侵害；<br>（二）排除妨碍；<br>（三）消除危险；<br>（四）返还财产；<br>（五）恢复原状；<br>（六）修理、重作、更换；<br>（七）赔偿损失；<br>（八）支付违约金；<br>（九）消除影响、恢复名誉；<br>（十）赔礼道歉。<br>以上承担民事责任的方式，可以单独适用，也可以合并适用。 | **第一百七十九条** 承担民事责任的方式主要有：<br>（一）停止侵害；<br>（二）排除妨碍；<br>（三）消除危险；<br>（四）返还财产；<br>（五）恢复原状；<br>（六）修理、重作、更换；<br>**（七）继续履行；**<br>（八）赔偿损失；<br>（九）支付违约金；<br>（十）消除影响、恢复名誉；<br>（十一）赔礼道歉。<br>**法律规定惩罚性赔偿的，依照其规定。** |

续表

| 相关内容 | 《民法典》 |
| --- | --- |
| ~~人民法院审理民事案件，除适用上述规定外，还可以予以训诫、责令具结悔过、收缴进行非法活动的财物和非法所得，并可以依照法律规定处以罚款、拘留。~~<br>**《侵权责任法》第四十七条** 明知产品存在缺陷仍然生产、销售，造成他人死亡或者健康严重损害的，被侵权人有权请求相应的惩罚性赔偿。 | 本条规定的承担民事责任的方式，可以单独适用，也可以合并适用。 |
| **《民法通则》第一百零七条** 因不可抗力不能履行合同或者造成他人损害的，不承担民事责任，*法律另有规定的除外*。<br>**第一百五十三条** 本法所称的“不可抗力”，是指不能预见、不能避免并不能克服的客观情况。<br>**《合同法》第一百一十七条** 因不可抗力不能履行合同的，根据不可抗力的影响，部分或者全部免除责任，但法律另有规定的除外。当事人迟延履行后发生不可抗力的，不能免除责任。<br>本法所称不可抗力，是指不能预见、不能避免并不能克服的客观情况。<br>**《侵权责任法》第二十九条** 因不可抗力造成他人损害的，不承担责任。法律另有规定的，依照其规定。 | **第一百八十条** 因不可抗力不能履行民事义务的，不承担民事责任。*法律另有规定的，依照其规定。*<br>不可抗力是不能预见、不能避免且不能克服的客观情况。 |
| **《民法通则》第一百二十八条** 因正当防卫造成损害的，不承担民事责任。正当防卫超过必要的限度，造成不应有的损害的，应当承担适当的民事责任。<br>**《侵权责任法》第三十条** 因正当防卫造成损害的，不承担责任。正当防卫超过必要的限度，造成不应有的损害的，正当防卫人应当承担适当的责任。 | **第一百八十一条** 因正当防卫造成损害的，不承担民事责任。<br>正当防卫超过必要的限度，造成不应有的损害的，正当防卫人应当承担适当的民事责任。 |
| **《民法通则》第一百二十九条** 因紧急避险造成损害的，由引起险情发生的人承担民事责任。如果危险是由自然原因引起的，紧急避险人*不承担民事责任或者承担适当* | **第一百八十二条** 因紧急避险造成损害的，由引起险情发生的人承担民事责任。<br>危险由自然原因引起的，紧急避险人不*承担民事责任*，**可以给予适当补偿。** |

续表

| 相关内容 | 《民法典》 |
|---|---|
| *的民事责任*。因紧急避险采取措施不当或者超过必要的限度,造成不应有的损害的,紧急避险人应当承担适当的民事责任。<br>**《侵权责任法》第三十一条**　因紧急避险造成损害的,由引起险情发生的人承担责任。如果危险是由自然原因引起的,紧急避险人*不承担责任或者给予适当补偿*。紧急避险采取措施不当或者超过必要的限度,造成不应有的损害的,紧急避险人应当承担适当的责任。 | 紧急避险采取措施不当或者超过必要的限度,造成不应有的损害的,紧急避险人应当承担适当的民事责任。 |
| **《民法通则》第一百零九条**　*因防止、制止国家的、集体的财产或者他人的财产、人身遭受侵害*而使自己受到损害的,由侵害人承担赔偿责任,受益人也可以给予适当的补偿。<br>**《侵权责任法》第二十三条**　*因防止、制止他人民事权益被侵害而*使自己受到损害的,由侵权人承担责任。侵权人逃逸或者无力承担责任,*被侵权人*请求补偿的,受益人应当给予适当补偿。 | **第一百八十三条**　*因保护他人民事权益*使自己受到损害的,由侵权人承担民事责任,受益人可以给予适当补偿。**没有侵权人**、侵权人逃逸或者无力承担民事责任,*受害人*请求补偿的,受益人应当给予适当补偿。 |
| | **第一百八十四条　因自愿实施紧急救助行为造成受助人损害的,救助人不承担民事责任。** |
| | **第一百八十五条　侵害英雄烈士等的姓名、肖像、名誉、荣誉,损害社会公共利益的,应当承担民事责任。** |
| **《合同法》第一百二十二条**　因当事人一方的违约行为,侵害对方人身、财产权益的,*受损害方有权选择依照本法要求其承担违约责任或者依照其他法律要求其承担侵权责任*。 | **第一百八十六条**　因当事人一方的违约行为,损害对方人身权益、财产权益的,*受损害方有权选择请求其承担违约责任或者侵权责任*。 |
| **《侵权责任法》第四条**　*侵权人因同一行为应当承担行政责任或者刑事责任的*,不影响依法承担*侵权责任*。<br>*因同一行为应当承担侵权责任和行政责任、刑事责任,侵权人的财产不足以支付的,先承担侵权责任*。 | **第一百八十七条**　*民事主体因同一行为应当承担民事责任*、行政责任和刑事责任的,承担行政责任或者刑事责任不影响*承担民事责任*;*民事主体的财产不足以支付的,优先用于承担民事责任*。 |

续表

| 相关内容 | 《民法典》 |
|---|---|
| | **第九章　诉 讼 时 效** |
| **《民法通则》第一百三十五条**　向人民法院请求保护民事权利的诉讼时效期间为二年，法律另有规定的除外。<br>**第一百三十六条**　~~下列的诉讼时效期间为一年：~~<br>~~（一）身体受到伤害要求赔偿的；~~<br>~~（二）出售质量不合格的商品未声明的；~~<br>~~（三）延付或者拒付租金的；~~<br>~~（四）寄存财物被丢失或者损毁的。~~<br>**第一百三十七条**　诉讼时效期间从知道或者应当知道权利被侵害时起计算。但是，从权利被侵害之日起超过二十年的，人民法院不予保护。有特殊情况的，人民法院可以延长诉讼时效期间。 | **第一百八十八条**　向人民法院请求保护民事权利的诉讼时效期间为三年。法律另有规定的，依照其规定。<br>诉讼时效期间自权利人知道或者应当知道权利受到损害**以及义务人**之日起计算。**法律另有规定的，依照其规定**。但是，自权利受到损害之日起超过二十年的，人民法院不予保护，有特殊情况的，人民法院可以**根据权利人的申请**决定延长。 |
| | **第一百八十九条　当事人约定同一债务分期履行的，诉讼时效期间自最后一期履行期限届满之日起计算。** |
| | **第一百九十条　无民事行为能力人或者限制民事行为能力人对其法定代理人的请求权的诉讼时效期间，自该法定代理终止之日起计算。** |
| | **第一百九十一条　未成年人遭受性侵害的损害赔偿请求权的诉讼时效期间，自受害人年满十八周岁之日起计算。** |
| **《民法通则》第一百三十八条**　*超过诉讼时效期间，当事人自愿履行的，不受诉讼时效限制。* | **第一百九十二条　诉讼时效期间届满的，义务人可以提出不履行义务的抗辩。**<br>*诉讼时效期间届满后，义务人同意履行的，不得以诉讼时效期间届满为由抗辩；义务人已经自愿履行的，不得请求返还。* |
| | **第一百九十三条　人民法院不得主动适用诉讼时效的规定。** |
| **《民法通则》第一百三十九条**　在诉讼时效期间的最后六个月内，因不可抗力或者其他障碍不能行使请求权的，诉讼时效中止。 | **第一百九十四条**　在诉讼时效期间的最后六个月内，因下列障碍，不能行使请求权的，诉讼时效中止： |

续表

| 相关内容 | 《民法典》 |
| --- | --- |
| *从中止时效的原因消除之日起，诉讼时效期间继续计算。* | （一）不可抗力；<br>**（二）无民事行为能力人或者限制民事行为能力人没有法定代理人，或者法定代理人死亡、丧失民事行为能力、丧失代理权；**<br>**（三）继承开始后未确定继承人或者遗产管理人；**<br>**（四）权利人被义务人或者其他人控制；**<br>**（五）其他导致权利人不能行使请求权的障碍。**<br>*自中止时效的原因消除之日起满六个月，诉讼时效期间届满。* |
| **《民法通则》第一百四十条** 诉讼时效因提起诉讼、当事人一方提出要求或者同意履行义务而中断。从中断时起，诉讼时效期间重新计算。 | **第一百九十五条** 有下列情形之一的，诉讼时效中断，从中断、**有关程序终结**时起，诉讼时效期间重新计算：<br>（一）权利人向义务人提出履行请求；<br>（二）义务人同意履行义务；<br>（三）权利人提起诉讼或者申请仲裁；<br>（四）与提起诉讼或者申请仲裁具有同等效力的其他情形。 |
|  | **第一百九十六条 下列请求权不适用诉讼时效的规定：**<br>**（一）请求停止侵害、排除妨碍、消除危险；**<br>**（二）不动产物权和登记的动产物权的权利人请求返还财产；**<br>**（三）请求支付抚养费、赡养费或者扶养费；**<br>**（四）依法不适用诉讼时效的其他请求权。** |
|  | **第一百九十七条 诉讼时效的期间、计算方法以及中止、中断的事由由法律规定，当事人约定无效。**<br>**当事人对诉讼时效利益的预先放弃无效。** |

续表

| 相关内容 | 《民法典》 |
| --- | --- |
| | **第一百九十八条　法律对仲裁时效有规定的，依照其规定；没有规定的，适用诉讼时效的规定。** |
| **《合同法》第五十五条**　有下列情形之一的，撤销权消灭：<br>（一）具有撤销权的当事人自知道或者应当知道撤销事由之日起一年内没有行使撤销权；<br>（二）具有撤销权的当事人知道撤销事由后明确表示或者以自己的行为放弃撤销权。<br>**第七十五条**　撤销权自债权人知道或者应当知道*撤销事由之日*起一年内行使。自债务人的行为发生之日起五年内没有行使撤销权的，该撤销权消灭。<br>**第九十五条**　法律规定或者当事人约定解除权行使期限，期限届满当事人不行使的，该权利消灭。<br>法律没有规定或者当事人没有约定解除权行使期限，经对方催告后在合理期限内不行使的，该权利消灭。 | **第一百九十九条**　法律规定或者当事人约定的撤销权、解除权等权利的存续期间，除法律另有规定外，自权利人知道或者应当知道*权利产生之日*起计算，**不适用有关诉讼时效中止、中断和延长的规定**。存续期间届满，撤销权、解除权等权利消灭。 |
| | **第十章　期　间　计　算** |
| **《民法通则》第一百五十四条第一款**　民法所称的期间按照公历年、月、日、小时计算。 | **第二百条**　民法所称的期间按照公历年、月、日、小时计算。 |
| **《民法通则》第一百五十四条第二款**　规定按照小时计算期间的，从规定时开始计算。规定按照日、月、年计算期间的，开始的当天不算入，从下一天开始计算。 | **第二百零一条**　按照年、月、日计算期间的，开始的当日不计入，自下一日开始计算。<br>按照小时计算期间的，自法律规定或者**当事人约定**的时间开始计算。 |
| | **第二百零二条　按照年、月计算期间的，到期月的对应日为期间的最后一日；没有对应日的，月末日为期间的最后一日。** |

续表

| 相关内容 | 《民法典》 |
|---|---|
| **《民法通则》第一百五十四条第三款、第四款**　期间的最后一天是星~~期日~~或者其他法定休假日的，以休假日的次日为期间的最后一天。<br>期间的最后一天的截止时间为二十四点。有业务时间的，*到停止业务活动的时间截止*。 | **第二百零三条**　期间的最后一*日*是法定休假日的，以法定休假日结束的次日为期间的最后一*日*。<br>期间的最后一*日*的截止时间为二十四*时*；有业务时间的，*停止业务活动的时间为截止时间*。 |
| | **第二百零四条　期间的计算方法依照本法的规定，但是法律另有规定或者当事人另有约定的除外。** |

# 出 版 后 记

乱世用重典，治世立民法。全国人民代表大会于2020年5月28日表决通过的《中华人民共和国民法典》，自2021年1月1日起实施。这标志着中国民法典编纂工作圆满完成，在中国法治建设进程中具有里程碑的意义。民法典是社会生活和经济生活的基本法，是社会主义核心价值观的重要载体，是国家治理体系和治理能力现代化的重要环节。民法典在民商事法律体系中具有总纲的地位，在中国特色社会主义法律体系中是一部固根本、稳预期、利长远的基础性法律。其中"总则编"又是民法典的总纲，对民事活动和民事裁判具有重大的指引意义。

徒法不足以自行。法律的生命在于实施。让民法走到群众身边，让纸上的民法变成生活中的民法，让法律条文的民法变成人民心中的民法，需要把握其大义微言，需要正确理解与适用每一个条文，需要学习宣传，需要贯彻践行，让民法有效实施成为富强、民主、文明、和谐融入国家生活的契机，成为自由平等、公平正义融入社会生活的契机，成为爱国、敬业、诚信、友善融入个人生活的契机。

如何准确把握立法意图，科学解读立法条文，把握司法适用的难点和重点，对于定分止争妥善处理民商事纠纷，具有至关重要的意义。为此，我们约请最高人民法院民法典编纂研究中心负责人，中国审判理论研究会常务理事、民事审判专业委员会副主任，中国政法大学、西南政法大学兼职教授，武汉大学特聘教授曹守晔担任主编，组织博士后申惠文、周杲法官等八位理论功底扎实、实践经验丰富的人员，对民法典的七编分别撰写了《民法典总则编条文理解与司法适用》《民法典物权编条文理解与司法适用》《民法典合同编条文理解与司法适用》《民法典人格权编条文理解与司法适用》《民法典婚嫁家庭编条文理解与司法适用》《民法典继承编条文理解与司法适用》《民法典侵权责任编条文理解与司法适用》，精心部署，科学谋划，逐条释义，紧扣司法适用，精选司法案例，为民法典事业贡献力量，为法善吏良贡献智慧。

本书各章的编写分工如下：

**第一章**（曹守晔，最高人民法院前资深高级法官，中国应用法学研究所前副所长，博士、博士后导师；李蓓，海南大学副教授，中国应用法学研究所博士后）

**第二章、第六章**（周杲，景德镇市中级人民法院高级法官，中国应用法学研究所博士后）

**第三章**（何建，上海市第一中级人民法院高级法官，中国应用法学研究所博士后）

**第四章、第五章**（申惠文，郑州大学副教授、硕士生导师，中国应用法学研究所博士后）

**第七章**（孙东雅，中国应用法学研究所博士后，现就职于中国银保监会）

**第八章**（金励，西南政法大学副教授、硕士生导师，中国应用法学研究所博士后）

**第九章**（陈延忠，厦门海事法院高级法官，中国应用法学研究所博士后）

**第十章、第十一章**（龙云丽，中国投融资担保股份有限公司法律事务中心副主任，中国应用法学研究所博士后）

**《民法通则》等相关法律与《民法典》"总则编"对照表**（曹夏梦，北京君合律师事务所律师；张建银，中信金融租赁公司高级经理）

曹守晔教授负责全书统稿审定。

我们相信本书播下的民法种子，一定会绽放出自由、平等、公正、绿色、和谐、文明、美丽的灿烂花朵，扮靓法治中国的艳阳天。

**法律出版社**

**2020 年 6 月**

**图书在版编目(CIP)数据**

民法典总则编条文理解与司法适用 / 中国审判理论研究会民事审判理论专业委员会编著. -- 北京 : 法律出版社, 2020(2021.1 重印)
ISBN 978 -7 -5197 -4562 -2

Ⅰ. ①民… Ⅱ. ①中… Ⅲ. ①民法－总则－法律解释－中国②民法－总则－法律适用－中国 Ⅳ. ①D923.15

中国版本图书馆 CIP 数据核字(2020)第 082170 号

**民法典总则编条文理解与司法适用**
**MINFADIAN ZONGZEBIAN TIAOWEN LIJIE YU SIFA SHIYONG**

中国审判理论研究会民事审判理论专业委员会 编著

责任编辑 李 群
装帧设计 李 瞻

**出版** 法律出版社
**总发行** 中国法律图书有限公司
**经销** 新华书店
**印刷** 天津嘉恒印务有限公司
**责任校对** 杨锦华
**责任印制** 张建伟
**编辑统筹** 法规出版分社
**开本** 710 毫米×1000 毫米 1/16
**印张** 29.25
**字数** 520 千
**版本** 2020 年 7 月第 1 版
**印次** 2021 年 1 月第 4 次印刷

---

法律出版社/北京市丰台区莲花池西里 7 号(100073)
网址/www.lawpress.com.cn
投稿邮箱/info@lawpress.com.cn
举报维权邮箱/jbwq@lawpress.com.cn
销售热线/400 -660 -8393
咨询电话/010 -63939796

中国法律图书有限公司/北京市丰台区莲花池西里 7 号(100073)
全国各地中法图分、子公司销售电话:
统一销售客服/400 -660 -8393/6393
第一法律书店/010 -83938432/8433 西安分公司/029 -85330678 重庆分公司/023 -67453036
上海分公司/021 -62071639/1636 深圳分公司/0755 -83072995

---

**书号**:ISBN 978 -7 -5197 -4562 -2 **定价**:88.00 元
(如有缺页或倒装,中国法律图书有限公司负责退换)